한울정치학강좌

# 비교정치론강의 3

## 서구의 정치제도 · 과정 및 공공정책

●

김수진·김웅진·박찬욱·신명순·신윤환 편역



한울
아카데미

# 비교정치론강의 3

서구의 정치제도·과정 및 공공정책

# 머리말

남에 대한 관심은 따지고 보면 자기 자신에 대한 애착에서 비롯되는 경우가 많다. 특히 비교정치론 분야에서는 다른 나라의 정치를 많이 논의하고 있는데, 이것은 우리의 경우에 결국 한국정치를 제대로 설명하고 이해해 보려는 욕구와 깊은 관련을 맺고 있다. 1970년대 이후 한국의 많은 비교정치학도들이 제3세계 정치경제에 관해 심도 있는 학문적 관심을 경주해 온 이유도 이런 맥락에서 찾아볼 수 있을 것이다.

이제 국가경제의 발전 및 정치적 민주화의 진전과 더불어 우리 정치학자들의 준거도 많이 바뀌고 있다. 즉 서구의 정치제도와 정치과정, 공공정책 등이 중심적인 연구대상으로 부각된 것이다. 이러한 추세에 부응하여 서구정치를 주제로 하는 『비교정치론 강의 3』의 출간 계획은 상당히 오래 전에 서 있었다. 다만 송구스럽게도 편역자들의 게으름 때문에 『비교정치론 강의 2』가 출간된 지 1년 6개월이 지나서야 이 책을 내놓게 되었다.

좀 더 나은 교재를 출간하기 위해 편역진을 기존의 3명에서 5명으로 보강하였다. 서울대학교의 박찬욱이 편집의 책임을 맡기는 하였으나 논문의 선정, 번역, 교정 등의 전 과정에서 편역진 모두의 뜻을 모으고 공동작업을 펼쳤다.

이 책의 제1부는 서구를 중심으로 한 유럽의 정치사적 배경과 사회·경제적 조건, 국제적 환경 등을 다루는 논문을 수록한다. 불필요한 지면을 절약한다는 생각에서 제1부의 도입부분에는 서론과 해제를 별도로 넣지 않았다. 제2부의 논문들은 정부형태, 의회정치, 정치와 행정의 관계 등 주로 정부제도의 편성과 운영을 논의한다. 제3부에서는 정당, 선거, 이익집단 등을 중심으로 하는 정치과정이 주제가 되고 있다. 마지막으로 제4부는 서구 국가의 공공정책과 정치경제의 문제에 할애된다.

이 책의 발간을 위하여 초역, 편집, 교정 과정을 통해 조력을 아끼지 않은 서울대학교 정치학과의 김용복·구갑우·김근식(박사과정)과 김소영(석사과정), 그리고 서강대학교 정치외교학과 박사과정의 한규택 제군에게 감사드린다.

이 책에서의 오역과 오자는 물론 근본적인 내용에 대해서도 독자 제현의 귀중한 조언과 질정을 바라마지 않는다.

1994년 2월
편역자 일동

**비교정치론 강의 3**/ 차례

## 제2부 정치제도

## 第4부 공공정책과 정치경제

# 제1부 유럽정치의 배경

제1장 유럽정치사 개관: 로칸의 거시모형
제2장 유럽 정치환경의 변화

# 제1장 유럽정치사 개관: 로칸의 거시모형*

피터 플로라(Peter Flora)

## 1. 영토, 국경, 정체성

로칸의 저작은 우리에게 영토가 곧 비교연구의 핵심개념임을 보여주었다. 그렇다면 유럽 사회의 역사는 영토의 공고화와 축소의 역사이자 또한 영토적 중심의 형성과 주변부의 종속 및 저항의 역사이며, 외부적 경계 건설과 영토 내 인구집단의 조직을 위한 내적인 위계질서 창출을 연결시키는 역사라고 볼 수 있다.

따라서 로칸이 제시한 바와 같이 인간사회 구조화의 역사는 지리적 공간과 사회문화적 소속 공간의 상호작용이라는 측면에서 연구될 수 있다. 그런데 정치체제의 주요한 두 가지 전근대적 유형인 도시 및 제국의 발전과 더불어 소유권과 통제권에 있어 사회적 경계 사이의 구분이 매우 중요하게 되었다.

분화된 경계에 대한 통제는 고대 도시의 결정적인 혁신이었다. 의례적·법적 공동체로서 그 구성원에 대하여 엄격한 통제가 행해짐과 동시에 재화와 서비스, 인적 자원, 전언 등의 다양한 교류가 이루어졌다. 제국은 국경통제 문제에

---

* Peter Flora, "Stein Rokkan's Macro-Model of Europe," in P. Flora et al., *State, Economy, and Society in Western Europe 1815~1915*, Vol. 1: *The Growth of Mass Democracies and Welfare States*(Frankfurt: Campus Verlag, 1983), pp. 11~26. 박찬욱(서울대 정치학과 교수) 역. 여기에 수록된 글보다 더욱 상세한 논의는 Peter Flora, "Stein Rokkan's Macro-Model der Politischen Entwicklung Europas: Ein Rekonstruktionsversuch," *Kölner Zeitschrift fur Soziologie und Sozialpsychologie*, 33: 3, pp. 397~436을 참조.

또 하나의 다른 차원을 덧붙였다. 대규모적인 정치체제의 발전과 함께 서로 다른 자원을 통제하는 영토적 중심들, 즉 군사행정, 경제, 문화적 중심 사이의 분화 가능성이 증대되었던 것이다.

로칸은 <그림 1>에서 보는 바와 같이 영토적 분화, 중심 형성, 경계 건설 등 세 가지 유형을 구분하고 있다. 제국 외에도 도시 연계망과 교회가 자율적인 자원통제의 정도에 따라 서로 상당히 중첩되지만 상이한 유형의 영토적 체계로 나타났다.

<그림 1> 영토적 팽창

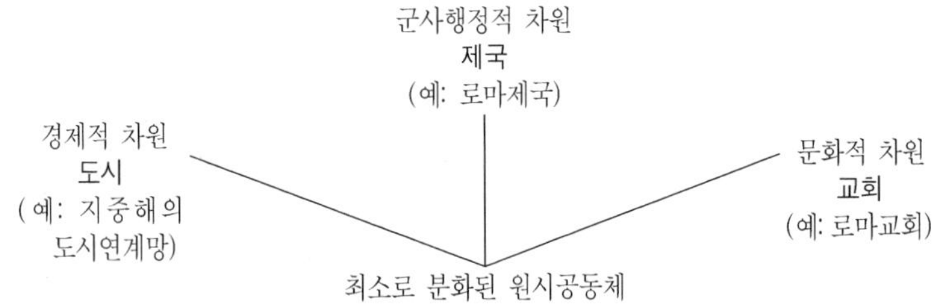


위의 세 가지 발전은 로마제국의 전성기에 상호 강화되었다. 제국은 지중해의 도시 연계망을 통제했고, 광대한 주변 지역의 정복을 위한 강력한 군사행정의 중심을 건설하였으며, 비록 뒤늦게나마 기독교 전파의 중요한 도구가 되었다. 그러나 군사적으로 새로운 영토들로 확장되고 거기에 모든 종류의 경제·문화적 교류를 개방하면서도 제국은 여전히 로마 시민, 나중에는 세례받은 기독교인의 공동체라는 명확히 한정된 핵심구성원을 토대로 하고 있었다.

그러나 이러한 세 가지 발전은 각각의 자원을 가진 서로 개별적인 조직적 구조를 생성하였다. 그리하여 군사행정 구조로서의 서로마제국이 5세기에 붕괴되었을 때, 원거리 무역을 위한 경제적 하부구조인 도시 연계망과 원거리 통신 교류를 위한 문화적 하부구조인 로마 교회는 여전히 상당한 정도로 유지되었던 것이다. 그런데 7세기 무렵 아랍의 급속한 팽창으로 동, 서, 남부로부터 지중해가 포위되면서 이 도시망은 파괴되었고, 피렌느[Henri Pirenne, 중세

의 벨기에 사학자: 역자 주]의 말처럼 원거리 무역의 거리와 범위가 축소되면서 세계의 축이 북쪽으로 이동하게 되었다. 이슬람 제국주의는 또한 서(西)기독교 문화의 중심을 동부와 분리시켰고 1054년 동-서 로마제국의 분열은 이러한 원거리 통신 교류의 축소를 재가한 것이었다.

12세기에서 20세기 사이에 등장한 유럽 국가들의 체제는 처음에는 군사행정적으로, 다음에는 경제적으로, 마지막으로는 문화적인 측면에서 이루어진 중세의 영토적 축소의 결과로 이해될 수 있다. 로칸은 영토적 통제 및 통신의 원거리 체제가 붕괴되고 보다 작은 단위들로 대체되는 세 가지 기본과정을 다음과 같이 언급한다. 그것은 국가건설; 일차 경제상의 자원을 통제하는 지방 중간권력자들의 등장인 봉건화; 유럽 엘리트의 의사소통의 지배적 규준이었던 라틴어와 그리스어를 점차적으로 대체하는 문어체 자국어의 확산인 자국어화(vernacularization)이다.(<그림 2> 참조)

<그림 2> 중세의 영토적 축소

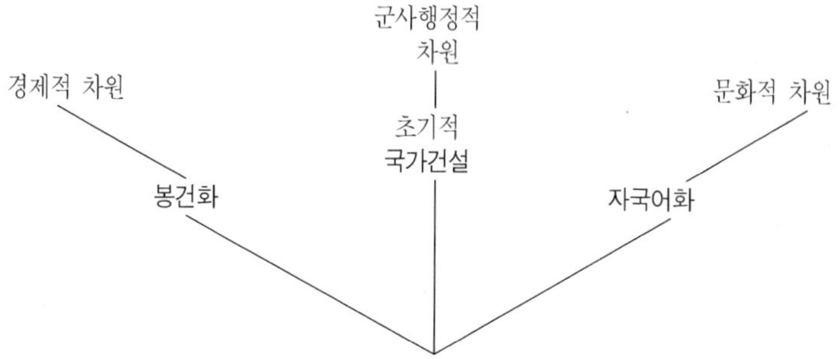


16~17세기 동안 경계를 강화하고 축소시키는 일련의 새로운 발전이 이루어졌는데, 이는 본질적으로 오늘날까지 지속되어 왔다. 즉, 구제국보다 작고, 보다 조밀하고 집약적인 관료제 국가가 지배적인 정치체계 유형이 된 것이다. 그것은 군사행정만이 아니라 문화적인 면에서도 그 경계를 안정시킬 수 있었다. 중세에 이미 자국어 문학이 번성하였지만 이제 인쇄기의 발명과 종교개혁이 자국어로 된 전언의 대량생산 시대를 연 것이다. 이것은 나아가 유럽의 문

화적 파편화를 고조시키고 국민 형성과정을 촉진시켰다. 국민국가는 점차 시민권이라는 개념을 영토적, 문화적 정체성 관념과 융합시켰다. 북구에서의 종교개혁은 성직을 국가의 행정기구에 통합시켜 주어진 자국어의 범위내에 한정시킴으로써 그 과정을 촉진시켰다.

보다 작은 단위들을 둘러싼 이러한 영토 강화의 과정과는 대조적으로, 새로 출현한 세계경제는 영토를 가로지르는 경제적 의존을 증대시키고 [무역상의] 거리를 단축시키면서 경계들의 해체를 야기했다. <그림 3>은 한편으로는 군사적인 그리고 어느 정도는 문화적인 경계들의 동결과, 다른 한편으로 16~17세기의 원거리 무역을 위한 경계의 개방이라는 두 과정으로 생겨난 중요한 불균형을 보여준다.

<그림 3> 16~17세기 이후의 영토적 축소와 팽창

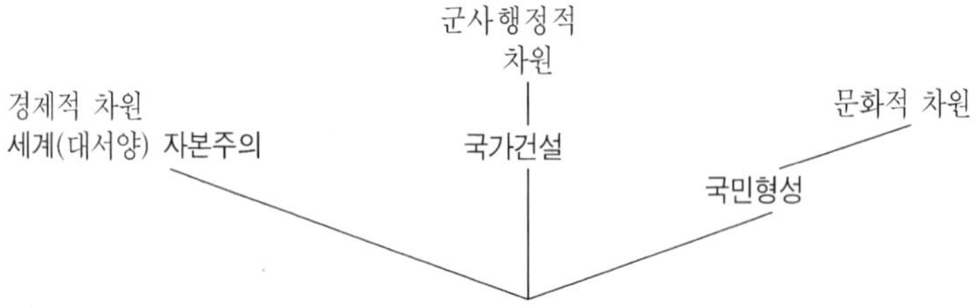


## 2. 세계자본주의와 국민국가

“기나긴 16세기”에 위의 과정들과 상호 관련되면서도 독립적인 두 체제가 나타났다. 하나는 경제적 생산의 국제적인 통합에 이르는 세계자본주의체제이고, 다른 하나는 정도의 차이는 있으나 상당한 정도로 이 경제적 교환체계에 의존하며 이것을 통제할 수는 없는 국민국가들의 체제이다. 경제체제는 인구증가 대 식량생산, 산업화 대 에너지와 원료생산 사이의 균형이라는 점에서, 그리고 정치체제는 국제적 세력 균형이라는 점에서 그 각각의 고유한 동태와 균형을 가지고 있는데, 이들 체제 사이의 불일치와 긴장이 유럽 및 세계의 현대사를 틀지어온 것이다.

이 체제들 중 어느 것이 더 중요한가에 대한 논쟁이 있다. 필자의 견해로는 그것은 다소 현학적이고 아마도 부질없는 논쟁인 것같다. 2차대전 이후 오랫동안 "근대화 시각"이 지배적인 접근법이었는데 이것은,

① 기본 "분석단위"로서(대개는 종종 "국민국가"라는 형태로) 단일한 사회에 초점을 맞추고,
② 그 사회들의 "근대화"를, 과도기적 불안정으로 특징지어지며 일종의 수렴을 낳는 상대적으로 일정하고 보편적인 과정으로 보았으며,
③ 이러한 발전을 주로 "내적 동태" 즉, 기본적인 제도 및 기타 구조들의 특징이라는 점으로 설명하려고 하였다.

근대화 시각은 60년대 말과 70년대 초 이후로 점증하는 공격을 받아왔다. 아마도 가장 강력하고 포괄적인 공격은 대안적인 "세계체제 관점"을 발전시킨 임마뉴엘 월러스타인의 시도일 것이다. 월러스타인은 "분석단위"로서 단일사회가 아니라 "세계체제"를 제안한다. 그것은 하나의 단일한 노동분업과 상당히 상호의존적인 교환관계들의 망으로 정의되는데, 그 안에는 하나 이상의 "문화적 집단"이 존재하고 그것은 또 정치적으로 통합되거나(그러면 "세계제국"이라 불릴 것이고) 통합되지 않을 수 있다(이 경우에는 "세계경제"라 불릴 것이다).

따라서 월러스타인에게 "기나긴 16세기" 이후로 기본 분석단위를 이루는 것은 국민국가가 아니라 자본주의적 세계경제이다. 이것은 잉여가 시장을 통해 재분배되는 교환을 위한 생산체제이다. 또한 그것은 내적으로 동적이고 수직·수평적으로 확장적이며, 그것이 정상적으로 기능하기 위한 선행조건이자 그 결과로서 지속적인 사회적·지역적 불평등을 낳는다. 이러한 관점에서 "국민국가"의 발전은 세계경제의 발전(축적, 수축과 팽창의 순환)에 대한 함수로, 그리고 세계체제내의 국민국가 각각의 위치("중심" 또는 "주변")에 대한 함수로 간주된다.

세계체제 관점은 근대화 시각에 대한 유용하고도 필수적인 교정 수단이지만

필자는 국민국가의 발전과정에서 내재적 연관을 분석하는 대신 하나의 단일한 "분석단위"로서 국민국가와 세계자본주의 둘 중에 어느 것을 선험적으로 선택해야 한다고는 생각하지 않는다. 국제적 노동분업내에서 한 국가의 위치와, 그 나라의 제도적 유산 및 동태 사이의 상대적인 중요성은 본질적으로 경험적인 문제인 것이다. 세계체제는 그것이 하나의 노동분업과 복수의 정치체제로 이루어져 있는 한, 정의상 "근본적으로" 변화되지 않을지도 모른다. 그러나 상당히 내적으로 결정되는 국민국가들의 발전의 결과로, 세계체제의 중요한 구조적 측면이 변화할 수도 있다.

이것이 본질적으로 우리의 저작에서 로칸의 접근과 공유하고 있는 부분이다. 그의 유럽 거시모형에서 중요한 구절을 인용하자면, "강조될 필요가 있는 것은 이 모형의 다차원성이다. 이것은 각 단계마다 경제-기술적, 정치-영토적, 문화-종족-종교적 차원에 동등한 비중을 둔다. 이 모형에는 어떠한 경제결정론도, 지리·문화적 결정론도 존재하지 않는다. 그러한 의미에서 이 모형은 칼 맑스의 전통을 막스 베버 및 에밀 뒤르켐의 전통과 결합시키려 한다. 체계적인 거시역사에서 중심적 과제는 경제·정치·문화체제간 상호작용의 동태를 분석하는 것이다. 각각의 체제는 그 고유의 리듬과 경계를 가지고 있으며 특정 영토와 제도의 운명은 체제들 사이의 경계를 가로지르는 상호작용 과정을 통해 결정된다."

우리의 논문집이 한권은 "대중민주주의와 복지국가의 성장"으로, 다른 한권은 "산업사회와 자본주의 경제의 성장"으로(여기서 문화적 체제들의 특징과 변화를 다루는 중요한 문제는 남겨두었지만) 나누어진 데에는 로칸이 요구한 다차원성이 어느 정도 반영되어 있다. 그러나 2권에서 경제적·사회적 발전을 다루고 있지만 우리의 "분석단위"는 여전히 국민국가이다. 이렇게 불충분한 점에 대해서는 두가지 이유가 있다. 무엇보다 먼저 우리의 주요 관심은 서구의 국민국가와 그 각각의 역사적 발전경로를 비교하기 위한 체계적인 경험적 토대를 마련하는 것이었다. 그 다음으로 정량적인 자료를 제시하려면 보통 "국가별" 통계에 의존해야 한다는 점이다. "단위" 세계자본주의의 발전을 정량적으로 재구성하려는 어떠한 시도에도 자료를 수집, 재분류하는 거대한 노력이 요구되는데, 이는 분명 앞으로의 주요한 과제로 남게 될 것이다.

국민국가 또는 자본주의를 "분석단위"로 취하면, 자료의 체계적 수집은 이상적으로는 "기나긴 16세기"로(혹은 훨씬 더 이전으로) 거슬러 올라가야 할 것이다. 물론 이것은 가능하지 않고 이용가능한 자료의 희소성을 볼 때 앞으로도 불가능할 것이다. 그러나 여러 목적상 이런 먼 시대까지 거슬러 올라갈 필요가 없다고 주장할 수 있다. 왜냐하면 국민국가와 자본주의는 여러 세기동안 거의 "표면현상"에 불과했기 때문이다. 우리는 절대국가 형성 시기의 맥락에서 "침투"에 대해 언급하는 데 익숙해져 있지만 사실상 이것은 그리 "심층적"으로 진행된 것이 아니었다. 아마도 이 말은 자급자족적인 지방단위에 자본주의가 "침투"한 것에 대해서도 사실일 것이다.

이러한 침투는 산업화와 더불어 비로소 심오하게 변화되었는데, 그때서야 자본주의가 지배적인 경제체제로 되었기 때문이다. 전세계적 규모의 상품교환의 확대는 점점 자급의 가능성을 감소시키고 통제 불가능한 새로운 종속을 만들어냈다. 또한 대중민주주의의 발달로 심대한 변화들이 야기되었는데, 이러한 변화는 국가에 새로운 책임들을 부과했을 뿐만 아니라 산업화로 가능해진 국가자원의 거대한 팽창을 정당화하였다.

따라서 우리의 저작에서는 프랑스혁명이 분석에 알맞는 보다 최근의 중간 휴지점이 될 것이다. 그러나 한걸음 더 나아가 1850년대 이후에야 비로소 "근대사회"의 유럽적 형태가 대량생산, 대중정치, 대중문화라는 형태로 더욱 가시적인 모양을 띠었다고 할 수 있다. 이것이 곧 이 저작이 주로 포괄하는 시간범위(때때로 1815년으로 돌아가기도 하지만)이다.

## 3. 유럽의 개념적 지도

로칸은 유럽 국민국가와 그 영토체계에 대한 역사적 분석을 다음의 여섯 가지의 주어진 사실에서 출발한다.

① 로마제국의 유산: 황제의 최고성, 법적 통치의 체계화, 시민권이라는 개념

② 엘리트 의사소통에 있어 초영토적이고 종족을 가로지르는 가톨릭 교회의 중심적 역할
③ 자유로운 가장들로 구성된 입법·사법적 집회의 전통을 지닌 게르만 왕국들
④ 이탈리아에서 플란더즈와 발트해에 이르며, 유럽을 가로지르는 중앙의 자치도시 지대의 성장
⑤ 봉건적·장원적 농업구조의 발달
⑥ 자국어 문학의 출현

로칸은 그의 개념적 지도에서 ②와 ⑤ 즉, 로마에서 북쪽으로의 지정학적 거리와, 중앙의 무역로에 위치한 도시지대에서 서쪽 또는 동쪽으로의 지정학적 거리를 결합한다. 이 지도에서 그는 국민국가 건설에 있어 경제·문화적 조건의 체계적 변이를 규명할 수 있는 유럽의 지정학적 구조에 대한 이론을 정립하려고 노력한다. 그것은 동서축으로는 국가건설의 경제적 조건상의 차이가 나타나고, 남북축으로는 국민형성의 문화적 조건상의 차이가 나타나는 2차원의 유형학에 대한 지세학적(地勢學的) 이해를 보여준다. 따라서 로칸은 "지세-유형학적 모형"에 대해 논의한다.

동서축의 경제 요소는 도시의 견고성과 도시망 구조라는 두 가지 변수를 결합한 것인데, 이 차원에서 지도는 유럽의 지정학적 구조의 근본적 비대칭성을 반영하고 있다. 즉 ⓐ 지중해에서 북쪽으로 걸쳐 정치적으로 파편화된 무역지대에 위치한 다수장(多首長) 도시망, ⓑ 높은 수준의 도시화와 강력한 도시 권력기반을 가진 서쪽의 단일수장 영토, ⓒ 낮은 수준의 도시화와 강력한 농촌 권력기반을 가진 동쪽의 단일수장 영토로 나타난다는 것이다.

따라서 동서축은 국가건설 중심의 경제적 자원기반상의 차이(서부의 고도의 화폐경제에서 창출되는 잉여와 동부의 농업노동에서 창출되는 잉여)를 반영한다.

<그림 4> 유럽의 지세-유형학적 모형

동-서 축: 경제-정체(政體)
도시국가 유럽

<table>
<tr><th></th><th></th><th>해양<br>주변부</th><th>해양제국<br>-국가들</th><th>서부<br>중간지역</th><th>중핵지대</th><th>동부<br>중간지역</th><th>내륙<br>군사적<br>세력</th><th>내륙<br>완충지대</th></tr>
<tr><td rowspan="5">남-북 축: 문화-정체</td><td>신교<br>주변부</td><td></td><td></td><td></td><td></td><td></td><td></td><td></td></tr>
<tr><td>신교<br>중심부</td><td></td><td></td><td rowspan="4">사보이-<br>부르군드<br>통로지대</td><td rowspan="3">다수장<br>구조:<br>초기에<br>공국<br>또는<br>후기에<br>통일</td><td rowspan="4">바바리아<br>-<br>보헤미아<br>통로지대</td><td></td><td></td></tr>
<tr><td>국교도<br>분리영토</td><td></td><td>중앙집권<br>적/ 단일<br>수장영토</td><td>중앙집권<br>적/ 단일<br>수장영토</td><td></td></tr>
<tr><td>반종교개혁<br>중심부</td><td></td><td>강력한<br>도시적<br>권력기반</td><td>강력한<br>농촌적<br>권력기반</td><td></td></tr>
<tr><td>가톨릭<br>주변부</td><td></td><td></td><td></td><td></td><td></td></tr>
</table>

남북축의 문화 요소는 국민 형성의 종교적 조건상의 차이를 나타내는데, 로칸에게 종교개혁은 영토적 국민들을 정의하는 데 있어서 주요한 첫 번째 단계이다. 북쪽의 개신교 국가 교회들은 국민언어를 표준화하고 대중을 통합된 국민문화로 사회화시키기 위한, 국민형성의 중심적 기관이 되었다. 가톨릭 유럽 지역에서는 교회가 초영토적으로 남아 있었고 아주 뒤늦게 프랑스혁명이후에야 주변부 민족주의의 발전에 기여하였다.

로칸은 그의 지세-유형학적 모형을 통해 국가 건설과 국민 형성의 경제·문화적 조건들에 있어 유럽을 가로지르는 주요 변이의 지도를 그리려 하였다(그는 또한 어떤 단순한 지세-유형학에도 들어 맞지 않는 토지소유구조와 종족-언어적 조건상의 중요한 변이를 지적한다). 그러나 그 모형의 중요성은 영토적 공고화와 문화적 통합과정을 넘어서는 것이다. 가장 중요한 그의 가정의 하나는 상대적으로 별 문제가 없는 외부적 경계 건설이 시민적·정치적·사회적 권리를 보다 광범한 인구집단에게로 비교적 평탄하게 확장시키는 기회를 증가시켰다는 것이다. 그리하여 로칸은 어느 정도로 최소한은 구유럽 국민국가들에서 정치적 발전의 "국면들"을 형성했던 네 가지의 기본과정(또는 문제)을 구별해낸다. 앞에서 언급한 처음의 두 과정은 군사, 경제, 문화적인 면에서 "주변부"들을 종속시키려는 시도로서 중심에서 다른 한 영토로 확산되는 영향력의 증대인데, 이는 **외부적** 경계 건설과 영토적 공고화의 과정이다. 이와는 대조적으로 후자의 두 과정은 이렇게 영토적으로 강화된 단위들의 **내부적** 재구조화를 나타내는데, 이것은 확장된 정치적·사회적 시민권의 토대 위에서 "주변부"에 새로운 기회를 열어준다.

1) 엄밀한 의미의 국가건설

지방권력자들의 연결망을 가로지르는 유대를 확립하여 엘리트 수준의 정치·경제·문화적 통합을 이루는 과정(문제): 외부적 방어와 내부적 질서의 유지를 위한 자원동원 제도의 창설

2) 국민형성

보다 광범위한 부문의 대중을 군대징집, 의무교육, 새로운 대중매체 등을 통해 체제로 통합하면서 중심 엘리트와 지방의 주변부 인구 사이의 접촉을 강화시키는 과정(문제)

3) 참여 또는 정치적 시민권의 확립(대중민주주의)

영토체계의 운영에 국민대중이 적극적으로 참여하고 시민적·정치적 권리가 확대·평등화되며 정당이 창설되는 과정(문제)

4) 재분배 또는 사회적 시민권의 확립(복지국가)

영토국가의 행정기구가 더욱 확장되고, 누진과세와 사회이전지출을 통해 경제적 조건의 평등화를 위한 공공복지 서비스와 공공정책이 증대하는 과정(문제)

본 저서 1권의 여러 장들은 대체로 로칸의 네 가지 정치적 발전의 구분을 반영하고 있지만 조금 다른 데에 강조점을 두고 있다. 국가건설과 국민형성은 보다 이른 초기의 발전이고 유럽 국민국가의 영토적 구조는 이미 1815년에 상당한 정도로 드러난 것이었다. 따라서 "국민국가"에 관한 1장은 변화하는 국가경계들과 각 영토내에 거주하는 인구의 문화적 이질성에 대한 기초적인 정보만을 담고 있다. 그러나 로칸의 저작에 있어 이러한 초기의 발전이 갖는 중요성으로 보아 이 발전에 대해서는 서론에서 다룬다. 2장은 로칸의 최초이자 주요한 비교연구 주제였던 유럽에서 대중민주주의의 진화가 보여주는 차이를 다룬다. 그러나 1권의 주요 부분인 3, 4, 5장에서는 19세기 후반 이래 국가건설의 "두번째 국면"으로서 국가인력, 세입과 지출의 증대, 공공교육, 사회보장제도의 창출 등에 대해 다룬다. 이러한 발전들은 분명 로칸의 일반모형에 포함되지만 그 자신은 이를 상세히 연구하지 않았다.

## 4. 국가건설

도시망의 강도, 국가건설 중심 지역의 강도, 문화적 통합과 표준화에 대한 저항의 강도 등 세 가지 차원은 유럽의 영토적 단위의 역사에서 매우 중요하게 부각된다. 마지막 차원은 국민형성의 과정(문제)을 말한다. 엄밀한 의미의 국가건설은 무엇보다 중심의 형성, 한 영토내에서의 행정적 침투, 그리고 명확하고 방어가능한 경계의 확립을 의미한다.

12세기 이후로 유럽에 출현한 국가들의 체제는, 위에서 서술한 바와 같이 로마제국의 붕괴와 잇따른 제국 건설 시도의 실패에 따른 장기적 결과로 이해되어야 한다. 영토교차적인 경제·문화·군사행정적 연계들이 축소되고 느슨해지면서, 새로운 영토적 단위를 형성할 수 있는 기회들이 생겨났다. 그러나 이 기회들은 로칸의 지세-유형학적 모형에서 보다시피 유럽 전역에 매우 불평등하게 분포되어 있었다. 그의 16~18세기 서구의 "개념적 지도"는 국가건설 시도가 있었던 곳과 그 흐름을 보여준다(1642~1789년 사이에 주권국으로 인정된 영토는 고딕체로 표시되어 있다).

로칸이 보기에 유럽 역사의 커다란 역설은 강력한 정복 중심지의 형성과 국민국가로의 영토적 공고화가 구제국의 가장자리 지역에서 시작된 반면, 이탈리아와 독일의 중심지역은 19세기까지 파편화된 채로 남아 있었다는 사실이다. 이 역설을 조금이라도 이해하기 위해 그는 여러 단계로 추리한다(여기에 그 자신의 설명을 옮겨놓는다).

1) 구 서로마제국의 심장지대에는 지중해에서 알프스 동서부로, 라인강과 다뉴브강 북쪽으로 뻗은 무역로지대의 여러 도시들이 놓여 있었다.

2) 이 "도시지대"는 로마 가톨릭교회의 강력한 근거지였는데, 이 영토에는 고도로 밀집된 대성당, 수도원, 교회가 지배하는 공국들이 있었다.

3) 이 영토내에 형성된 중심들의 밀집도가, 다른 중심들보다 우월한 어느 한 중심을 골라내기 어렵게 만들었다. 즉, 강력한 영토체계의 발전을 위해 주어진 어떠한 지리적 중심지역도 존재하지 않았던 것이다.

4) 게르만 4부족 지도하의 신성로마제국의 부활은 그 영토를 통일하는 데 도움이 되지 못했다; 황제들은 선거동맹 변화의 제물이었다. 이들중 많은 수가 단지 명목상의 통치자였고 가장 강력한 최고의 황제들도 교황과 이탈리아 도시들과 싸우는 데 에너지를 소비했다.

5) 이와는 대조적으로, 도시가 많았던 구제국의 가장자리에서 효과적인 중심들이 형성되기가 보다 쉬웠다는 것이 드러났다. 이들 지역에서 중심들은 중앙 무역지대의 도시에서 매우 떨어진 주변부의 자원을 통제할 수 있게 되었다.

6) 이러한 구제국 가장자리에서의 체제건설 노력은, 초기에는 서부에서 그리고 북부, 프랑스, 영국, 스칸디나비아, 나중에는 스페인에서 성공적으로 이루어졌다. 이 모든 경우에 중핵지대의 왕조들은 대부분 중앙 무역지대의 도시범위 너머에 있는 많은 주변영토들로터 자원을 효과적으로 장악할 수 있었다.

7) 성공적인 중심건설의 두번째 물결은 내륙쪽에서 일어났다. 그것은 처음에는 오스트리아에 중심지역을 가진 합스부르크가에 의하여, 다음에는 독일제국의 동부로의 확장, 스웨덴, 그리고 최후이자 결정적으로 프러시아에서 이루

어졌다.

8) 파편화된 중앙 도시지대와 소국들은 샤를마뉴에서 비스마르크에 이르는 오랜 세기 동안 끝없는 맹습과 반격 그리고 재조직화의 노력이 있었던 곳이다. 먼저, 프랑스 군주들은 점점 프로방스에서 플란더즈까지의 구(舊) 로싸린쟈-부르군드 완충지대를 점령하고 아비뇽, 엑스, 리용과 같은 전형적인 무역도시들을 통합하였다. 둘째로, 알프스 북쪽의 중요도시들은 모든 인접지역에 대항하는 연합을 형성하여 스위스연방을 세웠다. 비슷한 연합이 발트해, 북해를 따라서 형성되었지만 주권적 영토형성을 이루어내지는 못했다. 셋째로, 합스부르크가는 도시지대의 동서지역을 여러 차례 침범하고 얼마 동안은 라인강 하구의 중요한 영토들을 다스렸는데, 이것은 후에 협의제적인 네덜란드연방을 성공적으로 건설해낸 시도를 촉발시켰다. 마지막으로 프랑스혁명에 이어서 나폴레옹은 중앙지대를 가로질러 알프스 북부와 남부로 진군했는데, 이는 1870년에 프러시아와 피에몽의 승리로 끝난 일단의 통합노력들을 촉발시켰다.

로칸은 주로 유럽의 전체적인 영토구조를 포착하는 데 관심을 두고 있고, 단일한 하나의 국가건설 노력상의 엄밀한 차이를 설명하는 데는 관심이 덜하다. 그의 개념적 지도에서 그는 유럽을 1054년 분리 이후의 로마 가톨릭교회 지역과 동일하게 보고 있는데 이것은 그리스 정교회인 동부지역, 그리고 무엇보다 서부 도시지역으로부터 경제적으로 고립되고 국가에 대한 교회의 종속을 통해 문화적으로 고립된 러시아제국을 배제하는 것이다. 더 나아가 언어의 운명과 그에 관련된 국민형성 노력에 대한 연구에서 그는 오늘날 동구라 불리는 유럽 일부의 전지역을 배제하고 있다. 그가 자신의 모형을 2차대전으로 야기된 영토적 결과들을 포괄하는 데까지 확장하지 않은 까닭은 아마도 이러한 동구 지역의 배제 때문인 것으로 설명될 수 있을 것이다.

<그림 5> 16~18세기 서구의 개념적 지도

동-서 차원

| | | | | | | |
|---|---|---|---|---|---|---|
| | 도시망의 강도 | 보다 약함 | 보다 강함 | 보다 강함 | 보다 약함 | 보다 약함 |
| | 정복중심의 강도 | 보다 약함 | 보다 강함 | 보다 약함 | 보다 강함 | 보다 약함 |
| | 지정학적 유형 | 해안주변부 | 해안제국-국가 | 유럽의 도시연방 | 대륙 제국-국가 | 대륙주변부 |
| 남-북 차원 | 로마범위 밖의 **프로테스탄트** | 아이슬란드: 10세기까지 공화국, 이후 노르웨이, 덴마크 치하.<br>스코틀랜드: 12세기에 왕국, 1707년 영국에 통합 | 바이킹 제국: 후에 동질적 국민국가로 축소<br>노르웨이: 후에 덴마크치하<br>덴마크 | | 스웨덴: 16세기 국가형성, 서부해안방향의 정복을 통해 | 핀란드: 스웨덴의 주, 1809년 러시아 대공국 |
| | 예전에 로마제국하에 있었고 로마법의 영향을 받은 영토: **프로테스탄트** | 웨일즈: 15세기 | 영국: 11세기에 공고화, 17~18세기에 중심적 해양세력 | 한자 동맹: 13~16세기에 발트해, 동해, 북해의 느슨한 도시연맹 | 프러시아: 17세기 국가형성, 18세기 왕국, 통일<br>독일제국의 중심 | |
| | 종교적으로 혼합된 지역 | 아일랜드: 16~17세기 종속됨 | | 네덜란드: 합스부르크가에 대항해 통일된 북부지방들, 1648년 독립<br>벨기에: 1830년 독립<br>스위스: 1291년 연방형성, 이후 다수의 도시국가 추가 | 바바리아 | 보헤미아: 1620년에 합스부르크가에 종속됨 |
| | 가톨릭 | 브레타뉴: 16세기 종속됨 | 프랑스: 16세기 공고화, 인도차이나와 아프리카를 제외하고는 제국건설 실패 | 아라곤-카탈로니아: 1474년에 카스틸리아에 통합, 1640년대에 봉기들<br>사보이-피에몽: 도시국가통일의 독립적 중핵<br>이탈리아 | | 귀족전방-제국<br>폴란드 18세기 분열<br>헝가리 16세기 오토만에 정복됨. 1699년 합스부르크가에 병합 |
| | 반종교개혁 영토 | | 회교도와의 전쟁에서 수립된 십자군 원정제국: 중심적 해양세력<br>포르투갈, 스페인 | | 십자군원정제국: 왕조의 기반 위에 오토만 제국과의 싸움에서 형성<br>오스트리아 | |

## 5. 국민형성

“국민형성”은 외적인 문화적 경계건설과 내적인 문화적 표준화의 과정을 지칭한다. 이 과정의 성공 및 실패의 조건은 유럽 전체에서 상당히 다양하게 나타났다. 어느 곳에서도 “국가”와 “국민”, 영토의 군사행정적 공고화와 그 영토내 인구의 종교적 정체성, 언어적 통합, 종족적 기원 등이 완벽히 일치하는 경우는 없었다.

국민형성과정에서는 종교가 중요한 것이었는데, 위에서 언급한 대로 종교개혁은 국민형성에서 최초의 주요 단계를 이루었다. 그러나 정체성과 독자성을 가장 명백하고도 널리 드러내는 언어가 점차 더 중요하게 되었다. 프랑스혁명동안 “국민”이라는 단어의 의미는 “언어”를 포함하는 것으로 바뀌었다. 원래의 의미는 같은 종교와 출생지를 가진 모든 사람들의 집단체라는 것이었는데, 그 이후로 그것은 전체 프랑스 국가안에 살면서 표준 프랑스어(*Ile de France*)를 이해하는 모든 사람을 가리키게 되었다.

종족-언어적 경계의 확립은 유럽 역사에서 일어난 일곱 번의 중요한 이주와 정복, 점령의 결과였다.

첫째, 라인강과 다뉴브강 사이 심장부에서 고올, 이베리아, 영국으로의 켈트족의 확산; 둘째, 서쪽으로는 서(西)고올과 이베리아, 북쪽으로는 라인강과 다뉴브강 하안선(limes), 그리고 영국에 대한 일련의 로마의 정복; 셋째, 쇠락하는 로마에 대한 게르만 부족들의 잦은 침략; 넷째, 8세기 이베리아 반도를 거쳐 북쪽으로 나아간 아랍의 정복 물결; 다섯째, 노르망디, 아일랜드와 영국, 시실리, 남부 이탈리아에 대한 연속적인 바이킹의 정복; 여섯째, 독일의 내륙영토로의 핀-우그리아족과 슬라브민족의 서향 이동; 마지막으로, 12세기 이후 슬라브와 발트해 지역으로의 독일민족의 동으로 향한 팽창.

이러한 연속적인 정복과 점령의 물결은 매우 복잡한 종족-언어적 지형을 낳았는데, 이것은 중세 절정기에 협의제적 구조뿐만 아니라 중앙집권화된 군주제 발달의 첫단계에서 일종의 문화적 하부구조를 마련한 것이었다. 나중에 종족-언어적 집단형성의 분포에 따라 언어적 통합의 성격과 비용이 달라지게 되었는데, 언어통합 과정은 인쇄기 발명과 종교개혁의 종교적 갈등으로 인해 결정적으로 가속화되었다. 이러한 발전들은 점점 파편화해가는 유럽에서 의사소통의 다양한 국민적 표준을 정립하는 바탕이 되었다.

중세 절정기 이후 거대한 국가건설 시도들은 영토적 통제권과 국민적 정체성에 대한 요구 사이에서 다양한 갈등을 낳았다. 그것은 정복 중심지와는 다른 문화적 정체성을 가진 많은 주변부들(켈트-대서양 서부와 동부 습지대의 주변부)과 주요국가 건설 중심이나 블럭들 사이의 교차 압력에 놓인 매우 다양한 "경계면 주변부"들을 만들어내었다(<그림 6> 참조). 후자는 무엇보다 최전성기에 이탈리아 대부분과 북쪽의 독일 지역까지 포괄했던 구제국의 동·서 방면에 있는 문제의 주변부들과 완충적 영토들이다. 이 경계면 주변부들에서 독일과 이탈리아는 서쪽으로는 프랑스에 동쪽으로는 슬라브나 헝가리에 맞닿아 있었다. 보다 덜 중요한 다른 주변부들은 리이토-로만 고립지와 구제국내의 이탈리아-독일 경계면 지대, 그리고 제국의 북부전선과 제국 너머의 스칸디나비아에 있는 경계면 주변부들이다.

따라서 국민형성의 상황 즉, 중앙으로부터 한 영토내의 언어를 통일하고, 주변부가 이에 대항하여 개별적인 문화적 정체성을 유지하는 상황은 유럽 전체에 걸쳐 매우 다양했던 것이다. 그리고 이는 무엇보다 1789, 1830, 1848년의 프랑스혁명으로 자극된 연이은 민족주의 물결 이후에 이루어진 주변부들의 정치적 지위상의 변화에도 해당되는 말이다. 주요한 변화는 오토만, 오스트리아, 러시아 제국 등의 연속적인 붕괴의 결과로서 게르만 영토 동부에서 생겨났는데, 이 변화들은 1차대전 동안 또는 그 직후 취해진 조치들이었다. 서부에서는 주요한 변화들이 처음에는 스칸디나비아, 다음에는 영국에서 일어난 반면, 독일-프랑스 사이의 전쟁은 경계들을 이동시켰지만 새로운 정치적 단위들을 출현시키지는 않았다.

유럽의 국민형성의 역사에서 정치적, 언어적 통일의 몇 가지 형상은 다음과 같이 구분할 수 있다. 첫째, 보통 30년전쟁 이전 단일의 중앙 영토언어의 연속적인 강화와 결합되어 초기에 영토적 공고화를 이룬 사례: 포르투갈, 영국, 프랑스, 덴마크, 스웨덴, 네덜란드; 둘째, 정치적으로 공고화되기 수세기 전에 문화적으로 영토가 통일된 사례: 이탈리아, 독일; 셋째, 다중어 구조내에 언어적 적응이 이루어진 사례: 스위스, 벨기에, 스페인; 넷째, 고유한 언어적 표준을 확립·유지할 수 있었으나 훨씬 뒤늦은 19·20세기에야 주권적 지위에 오른 주변부 영토들의 사례.

첫 번째 범주에서 포르투갈, 영국, 프랑스, 덴마크, 스웨덴은 구제국의 주변부에서 강력한 영토중심과 독자적인 언어표준을 발전시킨 나라들이다. 하나의 중앙언어를 발전시켰으면서 유일하게 도시지대에 위치한 영토는 다수장(多首長)의 네덜란드이다. 여기서는 언어적 동질화 과정이 당시 주변지역의 중심들보다 훨씬 오랜 시간이 걸렸다. 그러나 이 과정은 네덜란드의 민족적 동질성으로 용이하게 이루어졌고, 이것은 포르투갈, 덴마크, 스웨덴에서도 비슷했다.

영국과 프랑스는 공고화된 중심영토에 강력한 언어적 표준을 가지고 있었는데, 이 표준들은 나름의 주변부 언어와 방언을 가진 상당히 차별적인 인구들에게 강요돼야 했다. 이러한 점에서 두 나라 모두 다민족적이라 할 수 있지만 언어적 정책에서는 상당히 달랐다. 영토중심을 보다 일찍 그리고 보다 철저히 통일했던 영국인들은 대체로 훨씬 관용적이었다. 영어는 중앙집중화의 노력 없이도 일찍부터 스코틀랜드와 아일랜드에서 점차 지배적인 언어가 되었다. 이 두 지방은 실제로 그 종족적 정체성을 잃지 않으면서 지배적 중심으로부터 외부적으로 유래된 어휘표준(exoglossic standard)을 받아들여 왔다. 켈트 공동체들 가운데 오직 웨일즈만이 언어적 독자성을 유지하는 데 비교적 성공했다.

프랑스는 실제로는 오랫동안 다민족 제국으로 남아 있었지만 혁명기간 동안 표준 프랑스어를 강제적으로 부과하기까지 하는 등 중앙집중화된 이데올로기를 육성하였다. 이러한 중앙화의 노력은 동부 경계면 주변부는 차치하더라도 옥시타니아, 브리타니, 코르시카의 언어적·문화적 독자성의 문제에 부딪칠 수밖에 없었다. 무엇보다 옥시타니아는 그 초기의 경제적·문화적 중요성으로 보아 그 자신의 국민국가를 발전시킬 수 있었을 것이다. 그러나 정치적 독립성을 상실하면서 통일된 언어표준을 발전시킬 능력을 상실하고 말았다. 브리타니에서 켈트어는 웨일즈에서보다 강하게 살아 남았지만 웨일즈에서와 같은 공식적인 인정은 결코 받지 못했다.

<그림 6> 유럽의 전체 영토구조 내 주변부의 위치에 대한 지도

| | 해양주변부 | | 해안 평원지대 | | 중앙평원지대/알프스 | | | 게르만 습지대 | 내륙주변부 | | |
|---|---|---|---|---|---|---|---|---|---|---|---|
| | 1 중세국가형성이 전혀 없거나 초기에만 존재 | 2 독자적 중세국가 그러나 불연속적 | 중세 이후 연속적 국가형성 | 3 서부 경계면 영토 | 14-16세기 이후 연속적 국가형성 | 초기적 국가형성, 이후 더 큰 체계로 흡수 | 4 내부경계면 영토 | 13-17세기 이후 연속적 국가형성 | 5 동부 경계면-영토 | 6 독자적 중세국가 그러나 불연속적 | 7 중세국가형성이 전혀 없거나 초기에만 존재 |
| "극"주변부 | 그린란드, 페어로우, 셔틀랜드, 오크니즈 | 아이스란드, 북부 노르웨이 | | 젬틀랜드 | | | | 노르본 | | | 랩랜드 |
| 프로테스탄트 영토 | | 노르웨이, 스코틀랜드, 웨일즈 | 덴마크 영국 | 보슐렌/ 스캐니아/ 할랜드, 블레키뉴, 쉴레스비흐 | | 한스독일 | 프리지아 | 스웨덴, 브란덴부르크/ 프러시아 | 오스트로-보드니아, 알란드, 동부프러시아 | | 핀란드 발트영토 |
| 혼합적 국교도-가톨릭 영토 | 스코틀랜드 고지대, 아일랜드 | 브리타니 | 프랑스 | 알자스-로렌, 부르크디, 쥬라, 사보이, 프로방스, 옥시타니아, 코르시카 | 네덜란드, 스위스 | 라인란트, 독일, 피에몽/ 사르디니아 | 보헤미아, 오라비아, 바바리아, 그리슨 | | 슈데텐란드 | 리투아니아, 폴란드, 세르비아 | 슬로바키아 |
| 반종교개혁 영토 | | 갈리시아, 나바르/바스크 주 | 스페인, 포르투갈 | 벨기에, 카탈로니아 | | 롬바르디아, 교황영토 | 티롤/알토아디쥬, 베네치아/프륄리아 | 오스트리아 | 뷔르겐란트 | 헝가리 | 슬로베니아 |
| 지중해 주변부 | | | 안달루시아 | 발레리 군도 | | 양(兩) 시실리 왕국 | | | | 크로티아, 달마티아 | 보스니아, 알바니아 |

두 번째 범주에는 제국의 유산이 매우 두드러진 두 다수장 국가인 이탈리아와 독일이 포함된다. 둘 다 그들 나름의 강력한 문자표준을 발달시켰고 정치적으로 공고화되기 훨씬 이전에 문화적으로 통일되어 있었다. 이탈리아에서는 초기의 자국어화 국면에서 세 가지 표준언어들이 경쟁하였지만 14세기 이후로는 토스카 표준어가 점차 지배적으로 되었다. 따라서 경계면 주변부와 여타 지역의 고립된 방언이나 언어를 제외하면 이탈리아는 문화적으로 놀랄 만큼 단일적이다.

상당한 방언들의 변이를 지닌 독일제국에서는 공통표준에 관한 일치를 이루는 데 몇 세기가 걸렸다. 표준 독일어는 동부 습지대의 합병 식민화의 결과로 생겨났고 16세기에 결정적으로 강화되었다. 따라서 이탈리아와는 대조적으로 표준 독일어는 도시지대내의 영토들을 가로질러 확산되었을 뿐만 아니라 두 내륙제국인 오스트리아와 프러시아에서 문어적 의사소통의 표준으로 받아들여졌다.

세 번째 범주는 다중 언어구조내의 의도적이면서 다양한 언어적 적응의 세 가지 사례를 포함한다. 그 중 두 가지 사례인 스위스와 벨기에는 도시지대내의 완충적 영토였는데, 자신의 고유한 언어표준을 발전시키지 않았다. 다른 또 하나의 사례인 스페인은 구제국의 주변부에 위치해 있었는데, 내부적으로 유래된 네 가지 어휘표준(endoglossic standard)을 가지고 있었다. 이 세 경우 모두 하나의 언어가 역사적으로 우세했으나 최소한 앞서 두 나라에서는 (언어들의 상대적 세력이) 균형화되는 경향이 더 컸다.

스위스의 언어적 구조는 알레만 독일어(Alemannic German)의 우세에도 불구하고 오랫동안 가장 균형적이었다. 스위스에서는 연방건설에 있어, 높은 지위를 가진 문어적 의사소통을 위해 세 가지의 외부적으로 유래된 어휘표준을 선택함으로써 방언들의 지위를 평등화하기가 보다 쉬웠다. 오직 그리슨/그라우뷘덴(Grisons/Graubünden)의 리이토-로만 공동체들만 외부언어에 의지할 수 없었는데, 이는 그들의 고립과 다양한 방언들로 통일된 표준을 발전시키기가 어려웠기 때문이다.

벨기에는 1830년 국가 출범부터 현저한 일면적 구조를 가졌다. 하나의 외부적으로 유래된 어휘표준으로서 프랑스어가 엘리트 언어였고, 플레밍어는 네덜란드어가 또 다른 외부적 언어표준으로 받아들여질 때까지 오랫동안 일단의 방언으로 남아 있었다. 그러나 1950년대 후반 이래의 투쟁에서 네덜란드어가 평등한 지위를 획득함에 따라 벨기에의 언어구조는 보다 평등화되었다.

스페인에서는 이들 두 나라와 비견될 만큼의 균형을 향한 추세가 없었다. 카스틸리아가 15세기 후반기에 기선을 제압한 이후로 그 중앙집중화 노력이 주변부에 폭력적이고 격렬한 반응들을 야기했다. 무엇보다 경제적으로 앞서고 문화적으로 독특한 카탈라와 바스크의 영토에서 카스틸리아의 지배에 대한 투쟁이 일어났다. 오늘날 카탈라와 바스크(그리고 갈리시아)의 지방언어들은 다양한 정도이지만 모두 공식적인 인정을 받고 있다.

네 번째 범주는 19~20세기에야 주권적 지위에 오른 주변부들로 이루어져 있다. 이 과정은 당시 정치적 독립을 획득하고 또한 나름의 언어표준을 확립·유지할 수 있었던 북해의 나라들에서(노르웨이 1814/1905년, 핀란드 1918년, 아이슬란드 1944년, 최근에는 페로우) 완전히 이루어졌다. 그 과정으로 노르웨이(bokmål-nynorsk)와 핀란드(핀란드어-스웨덴어)에서는 이중언어체제가 생겨난 반면, 다른 두 사례(즉 아이슬란드와 페로우)에서는 주변부 표준이 완전히 지배적이게 되었다.

아일랜드는 좀 색다른 사례이다. 아일랜드는 1차대전 이후 언어적 독자성을 성공적으로 확보하지 못한 채 주권적 지위를 획득했다. 아일랜드어는 서구의 학문언어로서 라틴어와 희랍어를 대체한 최초의 언어였지만 종교개혁이후 점차 영어에 밀려나게 되었다. 그것은 실제적으로 19세기에 소멸했고 (아일랜드) 공화국의 건설을 통해서도 부활될 수 없었다. 그러나 흥미롭게도 외부적 언어표준으로서 영어의 승인이 종족적 정체성의 강도에 영향을 끼치지는 못했다. 심지어 스코틀랜드는 더욱 독특한 결합을 보여주는데, 별개의 언어와 완전한 주권이 없이도 독자적 정체성에 대한 강한 역사 의식을 유지했던 것이다.

마지막으로 서구의 가장 중요한 복합적인 경계면 지대인 로싸린지아 완충지대내에서 주권을 획득한 영토는 오직 벨기에(1830년)와 룩셈부르크(1838년)뿐이다. 두 나라 모두 외부적 어휘표준이 나누어져 있는데, 전자에서는 프랑스어와 네덜란드어로, 후자에서는 프랑스어와 표준 독일어로 나누어져 있다. 그러나 후자는 2차대전 이후 그 지역방언인 레체부르기쉬(Letzeburgisch)의 사용을 성공적으로 장려했다.

## 6. 대중민주주의

국가건설과 국민형성은 외부적 경계건설 과정으로 간주될 수 있다. 그 시기와 형태는 영토체제의 내부적 발전, 즉 대중민주주의로의 전환에 강력한 영향을 미쳤다. 또한 외부적 교류들을 통제하는 데 사용된 정책들이 내부적인 항의의 표출전달에도 영향을 미쳤다. 따라서 로칸은 내적, 외적 경계건설 전략 사이의 상호작용에 대한 가설 정립에서 유럽에 대한 자신의 "지세-유형학적 모형"의 필수적인 근거를 발견한다.

그는 다음과 같은 일반화에 도달한다.

1) 북부의 영토적 문화에서 개신교적 독립국가형성(nationalisation)은 "아래로부터"의 항의를 동원하는 데에 유리하게 작용했다. 초기에 증대된 문자해득률이 대중정치로의 하층계급 동원을 고무시켰고, 교회가 국가로 통합되면서 잠재적인 갈등원천이 감소됨과 동시에 피지배인구의 반대와 저항에서 명확한 초점이 형성되었다. 이와 대조적으로 가톨릭교회의 초영토적 영향력은 "위로부터의 동원"에 유리했는데, 뒤늦은 문자해득률 증대는 자발적인 대중동원을 지연시켰고 교육제도의 통제에 대한 갈등으로 교회는 국가에 대항하는 동원에 노력을 경주하였다.

2) 무역지대로부터 아주 멀리 떨어진 영토에서 대중민주주의로의 이행은 보다 점진적이고 덜 폭력적이었다. 여기서는 대표기관들을 유지하고 법적·종교적·언어적인 그들 나름의 표준을 발전시켰기 때문에 탈출(exit)의 선택을 통제하는 데 문제가 덜했다(영국, 스웨덴, 노르웨이, 아이슬란드). 도시지대 내에서는 중앙집중화시키는 국가기구의 형성을 막고 도시망의 협의제적 유대를 발달

시킬 수 있었던 곳에서만(네덜란드, 스위스) 대중민주주의로의 이행이 비교적 평탄하였다. 끊임없이 다양한 탈출의 선택을 제한하려 싸웠던, 무역로 가장자리에 강력한 중심을 가진 영토에서는 대중민주주의의 이행이 보다 폭력적이었다(프랑스, 덴마크, 프러시아, 오스트리아, 스페인). 영토중심과 경계의 정당성이 낮은 뒤의 세 나라는 특히 그러하였다.

3) 대중민주주의로의 이행은, 일반적으로 중심 형성과정과 국민형성 및 민주화가 별로 시간적 간격 없이 연속되었던 곳에서는 문제가 더욱 심했다(이탈리아, 아일랜드, 핀란드, 체코슬로바키아, 헝가리, 폴란드).

로칸은 유럽의 대중민주주의 발전상의 이러한 변이를 조직적인 면(정당체계)만이 아니라 제도적인 면(정치적 권리)에서도 분석하고 있다. 그는 각각의 정치적 운동이 주변부에서 중심으로 네 가지 중요한 관문을 통과하는 도정에 있다는 사고에서 출발한다.

ⓐ 정당화의 관문: 시민적 권리(청원, 비판, 항의, 집회, 표현, 출판)의 효과적 인정
ⓑ 통합의 관문: 대표선출에서 형식적인 (그리고 평등한) 참여권의 인정
ⓒ 대표의 관문: 의회에서 득표가 의석으로 균등하게 전환되는 것에 대한 인정
ⓓ 집행권의 관문: 내각이 의회 다수에 대하여 지게 되는 책임성의 효과적 인정

처음 두 관문은 대중정치의 발전에 분수령을 이룬다. 일단 이 관문을 넘고 나면 체제는 정치적 시장을 창출하면서 대중선거운동과 대중조직의 시대로 진입한다. (ⓐ와 ⓑ관문을 통과하는 데 있어서) 시민적 권리 및 형식적인 정치적 권리의 제도화에서의 변이를 설명하려는 시도에서 로칸은 네 가지 원인변수를 강조한다.

첫째, 중세의 영토적 공고화의 정도, 즉 초기의 독립영토 대(對) 도시, 공국,

그리고 대륙제국의 지방

둘째, 대표기관(신분의회, 영토적 집회, 도시평의회 등)의 연속성, 즉 일정형태의 대표의 유지 대 절대주의적 지배에 대한 종속

셋째, 영토공고화의 시기, 즉 1648년까지 수립되었던 구정체 대 1814년 이후 수립된 새로운 정체들

넷째, 분열 이전의 지배적 정체의 규모와 강도, 즉 국제체제내에서의 주요 지위 대 낮은 지위

로칸에 따르면, 정당화의 관문에 대해 이들 차이가 가져오는 결과는 대표통치 전통의 유산이 강할수록 반대파를 일찍 합법화하는 기회가 더 커지며, 지배적 국가의 국제체제적 지위가 높을수록 종속영토의 정당화에 대한 장애는 더 크고 더 심한 내적 폭력을 수반한다는 것이다.

절대주의 전통의 유산이 정당화의 관문을 높은 수준으로 유지하는 경향이 있다는 데는 많은 증거가 있다(스페인, 프랑스, 프러시아, 오스트리아, 이탈리아, 이보다는 낮지만 덴마크). 민족독립을 획득하는 데 있어서의 경험도 이와 비슷하게 중요한 것이었다. 작은 민족적 단위가 지배적이고 위협적인 이웃나라의 영향하에서 분열되었을 때에는 언제나 내부적 폭력의 수준이 높았고 반대파의 합법화도 위협을 받았다(핀란드, 아일랜드, 오스트리아공화국).

또한 그에 따르면 위의 차이들이 통합의 관문을 낮추는 데 있어서 갖는 결과는 대표통치 전통의 유산이 강할수록 참정권 확산과 평등화 과정이 느리고 덜 가역적이며, 민족적인 독립열망에 대한 위협이 클수록 민주화 과정의 단계들이 보다 적어진다는 것이다.

그러므로 서구의 국가들은 두 가지 극단 사이에 배열될 수 있다. 고유하게 전해내려온 통치 스타일의 유형에 따라 분류되는 이 두 극단은, 역행이 없이 단계적으로 느리게 참정권이 확대되었지만 불평등에 대한 오랫동안의 형식적 인정이 있었던 영국 모형과, 초기에 정치적 시민권이 갑작스럽게 보편화·평등화되었으나 종종 그것이 역행하고 인민 지배의 명분으로 대중의 지지를 악용하는 경향이 있었던 프랑스 모형으로 대표된다. 이 모형들의 구분은 참정권

확대의 속도(단계적 진행 대 갑작스런 보편화와 평등화)와 그 연속성(역행되지 않은 것 대 역행된 것)이라는 두 가지 서로 다른, 그러나 반드시 공변하지는 않는 차원을 포함한다.

일반적으로 보다 강력한 대표적 전통의 특징을 지니는 정체는 영국 모형에 가깝고, 보다 강력한 절대주의적 전통의 특징을 지니는 정체는 프랑스 모형에 가깝다. 그러나 중요한 예외가 있다. 먼저, 핀란드와 스위스는 초기의 갑작스런 정치적 시민권의 보편화와 평등화라는 점에서 (스위스 칸톤의 성인 남자 보통선거권은 1848년에, 핀란드에서는 1906년에 남녀 보통선거권이 이루어졌다) 프랑스 모형에 가까우나 어떤 역행도 없었다. 한편, 노르웨이와 아이슬란드는 단계적인 선거권 확장이라는 점에서는 영국 모형에 가깝지만 영국에서와 같은 과도기적 불평등이 없었고 보다 높은 수준에서 선거권 확대가 시작되었다. 절대주의적 전통을 지닌 다른 나라들 중에서 오직 덴마크와 프러시아/독일만이 프랑스 모형에 진정으로 가깝다.

최소한 주요한 부문의 남자 인구에게 선거권이 확장되면 대표의 관문, 즉 다수제의 숫적인 불공평성은 압력을 받게 된다. 로칸은 이 관문을 낮추는 데에서의–비례대표제 도입에서의–차이를 다음과 같은 일반화로 설명하려 한다.

a) 비례대표제에 대한 압력은 시민들의 종족적·종교적 이질성에 따라 증가하는 경향이 있다. 이것은 처음으로 비례대표제를 도입했던 1850년대의 덴마크(쉴레스비히 소수집단)나 1890년대 초 스위스 5개 칸톤, 1899년 벨기에와 1906년 핀란드에 해당된다.

b) 비례대표제 도입에 대한 저항은 선거권 확대(그리고 대개는 그에 상응하는 계급정당의 성장)가, 비례대표제를 생존 수단으로 삼을 수 있게 되었던 기존 납세정당들(regime censitaire –재산이나 소득에 대한 세금을 내는 정당: 역자주) 중에 최소한 하나의 정당를 위협하는 곳에서는 약화되는 경향이 있다. 이는 1899년의 벨기에, 1909년의 스웨덴, 1915년의 덴마크 하원, 그리고 1차대전 말 또는 직후의 네덜란드, 룩셈부르크, 노르웨이, 오스트리아, 스위스연방, 아이슬란드(이 나라는 오직 수도지역에서만)에 해당된다.

c) 일반적으로 비례대표제 도입은 정당 지도자들 간 의사소통의 빈도나 상호작용이 더욱 크고 다수파의 승리를 통해 얻는 자원이 보다 적으며, 민족적 통일성에 있어 국제체제의 안정성에 대한 의존이 더 큰 문제가 되는 소규모 정체에서 더 용이하다.

d) 비례대표제 도입에 대한 저항은 중앙정부가 비례대표제 도입운동에 대항해 더 큰 자원을 동원할 수 있는 대규모의 정체에서 더 강하다(영국, 프랑스, 독일).

세 번째 관문의 통과는 하나의 중요한 결과를 가져왔다. 대중 동원의 마지막 국면에서 비례대표제의 도입은 더욱 분절화된 각 나라의 중앙 지역에서 정당대안의 구조를 화석화하지는 않더라도 안정화하는 데는 일조하였다.

마지막으로 집행부 결정 작성의 관문은 정당 형성구조의 숫적 특징과 의회 다수에 대한 내각책임성의 제도화를 말한다. 즉, 의회 다수로의 근접성과 제1당의 지위에 대한 경쟁의 공정성을 말한다.

의회지배의 도입에 있어서는 상당한 차이가 있었다. 벨기에, 네덜란드, 노르웨이는 결정적인 선거권 확장이 이루어지기 전에 의회지배 원리를 도입함으로써 영국 모형을 따른 데 비해, 덴마크, 스웨덴, 오스트리아제국은 효과적인 의회통치의 제도화 이전에 성인 남자 선거권을 도입함으로써 독일 모형을 따랐다. 의회지배하에서 마지막 관문의 주요한 문제는 정부결정에 직접적으로 영향을 미칠 수 있는 기회를 얻기 위해서는 한 정당이 얼마나 많은 의석수를 필요로 하는가 하는 점이었다. "일반적으로 집행부에 소수파가 참여할 수 있는 가능성은 ① 다수집단의 위치와 최대정당의 거리, ② 잠재적 연합 상대자들이 제시하는 정책대안의 근사성과 그 협상 가능성, ③ 국제적 환경에서 오는 압력의 강도에 따라 증가하는 것으로 보인다." 이러한 조건상의 변이는 선거 대안들의 구조 및 경쟁 유형상의 커다란 차이를 낳았다.

제도적인 게임 규칙과 추상적인 산술적 구조는 분명 정당행위의 틀과 대안을 정하는 데 중요한 것이다. 그러나 실제 선택은 기본적인 균열구조의 역사를 분석함으로써만 이해될 수 있다. 따라서 로칸은 서구 정당체계상의 차이를 기본적 갈등의 역사, 즉 항의의 표출과 요구의 집약, 지지의 동원을 위한 문화적·사회적·경제적 조건상의 차이와 변화라는 점으로 설명하려고 한다.

매우 다양한 역사적 균열과 갈등으로 인해, 국민적 정체들의 역사에서 더 광범위한 갈등전선과 구조에 집중함으로써 분석을 단순화할 필요가 있다. 따라서 로칸은 그가 국민혁명과 산업혁명이라고 이해한 서구의 네 가지 핵심적 균열을 구별한다. 국민혁명, 즉 국민국가의 발달은 두 가지 기본적 균열을 낳았는데, 하나는 지배적 문화집단과 국민형성 엘리트를 한편으로 하고 종족·언어·종교적으로 구별되는 인구집단을 다른 한편으로 하는 균열(유형 1)이고, 또 하나는 중앙화·표준화·동원화하는 국민국가와 자신의 전통적 특권을 지닌 교회 사이의 균열(유형 2)이다. 산업혁명 또한 두 가지 기본적 균열을 낳았는데, 하나는 지주 이익과 부상하는 상업 및 산업적 기업가들의 이익 사이의 균열(유형 3)이고, 다른 하나는 소유계급과 임차농 및 노동자대중 사이의 균열(유형 4)이다. 이러한 네 가지 균열의 결정적인 지점은 (다음과 같이) 중대한 시기들과 연결될 수 있다.

| 결정적 시기 | 균열 | 중심적 쟁점 |
|---|---|---|
| I 종교개혁/반종교개혁: 16, 17세기(19, 20세기의 분열) | (1) 주변-중심 | 종교, 문화적 정체성과 관련된 외적, 내적 갈등 |
| II 국민혁명: 나폴레옹 | (2) 교회-국가 | 대중교육의 세속화 대 교회통제 |
| III 산업혁명: 19세기 | (3) 일차경제-이차경제 | 관세정책: 자유무역 대 농산물의 보호 |
| | (4) 노동자-고용주, 소유주 | 자유기업 대 국가통제, 소유주권리 대 노동자 권리 |
| IV 국제적 혁명 | (5) 공산주의-사회주의 | 국민국가로의 통합 대 국제혁명운동의 지지 |

먼저 처음 세 균열의 시기와 특징상의 차이는 근대 정당체계의 상이점을 설명하는 것인데, 로칸은 "(정당)체계들의 결정적 차이는 노동계급정당이 정치의 장에 진입하기 전에 이미 나타났다"고 한다. 매우 일찍 민족독립을 획득하였

던, 오래전에 수립된 나라들에서는 종교개혁과 반개혁의 시대에 중심-주변부간의 갈등이 절정에 달했다. 이 갈등의 핵심 쟁점은 국가의 영토적 경계와 문화·종교적 정체성의 공고화였다. 비록 변화된 맥락이지만 비슷한 갈등이 19~20세기의 국가분리 과정에서도 일어났다. 프랑스혁명과 나폴레옹전쟁 과정에서 정치적 동원은 동원 주체인 국민국가와 교회 사이의 갈등을 전면에 부각시켰다. 이 갈등의 초점은 급속히 확대되는 대중교육에 대한 통제문제였다. 19세기 세계무역과 산업생산의 성장에 따라 토지의 이해와 도시기업가 계급간의 갈등이 나타났다. 이 균열의 핵심은 농산물에 대한 통제였는데, 이것은 귀속지위의 보존과 성취에 대한 인정 사이에 야기된 투쟁으로 더욱 악화되었다.

이 세 균열이 언제나 독립적 정당의 발달을 위한 토대를 마련한 것은 아니지만 다양한 결합으로 중첩되어 체계들의 다양성에 기여한 반면, 네 번째 균열은 산업혁명 이후 모든 서구 나라에서 노동계급정당이 발전함에 따라 정당체계를 표준화하는 강력한 영향력을 미쳤다. 여기서 설명이 요구되는 것은 이들 정당의 존재 자체라기보다는 1차대전 전에 이미 가시적이었고 1917년 러시아 혁명으로 인해 결정적으로 강화되었던 이들 정당의 힘과 응집성이다. 노동계급 내의 분열은 다섯 번째 균열로 이해될 수 있는데, 그 주요 쟁점은 노동계급의 일국적 통합이냐 아니면 국제적 혁명운동에 대한 헌신이냐 하는 문제였다.

## 7. 복지국가

서구에서 복지국가의 발전은 대중민주주의로의 발전과 밀접히 연관되었다. 근대 복지국가는 모든 서구 국가들이 성인 (남자)인구에 참정권을 확대하고 모든 곳에서 대중정당이 나타났던 19세기 마지막 20년부터 1차대전 말까지의 시기에 기원한다. 이런 의미에서 크게 보아 로칸의 용어상 "정치적 시민권"과 "사회적 시민권"의 확립은 동시에 발달하였다. 그러나 다른 한편, 근대 복지국가는 그 수백 년의 역사에도 불구하고 2차대전 이후에야 비로소 거대하게 확장되었다. 이런 의미에서 그것은 서구정치체제 발전의 네 번째 국면이라 할 수 있을 것이다. 로칸은 이 국면을 그의 일반 거시모형에서 명확히 개념화하였으나 유럽의 과세 구조, 지출 수준, 사회보장제도, 공공 학교기관과 병원, 그리고 이러한 발전의 다른 많은 제도적 특징들의 차이를 상세히 연구하려 하지는 않았다. 이런 차이들의 비교 연구를 위한 몇 가지 경험적 증거를 제공하는 것이 본 저서 1권의 주요 목적이다.

19세기 후반 이래 복지국가의 진화는 서구 근대국가의 두 번째 단계이자 최후의 승리로 간주될 수 있다. 국가가 다른 어떤 것과도 비길 수 없는 영토적인 정치통합 형태가 되고 그 근대적 특징(일반 과세로 재정이 충당되는 정규군대와 전문적 행정)을 이루는 데는 수세기가 걸렸다. 그런데 그 역사는 과세의 역사와 거의 분리될 수 없다. 조세란 역사적인 범주인데, 공공수입의 주요원천을 이루는 일반적이고 의무적인 현금지불이라는 의미에서는 비교적 최근에 유래된 것이다. 근대국가는 조세국가이다. 현물이나 강제부역으로 지불되는 것과 비교할 때 조세는 자원 동원을 더욱 효율적이고 덜 강압적이게 만들었다. 그러나 조세국가는 발달된 교환경제를 요구한다. 따라서 12세기부터 19세기까지 국가건설자들은 심각한 재정문제와 싸워야 했다. 그러나 생산의 산업화 및 화폐교환화와 더불어 과세는 더 이상 해결 불가능한 문제를 제기하지 않았고 조세저항 또한 사라졌다.

19세기 동안 조세수입은 절대량에서 매우 증가했고 19세기 말부터는 국가생산물 대비 상대량에 있어서도 증가하였다. 당시 보통 10% 이하로 비교적 낮았던 조세율은 1차대전 동안 껑충 뛰어올랐는데, 전쟁이 끝나도 다시 원래의 수준으로 돌아가지 않았다(많이 인용되는 전위효과). 전간기에 조세율은 다소 조금 올랐으나 2차대전은 보다 작은 전위효과를 낳았다. 2차대전 이후 조세율은 지속적으로 증가하였다. 지난 백여 년에 걸친 조세의 상대적 증가는 과세 구조상의 현저한 변화와 관련된다. 소득세는 거의 예외 없이 19세기 말에 그저 도입되었을 뿐인 데 비해 특히 2차대전 후에 가서는 20세기의 주요한 세수원천이 되었다. 간접세 중에는 관세가 자유무역의 팽창과 더불어 그 전에 비해 중요성을 잃고, 거래세가 가장 근대적이고 널리 퍼진 간접 과세의 범주가 되었다.

공공지출은 대체로 전시와 경제 침체기를 빼고는 장기의 상대적 성장과 단기의 전위효과라는 점에서 세수의 경로와 비슷했다. 지출증대는 대체로 경제발전과 사회복지를 촉진하는 새로운 정부 활동에서 비롯된 것이었는데, 이들 활동은 외부적인 안보를 보장하고 내부 질서를 유지하는 종래의 정부기능에 부가된 것이다. 특히 2차대전 이후 공공지출의 상대적 증가는 거의 전적으로 "사회적 지출"의 증가로 야기된 것이었다. 이것은 개인과 가계에 대한 서로 다른 다양한 이전지출과 공공서비스를 포괄하는 이질적 범주이다. 그러나 재정적으로 가장 중요한 것은 공공교육과 보건 그리고 사회보장이다.

초기적 사회보장 형태인 빈민구제는 한편으로는 자본주의 경제의 출현과 급속한 인구증대, 농촌의 실업증가, 다른 한편으로는 (교회재산의 세속화를 포함하는) 국가기구의 강화에 따라 최소한 16세기 이후로는 국가적인 관심사였다. 16~18세기의 "빈민구제법 시기" 동안에는 어떠한 결정적인 제도적 변화도 일어나지 않았고, 오히려 19세기의 빈민구제법 기관에 대한 "자유주의적 청산" (Rimlinger)으로 인해 자본주의적 산업화로 야기된 질적으로 새로운 문제에 부응하는 더욱 적합한 공공기관의 설립이 지연되었다.

따라서 근대 복지국가의 진정한 "도약"은 처음에는 19세기 말에 산재, 질병, 노령화, 그리고 훨씬 나중에는 실업에까지 확장된 "사회보험"이 도입될 때까지 기다려야 했다. 사회보험이란 새로운 제도는 더 큰 기능적 전문화와 관료제화, 그리고 법적으로 자격을 제한하여 혜택을 부여한다는 점에서만이 아니라 그 동태적인 성격에서 예전의 빈민구제법과 다른 것이었다. 빈민구제는 그 제공 정도와 포괄되는 인구 부문에 관해서 볼 때 원칙적으로 제한된 범위의 것이었다. 반면, 사회보장은 전인구를 포괄하는 제도이고 그것의 성장은 참정권의 확대와 가히 비교할 만한 것이다. 그러나 투표권이 특권계급에서 비특권계급으로 하향 확대된 것에 반해 사회보장은 비특권계급에서 특권계급으로 상향 확대되었다.

각 나라들의 차이를 무시하고 유럽 전체를 볼 때 사회보장의 범위는 19세기에서 20세기로의 전환 이후 지속적으로 확대되었다. 심지어 대공황에서 2차대전 말에 이르는 시기에도 결코 정체되거나 축소되지 않았다. 2차대전 이후 사회보장은 더 이상 비독립적인 노동력에 수혜를 주는 기관이 아니라, 점차 경제활동인구 이외의 사람들에게도 확장되어 모든 시민을 포괄하는 국가기관이 되었다. 많은 나라에서 그것은 실제로 수혜 포괄범위의 "자연적인" 한계에 이르렀다.

그러므로 우리의 수집자료에서 제도적 개혁으로서의 사회보장에 대한 강조는 역사적으로 정당화된다고 생각되며, 따라서 사회보장의 포괄범위와 재정에 대한 자료는 본 저서의 확장된 부분을 이루고 있다. 하지만 사회보장제도는 부분적으로 그보다 선행했거나(공장법), 그와 분리된(사회부조), 또는 대체로 동일한 시기이거나(조세개혁) 나중에 잇따른(국민주택제도와 고용정책) 여러 가지 정부 활동 중에서 단지 하나의 중요한 제도였을 뿐이다. 오늘날 사회보장 다음으로 복지국가의 제도적 초석을 이루고 있는 공공교육과 보건제도의 발달도 똑같이 중요하다. 이 제도들은 비교 가능한 팽창의 동태를 보여왔고 상대적인 면에서나 절대적인 면에서 공공부문의 고용증대에 기여해온 것이다.

우리의 저서는 공공교육의 발달만을 고려하는데, 이것은 어느 정도는 근대 복지국가의 진화에 선행하였고 개념적 관점에서는 그것의 부분 요소를 구성하는 것이다. 처음에 공공교육의 발달은 국가건설의 요구와 전문 직업적인 행정관료의 형성에 밀접히 관련되어 있었는데, 나중에 국민형성 과정과 대중의 정치사회화, 국가-교회간의 갈등 과정에 정상적으로 연관되었다. 또한 그것은 산업화 과정과 더불어 국가들의 경제적 경쟁에서 점증하는 역할을 수행하였다. 그런데 공공교육제도를 수립한 나라에서도 비교적 뒤늦은 19세기 후반의 민주화 시기에야 교육이 더욱 넓은 의미의 "사회정책"과 연관되었다. 마샬(T. H. Marshall)의 말에 따르면, 의무교육은 교육받은 성인들의 권리라는 의미를 획득하였다. 그것은 소량의 경제적 복지와 안전을 누릴 권리에서부터 사회적 유산을 최대로 나누어 가지며 사회 안에서 살아갈 권리에 이르는 전범위의 사회적 시민권의 진정한 일부분이다. 그러나 공공교육의 확대와 더불어 중등교육과 고등교육에 대한 접근이 중요하게 되었다. 보다 큰 기회의 평등이라는 목표는 모든 시민의 기본적 평등이라는 목표와 갈등을 이루면서 그를 넘어서는 새로운 원칙이 도입됐다. 즉, 그것은 불평등하다고 인정될 수 있는 평등한 권

리이다.(마샬)

로칸의 시각에서 서구 복지국가의 발전은 대체로 대중민주주의의 발달, 특권적 유산의 제거, 보다 큰 사회경제적 평등에 대한 요구의 산물이라고 해석될 수 있다. 그러나 보다 큰 평등을 향한 이러한 추세는 단지 복지국가 발전의 하나의 근원일 뿐이고 그것은 의회민주주의의 작동만이 아니라 자본주의 경제와 산업사회의 요구에 대해 내재적인 한계를 가지고 있다. 그러므로 서구 복지국가의 진화와 제도적 특징을 보다 잘 이해하기 위해서는 정치적 변동에 대한 분석을 넘어 지난 세기 이래로 유럽 사회의 변형으로 야기된 사회·경제적 문제들의 발전을 연구해야 한다. 그러나 몇 가지 주요한 사회·경제적 변화에 대한 경험적인 검증작업은 본 저서의 2권에서 시도될 것이다.

# 제2장 유럽 정치환경의 변화*

가이 피터즈(B. Guy Peters)

제2차대전 이후의 기간이 서구에서는 전례없는 경제성장의 시기였음에도 불구하고, 1980년대 말에는 성인 노동력의 10% 이상이 실업상태에 처하게 되었고, 많은 사람들이 자신의 전공과 기술을 충분히 활용하지 못하는 직업에 종사하게 되었다. 또한 외국과의 경쟁, 노동력의 감소, 줄어든 노동인구가 (공공연금으로) 부양해야 하는 노령층의 증대 등으로 인해 이들 유럽 국가에 있어서 미래의 경제 전망은 불확실한 것으로 인식되고 있다. 경제가 활기를 띠었을 때 노동력의 수요를 메우기 위해 외국인을 불러들였던 국가들은 이제 이들의 실업과 그로 인한 새로운 소수민족 문제에 봉착하고 있다. 그러나 다른 한편으로 1992년의 유럽경제공동체(EEC)의 경제통합 전망은 앞으로의 유럽 경제를 밝게 하는 요인이 되고 있다. 요약컨대, 서구의 정치환경은 많이 변화했으며, 또한 상당히 불확실한 상태이다. 그리고 이러한 변화들은 중요한 정치적 분기점을 이루고 있는 것으로 관측된다.

정치는 자신만의 독자적인 세계에서 전개되지 않으며 그것을 둘러싼 환경을 반영하는 경향이 있다. 정치 또는 정부에서 제기되는 쟁점들은 경제와 사회를 어렵게 만드는 문제들이다. 그리고 이러한 문제들은 정부 행위에 의해 해결 가능한 것으로 보이게 된다. 서구의 많은 국가에서 나타난 정치환경의 변화는 극적인 것이었고, 그 충격은 정치체계를 통하여 나름의 방식으로 영향을 미치

---

* B. Guy Peters, *European Politics Reconsidered*(New York: Holmes and Meier, 1991), pp. 1~27, 258~264. 박찬욱(서울대 정치학과 교수) 역.

고 있다. 정치의 안정적인 배경 요소였던 많은 경제적·사회적 조건들이 이제는 변화했고, 그에 따라 유럽 정치에 대한 표준적인 서술은 재고·수정되거나 아마도 포기되어야 할 것이다. 정당, 의회, 관료기구 등과 같은 제도들이 급격하고도 주요한 변화를 완화시키고 조정하는 닻의 역할을 하기 때문에 이러한 사회적·경제적 변화의 충격이 아직은 정치체계에 완전히 작용하지 않고 있다. 그러나 확실한 것은 정치생활의 많은 측면들이 정부를 둘러싼 새로운 현실을 반영하기 위해 지속적으로 변화되어야 할 것이라는 점이다.

사회변화에 대한 정치적 대응의 성격은 이중적이고 다소간 모순적인 것으로 보인다. 우선 정치적 변화는 사회경제적 변화를 직접적으로 반영하는 거울과 같고, 따라서 새로운 집단과 정당은 사회경제적 변화가 형성하는 "적소"(適所)를 차지하려고 하게 된다. 그러므로 장기간의 번영이 산업화된 민주주의 국가의 경제적 문제를 해결한 것으로 인식되었을 때, 환경 보호와 정치참여 증대 등의 새로운 쟁점들이 독일을 위시한 다른 유럽 국가에서 녹색당과 같이 이전에는 없었던 조직과 정당을 탄생시켰다. 그러나 다른 한편으로 변화에 대한 정치적 대응은 경우에 따라서 방어적이며, 기존의 가치와 제도를 잠식하는 사회변화에 직면하여 그것을 공고화하기 위한 조직들이 창출되는 측면도 있다. 이런 모습은 유럽 사회의 세속화에도 불구하고 종교적 가치가 재강조되고 종교정당이 강세를 보이고 있다는 점에서, 그리고 대중매체의 발달로 인한 동질화 경향에도 불구하고 민족주의가 확산되고 있다는 점에서 찾아볼 수 있다.[1] 일반적으로는 기존 가치와 제도가 존속되는 경향이 과소평가되고 있지만, 사회경제적 변화에 대한 정치적 대응이 어떤 방향으로 이루어질 것인가를 정확히 예측하기는 힘들다. 유럽 사회는 매우 오래되었으며 현재의 정치인들은 새로운 것과 현대적인 것이 옛 것과 지금까지 신뢰되었던 것보다 우월하다고 너무 쉽게 가정한다. 또한 그들은 자신들과 조언자들이 확인할 수 있는 추세에 유권자들도 반응할 것이라고 전제하는 것같다. 그러나 이러한 생각들은 그들을 정치적 위험에 빠뜨릴 수도 있는 것이다.

## 1. 경제적 변화

유럽정치에 영향을 미친 주요한 첫번째 변화는 유럽 경제에서 나타났다. 이 변화들은 여러 형태로 존재하지만 서로 밀접히 연관되어 있다. 그것은 모두 정도의 차이는 다소 있으나, 세계경제에 있어서 상호의존성의 증가, 그리고 국제적 영향력으로부터 자국의 국내 경제를 보호하지 못하는 정부의 무능에서 비롯된다.[2] 석유파동 이후 서구 경제에서 나타난 일련의 사건들은 경제정책과 정치적 희망이 근거하고 있던 낙관주의를 일소해버렸다. 또한 이 사건들은 정치 지도자와 일반 시민 모두로 하여금 정치와 정부정책을 재고하게끔 만들었다. 그러나 국가들의 석유수입 의존만이 문제를 일으킨 것은 아니었다. 서구 번영의 기반이었던 공산품 시장에서의 경쟁도 문제를 야기시켰다. 철강, 자동차, 조선 및 이와 유사한 산업에서 더 이상 유럽 국가들 사이, 그리고 유럽 국가와 북미, 일본과의 사이에서만 경쟁이 이뤄지는 것은 아니다. 이제 새로운 경쟁국 집단이 낮은 가격과 동등한 상품의 질을 가지고 산업화의 거인들에 도전하기 위해 세계시장에 뛰어들었다. 남한, 브라질, 대만, 멕시코, 싱가포르 등의 신흥공업국(NICs)이 바로 그들이다.[3] 난공불락으로 보였던 일본경제마저도 혁신보다 낮은 비용의 경제가 각광받도록 생산주기를 가속화하는 이들 세계산업경제의 신참자에 의해 상당 부분 위협받고 있다. 예상했던 대로 이러한 근본적인 경제적 변화는 정치적 파장을 몰고 왔다. 여기서 우리는 현재 일어나고 있는 경제적 변화의 양상을 먼저 살펴보아야 한다.

### 1) 경제성장

유럽에서 가장 두드러진 경제적 변화의 하나는 경제성장이 더 이상 예전처럼 확실하지 않다는 점이다. 진후 25년은 서구 경제가 방대하고 지속적인 경제성장을 이룬 기간이었다. 해마다 국민총생산이 증가하고 보다 많은 재화와 용역의 생산이 이루어졌다. 1960년대 말의 일반 노동자는 1940년대나 50년대 초반에 단지 상상속에서만 가능했던 소비수준을 영위했다(<표 1> 참조). 타국에 비해 그 성장의 정도가 뒤졌던 영국경제조차도 이전 시대의 기준으로 볼 때 더 큰 물질적 풍요를 누렸다.

<표 1> 유럽 각국의 소비재 보유 현황(단위: %)

| | 주택 | 자동차 | TV | 세탁기 |
|---|---|---|---|---|
| 오스트리아 | – | 55 | 53 | 72 |
| 벨기에 | 59 | 89 | 97 | 80 |
| 덴마크 | – | 70 | 58 | 57 |
| 핀란드 | 63 | 55 | 50 | 73 |
| 프랑스 | 47 | 69 | 90 | 80 |
| 서독 | 36 | 62 | 93 | 81 |
| 아일랜드 | 43 | 63 | 29 | 63 |
| 이탈리아 | 89 | – | – | – |
| 네덜란드 | 45 | 70 | 72 | 89 |
| 노르웨이 | – | 62 | 52 | 76 |
| 스페인 | 69 | 52 | 92 | 79 |
| 스웨덴 | 51 | 69 | 95 | 92 |
| 영국 | 54 | 62 | 97 | 81 |

* 1981년을 전후로 한 시기임.
* 출처: OECD, *Living Conditions in OECD Countries*(Paris: OECD, 1986)의 통계자료에 근거하였음.

전후 시기 유럽의 경제성장 정도는 <표 2>와 <표 3>에 예시되어 있는데, 그것은 세 가지 중요한 특징을 보여주고 있다. 첫째는 1970년대 중반까지 나타난 성장의 급속성이다. 1950년부터 1974년까지 모든 서구 국가의 평균성장률은 4.6%였고, 심지어 가장 낮은 경우(영국)도 2.7%를 나타냈다. 이것은 1974년의 GNP가 유럽 전체에 걸쳐 평균적으로 1950년도보다 거의 190% 증가하였음을 의미한다. 다시 말하면, 가장 빠른 성장을 보인 국가(서독)는 1950년보다 거의 3배의 증가를 나타냈고 가장 느린 국가조차도 그때보다 약 2배의 성장을 한 셈이다. 역사적 견지에서 보면 이것은 대단한 성장수준이다.[4]

<표 2> 1인당 국내총생산(GDP)의 연평균 성장률

| | 1950~64 | 1965~74 | 1975~86 | 1982~86 |
|---|---|---|---|---|
| 오스트리아 | 5.2 | 4.8 | 2.1 | 1.7 |
| 벨기에 | 3.9 | 4.6 | 1.5 | 1.3 |
| 덴마크 | 3.9 | 4.6 | 2.0 | 2.7 |
| 핀란드 | 5.1 | 4.8 | 2.8 | 3.1 |
| 프랑스 | 5.0 | 5.7 | 2.1 | 1.5 |
| 서독 | 7.0 | 4.0 | 2.0 | 2.2 |
| 그리스 | 6.5 | 6.4 | 2.7 | 1.4 |
| 아일랜드 | 2.4 | 4.4 | 3.1 | -0.3 |
| 이탈리아 | 5.6 | 4.8 | 2.2 | 2.5 |
| 룩셈부르크 | – | 4.2 | 1.8 | 3.2 |
| 네덜란드 | 4.8 | 4.8 | 1.5 | 2.2 |
| 포르투갈 | – | 6.1 | 2.7 | 3.0 |
| 스페인 | – | 7.1 | 1.8 | 2.7 |
| 스웨덴 | 4.1 | 4.4 | 1.6 | 2.5 |
| 스위스 | 4.8 | 3.6 | 0.9 | 2.2 |
| 영국 | 2.9 | 2.5 | 1.8 | 3.8 |
| 평균 | 4.9 | 4.2 | 1.9 | 2.3 |

* 출처: OECD, *Main Economic Indicators*(Paris: OECD, annual); OECD, *Economic Outlook*(Paris: OECD, monthly).

이러한 표에서 드러나는 두번째 특징은 전후 기간에 나타난 경제성장의 규칙성과 확실성이다. 1950년부터 1974년까지의 25년 동안 평균생산은 매년 증가했고 경제성장을 보이지 않았던 경우는 17개국에서 25년 동안 단지 12번뿐이었다. 가장 빈약한 성과는 2년 동안 경제성장이 멈췄던 아일랜드에서 나타난 반면 오스트리아, 프랑스, 서독, 이탈리아, 룩셈부르크, 노르웨이, 포르투갈, 스웨덴 등은 매년 성장을 경험했다. 경제성장은 매우 급속했을 뿐만 아니라 예측 가능했다. 이것은 곧 국민과 정부가 매년 지속적으로 더 많은 지출을 할 수 있었음을 의미한다. 이러한 경제성장의 확실성은 프랑스의 철학자 에밀 꾸에(Emile Coué)의 다음과 같은 말에 잘 나타나 있다. "우리는 매일 모든 면에서 더욱 나아지고 있다." 또한 경제성장은 유럽 민주주의국가의 시민들을 위해서도 상당한 정도의 객관적인 안전을[5] 가져왔다. 이는 결국 2차대전의 실제적, 정신적 상처들을 치료하게 하고 공동시장(Common Market)과 같은 기구를 통해 보다 통합되고 평화로운 유럽을 지향하는 운동을 가능케 하였다.

<표 3> 기간별 경제성장 백분율

| | 1950~64 | 1964~74 | 1975~81 | 1982~86 |
|---|---|---|---|---|
| 오스트리아 | 100 | 100 | 83 | 100 |
| 벨기에 | 93 | 100 | 75 | 75 |
| 덴마크 | 93 | 90 | 75 | 100 |
| 핀란드 | 93 | 100 | 100 | 100 |
| 프랑스 | 100 | 100 | 83 | 100 |
| 서독 | 100 | 90 | 75 | 75 |
| 그리스 | 100 | 90 | 92 | 75 |
| 아일랜드 | 93 | 99 | 75 | 75 |
| 이탈리아 | 100 | 90 | 75 | 75 |
| 룩셈부르크 | 93 | 90 | 83 | 100 |
| 네덜란드 | 93 | 100 | 75 | 100 |
| 노르웨이 | 100 | 100 | 100 | 100 |
| 포르투갈 | 100 | 90 | 67 | 50 |
| 스페인 | 93 | 100 | 75 | 100 |
| 스웨덴 | 100 | 100 | 83 | 100 |
| 스위스 | 93 | 100 | 75 | 100 |
| 영국 | 93 | 90 | 67 | 100 |

* 출처: OECD, *National Accounts of OECD Member Countries*(Paris: OECD, annual)의 통계자료에 근거하였음.

마지막 특징은 이 "경제 기적"이 1970년대에 갑작스럽게 끝났다는 점이다. 1973~74년의 1차 석유파동 이후 모든 것은 결코 예전같지 않았다. 성장률이 석유파동 이전보다 감소했을 뿐 아니라 경제성장은 더 이상 예측되지도 확실하지도 않았다. 연간 경제성장은 평균적으로 1974년 이전의 37%에 불과했다. 석유위기 이후 원유가 풍부하여 유럽에서 가장 사정이 나았던 노르웨이마저도 그 이전만큼 높은 성장을 보이지 않았고 발전도 예견되지 않았다. 부강한 경제를 가진 국가들도 몇년 동안은 성장이 없거나 경제적 퇴보를 겪었다. 단지 핀란드와 노르웨이만이 2년 연속 매우 낮은 성장을 보이면서도 경제적 쇠퇴를 경험하지 않았다. 다른 많은 허약한 경제의 국가들은 12년 중 3년 동안 마이너스 성장을 기록했다. 이러한 경제적 변화를 전적으로 1973~74년에 시작된 에너지 위기의 탓으로 돌리는 것은 잘못된 일이지만 그 시기는 유용한 경계점이 된다. 더욱이 전환점으로서의 그 시기는—물론 좋은 방향은 아니더라도 적어도 단기적으로는—유럽경제에 대한 국제적 영향력의 확산을 예시하는 때이기도 하다.

2) 지역적 구조변화

경제변화에 관한 위의 세 가지 표는 일국 규모에서 발생한 것을 보여주기는 하지만 각 국가내에서 특정 지역에 집중되는 영향을 제시하고 있지는 못하다. 경제변화가 지역에 미친 영향은 국가경제의 전체적 변화보다 훨씬 더 극적이다. 유럽과 북미의 산업화된 나라에서 오래된 공업지역, 즉 "노후지대"는 경제변화에 의해 매우 심각한 영향을 받았다. 독일의 루르 지방, 프랑스의 리유 및 파 드 깔레 지방, 영국의 글라스고우와 맨체스터, 스웨덴의 궤테보르그 등은 이들 국가산업의 중추였으나 이제는 경제침체에 놓여 있다. 이들은 지금 높은 실업률, 공장과 인구의 격감, 자신과 가족들에 대한 기대의 하락 등을 경험하고 있다. 1980년대 말 이 지역들의 상황은 절망적이었을 뿐 아니라 신속하게 호전될 가능성도 없었으며, 높은 임금을 받던 많은 노동자들도 다시 일할 수 없게 되었다. 유럽 경제의 해결책으로 보였던 고도의 기술과 서비스산업으로의 변신도 이 해고된 산업노동자들의 요구에 적절하게 대응할 수는 없다.

경제적 변화에서 발생한 여러 지역간의 실업률 차이와 불균형은 <표 4>에 분명하게 드러난다. 전체 경제의 측면에서 상대적으로 뒤처진 나라가 특정 지역(영국의 남동부 지역)에서 높은 취업률을 보인 반면 발전성과가 두드러진 나라는 오히려 일부 지역(프랑스의 파 드 깔레)에서 높은 실업률을 나타냈다. 국제적 경쟁은 유럽 전체의 경제성장의 추진력을 늦췄을 뿐 아니라 각국내의 지역별 편차 또한 더욱 심화시켰다. 스페인의 바스크 지방처럼 높은 실업률을 보이는 곳이 심한 민족적 분규를 동시에 겪고 있는 경우도 있는데, 이러한 점증하는 지역적 긴장은 일부 국가의 정치적 안정에 중요한 결과를 초래할 수도 있다. 비록 그 결과가 심각하지 않다 하더라도 한 국가내의 지역별 불균형은 지속적인 불만과 불평등의 인식을 확산시킬 수 있다.

이러한 지역적 변화가 서구 전체의 공통된 현상이라는 사실은 지역정책에 대한 유럽경제공동체(공동시장)의 개입에 정당성을 제공했다. 유럽공동체는

1950년대에 활동을 시작할 때부터 여러 형태의 지역정책에 관여해왔지만 최근 경제침체가 일반화되고 심각한 지경에 이르자 그 활동이 더욱 강화되었다. 지역정책이 지금은 긍정적이지만 결국 그것은 국내경제에 대한 국제체제의 영향력 행사를 보여주는 또 다른 예일 뿐이다. 더욱이 그것은 전통적으로 각국 정부의 중요 관심사항이었던 경제정책면에서 결정과정의 중요행위자로서의 민족국가의 기능이 약화됨을 가리키는 것이다.

<표 4> 지역별 실업률의 차이(1986년 4월 현재)

| | 높은 지역(%) | 낮은 지역(%) |
|---|---|---|
| 벨기에 | Hainaut-14.2 | West Flanders-7.2 |
| 프랑스 | Languedoc-13.9 | Alsace-7.1 |
| 서독 | Bremen-13.2 | Baden-Württemberg-4.0 |
| 그리스 | Thessalia-8.4 | Crete-4.0 |
| 이탈리아 | Sardinia-19.3 | Val d'Aosta-4.6 |
| 네덜란드 | Groningen-13.2 | Zeeland-6.5 |
| 영국 | Northern Ireland-18.7 | East Anglia-9.0 |

* 출처: EC, *Regional Statistics*(Brussels: EC, 1987)의 통계자료에 근거하였음.

### 3) 정책과 정치의 변화

서구의 지속적 경제성장의 종결은 정치과정에 심대한 영향을 미쳤는데, 이 영향은 대중정치의 차원과 정부의 업무수행 방식에서 모두 나타났다. 어느 나라도 이 변화에서 벗어날 수는 없었으며 그 어떤 정치인도 불과 10년전에 존재했던 것과는 전혀 다른 경제적 환경에 자신이 살고 있음을 무시할 수가 없었다. 정치 엘리트들은 일반 시민들이 변화에 무관심하지 않기 때문에 이러한 변화를 무시할 수 없다. 시민들은 지금 벌어지고 있는 변화들을 극복하고 적응해나가는 능력 정도에 따라 정치 지도자를 평가할 것임에 틀림없기 때문이다. 정치 지도자들이 대응하기만 한다면 그들이 어떻게 반응하는가는-자본주의에 활력을 다시 불어넣거나 국가소유를 증대시키거나간에-별 문제가 되지 않는다.

수십 년간 계속되었던 번영의 종식은 경제적 풍요에 대한 대중의 믿음뿐만 아니라 기존 경제정책의 이론적 토대에 대한 신뢰도 사라지게 하였다. 전후 경제정책은 케인즈 경제학에 의해 지배되었다.[6] 케인즈적 접근법은 간단히 정리하면 경제적 성과가 공공재정을 통한 총수요수준을 조작함으로써 통제 가능하다는 것이다. 즉, 감세나 공공지출 확대에 의해 정부는 일반 시민의 수중에 더 많은 돈을 풀 수 있고 이것은 결국 소비를 촉진하여 경제를 활성화시킨다는 것이다. 반면에 세수 증대와 공공지출 축소는 시민의 주머니로부터 돈을 환수하게 되고 이는 곧 통화가 팽창된 경제를 진정시킬 수 있는 것이다. 이런 논리는 2차대전 이후 25년 동안 아주 성공적으로 효과를 발휘하였다. 그간의 성공으로 인해 일부 경제학자들은 안정적인 경제성장을 가져올 수 있는 근본능력을 전혀 의문시하지 않으면서 경제의 "적절한 조정"에 대해 논의할 수 있었다.

1970년대 중반부터 시작된 "스태그플레이션"의 시기는 경제정책에 대한 케인즈적 합의를 위협하고 파괴했다. 이 시기 이전에는 인플레이션과 실업이 필립스 곡선[7]에 따라 상극관계를 갖는 것으로 전제되었고, 따라서 두 가지의 바람직하지 않은 조건이 동시에 높은 수준에 이르지는 않는 것으로 이해되었다. 그러나 1970년대 말에 이르러 그러한 상황이 나타났고 기존의 지혜는 이 곤경을 이해할 수 있는, 그리고 더욱 중요하게는 이것에 대처할 수 있는 어떤 수단도 제시하지 못했다. 그 영역은 이제 새로운 경제학적 접근법을 위해 펼쳐지게 되었다. 케인즈적 합의를 대체하려는 대부분의 대안은 정치경제학의 우파적 입장인 통화주의와 공급중시 경제학(supply-side economics) 등에서 비롯되었고, 흥미롭게도 이들 우파의 입장은 경제를 규제하는 정부의 근본적인 임무를 인정하였다. 단지 규제에 있어서 개입의 정도와 시장의 역할 정도에만 변화가 있었다. 경제정책의 실행에서 드러난 이러한 변화에도 불구하고 아직까지는 케인즈가 제시한 것과 같은 이론적 토대가 존재하지 않는다.

1970년대 번영의 종식은 정부를 이중적으로 제약하였다. 첫째, 각국 정부는 빈약한 경제업적에 책임을 져야 했다. 이전 시기의 뛰어난 경제적 성과로 인해 신뢰를 받고 있다 하더라도 정부가 현재의 문제들에 대한 책임으로부터 면제될 수는 없었다. 둘째, 위기의 초기에 정부는 기존 처방이 제대로 작동할 것을 전제하고 경제의 치유를 약속하였다. 그러나 시간이 흐르면서 각국 정부는 침체된 경제를 회생시키려고 채용했던 수단들이 기껏해야 비효율적이고 최악의 경우에는 비생산적임을 인식하게 되었다. 정부는 곤란한 경제상황에 직면했을 뿐만 아니라 국민들이 겪고 있는 어려움을 개선하거나 해결할 수 없었다.

대중정치의 차원에서 유럽인의 정치적 사고에 경제적 희소성(그것은 결코 사라진 게 아니었고 다만 사라진 것처럼 보였을 뿐이다)이 다시 도입됨으로써 개개의 시민이 정치적으로 행동하고 정치인에 대해 반응하는 방식에 우선적으로 영향을 미쳤다. 1960~70년대의 발전된 산업사회에서 나타난 정치의 일반적인 특성은 "탈물질주의"(postmaterialism)였다.[8] 이것은 사회자원의 분배를 둘러싼 정치적 갈등에 있어서 절대적 생존과 관련된 경제문제가 이제는 더 이상 대립적인 좌파진영과 우파진영으로 유권자를 동원할 수 없게 되었다는 주장이었다. 대중정치에서 이와 유사한 변화는 그 이전에 "이데올로기의 종언"[9]으로 지칭되기도 했으나, 유럽에서의 이러한 정치적 변화는 상당히 다른 함의를 내포했다.

후기자본주의 정치의 근저에 깔린 관념은 수세대 동안 정치와 정당체계의 토대로 작용했던 오래된 경제쟁점이 이제 "세배의 풍요로움"[10]을 제공할 수 있는 충분한 경제적 자원에 의해 해결되었다는 것이었다. 1960~70년대까지는 총체적 경제성장이 보장되었으며, 이것은 중요하다고 여겨지는 것에 대한 정부의 지출수준을 증대시키고 자동차, 텔레비전, 휴가 등에 대한 개인적 소비의 수준을 향상시키는 것을 가능하게 했다. 사적 부문과 공적 부문 모두에 있어서 예산상의 제약은 없는 것처럼 보였으며, 계속되는 경제성장이 어떤 새로운 지출도 쉽게 보장할 수 있으리라 여겨졌다.

생산과 분배의 기본문제가 "해결"되자 정치는 환경보호, 소수집단과 여성의 권리, 정치적 참여 등과 같은 쟁점에 관심을 가지게 되었다. 오래된 경제쟁점과는 매우 다르게 대중을 분리시킬 새로운 정치적 균열이 등장할 것이라고 전제되었다. 그리고 실제로 경험적 증거는 이 가정의 타당성을 입증하는 것으로 보였다. 1960~70년대에는 여론조사에서 경제쟁점의 중요성이 감소한 반면

(<표 5> 참조), 평등과 참여와 같은 후기자본주의적 쟁점이 중요하게 대두되었다. 이것은 정치가 매우 근본적인 측면에서 변화하고 있고 새로운 정치적 편성이 이루어지고 있음을 추측케 했다.

다른 한편으로 이데올로기의 종언이라는 인식은 이제껏 우리에게 익숙해져 왔던 정치의 종말을 의미하기도 했다. 대중을 정치적으로 분리시켰던 쟁점이 변화될 뿐 아니라 정책결정의 수단으로서의 정당정치 또한 중요성을 상실했다. 정당간 갈등과 정치과정 대신에 공공정책의 결정은 근거와 대안에 대한 더욱 합리적이고 관료적이며 기술적인 고려를 통해 이루어졌다. 이런 입장의 학자들은 기존의 정치적 이데올로기가 이제 현명하게 경제를 조정하는 경제학을 포함하는 현대과학과 경쟁할 수 없을 것이며, 따라서 공공의 관심으로부터 거의 사라지게 될 것이라고 생각하였다. 또한 이데올로기를 신봉하는 정당은 여전히 엘리트를 공직에 충원하는 기능과 그들이 표방하는 주장으로 대중을 사회화시키는 기능을 수행할 것이지만, 정당과 이데올로기의 실제 영향력은 눈에 띄게 줄어들 것이라고 보았다.

<표 5> 탈물질주의적 태도의 지표: 목표에 대한 찬성률

| | 물질주의적 목표 | | | 탈물질주의적 목표 | | | | | |
|---|---|---|---|---|---|---|---|---|---|
| | G1 | G2 | G3 | G4 | G5 | G6 | G7 | G8 | G9 |
| 벨기에 | 52 | 19 | 10 | 18 | 17 | 11 | 17 | 15 | 7 |
| 덴마크 | 24 | 23 | 31 | 20 | 17 | 8 | 11 | 7 | 7 |
| 프랑스 | 43 | 18 | 21 | 13 | 28 | 9 | 14 | 9 | 11 |
| 서독 | 44 | 24 | 18 | 12 | 11 | 9 | 11 | 4 | 3 |
| 아일랜드 | 44 | 29 | 16 | 20 | 8 | 15 | 6 | 5 | 3 |
| 이탈리아 | 41 | 31 | 17 | 9 | 14 | 11 | 9 | 3 | 5 |
| 룩셈부르크 | 29 | 33 | 28 | 22 | 11 | 19 | 7 | 7 | 9 |
| 네덜란드 | 26 | 14 | 18 | 24 | 26 | 14 | 13 | 10 | 10 |
| 영국 | 50 | 29 | 11 | 15 | 12 | 15 | 11 | 6 | 5 |
| 미국 | 25 | 16 | 20 | 16 | 12 | 16 | 10 | 18 | 8 |

* 출처: R. Inglehart, *The Silent Revolution: Changing Values and Political Styles Among Western Politics*(Princeton, NJ: Princeton Univ. Press, 1977), p. 49.
* G1: 물가인상 억제, G2: 경제성장, G3: 질서유지, G4: 직장내 발언권 확대, G5: 덜 몰인격적인 사회, G6: 정부에 대한 발언권 확대, G7: 언론의 자유 보장, G8: 더욱 쾌적한 도시, G9: 창의성 중시

그러나 경제적 희소성이라는 피할 수 없는 진리의 재강조는 이러한 후기자본주의적 정치관에 심각한 의문을 제기했다. 실제의 경제생활뿐 아니라 그것을 인식하는 방식도 변화되었다. 즉 경제적 분배에 대한 보다 전통적이고 부르주아적인 관심과 안락한 생활을 영위하기 위해 경제에서 보다 충분한 것을 얻고자 하는 근본문제로 다시 돌아가고 있다. 갈등은 새로운 사람들에 의해 조금은 다른 방식으로 표출되고 있지만 지난 20세기에 상당 기간 유럽 정치를 지배했던 많은 동일한 쟁점이 이제 보다 중요하게 된 것이다. 물론 후기자본주의적 사고가 완전히 사라진 것은 아니며 "녹색당"은 공업의 쇠퇴와 지식산업의 등장에 의한 새로운 사회경제적 분열을 반영하면서 여전히 살아남고 있다.

공공부문에서의 혼합경제와 복지국가체제에 대한 합의가 많은 유럽 국가에서 무너졌다는 것은 특히 흥미롭다. 이제 그 자리에는 케인즈적 정책과 같은 이론적 토대가 아직 결여되어 있지만[11]시장의 역할을 예찬하는 신자유주의적 노선이 제도화되고 있다. 영국의 대처 정부는 이러한 변화를 가장 명백하게 보여주는 실례이며, 그만큼 극적이지는 않지만 서독, 프랑스(1984년 이후) 등에도 그와 같은 실제적인 변화가 나타났고, 심지어 스웨덴, 노르웨이, 네덜란드 등에서도 어느 정도 변화가 나타났다. 이 변화들은 비록 맑스주의처럼 철학적으로 발달된 것은 아닐지라도 명확하고도 강력한 이데올로기의 재강조를 표현하는 것이다. 그리고 그것은 주로 경제관리와 사회생활에서의 정부 역할 축소를 주장하는 이데올로기이다. 이 이데올로기는 정치인들에 의해 사용되면서, 정치적으로 문제가 될지도 모르는 정책의 선택과 결과를 정당화하는 기제로서, 그리고 정치적 행위의 안내자로서의 역할을 수행한다. 그래서 대처 정부는 영국 유권자들이 전통적으로 실업을 혐오함에도 불구하고[12] 대량의 실직사태에 직면해서도 대중적 인기와 선거상의 지지를 유지할 수 있었던 것이다. 이러한 이데올로기의 유용성은 대처 정부로 하여금 자신의 정책을 널리 해명하도록 도와주었고, 당장의 어려움을 참는다면 보다 나은 미래를 약속할 수 있는 토대를 제공했다.

대처 등의 신보수주의 이데올로기가 재강조됨으로써 이데올로기의 종언이라는 관념은 거짓임이 드러났는데, 이에 의문을 제기한 사건들은 이보다 먼저 일어났다. 특히 1968년의 사태는－파리에서 가장 두드러졌지만 산업화된 나라는 거의 예외가 아니었다－이데올로기적 운동의 다른 형태를 보여줬고, 그것은 주로 탈물질주의적 사고의 산물이었다. 관료적이고 획일적 체제의 정부와 사회로 특징지어졌던 당시의 시대상에 대항하여 개인과 자유와 참여를 강조했던 것이다. 1968년은 여러 가지 면에서 탈물질주의의 행진을 대표한다. 이때 주장되었던 이데올로기는 후일 나타나는 신보수주의에 비해 덜 발전되고 덜 통합된 것이었지만 매우 위력적이었다. 이 이데올로기와 옹호자들은 잘 제도화되고 안정되어 보였던 정치체제에서 정부의 기초를 뒤흔들 수 있었다.

1970년대에 부정적인 경제변화들이 발생하면서 평화, 자유, 정의 등에 대한 관심은 급격히 약화되고 낡은 것이 되었으며 대다수의 젊은이들은 대학본부를 점거하던 과거와는 달리 오히려 경영대학으로 몰려들었다. 경제적 환경의 실제변화는 젊은이의 정치적 관심에도 동일한 변화를 초래했다. 그러나 1960년대와 1970년대의 탈물질주의적 관심이 완전히 사라진 것은 아니다. 이 관심은 이제 성년이 된 일단의 시민과 유권자들 속에 일정 정도 남아 있다. 이들이 나이가 들면서 점점 보수적으로 변한다 할지라도 그 이전과 이후의 사람들과는 정치적인 측면에서 근본적으로 다르다.[13] 더욱이 이들이 정치적, 경제적으로 주요한 지도적 위치를 점하는 나이가 되면 우리는 이들에게서 이전의 정치적 경험으로부터 비롯된 영향을 기대할 수도 있다. 탈물질주의적 사고는 또한 1980년대와 1990년대의 정치적 지형도에서 한 부분을 이루고 있는 새로운 평화운동, 환경보호 단체, 민권옹호 집단 등에 여전히 존재하고 있다. 이에 대한 가장 명백한 증거는 "녹색" 정치운동에서 드러나는 바, 탈물질주의적 관심을 표명하는 녹색당은 적어도 5개국에서 의회 의석을 차지하고 있다.

탈물질주의적 가치는 실질적인 정책작성 능력을 보유하고 있는 현재의 정부제도에도 구현되어 있다. 환경보호, 시민적 권리, 여성인권 등에 관련된 기관들과 대중의 향상된 정치참여를 보장하고 있는 법률은 1960~70년대의 지속적인 유산이다. 이러한 유산은 실제로 사라지지 않았으며 오히려 다른 조직과 법률망에 존재하고 있다. 이 조직들이 초기의 활력을 상실하고[14] 표면상의 목적을 변경했을 수도 있으나 수년 전에 시작되었던 투쟁을 어느 정도는 지속할 것이다. 또한 정부는 환경단체와 기타 유사한 운동을 무마하기 위해 새롭고 활성화된 기관을 계속해서 이용할 것이다.

1960~70년대의 정치투쟁이 제도화되면서 지금의 정치적 투쟁은 경제문제를 극복하기 위해 나름의 제도와 법률을 만들기 위한 것으로 나타나고 있다. 이런 노력의 대표적인 예는 전통적인 공업지역에 집중되고 있는 경제변화의 충격들을 개선하기 위한 산업정책과 지역정책에 관심이 증가되고 있다는 점이다. 가능한 정책범위의 한 극단에서 보면, 이것은 경쟁력이 결여된 국내의 생산자들을 외국의 영향력으로부터 지키기 위해 보호관세에 의지하는 것을 의미한다. 다른 극단에서 보면 이것은 국제적 경쟁에 적응할 수 있도록 개인들을 재교육하고 재배치하는 노동시장 정책을 뜻한다. 이 두 입장 사이에는 산업경쟁력을 강화하거나 개인들에 대한 경제적 변화의 악영향을 개선하기 위한 수많은 정책들이 존재한다. 이러한 정책들은 유럽공동체의 활동과 1992년의 완전한 경제통합이라는 목표와 점점 연관이 깊어지고 있다. 그러나 이들 정책은 유럽정치에서 근본적인 경제쟁점의 중요성이 다시 강조되고 있음을 표현하는 것이며 그것은 주로 세계시장의 변화가 결과한 희소성에 대한 재인식에 의해 초래된 것이다.

지역정책의 변화 외에 정부의 정책계획은 세입 및 세출과 관련해서도 수정되어야만 했다. "긴축"이 정부가 예산을 운용하는 방법을 가장 잘 나타내는 단어가 되어버렸다. 정부가 자신의 재정위기에 대응하는 독창성은 주목할 만하며, 따라서 정부가 새로운 문제에 효과적으로 대응하지 못한다는 일반적인 신화는 폐기되어야 한다. 거의 대부분의 산업화된 국가들은 새로운 예산계획을 받아들였다.[15] 이 계획들은 정부의 오래된 기존 정책결정 방식을 근본적으로 변경하는 것이었고 공공지출의 수준을 축소하거나 최소한 통제하기 위한 것이었다. 더욱이 경제침체 기간 중에 누적되었던 적자는 미래의 정부에 유용한 선택마저 제한하게 될 것이다. 지금의 적자는 앞으로 채무이자의 지불을 의미하며 유럽 국가들은 단지 국가채무에 대한 이자를 지불하는 데만도 상당 부분의 공공지출이 요구되고 있다.

다시 한번 정부 활동계획의 변화된 정도를 지적할 필요가 있다. 1960~70년대에 있어서 예산상의 변화는 일반적으로 “기획계획예산제도”(PPBS)와 같은 방법의 채택을 의미했는데, 그것은 지출 결정의 “합리성”을 증진시키려는 것이었다. 여기에는 정부가 지출액의 한계 단위가 갖는 효용을 극대화하는 최적의 결정을 할 수 있다는 가정이 있다. 그러나 이러한 기술적 낙관주의는 이제 순진해 보인다. 1970년대 말과 1980년대의 예산상의 변화는 주로 정부지출을 줄이기 위한 것이었고 이것은 흔히 전면적인 예산감축과 같은 단순한 방법으로 이루어졌다.[16] 합리적 방식이 이론적으로는 호소력이 있다 해도 공공부문이 심각한 재정문제에 빠져 있고 경제가 그 문제를 고통없이 치료할 수 있을 만큼 빠르게 성장하지 못한다는 점을 감안하면 현실적 사태에 대처하기가 어려운 것이다.

마지막으로 이러한 경제적 변화가 유럽의 복지국가에 미친 영향을 검토해야 할 필요가 있다. 유럽의 복지국가는 여러 면에서 하나의 사회보험체계라고 할 수 있다. 따라서 그것은, 후일 수혜자격을 확보하고 현재의 수혜자를 위한 기금을 적립하기 위해 일생 동안 기여하게 되는 노동자들에 의존할 수밖에 없다. 그런데 노동력의 주요 부문이 장기간 실업상태에 놓이게 되면 이들은 스스로 수혜자격을 확보하지 못할 뿐만 아니라 현재와 미래의 수혜구조를 압박하게 된다. 다수의 (후한 임금을 받던) 노동자들이 지속적으로 실직상태에 놓이게 되면 사회보험은 그 의미를 상실하게 된다. 동시에 이것은 현대민주주의의 중요한 합법적 행위자로서의 복지국가가 그 능력을 잃게 됨을 뜻하는 것이다.

요컨대, 전후 유럽을 특징지었던 경제적 기적은 이미 종언을 고했다. 그리고 그 자리에는 기업의 도산과 노동자집단의 실업, 그리고 지체되고 불확실한 성장이 자리잡았다. 1980년대의 서비스 산업과 첨단기술 산업이 이러한 문제에 약간의 해결책을 제공하고는 있으나, 그것은 대규모 제조업에 비교해 볼 때 성장이 느린 다수의 저임금 직종을 제공하는 경향이 있다. 서비스 산업은 고임금의 증권 중개인과 컴퓨터 기술자들을 포함하기도 하지만 다른 한편으로는 많은 수의 저임금 여종업원과 소매직 종사자를 양산하기도 한다. 따라서 국가경제와 가계의 입장에서 볼 때, 미래는 불확실하며 결코 밝지도 않다.

## 2. 인구 변화

유럽 정치에 영향을 미쳤던 경제적 변화가 상당 부분 국제적 조건에 의한 것이라면 인구변화는 대부분—물론 전적으로 그런 것은 아니지만—국내적 상황에 의한 것이다. 여기에는 인구구조 변화의 여러 측면이 관련되지만 지중해 연안국가를 제외한 대부분의 유럽 국가에서 가장 중요한 인구학적 현상은 인구의 고령화이다.[17] 이러한 노인 인구의 증가는 인구보충률[총인구를 유지하는 데 필요한 출생률: 역자 주]을 밑도는 출생률과 퇴직 시기가 임박한 사람들의 평균수명 연장에서 결과된 것이다. 간단히 말해서 매년 아이들의 출생은 줄어들고 태어난 사람들은 더욱 오랫동안 살 수 있게 된 것이다. 출생률이 낮은 원인은 복합적이다. 여기에는 여성이 자신의 직업을 위해 아이갖는 것을 피하거나 보류하는 경향, 부족한 자원을 보존하기 위해 세계인구를 제한해야 한다는 책임감, 기술의 재앙(특히 핵문제)으로 인한 미래에 대한 불길한 예감 등이 그 이유로 제시될 수 있다. 그러나 어떤 이유에서든 젊은 유럽인은 줄어들고 있다.

유럽의 인구변화 정도는 <표 6>과 <표 7>에 나타나 있다. 이들 표는 나라별로 특정 연령층의 인구비율뿐 아니라 출생률과 인구변동률 등을 보여주고 있다. 이 수치들은 제3세계에서 예견되는 것과는 정반대인 “인구 시한폭탄”을 나타낸다. 산업화된 나라에서의 인구 위기는 교육과 직장을 필요로 하는 젊은층이 많다는 점이 아니라 연금과 의료혜택을 요구하는 노년층이 더 많다는 사실이다. 어느 경우든 인구의 연령분포 변화는 정부에 실제적 문제를 부과하게 된다.

인구의 노령화가 정부에 부과하는 중요한 문제는 앞에서 이미 암시되었다. 노인들은 연금과 공공의료의 혜택을 받을 자격이 있고 실제로 그러한 권리가 보장되어 있다. 노년 인구의 수는 증가하는 반면 이들을 부양하기 위해 세금을 지불해야 하는 노동 인구는 줄어들거나 기껏해야 동일 수준을 유지하고 있다(<표 7> 참조). 물론 많은 사람들이 생각하는 것과 같이, 사회보험 계획이 각 개인이 일하는 동안 기여금을 저축 또는 투자하고 후일 그들이 은퇴하거나 일할 수 없게 되었을 때 다시 그것을 되돌려 받는 (아마도 이자로서?) 회계구조가 건실한 보험체계라면, 이러한 인구구조의 변화도 별 문제가 되지 않을 것이다. 그러나 상황은 그렇지가 않다. 대부분의 사회보험 체계는 일하고 있는 세대로부터 은퇴한 세대로의 직접적인 세대간 이전의 형태로 되어 있다. 따라서 노년층에 비해 노동 인구의 수가 상대적으로 감소하면 각 노동자는 늘어나는 노년 인구를 위해 더 많이 (세금과 사회보험 "기여금"을) 지불해야 한다. 결국 이것은 과세에서 원칙을 고수하려고 하는 각국 정부의 이데올로기적이면서 동시에 실제적인 희망과 상충된다.

<표 6> 연령별 인구 분포(1986년)

| | 15세 이하 | 15~64세 | 65세 이상 |
|---|---|---|---|
| 오스트리아 | 18.6 | 67.1 | 14.3 |
| 벨기에 | 18.6 | 67.3 | 14.1 |
| 덴마크 | 20.7 | 66.3 | 13.0 |
| 핀란드 | 19.5 | 68.1 | 12.4 |
| 프랑스 | 21.5 | 65.7 | 12.8 |
| 서독 | 15.6 | 69.7 | 14.7 |
| 그리스 | 21.9 | 65.5 | 13.2 |
| 아이슬란드 | 26.4 | 63.5 | 10.1 |
| 아일랜드 | 29.6 | 59.8 | 10.6 |
| 이탈리아 | 17.6 | 69.2 | 13.2 |
| 룩셈부르크 | 16.8 | 69.8 | 13.4 |
| 네덜란드 | 19.9 | 68.1 | 12.0 |
| 노르웨이 | 20.0 | 64.3 | 15.7 |
| 포르투갈 | 23.7 | 64.6 | 11.7 |
| 스페인 | 24.4 | 64.3 | 11.3 |
| 스웨덴 | 17.4 | 64.7 | 17.9 |
| 스위스 | 17.9 | 68.4 | 13.7 |
| 영국 | 19.5 | 65.7 | 14.8 |
| 평균 | 20.5 | 66.2 | 13.3 |

* 출처: UN, *Demographic Yearbook, 1986*(New York: UN, 1988)의 통계자료에 근거하였음.

이같은 인구의 연령구조 변화는, 경제성장을 통해 전후 유럽정치 안정의 초석이 되었던 복지국가와 사회보험체계에 또 하나의 주요한 도전 요인을 가져

왔다. 정부는 노동자가 은퇴하면 공공연금이 기다리고 있을 것이라고 수십년 동안 공언해 온 약속을 이제와서 취소할 능력이 없다. 또한 세금의 인상이 시민들에게 상당한 설득력과 정당성을 가지는 보험 기여금이나 특별조세의 형태로 포장된다 하더라도 단기적인 정치적 압력 때문에 부적절한 것이 되어버린다.[18] 인구 변화가 정부의 현실적인 고민을 초래한 것이다. 정부가 어느 입장을 선택하든 그것은 사회보장비의 감축이 노년층에 미치는 인간적 결과는 물론이고 매우 현실적인 정치적 결과를 산출하게 된다. 그래서 대부분의 정부는 약속과 자원 사이의 불일치는 손대지 않은 채 문제의 일시적인 완화책만을 선택해 왔다.

<표 7> 출생률, 사망률, 연간인구 변동률

| | 출생률 | 사망률 | 인구변동률 |
|---|---|---|---|
| 오스트리아 | 11.5 | 11.8 | 0.0 |
| 벨기에 | 11.5 | 11.2 | 0.1 |
| 덴마크 | 10.6 | 11.4 | -0.1 |
| 핀란드 | 13.2 | 9.2 | 0.3 |
| 프랑스 | 14.1 | 10.1 | 0.3 |
| 서독 | 9.6 | 11.5 | -0.2 |
| 그리스 | 11.7 | 9.3 | 0.4 |
| 아이슬란드 | 15.8 | 7.0 | 0.6 |
| 아일랜드 | 18.2 | 9.0 | 1.3 |
| 이탈리아 | 10.1 | 9.5 | 0.1 |
| 룩셈부르크 | 11.1 | 10.0 | 0.1 |
| 네덜란드 | 12.3 | 8.4 | 0.3 |
| 노르웨이 | 12.1 | 10.6 | 0.2 |
| 포르투갈 | 13.0 | 9.6 | 0.6 |
| 스페인 | 14.6 | 7.4 | 0.6 |
| 스웨덴 | 11.8 | 11.3 | -0.1 |
| 스위스 | 11.5 | 9.1 | -0.1 |
| 영국 | 12.9 | 11.7 | 0.0 |

* 출생률과 사망률은 연간 인구 1000명당 출생자와 사망자 수를 나타낸 것이고 인구변동률은 이민숫자를 무시한 것임.
* 출처: UN, *Demographic Yearbook, 1986*(New York: UN, 1988)의 통계자료 에 근거했음.

인구문제의 또 다른 측면은, 정부가 줄어든 청년 인구를 가지고 방위임무를 수행하려 할 때 나타난다. 대부분의 서구 국가들은 복지국가, 경제성장과 함께 전후 유럽정치의 안정성의 기초였던 북대서양조약기구(NATO)의 회원국이다.[19] 나토의 회원국은 유럽 방위를 위한 통합사령부에 일정한 수의 군대를 배속시켜야 하는 의무를 지닌다. 그러나 정상적으로 이들을 충원할 수 있는 젊은층 인구가 감소하고 있고, 이에 따라 정부는 몇 가지 정책 대안의 선택에 직면하고 있다. 나토 통합군의 회원이 아닌 국가들도—주로 프랑스와 스웨덴—상당한 군사편제를 유지하고 있으며 이들 역시 나토 회원국과 마찬가지로 군대의 충원에 곤란을 겪을 것이다.

이 문제에 대한 나토 회원국의 정책 대응은 상당히 중요하다. 가능한 하나의 선택은 전쟁 발발시 전술핵무기의 사용을 보다 가능케 하는 것으로서 첨단무기에 의존하는 방법을 들 수 있다. 재래식 병력이 충분하지 않은 상태에서 유럽의 전선이 방어되어야 한다면 가능한 유일한 선택은 핵일지도 모른다. 핵은 그 자체의 특성상 가공할 만한 것일 뿐만 아니라 각국 정부는 유럽에서의 핵무기 감축협상에 참여해야 하는 부가적인 구속을 받게 된다. 그로 인해 또다시 재래식 병력이 필요하게 된다. 다행히 동서관계의 변화로 이러한 어려운 선택은 미결정 상태로 남겨져 있다. 인구문제 해결과 관련하여 실행되고 있는 다른 선택은 남성을 여성으로 대체하는 것이다. 불과 몇년 전보다 훨씬 많은 수의 여성이 실제 전투와 아주 근접한 직책에 투입되고 있다. 결국 단순해 보이는 인구변화라 할지라도 성별 역할의 변화를 촉진시킨다는 점에서 의미있는 사회적 결과를 낳을 수 있다. 특히 오랫동안 그 역할들이 명확하게 분리되어 있던 곳에서는 더욱 그렇다.

마지막으로, 매년 노동 가능 인구가 감소한다는 사실로 인해 정부는 직업훈련과 노동시장 정책에서 매우 흥미로운 선택과 문제에 직면하게 된다. 새로운 노동인구가 줄고 그로 인해 결국 총노동 인구가 감소하게 되면 각각의 노동자는 가능한 한 높은 생산성을 가져야 한다. 그것은 언제나 경제의 확실한 목표이지만 인구변화는 그것을 더욱 더 강요한다. 노동자들은 경제가 기술적으로 정교화됨에 따라 가능한 높은 수준의 훈련을 받아야 하고 종종 재교육되어야 한다. 일부 정부에서는—스웨덴이 가장 대표적이다[20]—생산성이 높은 부문에 필요한 노동력을 유지하고 직업간 이동을 촉진시키는 능동적인 노동시장정책을 이미 시작했다. 이러한 노동시장 정책은, 교육이 초기 성년기에 끝나버리지 않고 평생사업이 되도록 하기 위한 교육정책의 변화와 함께, 상대적인 또는 절대적인 생활수준이 지속되기를 원하는 산업화된 나라에 광범위하게 확산될 것이다.

서구의 인구는 구조에서의 변화뿐 아니라 흔히 독일어로 *Gastarbeiter*, 즉 초대된 노동자라고 완곡하게 표현되기도 하는 외국인 노동자의 수에서도 변화를 보이고 있다. 예전에 일부 국가들은 국내 노동자의 감소를 해결하기 위해 외국인 노동자의 입국을 허용했다. 현재 이들 외국인 노동자의 실제 수는 과거 특히 1960~70년대의 급속한 경제성장 시기에 비해 적은 편이다. 그러나 중요한 것은 이 "초대손님"들이 이제는 여러 국가에서 노동력의 일시적인 부가 요인이 아니라 영속적인 인구로 정착되었다는 점이다. 더욱이 처음에 일을 하러 들어왔던 사람들이 여자와 아이들까지 보태지면서 외국인 노동자는 사회의 안정적인 일부분으로 자리잡게 되었다. 이로 인해 스칸디나비아와 같이 민족적으로 매우 동질적이었던 유럽 사회도 갑자기 소수인종 또는 소수민족을 포함하게 되었다.

소수민족을 가진 나라에서 제기되는 즉각적인 문제는 이들 새 인구를 다루기 위해 (있다면) 어떤 종류의 정책대응이 필요한가이다. 이러한 문제는 소수민족의 등장이 (역사적으로) 갑작스러운 현상이고 단지 그 나라와 경제적 연관만을 맺고 있는 경우에 특히 두드러지게 나타난다. 벨기에처럼 오래전부터 민족간의 구분으로 사회가 분열되어 있는 국가의 경우에는 소수민족의 구성원들은 국가에 대하여 어느 정도 충성심을 보인다.[21] 그들은 자신들을 플란더즈인이나 왈룬인뿐만 아니라 벨기에인으로 여긴다. 이러한 소속감은, 오직 더 나은 생활을 영위하기 위해 자신의 고국을 떠나와 거주하고 있는 나라에서 버는 수입과 영위하는 생활방식에 익숙하여 정착하게 된 외국인 노동자에게서는 찾기 어려운 것이다.

다민족 사회가 봉착하는 일반적인 문제들 말고도 유럽 국가는 그들 나라의 외국인 노동자를 대처하는 데 특별한 어려움을 겪고 있다. 이들 국가의 경제는 이제 인구의 상당한 부분을 차지하면서 본국인들이 꺼리는 불결하고 임금이 박한 직업을 도맡고 있는 외국인 노동자들에 적지 않게 의존하고 있음에도 불구하고, 정부는 그들에게 무엇을 해줘야 하는지를 알지 못하고 있다. 이들의 정치적 권리는 어떠한가? (많은 국가에서 거주 후 상당 기간 동안 이들은 적어도 지방선거에서 투표할 수 있다.) 이들의 시민권은 어떠한가? 이들의 자녀에 대한 교육과 성인에 대한 어학교육 등을 통해 이들을 그 나라의 지배적 문화에 동화시켜야 하지 않는가? 이들의 사회보장제도와 퇴직 후의 권리는 또한 어떠한가? 앞에서 이미 언급된 경제의 불확실성으로 인해 외국인 노동자가 대부분을 차지하고 있던 낮은 임금의 직장도 이제는 많은 실직된 본국인들에게 매력적인 것으로 보이고 있다. 이러한 외국인 노동자에 대한 정책적인 문제에 대해 만족할 만한 최종적인 대답을 내놓을 수 있는 나라는 유럽에 거의 없다.

외국 노동자는 아니지만, 동독과 동구, 소련에서 유입되는 독일인들은 서독에 특별한 문제를 야기하고 있다. 이들 독일인은 서독의 헌법과 법률에 따라 입국하는 대로 독일시민이 된다. 그리고 이들은 독일어를 사용하며 문화적으로도 서독인과 동일하다. 더욱이 숙련된 노동력을 필요로 하는 그 나라의 요구를 해결해주기도 한다. 그런데 이들은 이미 좁아진 공간에 살고 있는 서독인구에 매주 수천명씩을 보태고 있다(서독의 인구밀도는 미국의 10배이고 프랑스의 두 배 이상이다). 사회보장, 주택, 취업 등에 대한 이들의 요구는 서독의 납세자들에게 추가적인 부담을 안길 것이다. 동족으로서 환영받기는 하지만 이러한 유입은 장기적으로 행복한 것만은 아니다.

유럽의 인구는 거의 감지할 수는 없지만 점차적으로 변화하고 있다. 그러나 이 작은 변화들은 큰 변화로 집적되어 기본적인 공공정책에 대해, 그리고 어느 정도는 근본적인 정치원리에 대해서도 재고하도록 강요하고 있다. 예전에 젊고 성장하는 모습을 보였던 유럽 국가들이 이제는 점점 노령화되고 있다. 사회보험의 기금을 적립하는 노동자의 수가 안정되거나 증가할 것이라는, 적어도 암묵적인 가정에 기초했던 많은 계획들이 이제는 진정한 재정적 난관에 직면하고 있다. 마찬가지로 젊은이들이 증가하지는 않더라도 안정적으로 충원될 것이라는 가정에 토대했던 방위계획도 위험에 처해 있다. 유럽 각국의 정부는 바로 이러한 환경의 근본적인 변화를 성공적으로 고려할 수 있도록 그들의 운영방식을 새롭게 조정해 나가야 할 것이다.

### 3. 과학기술

과학기술의 변화는 현대의 산업사회에 혜택과 해로움을 동시에 주고 있다. 단지 몇년 전만 해도 공상과학의 주제로만 여겨졌던 고도의 생활수준, 평균수명의 연장, 인식능력의 확장 등으로 인간생활에 혜택을 가져왔는가 하면 다른 한편으로 의도하지 않은 심각한 결과와 기대하지 않았던 효과들을 초래하기도 했다. 이것은 많은 유럽 국가에서 가능성의 한계 극복과 "진보" 그 자체의 개념이 항상 바람직한 것인가에 대해 의문을 제기하게 했다. 극단적인 경우, 원자력 기술은 그 평화적인 이용에도 불구하고 인류 절멸의 위험을 내포하며 생의학 기술은 어느 누구도 윤리적으로 대처하기 어렵게 할 가능성이 있다. 심지어 석탄을 원료로 하는 화력발전소처럼 매우 친근한 기술도 폐기물 처리문제와, 삼림이나 호수, 인간 등에 이미 영향을 미치고 있는 피해복구의 문제들을 안고 있다. 그리고 텔레비전 같이 이로운 기술도 사회적·정치적 생활에 중대한 영향을 미치고 있다.

기술의 실제적이고 잠재적인 악영향은 대부분의 유럽 국가에서 1980년대에 매우 절실하게 인식되었다. 우선 몇몇 유럽 국가에 핵탄두를 장착한 미국의 크루즈 미사일이 배치되는 결정이 내려지면서 유럽에서의 핵전쟁에 대한 공포감이 증대하였다. 원자력의 위험에 대한 관심은 체르노빌 발전소의 사고로 인해 더욱 증폭되었다. 방사성 폐기물이 거의 유럽 전역에 영향을 미쳤고 어떤 경우는 위험한 수준까지 그것이 축적되기도 했다. 영국에서는 이러한 공포의식이 셀라필드 핵사고에 대한 계속되는 조사로 더욱 확산되었다. 이보다는 덜 극적이지만 석탄을 태우는 화력발전소에서 발생하는 산성비도 독일의 삼림을 황폐화시키고 스칸디나비아와 기타 유럽 지역의 호수를 오염시키고 있다. 그러나 화학물질에 의한 산성비와 라인강의 오염 등은 산업사회에서 볼 수 있는 심각한 환경오염의 일부에 불과한 예일 뿐이다.

정부의 결정에 관심을 표명하고 의문을 제기하는 대중의 의사에 개의치 않고 정부가 기술발전의 계획을 진행시키기는 이제 어려울 뿐만 아니라 불가능하다. 정부에서 일하는 많은 사람들은 이와 같은 말에 의문을 제기하겠지만 과학기술과 관련한 대중동원(예를 들어 원자력에 대한 반대)은 실제적인 정치적 부수효과를 유발하기도 한다. 가장 중요한 것으로는 대중, 특히 정치적으로 무관심하고 무지한 젊은 세대의 정치적 관심이 증가하는 것을 들 수 있다. 서독과 스칸디나비아 등의 녹색당에서 두드러지게 나타나는 환경운동과 반핵운동은 여러 면에서 젊은 세대의 운동이 되고 있다. 이것은 청년층이 1960년대와 마찬가지로 의미있는 정치세력으로서 재등장하고 있음을 표현하는 것이다. 물론 1960년대의 반전운동과 환경운동만큼 정치적으로 강력하지는 않지만 지금의 반핵과 환경보호 운동은 정치체제에 활력을 불어넣고 비정치적이고 무관심했던 계층에게 정치를 보다 현실적으로 부각시키고 있다. 이러한 운동의 목적에 동의하지 않는 사람들도 효과적인 민주주의를 보존하기를 원한다는 점에서는 이들 운동으로부터 적지 않은 이익을 기대할 수 있다. 하바드대학의 경제학자 로버트 라이히[22]의 언급대로 "시민의식의 발현" 과정이야말로 기술문제를 둘러싼 대중동원의 중요한 부수 이익인 것이다.

정치체제에 영향을 미치는 문제와 쟁점을 부각시키는 것 외에도 현대기술의 확산은 정부내 권력분배와 정부의 정책결정 방식에 심대한 영향을 끼친다. 각국 정부의 정책의제는 이제 많은 과학기술적인 문제를 포괄한다. 원자력과 생명공학의 규제, 전자통신 정책, 급속한 통신발달로 인한 금융시장의 국제화 등이 그것이다. 이러한 복잡한 현안에 대해 스스로 결정을 내릴 수 있을 정도로 충분한 기술적 지식을 스스로 보유하고 있는 의원이나 주무장관은 거의 없다. 현대 정부가 수행해야 하는 업무량과 더불어 정책문제의 과학기술적 내용이 증가한다는 것은 직업관료와 전문적 정책자문역들이 산업화된 민주주의체제의 정책결정 과정에서 보다 큰 중요성을 가지게 됨을 의미한다.

정책결정에서의 기술관료적 성격의 증대는 유럽의 민주주의국가에서 일어나고 있는 다른 변화들과 상충할 것이다. 무엇보다도 대중은 점점 잘 교육받고 있고 스스로 정책토론에 참여할 능력이 있다고 느끼고 있다. 그러나 매우 높은 수준의 교육을 받은 사람조차도 중요한 과학적 현안의 전문가에 대해서는 상당한 불리함에 처한다. 더욱이 과학적으로나 기술적으로 매우 어렵고 논쟁적인 문제들은 원자력의 안전문제나 생명공학처럼 현저한 정치적 동원을 초래하는 것이기도 하다. 이런 현상은 앞에서도 언급했듯이 쟁점에 관한 정치적 동원이 우선적으로 일어나는 젊은 층에서 특히 두드러진다. 결국 정책의 기술적 내용의 증가로 대중이 얼마나 교육을 받고 기술적으로 숙련되었는지에 관계없이 그들은 정치로부터 소외당하고 정부에서 일어나는 일에 실제적인 영향을 미칠 수 없게 된다.[23)]

과학기술은 정부에서 결정이 이루어지는 방식뿐만 아니라 정치 엘리트들이 대중에게 호소하는 방식도 변화시킨다. 미국에서처럼 뚜렷하지는 않지만 유럽의 정치 캠페인도 대중매체를 이용하는 형태로 바뀌고 있고 유권자에 대한 호소 역시 개인적이고 직접적인 방식이 아니라 방송매체를 통해 이루어지고 있다. 이러한 형태의 발달은 몇 가지 중요한 측면에서 정치과정에 영향을 미치고 있다. 그 하나는 선거가 의원의 선출이라기보다는 수상이나 대통령과 같은 개인의 선출로서 인식되는 정도가 강해지고 있다는 점이다. 이것은 수상 그 자신이 홀로 국가적인 인물이라기보다는 “동등한 자들 가운데 첫번째”로서 받아들여졌던 의원내각제의 실제가 변화한 것이다. 이러한 변화는 이미 언급된 기술관료제로의 경향성과 결합되어 민주주의의 효과적인 정책작성 기구로서의 의회의 권능을 약화시키고 행정부와 관료기구에 더 많은 권한을 부여하는 데 기여하고 있다.

국가기관들 사이의 권력균형을 변화시키는 것 말고도 대중매체는 정치에서 성공하는 사람의 유형에도 영향을 미친다. 성공하기 위해서는 방송매체 특히 텔레비전에 잘 적응해야 한다. 유럽 각국의 선거운동법이 라디오나 텔레비전의 광고시간을 유료로 이용하는 것을 제한하거나 금지하고 있음에도 불구하고 무료로 제한적으로나마 허용된 짧은 시간은 시민에게 정치적 정보를 제공하는 데 매우 큰 영향력을 발휘하고 있다. 또한 정치적 사건은 뉴스로 방송되기 때문에 주요 후보자들에 대한 동정보도는 그들에게 무료로 할당된 광고시간보다 더 큰 효과를 미치기도 한다. 정보원천의 변화와 선거운동에서 정보원천이 갖는 중요성의 변화는 후보자의 매체 이미지가 정책쟁점보다 더 중요한 요소가 되는 결과를 초래했다. 따라서 훌륭한 정치인은 성공적인 수상이나 의원이 되기 위한 자질을 가지는 것보다 텔레비전에서 자신을 훌륭하게 연출해내는 것이 더욱 중요하게 된다. 선거에서 당선되는 데 필요한 특징과 공직에서의 효율적인 업무수행을 위한 요건은 항상 서로 구별되는 것이긴 하지만 이러한 차이는 이제 방송매체가 선거운동에서 더욱 중요하게 부각되면서 보다 커지고 있다.

뉴스의 제공원으로서 텔레비전의 광범위한 이용은 후보자의 선출 이상으로 더욱 많은 영향을 끼칠 것이다. 쟁점의 중요성은 그것이 흥미로운 영상과 함께 30초 내지 1분의 뉴스로 압축되는 방식에 따라 결정된다. 물론 중요한 정치쟁점이 그렇게 짧은 형식으로 적절히 제기될 수는 없다. 그러나 일반 시민은 바로 그런 방식으로 그들을 둘러싼 공공정책 세계를 파악한다. 따라서 복잡한 쟁점이 과도하게 단순화되는 경향이 나타나기도 한다. 정치는 종종 복잡한 문제에 대한 단순한 해결책의 선택을 요구한다. 그러나 이것은 많은 사람들이 정부와 공공정책에 대한 정보 획득의 주요한 원천으로 활자화된 매체 대신에 방송매체에 더욱 의존하게 됨으로써 과도하게 확대될지도 모른다.

## 4. 냉전의 종식

지금은 매우 사변적인 것이긴 하지만, 동구와 소련의 변화는 서구에 심대한 결과를 초래할 것이다. 전후 시기가 서구의 현저한 경제적·사회적 발전의 시기였음에도 불구하고 그 시기는 뿌리깊은 불확실성의 시기였다. 2차대전의 종결은 곧바로 양대 군사진영간의 냉전으로 연결되었고, 그것의 초기 "접전"이 유럽에서 일어났다. 베를린 봉쇄와 공수(空輸)가 그 대표적인 예이다. 동서간의 긴장으로 나토가 창설되었고, 서구 특히 서독은 동구로부터 있을지도 모를 공격에 대비하여 군비를 증강했다. 그러나 이 모든 것이 1989년부터 변화하기 시작했고 동구는 이제 서구의 뒤를 따르고 있다.

소련의 광범위한 정치경제적 변화와 동독, 폴란드, 헝가리 등 동구 국가의 보다 근본적인 변화를 계기로 서구은 새로운 기회와 도전을 맞고 있다. 유럽은 둘이 아닌 하나의 정치적·경제적 지역으로 다시 통합되고 있다. 대부분의 동구 사람들은 경제적 변화에 있어서 소비자로서의 충분한 구매력을 가지고 있지 못하지만 그럼에도 불구하고 동구 정치의 변화는 서구 기업에 거대한 새로운 시장을 제공하고 있다. 또한 동서간의 긴장완화는, 인구(젊은 성인 남자의 감소)와 경제상황(조세저항)으로 인해 나토에 대한 서구 각국의 의무 이행이 어려워진 지금 이들 국가의 국방비 부담을 덜어줄 수 있다.

동구의 변화로부터 비롯된 정치 지도자들에 대한 도전은 매우 중요하다. 첫째, 냉전의 종식은 많은 정당, 특히 우파정당의 정당성의 기반을 파괴하고 있다. 그러나 그것은 평화와 대동구 협상을 주장했던 녹색당과 같은 좌파정당의 설득력도 잠식하는 결과를 가져왔다. 둘째, 동서진영의 긴장완화는 동독과 서독이 어떻게 될 것인가, 이들의 통일은 어느 정도까지 그리고 얼마나 빨리 가능할 것인가 하는 문제를 제기하고 있다. 1990년에 동서독은 자본주의의 정상과 사회주의의 우등생(비록 무너지고 있지만)을 각각 대표하고 있으나 둘 다 독일이다. 다른 유럽 국가들이(동구 또는 서구) 거의 8천만의 인구를 가지게 되는 통일독일의 등장을 원하고 있는지는 분명하지 않다. 통일로 가는 첫 단계는 1990년 7월 1일에 이루어졌으나 그 미래는 여전히 불확실하다. 마지막으로 동서간의 대결 완화는 유럽에서의 미군주둔의 필요를 감소시켰고 미국과 유럽의 전후 국제정치의 주축이었던 나토의 동맹관계를 약화시키고 있다.

유럽에서 동서진영의 긴장완화는 아직 초기 단계이다. 1980년대 초만 해도 상상할 수 없었던 것들이 이미 벌어지고 있지만 긴장과 불신은 지금도 상당 부분 잔존해 있다. 소련과 동구에서의 정치적·경제적 변혁이 보수세력에 의해 실패하거나 방해받을 현실적 가능성도 존재한다. 그러나 그러한 변화가 진전되고 성공적으로 이루어지게 되면 우리는 그간 광범위하게 받아들여졌던 유럽 정치와 국제정치에 대한 이해를 근본적으로 재검토하게 될 것이다.

## 5. 요약

이 장은 서구의 정치환경의 중요한 변화를 지적한 것이다. 논의된 변화들은 하룻밤 사이에 일어난 것이 아니며 서서히 축적되어 10년 전이나 심지어 5년 전에 발견할 수 있었던 것과는 판이하게 다른 정치환경을 산출해 낸 것이다. 경제성장은 더 이상 급속하지도 확실하지도 않으며 노동력을 충원할 수 있는 많은 수의 젊은이들이 존재하는 것도 아니다. 더욱이 기술의 발전은 정부가 정책결정을 해야 하는 쟁점과 정치인들이 유권자에게 호소하는 방식을 변화시킴으로써 정부내 권력을 재분배했다. 마지막으로, 동구에서 나타나고 있는 정치적 변화는 서구의 외교정책을 근본적으로 재고하도록 요구하고 있다. 외교정책은 더 이상 대립하는 양 진영의 존재에 근거하지 않을 것이다. 이제 동구국가에 대한 원조는 공산진영의 침공을 막기 위한 과거의 군사적 방위만큼이나 중요한 외교정책의 쟁점으로 떠올랐다. 냉전의 종식은 또한 유럽 전체의 강한 동질성과 유럽적 공동의식을 증진시키고 초국가적인 통합을 촉진시킬 것이다. 유럽의 대외정책 문제가 모두 해결된 것은 결코 아니지만 1989년 이전보다는 훨씬 그 긴장이 완화된 것으로 보인다.

이러한 환경의 변화들은 매우 다양한 정치적 반응을 초래했는데, 그 내용은 뒤에서 자세히 검토할 것이다. 논의된 환경변화와 직접적으로 연관된 것은 아니지만 서구 정치를 이해하는 데 매우 유용한 분석 단위였던 민족국가 개념이 그 적실성을 잃어가고 있다는 것도 위의 환경변화에 대응하는 정치적 결과의 하나이다. 수세기 동안 정부정책을 고려하는 데 있어 주요한 제도적 기초였던 민족국가가 이제 위로부터 그리고 아래로부터 도전받고 있다. 제도적 변화와 함께 대중정치에도 중대한 변화가 나타났다. 이전에는 안정적이었던 유권자와 정당의 결합도 이제 이들을 새롭게 구별짓는 사회경제적 변화와, 대중매체 및 선거운동을 통해 정치가 대중에게 전달되는 방식의 변화를 둘 다 반영하기 위해서는 바뀔 수밖에 없다. 유권자가 정당보다 개인을 따르고 정당활동보다 이익집단의 활동에 더 많은 관심을 가지게 되면서, 기존의 전통적인 정당체계는 해체되어 가고 있는 것으로 분석된다.

최종적으로 공공정책 역시 변화하고 있고 앞으로도 변화할 것이다. 일부 변화는 불가피한 것이지만 "혼합경제, 복지국가"와 나토동맹 등의 주요한 정책은 지금 상당한 변화 압력을 받고 있다. 거의 40년 동안 잘 지속되어 왔던 이들 정책의 근본성격이 존속되려면 정책 요소의 일정한 변화는 피할 수 없을 것이다. 일부 정치인과 대중은 이제 이러한 제도가 더 이상 존속될 필요가 없다고 여기고 있다. 각국 정부는 자신들이 생존하고 또 통치해야 하는 변화된 세계에 적응해가는 과정에서 그 창조성과 지속성에 중대한 도전을 맞고 있는 것이다.

우리는 유럽의 정치적 환경변화를 논의하고 있다. 그러나 우리는 정부가 이러한 변화에 속수무책이라고 가정해서는 안된다. 정부는 제도적·정책적 문제들을 효과적으로 극복하고 피할 수 있는 견실한 능력을 가지고 있다. 공공관료제에 부여된 명성과 힘으로 미루어 볼 때 정부의 기대되는 능력은 미국보다 서구에서 더 발달되어 있다. 따라서 사회경제적 환경과 대중정치상의 변화를 서술하면서 서구 정치를 분석하고자 할 때 우리는 이에 대응하는 정부제도의 능력을 과소평가해서는 안된다. 비록 구시대적이고 시대에 뒤떨어지는 전통을 가진 매우 오래된 조직이라 할지라도 이 제도들은 정책을 형성하고 그 정책을 집행하는 대단한 탄력성과 능력을 보여주고 있다.

## 6. 후기

1990년대 초의 유럽정치에 대해 책을 쓴다는 것은 어려운 작업이다. 매일 아침 조간신문을 본다는 것은 여러 가정과 사실들이 이미 낡은 것이며 바로 그때마다 수정되어야 함을 의미한다. 신문에 보도되는 매일의 사건들은 정부와 공직자의 단순한 변화에서부터 정치가—사실은 서구가—개념화되는 방식의 근본적인 변화까지를 포괄한다. 따라서 앞의 논의는 도중에 있는 것에 불과하며, 세계는 우리가 계속되는 변화를 기록하거나 심지어 인지하는 것보다 더 빨리 변화하고 있다. 그러나 서구는 문제와 위험을 동시에 지니고 있는 새롭고 희망찬 미래를 향해 달려가고 있는 것으로 보인다.

1) 동구와 서구

서구 정치의 가장 근본적인 변화는 1989년과 1990년에 종종 신문의 머리기사를 장식했던 것에서 찾아볼 수 있다. 즉 1950년 이래로 동구라고 불렸던 지역에서 벌어진 급진적 변화가 그것이다. 이제는 유럽을 아일랜드의 케리군(郡)에서부터 소련의 국경까지 연결되는 전체로서 인식하는 것이 타당할 것이다. 역사적으로 헝가리와 폴란드 등은 사회적, 문화적, 정치적으로 유럽사에서 중요한 지역이었고, 지금은 그들의 지난 40년 동안에 걸친 고립이 역전될 것임을 암시하는 여러 징후가 나타나고 있다. 이러한 유럽의 재통합은 느리긴 하지만 가능한 것이고 피할 수 없는 것이다.

가장 극적인 변화는 독일에서 일어났다. 1990년 7월에 이미 동독과 서독을 서로 다른 나라로 언급하는 것은 이치에 맞지 않는다. 동서독의 통합은 베를린 장벽이 무너지고 제거되면서 시작된 이후 급속도로 진행되었다. 그것은 서독 총리 콜이 양국의 신속한 통합을 옹호한 발언으로 정치적 타격을 입은 이후에도 계속 추진되었다. 분단된 독일은 1990년 7월 1일 서독 마르크를 공통화폐로 하여 경제적으로 하나의 나라가 되었다. 이전에는 볼 수 없던 상품들이 동독의 가게 진열대에 전시되고 재화와 용역이 동서독 간에 자유롭게 이동할 수 있게 되었다. 그리고 통일독일이 나토에 잔류하는 것을 허락한 소련의 동의와 2차대전 이후의 국경을 인정한다는 폴란드와의 합의가 정치적 통합을 완성하는 길을 열어 주었다.

관찰자들에게 일반적으로 환영받았다고 해서 이 변화들이 즉각적이고 잠재적인 문제들을 가지지 않는 것은 아니다. 즉각적인 문제들은 동독의 억압적인 국가기구를 해체하고 상품과 용역에 대한 소비자들의 증가하는 수요를 해결하는 일 등과 관련된 것이다. 동독에 공산주의 정권이 존재하는 것은 아니지만 구 정권을 위해 봉사했던 군대와 관료기구의 앞으로의 행보는 아직도 불명확하다. 이들은 지금 할 일이 없으며 서독의 많은 시민과 정치인들은 이들 군대와 정부관료가 앞으로 민주정부를 위해 봉사하기에는 이미 부패했다고 인식하고 있다.

내부의 정치적인 문제와 함께 독일통일 후 통합된 경제가 함축하고 있는 의미에 대해서도 관심이 집중되고 있다. 동독은 비교적 숙련되고 활력적인 광범위한 노동력을 제공함으로써 빠르게 노령화되고 있는 서독에 값진 자산이 되고 있다. 또한 동독은 거대한 소비 시장을 제공하고, 서독에서는 이제 흔해빠진 것이 되어버린 공산품에 대한 수요를 새롭게 불러 일으키고 있다. 그러나 이런 이익과는 반대로 적지 않은 비용도 치르고 있다. 우선 동독은 서독에 비교할 때 덜 개발된 경제체제이기 때문에 다른 지역과 동등한 기준으로 끌어올리기 위해서는 경제의 하부구조에서부터 대규모의 투자가 필요하다. 그리고 공산정권 시절의 노후한 기계와 시대착오적인 가치가 가져온 심각한 환경문제도 존재하고 있다. 서독 마르크는 세계 통화시장에서의 우위를 손상받지 않고 통일을 겪을 수 있었으나 여전히 인플레이션의 공포가 존재한다. 독일연방공화국의 시민인 동독인들에게 사회보장과 연금을 제공해야 하는 광범한 의무도 요구된다. 통일의 행복감이 지나간 뒤에 이제 복잡하고 걱정스러운 손익계산이 떠오르고 있는 것이다.

독일통일에 대한 독일 외부의 우려도 중요하게 제기되고 있는데, 그것은 정치적인 것과 경제적인 것으로 구분된다. 정치적 우려는 독일통일이 결과한 약 8천만의 인구와 다른 유럽 국가보다 훨씬 우월한 산업생산 수준을 가진 초강대국의 등장을 둘러싼 것이다. 일부의 걱정은 양차대전으로부터 유래하는 것이며 다른 일부의 걱정은 통일독일과 여타 유럽 국가들 간의 경제적 불균형에서 기인하는 것이다. 영국의 몇몇 정치인은 독일에 대한 그들의 우려를 공개적으로 표명하기도 했다. 한 각료는 이로 인해 내각에서 해임되기도 하였으나 많은 시민은 그를 지지했다. 이런 우려와는 달리 독일이 자신의 국내문제 해결에 정신이 없을 것이며, 따라서 유럽문제에는 별 관심이 없을 것이라는 관측도 있다. 이런 전망은 유럽공동체가 1992년의 완전한 경제통합으로 진전되는 시점에서 특별한 관심을 끌고 있다.

동구 국가의 미래와 서구와의 통합 여부는 여러 요인에 의해 좌우된다. 그

중 하나는 경제적인 것이다. 동독의 경우 소비재를 공급하고 사회적·경제적 하부구조를 구축하기 위한 막대한 규모의 자본투자가 요구되고 있다. 경제적으로 동독이 동구에서 가장 발달한 나라임을 감안한다면 다른 나라들의 이와 같은 요구는 더욱 절박할 것이다. 동구 국가의 서구 경제체제로의 통합은 그 비용 중 일부가 냉전 종식에 따른 평화분담금에 의해 충당된다 할지라도 앞으로 더욱 엄청난 규모의 투자가 필요할 것이다. 더욱이 서구산업에서 요구되는 기술과 속도에 아직은 익숙하지 않은 동구 국가의 노동력을 재교육시켜야 하는 경제적 문제도 존재하고 있다.

자유화된 동구 국가의 미래에 대한 정치적인 우려도 증가하고 있다. 첫째, 서구의 풍부한 상품이 동구에서 즉각적으로 이용 가능하지 않을 때 야기될 실망은 지금의 자유정권에 환멸을 느끼게 하고 이를 탈피하려는 정치적 변화를 자극할 수도 있다. 둘째는 공산정권 하에서 잠복해 있었던 민족 간 분규가 재등장함으로써 내적 갈등과 정치적 불안정을 야기할 것이라는 점이다. 마지막으로 소련의 대외정책은 어떠할 것이며 자신의 위성국의 정치적 변화를 역전시키기를 원하는지 여부에 대해서도 관심이 집중되고 있다. 지금으로서는 이들 우려에 대해 명확한 답을 기대하기 어려우나 서구 국가에 상당한 문제와 불안을 제기하고 있음은 확실하다.

잠재적인 적대세력으로서 동구와 서구는 2차대전 이후 그들의 운명을 밀접히 연결시켜 왔다. 이제 이러한 상호연관은 다른 양상으로 나타나고 있지만 이 역시 중요한 것이다. 양 체제는 여러 면에서 내적 차별성을 가진 하나의 유럽이 되고 있다. 한쪽은 물질적으로 풍요하고 (스페인, 그리스, 포르투갈까지를 포함하여) 오랫동안 지속된 민주주의의 경험을 가지고 있다. 다른 한쪽은 상대적으로 경제가 저개발상태에 있고 최근에야 민주주의의 실험을 경험하고 있다. 그러나 이러한 상이성에도 불구하고 양 부분은 서로를 무시할 수 없으며 상대방의 요구와 필요에 적응해야 한다.

2) 유럽공동체

서구 지역에서 보이는 가장 두드러진 변화 가운데 하나는 경제적, 정치적 통합을 위한 운동이 지속되고 있다는 점이다. 1992년을 목표년도로 선언한 것에서 우리는 유럽공동체가 이전의 "유럽경화증"(Eurosclerosis)을 극복하고 통합된 경제, 사회, 정치체제로 나아갈 능력이 있음을 알 수 있다. 대처처럼 덜 호의적인 사람들은 통합에 대한 의구심을 계속 표명하고 있으나, 그들 역시 유럽통합이라는 역사의 역동적인 기관차가 출발할 경우 이를 놓치지 않기 위해 강력한 반대의사의 표명은 자제하고 있다. 이 사건의 한 주체가 되고, 그럼으로써 통합된 유럽의 형성에 기여하는 능력을 갖는다는 것은 특별한 정책이나 민족적 자존심 문제에서 승리를 얻는 것보다 훨씬 중요할 것이다.

유럽통합의 속도가 가속화됨으로써 지금의 논의는 독일통합에서 보였던 완전한 통화통합을 고려하는 단계에까지 이르렀다. 이것은 불과 일년 전에 기대했던 것보다 훨씬 높은 수준의 경제통합이다. 통화통합은 유럽공동체의 각 회원국이 자신의 경제정책 결정에서 상당한 자율성을 포기한다는 것을 의미한다. 회원국은 이제 환율변동 또는 인플레이션을 정책 도구로서 이용하는 것이 어렵다는 것을 깨닫게 될 것이다. 고려해야 할 또 하나의 요소는 통화통합이 독일에게 더욱 지배적인 위치를 제공할 것이라는 점이다. 독일 마르크는 EC에서 가장 강력한 화폐이며 다른 화폐와 비교하는 기준이 될 것이다. 통화공동체를 향한 운동에 영국이 저항하고 있고 다른 나라에도 그 효과를 의심하는 사람들이 있지만 통화통합은 완전한 경제공동체를 만들기 위해서는 불가피한 단계이다.

경제통합운동은 국내정치에도 일정 정도 영향을 미친다. 이것은 우선적으로 회원국에서 나타난다. EC통합의 국내적 영향은 영국에서 가장 명백하게 나타났는데, 대처 수상의 EC통합에 대한 미온적 태도는 1990년의 유럽 의회선거에서 나타난 것처럼 정치적 역공을 초래했다. 보수당은 별다른 지지를 못얻은 반면 (녹색당을 포함하여) 유럽통합에 찬성하는 정당은 많은 호응을 받았다. 영국이 유럽통합운동에 가장 신중한 입장을 취하고 있지만 다른 나라들은 유럽통합이 비용과 함께 이득을 가져다 줄 것이라고 인식하고 있다.

또한 유럽공동체내의 정치적·제도적 변화에 대한 요구도 상당하다. 일부 시민과 적지 않은 정치인들은 유럽공동체 기구가 그들과는 동떨어져 있고 관료적인 것으로 인식하고 있다. EC와 대중 간의 직접적인 정치적 연결의 부재를 표현하는 "민주성 결핍"이라는 신조어가 만들어졌다. 대중에 의해 직접 선출되는 유럽의회가 존재함에도 불구하고 이러한 결함이 지적되고 있다. 회원국으로서 치러야 할 비용이 요구되는 상황에서 EC가 효과적인 초국가적 정부가 되기 위해서는 정당성을 창출할 수 있는 보다 강력한 기구들이 마련되어야 할 것이다.

통합의 진전은 회원국이 아닌 나라에 대해서도 많은 정치적 압력을 가하고 있다. 오스트리아 등은 능동적으로 회원 가입을 신청했고 스웨덴과 핀란드는 EC시장에 경제적으로 더욱 접근하고 있다. 그런데 다른 나라들은 EC와의 긴밀한 유대가 갖는 가치를 둘러싸고 논쟁을 계속하고 있다. 특히 스위스의 경우 이것은 어려운 정치적 선택으로 보인다. 국민투표의 요건, 전통적인 중립정책, 상당히 규제된 국내시장을 보호해야 할 필요성 등으로 스위스의 운신은 힘들어지고 있다. 그러나 유럽공동체의 밖에 잔존하게 되면 (특히 오스트리아까지 가입하게 되는 경우) 상황은 더욱 어려워 질 것이다. 오스트리아, 스웨덴, 스위스 등이 가입을 희망한다 하더라도 EC가 새로운 회원국을 필요로 하는지는 아직 명확하지 않다. EC는 현재 회원국의 통합을 달성하기 위해 우선적으로 노력해야 하며 새 회원국의 가입은 이들 기존 회원국들끼리 세운 목표를 성취하는 데 방해가 될지도 모르기 때문이다.

### 3) 공공부문

1990년대에 들어서면서 나타난 유럽정치에 대한 주요한 도전은 정부의 역할에 관한 것이다. 1980년대는 정부제도에 대해 장점은 거의 없는 반면 결함은 허다하다고 인식하였던 시기이다. 사회주의정권 또는 좌파정권을 포함하여 당시의 전 유럽에는 공공부문의 규모를 줄이고 정부의 활동을 민영화하며 이전에는 공공부문에 의해 추구되었던 사회적·경제적 목표의 달성을 민간부문으로 돌리려는 경향이 있었다. 사회의 필요를 충족시키는 것에 대한 이러한 방식의 접근법은 최대한의 수준까지 진행되었지만 이제 다시금 공공부문의 소생이 요구되고 있는 것 같다. 특히 그것은 경제적 하부구조의 경우에 절실하며 거의 모든 국가에서 나타나고 있는 빠른 노령화에 대처하기 위해서도 더욱 필요할 것이다.

유럽과 전 세계는 지금 복잡한 환경문제와 분배문제를 해결해야 한다. 화석연료의 사용으로 인한 지구온도의 상승, 오존층의 파괴와 이로 인한 자외선으로부터의 보호기능 감소, 천연자원의 부족 등은 보통 인식되는 것과는 다른 전 지구적인 해결을 요구하고 있다. 더욱이 이에 대한 해결책으로 제시된 여러 가지 제한 조처들은 저개발 국가의 발전 목표를 달성하기 어렵거나 불가능한 것으로 만들고 있다. 부유한 유럽과 북미 국가는 높은 경제적 수준에서 성장을 둔화시키는 것이 용이하지만 저개발 국가에게는 그것이 매우 어려운 과업이다. 물론 이것이 엄격한 의미에서 유럽만의 정치문제는 아니지만 그럼에도 불구하고 그것은 유럽대륙의 정치적, 경제적 미래에 영향을 줄 것이다.

유럽 국가의 사회구조에도 의미 있는 변화가 일어나고 있다. 인구의 노령화와 거기서 파생하는 사회보장 및 의료보장의 요구에 대해서는 이미 언급하였다. 또한 많은 나라에서 종족의 구성이 계속 변화하고 있다. 역사적으로 매우 동질적이었던 스칸디나비아 국가들도 이제 상당한 외국인 인구를 포함하고 있다. 언어와 종교로 명확히 분리되어 있는 스위스 역시 증가하는 외국인 인구에 적응해야 한다. 구체적 예를 더 열거할 수도 있지만 기본요점만 지적한다면 많은 유럽 국가들이 인구변화에 대처하기 위해 새로운 적응방식을 개발해야 한다는 것이다.

공공부문의 개혁과 변화는 1980년대의 일관된 주제였고 1990년대에도 이에 대한 고려는 계속될 것이다. 1980년대의 이 주제는 주로 "보다 적은 것"을 의미했다—적은 비용과 적은 사업활동이 그것이다. 1990년대에는 단순히 "적음"을 추구하는 것이 거의 불가능하게 될 것이다. 대부분의 공공기관 관리자들은 그들 사업의 모든 군살이 이미 제거되었으며 따라서 힘도 약화되었다고 믿고 있다. 이러한 1980년대의 공공부문 축소는 1990년대 정치 지도자들의 과업을 그만큼 더욱 어렵게 만들었다. 1990년대의 이들 지도자들은 세금을 낮은 수준으로 유지하면서 동시에 공공부문에 가해진 실제적인 손실을 복구하기 위해 노력해야 할 것이다. 더욱이 이들은 1980년대에 있었던 공공부문의 삭감과 위축으로 사기가 저하되어 있는 공무원들을 통해 이 과업을 수행해야 할 것이다. 1990년대는 정치인과 공무원에게 진정한 도전의 시기가 될 것이다.

1990년대에 있어서 공공부문의 형태는 보통시민에게도 곤란함을 유발할지 모른다. 정부 기능의 민영화와 사회적 재화공급의 혼합모형으로 공공부문의 활동은 과거보다 더욱 혼란스럽게 될 것이다. (이른바) 오만한 관료기구는 아무도 책임지는 사람이 없는 서비스 전달 체계로 대치되었는지도 모른다. 물론 관료기관을 통한 전통적인 공공서비스 체계에도 문제는 존재하지만 민영화된 서비스 역시 책임감의 측면에서 문제점을 갖고 있다. 따라서 1990년대는 공공부문의 본질적 성격과 이 부문이 제공해야 하는 서비스의 유형, 그리고 서비스를 제공하기 위한 가장 적절한 방식 등에 대한 재고가 요청된다.

### 4) 유럽정치의 미래

1990년대 들어 유럽의 미래는 2차대전 이후 그 어느 때보다도 밝은 전망을 보이고 있다. 냉전이 완전히 끝난 것은 아니지만 매우 완화된 것은 확실하며 대부분의 동구 국가가 과거로 결코 되돌아가지 않을 것이라는 정당한 믿음 또한 존재하고 있다. 이런 상황은 동구 국가의 대중의 삶을 더욱 견딜 만한 것으로 만들 뿐 아니라 서구 국가로 하여금 탱크와 미사일을 만들기 위해 걱정하는 것보다 다른 사회경제적 문제를 처리하기 위해 그들의 힘과 자원을 쏟을 수 있도록 고무하고 있다. 게다가 서구가 유럽공동체를 통해 통합과 경제발전의 시대로 진입하고 있다는 인식도 확산되고 있다. 1992년이라는 통합계획의 완전한 분기점이 명백히 드러난 것은 아니지만 향후 새 유럽이 등장할 것이라는 점은 확실하다.

유럽의 미래에 대한 이러한 긍정적 측면에는 위험과 장애 요인 또한 내포되어 있다. 긍정적 발전을 위해서는 민족의식의 약화가 요구되는데, 이러한 의식은 유럽공동체에서 보이는 것처럼 지속되기가 쉽지 않을 수도 있다. 또한 많은 변화들에는 계속적인 경제성장, 그 성장을 동구 국가, 나아가 전 세계와 공유하려는 의지 등이 요구된다. 긍정적 미래는 정치적 지도력뿐만 아니라 공공부문 활동의 가능성에 대한 보다 긍정적인 인식에도 달려 있다. 유럽의 미래는 밝아 보인다. 그러나 의미 있고 지속 가능한 변화를 달성할 수 있으려면 미래는 어려운 경제적·정치적 현실의 관점에서 고려되어야 한다.

□ 주

1) P. Brass, *Ethnic Groups and the State*(Totowa, NJ: Barnes and Noble, 1985).
2) P. J. Katzenstein, *Small States in World Markets*(Ithaca, NY: Conrnell Univ. Press, 1985); J. Zysman, *Governments, Markets and Growth*(Ithaca, NY: Conrnell Univ. Press, 1983).
3) R. Benjamin, and R. T. Kudrle, *The Industrial Future of the Pacific Basin*(Boulder, Co: Westview, 1984).
4) E. F. Denison, *Why Growth Rates Differ: Postwar Experience in Nine Western Countries*(Washington, DC: Brookings Institution, 1967).
5) C. Bay, *The Structure of Freedom*(New York: Atheneum, 1965).
6) W. Keegan, *Mrs. Thatcher's Economic Experiment*(London: A. Lane, 1984); M. Stewart, *Keynes and After*(Harmondsworth: Penguin, 1971).
7) A. W. Phillips, "The Relation between Unemployment and the Rate of Change of Money Wage Rates", *Economica*, 25(1958), pp. 283~99.
8) R. Inglehart, *The Silent Revolution: Changing Values and Political Styles among Western Publics*(Princeton, NJ: Princeton Univ. Press, 1977); W. M. Lafferty, and O. Knutsen, "Postmaterialism in a Social Democratic State: An Analysis of the Distinctness and Congruity of the Inglehart Value Syndrome in Norway," *Comparative Political Studies*, 17(1985), pp. 411~31; A. Marsh, "The Silent Revolution, Value Priorities, and the Quality of Life in Britain," *American Political Science Review*, 69(1975), pp. 21~30.
9) D. Bell, *The End of Ideology*(New York: Free Press, 1960); J. D. LaPalombara, "The Decline of Ideology: A Dissent and an Interpretation," *American Political Science Review*, 60(1966), pp. 5~16.
10) R. Rose and B. G. Peters, *Can Government Go Bankrupt?*(New York: Basic

Books, 1978).

11) 그러나 R. Eatwell and N. O'Sullivan, *The Nature of the Right*(London: Pinter, 1989) 참조.

12) B. Strümpel, "The Contribution of Survey Research to Public Finance," In A. T. Peacock(ed.), *Quantitative Analysis in Public Finance*(New York: Praeger, 1969), pp. 13~32.

13) R. Inglehart, "Post-Materialism in an Age of Insecurity," *American Political Science Review*, 75(1981), pp. 880~900.

14) A. Downs, "Up and Down with Ecology: The Issue-Attention Cycle," *The Public Interest*, 28(1972), pp. 38~50.

15) B. G. Peters, *The Politics of Bureaucracy*, 3rd ed.(New York: Longman, 1989); D. Tarschys, "Curbing Public Expenditure: Current Trends," *Journal of Public Policy*, 5(1985), pp. 23~67.

16) D. Tarschys, "Rational Decremental Budgeting," *Policy Sciences*, 14(1981), pp. 49~58; Tarschys, "The Curbing Public Expenditure."

17) Organization for Economic Cooperation and Development, *Aging Populations*(Paris: OECD, 1988).

18) A. Lewis, *The Psychology of Taxation*(Oxford: Martin Robertson, 1982).

19) E. C. Ravenal, *NATO: The Tides of Discontent*(Berkeley, CA: Institute of International Studies, Univ. of California, 1985); K. Rush, *NATO at 30*(Washington, DC: Atlantic Council, 1979).

20) A. Lindbeck, *Swedish Economic Policy*(Berkeley: Univ. of California Press, 1974); B. Rydén, and V. Bergstorm, *Sweden: Choice for Economic and Social Policy in the 1980s*(London: George Allen and Unwin, 1982).

21) N. Delruelle-Vosswinkel, and A. P. Frognier, "L'Opinion Publique et des Problemes Communautaires," *Courrier Hebdomadaire du CRISP*, 10(1980), pp. 1~22.

22) R. B. Reich, *The Power of Public Issues*(Cambridge, MA: Ballinger, 1988).

23) S. P. Huntington, "Postindustrial Politics: How Benign Will It Be?" *Comparative Politics*, 6(1974), pp. 164~192.

# 제2부 정치제도

# 서론과 해제

제2차대전 직후에 비교정치연구를 주도한 학자들은 기존의 비교정부론이 서술적이며 법적·제도적인 측면에 치중하였음을 공통적으로 비판하였다.[1] 그 후 비교정치연구는 시겔먼과 갯보이스의 글에서 밝혀진 바와 같이, 공식적인 정부제도와 그 운영절차에 대해 관심을 두지 않았다. 그런데 그동안의 연구가 사회중심적(society-centered) 시각에 지배되고 헌법, 대통령, 내각, 의회, 법원 및 관료제 연구가 주변으로 밀려나간 것이 과연 바람직한가 하는 문제를 제기하지 않을 수 없다.[2] 물론 기존의 비교정부론이 형상적인 서술에 그친 점은 비판되어야 한다. 그러나 사회중심적 시각은 정부제도를 단지 종속변인의 지위로 격하시킴으로써 정치학의 정체성 위기를 초래하였다고 할 수 있다. 정부제도는 사회의 갈등관리에 있어서 독립변인의 역할을 하며, 비교정치연구의 핵심적 대상인 것이다.

정부제도는 통치와 관련되는 공직의 집합이다. 정부제도는 공직 담당자와 이들의 직무수행을 뒷받침하는 규범과 절차 및 물적 자원에 의해 가시화된다. 정부제도의 통치기능 수행은 곧 국가가 그 영토에 거주하는 주민의 공동생활에 질서와 통일성을 부여하며 구속력 있는 결정을 집행하는 것이다. 정부제도는 사회적 조건의 영향을 받으며 운영되지만 한편으로는 독립적인 통제력을 갖고 사회내의 무수한 개인과 집단 간의 상호작용에 제약을 가한다.

서구의 정부제도를 연구하는 출발점은 정부기관 사이에 권력이 어떻게 분산 또는 집중되고 있는가를 구명하는 것이다. 특히 현대국가의 공공정책과정에서 기본목표의 설정과 이것의 구체적인 실현을 담당하는 집행부, 그리고 법률을 포함한 공공정책의 심의·수정·의결을 책임지며 집행부를 견제하는 의회 사이의 권력관계가 중요하다. 먼저 제3장에 소개되는 레이프하트의 글은 국가권력이 정부제도 간에 기능적으로 분배되는 양식을 다루고 있다. 이 글의 주제는 로크나 몽테스키외로 거슬러 올라갈 만큼 오래된 것이지만 새롭게 강조되는 정부제도에 대한 관심을 반영하는 것으로, 의회제와 대통령제의 본질적 성격과 장단점을 매우 명쾌하게 논의하고 있다.

레이프하트는 의회제와 대통령제의 정부형태에 관한 많은 정치학자나 헌법학자의 논의와 달리 세 가지 근본적인 차이점에 집중한다. 그것은 ① 의회신임이 집행부의 존속을 위한 요건인가의 여부, ② 집행부가 민선인가 아니면 의회선출인가의 구분, 그리고 ③ 집행부가 단독기관인가 합의기관인가의 구별이다. 레이프하트에 의하면 이원집정제가 흔히 의회제와 대통령제의 혼합절충형 정부형태로 이해되고 있는데 그것은 엄격하게 말하면 두 가지 형태가 동시에 공존하는 것이 아니며, 대통령과 수상의 상대적 권한이나 특정한 시기적 국면에 따라 대통령제나 의회제 가운데 그 하나로 간주될 수 있다고 한다. 다만 스위스에서 발견할 수 있는 바의 집단합의제 형태는 양자의 어느 형태로도 분류하기 매우 어려운 예외가 된다는 것을 지적한다. 이 글은 연구대상에 대한 체계적인 분류를 통해서 훌륭한 비교연구를 시도하고 있다.

레이프하트는 더 나아가서 여섯 가지 기준에 비추어 의회제와 대통령제를 비교하고 평가한다. 그 기준은 ① 집행부의 안정성, ② 국민에 대한 집행부의 책임성(민주적 책임성), ③ 의회와 집행부 사이의 상호견제, ④ 의회와 집행부 사이의 교착과 알력, ⑤ 시의(時宜)적 경직성과 ⑥ 비타협적 정치의 조장이다. 대체로 앞쪽의 세 가지 기준은 대통령제를 의회제보다 우월한 것으로, 한편 뒤편의 세 가지 기준은 의회제를 대통령제보다 나은 것으로 부각시킨다. 물론 레이프하트는 각 기준에 비추어 드러나는 단점을 보완하는 방안과 다른 학자의 견해를 고려하며 폭넓은 논의를 전개한다.

제4장에 수록된 글은 영국 의회연구의 대가인 노톤이 1987년 10월에 헐 대학에 취임하면서 행한 강연이다. 이 글은 영국의회에 초점을 맞추고 있는 것이지만 우리에게 알려진 의회제도의 진화와 성장에 관한 문제가 전형적으로 영국을 중심으로 하여 제기되는 것이기 때문에 의회제도 일반으로 확대하여 적용할 수 있는 여지가 크다.

영국의 서민원(하원)은 19세기 중엽에 의회정치의 황금기를 구가하였다. 원내 다수정파는 국가의 집행부인 내각을 구성하고 의회는 국가정책형성의 중심무대였다. 그러나 19세기 말엽 이후 영국의회는 서서히 약화되었고 특히 1920~30년대부터 1960년대에 이르기까지 의회주의 위기론 또는 의회쇠퇴론이 강력히 제기되었다.[3] 노톤은 의회가 국정의 중심이었던 19세기 중엽의 고전적 의회주의 시대에 비하여 의회가 약화되었다는 사실 자체를 부인하지 않지만, 의회쇠퇴론의 바탕에 깔린 기본전제에 대해 비판을 가하는 동시에 의회쇠퇴론 자체가 현대의 영국의회를 이해하는 데 부적절하다는 점을 지적한다.

노톤에 의하면 의회쇠퇴론은 첫째, 정책형성의 초기인 제안단계에서 의회의 역할이 약화된 점을 과도하게 강조한다. 20세기에 와서는 복지국가 이념과 적극정부론에 부합하여 집행부(대통령이나 내각)가 법률안 등의 의안을 의회에 제출하는 활동이 현저히 강화되었다. 이 단계에서 의원과 의회의 역할은 상대적으로 축소되었다. 그런데 집행부가 제안하는 경우에도 의회가 이를 심의하고 의결하는 반응적 역할은 도외시할 수 없는 것이다. 또한 반응적 역할은 정부가 시민의 요구에 부응하며 정책의 집행을 제대로 하는가를 감독하는 것도 포함한다. 영국의회는 반응적 역할의 수행을 위해 여전히 많은 노력을 기울이고 있다는 것이 노톤의 주장이다. 둘째, 의회는 정책기능뿐만 아니라 정부와 시민을 연계시키는 대표기능과 정치체제의 안정 및 유지에 기여하는 체제유지기능을 수행하는데, 의회쇠퇴론은 정책기능만을 중심으로 의회의 역할을 협애하게 파악함으로써 오류를 범하고 있다는 것이다. 의회의 기능을 폭넓게 이해할 때 영국의회가 반드시 무력화되었다고 할 수는 없다. 셋째, 오늘날 영국의회의 위상을 단지 그 황금기에 의회가 가졌던 위치에만 비교하는 것은 올바른 역사적 안목이 아니라는 것이다. 의회제도를 그 탄생 시기부터 현대에 이르기까지 일별할 때 19세기 중엽의 황금기는 오히려 예외적이기 때문이다. 과거의 높은 기준과 기대에 집착하기보다는 현실적인 안목에서 의회의 역할 수행을 평가해야 된다는 것이 노톤의 지론이다.

영국의회가 무력하다는 통념과 달리 최근 들어 구조적·절차적 개혁이 추진되었다. 의원들의 의정행태 측면에서도 상황에 부응하려는 새로운 변화가 나타났다. 영국의회는 꾸준히 적응력을 보여주고 있다는 것이다. 노톤의 주장은 전체적으로 볼 때 영국의회의 근본적인 개혁문제에 있어서 보수적인 입장을 반영하고 있지만 그의 글은 의회쇠퇴론에 지나치게 매몰되지 않는 균형적인 시각을 갖게 하는 데 도움이 된다.

정부제도는 대통령, 수상, 의원 등 정치인이나 판사뿐만 아니라 상명하복에 따라 움직이며 전문화된 업무를 맡고 있는 관료에 의하여 운영된다. 제5장에 소개된 글은 원래 아버바크, 푸트남, 로크먼이 공동으로 서구 국가에 있어 관료와 정치인을 비교 연구하여 내놓은 저작의 서문이다. 이 연구의 근본적인 질문은 정책형성자로서의 관료와 정치인이 어떤 점에서 유사하고 어떤 점에서는 상이한가 하는 것이다. 연구자들은 1970년부터 73년에 이르는 기간 동안에 영국, 프랑스, 네덜란드, 이탈리아, 스웨덴, 서독, 미국 등 민주국가의 정치인(국가의회의 의원)과 고위관료(직업관료뿐만 아니라 미국과 스웨덴에서는 정치적으로 임명된 관료도 포함한다)를 상대로 동일한 내용의 설문지 조사를 실시하였는데, 이 연구에서는 국가 간 교차분석이라기보다는 역할 간 교차분석이 더욱 강조되고 있다.[4)]

아버바크를 비롯한 필자들은 관료와 정치인의 관계에 대한 네 가지 이미지를 제시한다. 제1의 이미지에 따르면 정치인은 정책을 형성하고 관료는 그 정책을 집행하는 것이다. 관료와 정치인의 업무는 엄격하게 분리되며 관료는 정치적 중립을 유지한다. 이러한 이미지는 베버가 관료에 대하여 이상적으로 생각했던 바와 윌슨의 정치행정 이원론에 부합된다.

제2의 이미지는 정치와 행정의 엄격한 구분에서 다소 후퇴하여 정치인과 관료 모두가 정책형성에 관여한다고 본다. 그러나 정치인과 관료의 분업관계가 철저히 강조되어 대체로 여전히 정치행정이원론에 포괄되는 견해를 제시한다. 즉 정치인은 정책형성 과정에서 관련 집단의 이익과 가치에 대한 감수성을 통하여 정부활동의 반응성을 제고하며 사회갈등을 해소하는 데 기여한다. 반면 관료는 중립적인 전문지식과 객관적인 기준에 근거한 판단을 통하여 정부활동의 효율성을 증진시키는 데 공헌한다.

제3의 이미지는 정책형성자로서의 정치인과 관료가 모두 정치적 역할을 수행하는 것으로 파악한다. 그런데 정치인은 조직되지 않은 개인들의 이익까지 포함하여 여러 부문을 교차하는 분산된 이익을 표출·집약하는 반면 관료는 주로 일정 부문에 조직된 고객집단의 집중된 이익을 수용하고 중재한다는 차이가 있다. 즉 제3의 이미지는 정치행정일원론의 토대 위에서 정치인과 관료의 분업을 부각시킨다. 정치인의 특성을 열정, 당파성, 이상 및 이데올로기로 묘사할 수 있다면, 관료의 특성은 냉철한 판단, 중도적 입장, 현실지향 및 실용주의로 표현된다. 정치인은 공정성과 혁신을 추구하며 제약 조건을 완화 또는 해소하여 정책과정에 추동력을 제공한다. 관료는 은밀성과 점진성을 추구하며 현실적 여건을 수용하고 위험부담을 회피하는 자세로 세력 간의 균형을 실현한다.

제4의 이미지는 동일 인물이 정치적 신념을 추구하는 동시에 실질적 전문지식을 토대로 활동하는 바에서 나타나듯이 정치와 행정의 완전통합을 말해준다. 즉 정치의 관료제화이며 관료제의 정치화 현상이 그것이다.

여기 소개된 글에서는 명백히 밝혀지고 있지 않지만 원저작의 결론은 제3의 이미지가 서구 민주국가에서 정치인과 관료의 관계를 묘사하는 데 가장 적절하다는 것이다. 그 다음으로는 제2의 이미지도 상당한 정도까지는 합당하다. 제1 이미지의 선명한 정치행정이원론이나 제4의 이미지가 시사하는 정치행정의 철저한 통합론은 현실성과 타당성이 매우 제약된 것이다.

끝으로 제2부의 주제와 관련하여 중요한 참고문헌을 아래에 소개한다.

Jean Blondel, *The Organization of Government: A Comparative Analysis of Governmental Structure*(Beverly Hills: Sage, 1982).

Mattei Dogan (ed.), *The Mandarins of Western Europe: The Political Role of Top Civil Servants*(New York: John Wiley and Sons, 1975).

Carl J. Friedrich, *Constitutional Government and Democracy: Theory and Practice in Europe and America*, 4th ed.(New York: Ginn and Blaisdell, 1968).

Arend Lijphart (ed.), *Parliamentary Versus Presidential Government*(Oxford: Oxford University Press, 1992).

James G. March and Johan P. Olsen, *The Organizational Basis of Politics*(New York: Free Press, 1989).

Philip Norton(ed.), *Parliament in the 1980s*(Oxford: Basil Blackwell, 1985).

______________, *Legislatures*(Oxford: Oxford University Press, 1990).

B. Guy Peters, *The Politics of Bureaucracy*, 3rd ed.(New York: Longman, 1989).

Robert D. Putnam, *The Comparative Study of Political Elites*(Englewood Cliffs, N. J.: Prentice-Hall, 1976).

Francis E. Rourke (ed.), *Bureaucratic Power and National Politics*(Boston: Little, Brown, 1965).

---

□ 주

1) 전형적인 예는 Roy C. Macridis, *The Study of Comparative Government*(New York: Random House, 1955), pp. 7~12.
2) 리 시겔먼·조지 갯보이스, 「현대 비교정치연구의 재성찰」, 김웅진·신윤환·박찬욱 편역, 『비교정치론 강의 1』, 한울, 1992, 245~277쪽.
3) 의회위기론 또는 쇠퇴론에 대해서는 James Bryce, *Modern Democracies*(New York: Macmillan, 1921); Bernard Crick, *The Reform of Parliament*(London: Weidenfeld and Nicolson, 1968) 참조.
4) Joel D. Aberbach, Robert D. Putnam and Bert A. Rockman, *Bureaucrats and Politicians in Western Democracies*(Cambridge: Harvard University Press, 1981).

# 제3장 의회제와 대통령제*

아렌트 레이프하트(Arend Lijphart)

## 1. 서론

민주정치는 다양한 방식으로 조직화될 수 있다. 이 저작은 민주주의 국가 간에 나타나는 아마도 가장 중요한 제도적 차이에 초점을 맞추고 있다. 그것은 집행부와 입법부 간의 관계이다. 여기서 두 가지의 중요한 대안적 모형은 의회제 정부와 대통령제 정부이다. 이러한 두 가지 민주정부 형태의 상대적인 장점에 대하여서는 장기간에 걸쳐—20세기 초까지 그 어느 곳에서도 충분히 확립되지 않았던(보통선거권의 요건을 중요하게 고려한다면) 현대민주주의의 존립보다 훨씬 더 오래된—논쟁이 있어 왔다. 별로 놀라운 것은 아니지만 의회제 대(對) 대통령제의 문제에 대한 현재의 많은 관심은 1970년대 중반 이후 남부 유럽에서 시작되어 라틴아메리카, 동아시아, 동부 유럽, 소련 및 남아프리카로 확산된 민주화의 물결과 새로운 민주적 헌법의 제정과 일치한다. 참으로 이 논쟁이 오늘날만큼 활발하고 진지하게 세계적으로 확대된 적은 없을 것이다.

이 단행본에 실린 논문의 저자들은 세계의 모든 지역 출신뿐만 아니라 18세기의 고전주의자로부터 현대 20세기 후반의 논변가와 분석가를 포함하고 있

* Arend Lijphart, "Introduction," in Lijphart(ed.), *Parliamentary Versus Presidential Government*(Oxford: Oxford University Press, 1992), pp. 1~27. 박찬욱(서울대 정치학과 교수) 역.

다. 각 장은 지리적·개념적인 범주를 토대로 5부로 구성된다. 제1부는 의회제와 대통령제 정부 각각의 기원으로서, 이들이 세계 여러 지역으로 확산되는 데 주요 모형 역할을 해온 영국과 미국에서 제기되고 발전된 논쟁을 다룬다. 미국 모형은 특히 라틴아메리카에 많은 영향을 끼쳐, 이 지역에서는 대통령제가 깊이 뿌리내리게 되었다. 제2부는 라틴아메리카의 대통령제를 논의한다. 제3부는 프랑스식의 준(準)대통령제나 스위스형의 합의제 정부와 같은 중간적인 민주적 형태를 다룬다. 준대통령제 모형은 특히 영향력이 강한데, 그것은 포르투갈과 스리랑카에서 채택되었으며 라틴아메리카의 여러 국가에서도 제안되고 있기 때문에 많은 주목을 받고 있다. 제4부에 속한 각 장은 세계의 다른 지역, 즉 아프리카, 아시아, 유럽에서의 의회제와 대통령제 대안과 관련되는 제안과 주장의 예이다. 마지막으로 제5부는 수집가능한 증거를 토대로 체계적인 평가를 시도하고 있는, 광범하게 비교적이며 다양한 다변인 분석을 수록한다.

논쟁의 핵심주제는 의회제 정부와 대통령제 정부가 각각 갖고 있는 장점과 단점인데, 이 단행본의 거의 모든 장이 어떤 방식으로든 이 주제를 다루고 있다. 두 번째로 중요한 주제는(덜 논쟁적이며 드물게 논의되기는 하지만) 이러한 대안적 정부형태의 기원과 원인이다. 그리고 세 번째 주제는—논리적으로는 첫 번째 주제여야 하는 것인데—(의회제, 대통령제, 그리고) 의회제와 대통령제의 중간으로 보이는 정부형태에 대한 정의(定義)에 관한 것이다. 이와 같이 다양한 정부제도가 상호 간에 분명하고도 애매모호하지 않게 구별될 수 있는가 하는 것이다.

## 2. 정의

더글라스 버니가 1959년에 발표한 의회제와 대통령제 정부에 관련된 11개의 "명제"는 이 두 가지 형태의 차이에 대한 가장 대표적인 면밀한 논의이다.[1] 그의 첫번째 명제가 정부형태의 기원과 발전에—이 서론 후반부에서 논의되는 주제인데—관한 것이라면 나머지 10개 명제는 정의를 위한 기준을 제시한다.

대부분의 저자는 이 가운데 7번, 10번 등 두 개의 명제에만 근거를 두고 있는 광의의 정의를 사용한다.

첫 번째 구분은 다음과 같다. 의회제 정부에서는 정부 수반－prime minister, premier, chancellor, minister-president, taoiseach 등 여러 가지 다른 공식적 직함을 갖고 있는 수상－과 그가 이끄는 내각은 의회의 신임에 의존하여 존립하게 되며, 따라서 의회의 불신임투표에 의해 사임하게 될 수 있다. 대통령제 정부형태에서는 정부수반이－거의 언제나 대통령(president)이라고 칭해지는－일정하게 헌법적으로 규정된 임기를 위해 선출되며 통상적으로 의회에 의해 사임을 강요당하지 않는다(물론 비통상적이고 예외적인 탄핵절차에 의해 대통령이 해임될 수 있지만).

두 번째로 중요한 차이는 대통령제의 정부 수반은 직접적이든 선거인단을 통한 방식이든 민선(民選)으로 탄생하지만, 수상은 의회에서 선출된다는 점이다. 필자는 “선출된다(selected)”는 일반적인 용어를 조심스럽게 사용한다. 왜냐하면 선출과정은 공식적인 선거에 의할 수도 있고 의회 내의 정당 간 협상에 의하여 비공식적으로 부상된 후 국가원수가 공식적으로 임명하게 되는 등 다양하기 때문이다. 하지만 흥미롭게도 월터 바조트는 공식적인 선거가 없는 영국 사례에조차 “내각이 의회에 의하여 선거된다”라는 바와 같이[2] 광의의 “선거(election)”라는 용어를 주저 없이 사용하고 있다. 지금까지의 두 가지 차이점은 1748년에 몽테스키외가 처음 주장했던[3] 대통령제에 내재하는 집행권과 입법권의 분립원칙과, 의회제에 있어서 비분립 또는 바조트의 용어에 따르면 권력의 “융합” 원리 간의 구별에 기초한다.[4]

다음과 같은 세 번째 근본적인 차이가 종종 지적된다. 즉 대통령제가 비집단적인, 한 개인 단독의 집행부인 반면에 의회제는 집단적 혹은 연대적인 집행부라는 점이다. 이것이 버니의 5번째 명제이다. 의회제의 내각에서 수상의 지위는 다른 각료보다 우월한 경우에서부터 거의 동등한 경우까지 다양할 수 있다. 그러나 항상 결정과정에 있어서는 상대적으로 높은 연대성이 있다. 대조적으로 대통령제 하의 각료는 단순한 자문역이나 대통령의 심복에 불과하다. 우리가 앞으로 살펴볼 것이지만, 이러한 차이는 대안적인 정부형태의 장단점에 관한 논쟁에서 중요한 역할을 한다.

고전적인 저자들은 그들이 제안한 권력분립체계의 중요한 일부분으로서 집행부의 개인 단독적인 성격을 또한 주장하였다. 몽테스키외에게 이것은 군주를 의미했다. "집행권은 다수보다는 한사람에 의해 더 잘 통치된다".[5] 알렉산더 해밀턴과 시몬 볼리바르는 1인 대통령을 선호하는 주장을 폈다.[6] 그리고 1세기 반 이후, 나이지리아의 대통령제 헌법기초자들은 동일한 입장의 논거를 따랐다.[7] 로버트 달은 복수의 집행부의 가능성이 1878년 미국 제헌의회에서 토의되었으나, 이에 대한 지지가 거의 없었다고 설명한다.[8] 대통령제 정부의 제3의 특징은 권력분립의 원칙에 논리적으로 연관되지 않을 뿐만 아니라, 심지어 철학적으로 대립된다고까지 주장된다는 점을 언급할 만하다. 즉 입법권으로부터의 집행부의 분리는 권력의 제한과 공유의 필요성을 의미하지만, 개인 중심의 대통령제는 권력 제한과 공유와는 정반대되는 집행부내의 권력의 집중을 의미한다는 것이다.

이상의 세 가지 기준에 덧붙여 몇몇 저자는 부가적인 차이점을 적용하였다. 특히 수상은 오로지 정부의 수반인 반면에 대통령은 정부의 수반이자 국가의 원수라는 점, 그리고 수상과 다른 각료들이 대개 의원인 반면에 대통령은 의원을 겸직할 수 없다는 점 등이 그것이다(버니의 제2, 제6 명제). 이러한 부가적인 기준은 두 가지 문제를 제기한다. 그 하나는 심각한 경험적 예외들이 존재한다는 점이다. 예를 들어 네덜란드와 노르웨이 의원들은 그들이 입각한 경우에는 의원직을 사임해야 한다. 그러나 이러한 요건은 그 국가에서 정부를 기본적으로 의회제로 운용하는 데 별로 중요한 영향을 미치지 않는 것으로 나타난다. 두 번째는 경험적인 예외들이 존재하지 않을지라도, 국가와 정부의 수반으로서의 대통령제 정부처럼 이러한 특징이 논리적으로 반드시 필요한 것은 아니다. 네덜란드와 이스라엘에서 "수상의 직접 선출을 위한 계획서"는[9] 위에서 언급한 핵심적인 세 가지 기준 모두에 따라 사실상 대통령제 정부의 수립을 제안했다. 즉 제안된 대통령을 계속해서 "수상"이라고 부른다는 사실과 국가의 의례적인 수장이—네덜란드의 왕과 이스라엘의 대통령이—존속된다는 사실 때문에 제안된 제도가 기존 대통령제와는 근본적으로 다르다고 주장하기는

어렵다.[10)]

물론 버니는 그의 모든 명제가 필수적인 기준을 나타내는 것이라고 주장하지는 않는다. 그 명제들은 주요한 두 원형인 영국의 의회제와 미국의 대통령제에 예외 없이 적용된다. 그러나 버니는 의회제 정부의 하위유형으로서 유럽대륙형이라는 것을 인정한다. 그리고 때때로 그의 명제들을 언급함에 있어서 "대체로"와 같은 수식어를 사용한다. 버니가 두 원형으로서 영국과 미국을 나란히 언급하는 것은 또한 다른 국가들, 특히 예전의 대영제국과 라틴아메리카 국가에 수출된 영향력 있는 모형이라는 중요성 때문에 특별한 가치를 가지고 있다. 영국은 의회제의 주요한 모형으로서 뿐만 아니라 18세기와 19세기 초에 있어서 권력분립과 반대되는 모형으로서—몽테스키외, 매디슨, 그리고 볼리바르의 저작에서 밝혀지듯이—기여하였다는 것을 언급할 필요가 있다.[11)]

## 3. 분류

위에서 확인된 세 개의 규정적인 기준은 실제 세계의 민주주의를 의회제나 대통령제로 잘 분류하는 데 얼마나 도움이 되는가? <표 1>에서 제시된 바와 같이 그 대답은 매우 도움이 된다는 것이다. 우리는 양분적인 세 개의 기준을 가졌으므로, 그들을 같이 적용하면 8개의 가능한 조합을 낳는다. 그렇지만 <표 1>은 현대와 과거의 대다수 민주주의 사례가 순수한 의회제이거나 순수한 대통령제 유형에 해당한다는 점을 보여준다.

8개의 유형은 중간적인 몇몇 사례들을—단독 집행부와 합의제 집행부를 구별없이 분류하는 것이 매우 어색한 스위스와 우루과이를 포함하여—별다른 어려움이나 모호함이 없이 분류하는 데도 잘 적용된다. 스위스의 연방협의회는 정해진 기간만 그 직무를 수행하기 위해 의회에서 선출된 동등한 자격의 7인으로 구성되는 집행부이다. 1952년부터 1967년까지 운용된 우루과이의 콜레지아도(Colegiado)는 정해진 기간만 그 직무를 수행하지만 국민에 의해 선출되며, 스위스의 영향을 받은 9인의 기관이다. 1848년 헌법을 기초한 스위스의 건국 지도자들에게는 미국 헌법이 주요한 모형의 역할을 담당하였다. 그러나 그들은 집행부에 대한 국민선거-간선임에도 불구하고-뿐만 아니라 "왕정 혹은 독재의 경향"을 매우 우려하여 일인 집행부를 신중하게 거부하였다.[12] 우루과이 콜레지아도의 정신적인 대부인 호세바틀레 이 오르도네즈는 그가 발행하는 신문 ≪엘 디아≫(*El Dia*)의 1911년 사설에서, 근대민주주의의 원리는 집행권을 포함한 권력의 공유를 요구한다는 근거 위에서 합의제 집행부를 선호하는 비슷한 주장을 하였다.[13] 사이프러스는 독립 후 처음 몇 년 간은 2인에 의해 (거의 동등한 권력을 가진 그리스계 대통령과 터키계 부통령) 통치되었으므로 결국 콜레지아도 단계의 우루과이와 같은 유형이 적합하다. 볼리바르가 그의 유명한 1819년 안고스투라 연설에서 반대를 표명했던[14] 베네수엘라의 집행부 3두정치는 또 다른 사례이다.

<표 1> 의회제, 대통령제, "혼합"제 민주정치의 형태분류와 사례

| | 합의제 집행부 | | 1인 단독 집행부 | |
|---|---|---|---|---|
| | 의회신임 의존 | 의회신임 무관 | 의회신임 의존 | 의회신임 무관 |
| 집행부 의회선출 | 의회제:<br>서구 국가의 대부분<br>오스트레일리아<br>캐나다, 인도<br>이스라엘,<br>자메이카, 일본<br>말레이시아, 뉴질랜드,<br>나이지리아<br>(1960-1966) | 스위스 | 사례없음(A) | 레바논 |
| 집행부 민선 | 사례없음(B) | 사이프러스<br>(1960-3)<br>우루과이<br>(1952-67) | 사례없음(C) | 대통령제:<br>라틴아메리카<br>대부분<br>사이프러스<br>프랑스 (제 5공화국)<br>필리핀, 한국<br>미국<br>나이지리아(1979-83) |

<표 1>의 우측 상단에는 아래에서 다시 언급할 다소 까다로운 사례인 레바논만이 유일하게 해당된다. 그렇지만 미국 제헌회의에 대한 달의 언급처럼, 미국이 이러한 정부형태를 채택할 뻔하였다. 즉 제헌회의는 최종적으로 선거인단 안을 확정하기 전에, 입법부에 의한 대통령 선출을 선호하여 몇 번의 투표를 행하였다.[15]

세 개의 유형에는 해당 사례가 없다. 이것은 별로 이상할 것 없는데, 의회 신임에 대한 의존 여부라는 기준을 적용할 때 적당한 사례를 찾기 어렵기 때문이다. 유형 A는 수상 주도 민주정부(*Kanzlerdemocratie*)를 강화한 형태라고 볼 수 있는데, 내각에 대한 수상의 관계가 대통령제의 경우와 유사하다는 점을 제외하고는 의회제이다. 독일연방공화국의 헌법상으로는 이러한 체계가 요구되는 것으로 나타나지만, 수상이 연방의회의 신임을 필요로 하기 때문에 연방의회에 의한 공식적인 수상선거 이전에 합의적인 연합내각의 타협이 선행한다. 유형 B와 C의 경우 국민에 의해 선출된 집행부에 대한 의회의 불신임투표는 민의와 민주적 정통성에 대한 도전으로 비쳐지기 때문에 문제가 된다. 유형 B와 C를 민주적이라고 수용할 수 있는 유일한 형태는 집행부에 대한 의회의 불신임투표가, 의회를 해산시킬 수 있는 집행부의 권한과 조화를 이루는 것이며, 두 권한 가운데 어떤 하나의 권한이 행사되면 의회와 집행부 모두 새로운 선거를 실시하는 계기가 마련되는 것일 것이다. 사실 유형 C는 미국에서 헌정제도위원회가 제안한 바 있었다.[16]

8개의 유형화는 상호배제적인 범주를 가진 포괄적인 분류로서 거의 완벽하게 기능하는 것으로 나타난다. 그렇지만 분류가 까다롭고 부분적으로 중복되는 두 부류의 경험적인 사례가 존재한다. 그 하나는 국민에 의해 선출된 대통령과 의회제의 수상 모두를 가진 제도이고, 또 다른 부류는 상이한 시기에 상이한 절차와 제도에 의존한다. 모리스 뒤베르제가 "준대통령제" 정부라고 부르는 전자는 18장에서 충분히 논의된다.[17] 이러한 사례 중 몇몇은 다음과 같은 질문을 함으로써 결국은 8개의 유형으로 분류될 수 있다. 즉 누가 집행부의 실질적인 수반인가—대통령인가, 수상인가? 예를 들어 뒤베르제는 오스트리아나 아이슬란드, 아일랜드에서는 대통령이 국민에 의해 선출되지만 그 힘이 미약하기 때문에, 실제로 그러한 민주주의는 의회제라고 주장한다. 이와 마찬가지로 "전능한 권력의 대통령"을 가진 프랑스는 주로 대통령제라고 주장한다. 뒤베르제는 프랑소아 미테랑이 의회에서 다수 의석을 상실하고 그의 주요한 정적인 자크 시락을 수상에 지명해야 했던 1986~1988년 동거내각 경험 이전인 1980년에 이렇게 분석하였다. 시락은 정부의 수반이 되었고 미테랑의 권한은 단지 외교정책상의 특별한 역할로 축소되었으며, 따라서 프랑스 민주주의는 적어도 임시적이지만 대체로 의회제 형태로 변화하였다.

따라서 프랑스의 준대통령제는 의회제와 대통령제 형태의 종합이나 양자의 중간 범주를 의미하지 않는다. 오히려 대통령이 소속한 정당이 의회에서 다수를 차지하느냐에 따라 의회제와 대통령제 국면의 변화가 일어난다. 이것이 가장 넓게 수용되고 있는 준대통령제 민주주의의 개념이다. 그리고 대통령제-의회제의 교체는 현재 예를 들어 아르헨티나를 위해 준대통령제를 추천한 민주주의강화협의회에서도[18] 이러한 정부형태의 특이한 장점으로 간주하는 것이다.

제5공화국의 1958년 헌법의 대강이 될 주요한 조항을 천명했던 찰스 드골의 유명한 1946년 바이에유 선언에는 흥미롭게도 이러한 준대통령제의 의미에 대한 암시가 없었다.[19] 물론 그는 헌법을 개정한 1962년까지는 강력한 대통령제를 위한 국민선거의 중요성을 인정하지 않았다. 그렇지만 강력한 민선 대통령과 의회 신임에 종속되는 내각의 결합이 대통령제-의회제의 교체를 의미한다는 논리는 미국에서 1879년에 "내각정부"를 제안한 우드로우 윌슨에게는 명확히 인정되었다. 그가 선호한 제도는 비록 내각제 국면에서도 대통령이 거부권을 행사하여 그의 상당한 영향력을 확보하는 것이기는 하지만 오늘날에는 준대통령제라고 부를 수 있는 것이다.[20] 또한 그러한 교체의 논리는 예야라트남 윌슨이 프랑스 모형을 모방한 스리랑카의 1978년 준대통령제 헌법을 분석한 데서도 명백히 인정되고 있다.[21]

물론 대통령과 수상(그리고 내각)이 다소 동등한 의사결정 권력을 가진 비교체적이고 순수하게 혼합적인 준대통령제를 보유하는 것은 이론적으로 가능하다. 뒤베르제에 따르면, 독일의 바이마르공화국, 핀란드, 그리고 포르투갈이 이에 해당된다. 다른 관찰자들은 뒤의 두 나라를 집행부의 수반으로서의 수상과 대외문제상의 특별한 역할 수행으로 제한된 대통령의 권력이 결합된 의회제적인 “동거” 기간의 프랑스와 유사하게 대체로 의회제인 것으로 간주하였다. 예를 들어 빙햄 포웰의 분석에서 핀란드는 다른 서구의 의회제와 같이 분류된다. 핀란드에서는 장기집권으로 널리 알려진 우르호 케크오넨 대통령이 퇴임한 이후, 그리고 포르투갈에서는 대통령 권력을 제한하기 위해 헌법을 개정한 1982년 이래 이 두 나라는 사실상 대체로 의회제인 것으로 보인다. 그러나 1982년 이전에는 이러한 문제에 논란의 여지가 많고, 거기에는 뒤베르제의 판단이 옳다고 여겨진다.

레바논은 <표 1>에서 동시에 다른 두 범주에 적합해 보이는 정치체계의 또 다른 사례이다. 물론 레바논의 민주주의는 1975년 내전이 발발한 후 정상적으로 기능하지 못했다. 그러나 그 헌법은 의회에 의해 선출되는 정해진 임기의 대통령과 의회 신임에 의존하는 수상의 규정을 모두 가지고 있다. 1990년까지 전통적으로 기독교인인 대통령은 분명 회교도인 수상보다 더 강력하였으며, 따라서 <표 1>에서 우측 상단에 속하게 되었다. 그렇지만 1990년 타이프(Taif) 협정의 공식적인 채택으로 레바논은 <표 1>의 우측 상단과 좌측 상단에 모두 속하게 되면서 대통령과 수상의 권력이 동등하게 되었다.(이는 또한 회교도를 기독교인과 동등하게 만들려는 시도의 일부이다)

또 다른 부류의 경험적인 사례에는, 국민(혹은 선거인단)투표에서 과반수 획득에 실패하였을 때 입법부가 대통령 선거에서 일정한 역할을 수행하는 대통령제가 있다. 이 부류에는 미국과 1973년 이전의 칠레가 포함되지 않는다. 왜냐하면 미국에서는 거의 항상 과반수 승리자가 있었으며, 칠레는 최다득표 승리자를 입법부가 자동적으로 비준하는 강력한 전통이 있었기 때문이다. 그렇지만 볼리비아 의회는 1985년에 최다득표자 대신에 차점자에게, 1989년에는 3위 득표자에게 대통령직을 부여하였다. 따라서 볼리비아는 <표 1>에서 우측 두 칸 모두에 해당되는 것으로 보인다. 그러나 대부분의 준대통령제처럼 동시적이라기보다는 계기적으로 두 형태에 해당된다고 할 수 있다.

1장에서의 버니의 최종 결론은 민주정치가 의회제이거나 아니면 대통령제가 될 경향이 강력하다는 것이다.[22] 만일 그의 결론에 동일한 나라에서 의회제와 대통령제 국면이 교체되는 현상이 포함되는 것으로 자유롭게 해석한다면, 그 주장은 위의 분석에 의해 입증된 것으로 보인다. 우리는 동시에 의회제이면서 대통령제인 민주체제나, 동시에 또는 특정시점에서 <표 1>의 순수한 혹은 대체적인 의회제와 대통령제 이외의 다른 범주에 적합한 민주체제의 사례를 거의 발견할 수 없었다.

## 4. 장점과 단점

정의와 분류의 문제가 중요하긴 하지만－그리고 앞에서 살펴보았듯이 복잡하지만－더욱 중요한 문제는 의회제와 대통령제의 결과 즉 그것의 장단점들과 관련된다. 우리는 문헌상에서 그러한 결과에 대한 수많은 논의를 발견할 수 있다.(이스라엘의 디아스포라 연구소의 국제회의에서 정리한 긴 목록이 좋은 실례이다)[23] 그러나 이러한 논쟁은 각 정부 형태가 갖는 세 가지의 기본적인 장점과 세 가지의 기본적인 단점에 초점을 두어 왔다. 대통령제는 집행부의 안정성, 더 많은 민주주의, 그리고 더욱 제한된 정부라는 장점을 갖지만 집행부와 입법부의 교착, 시의(時宜)적인 경직성, 그리고 덜 융합적인 "승자독식" 정부라는 단점을 가진다. 한편 의회제는 정반대의 결과를 낳는다고 한다. 대통령제의 장점은 의회제의 단점이며, 그 반대도 마찬가지이다. 나는 이런 각 요점에 관한 주장을, 몇몇 단점을 정정하거나 완화하기 위해 시도되거나 제안된 처방에 대한 논의뿐만 아니라 필요한 조건과 몇몇의 사례에서는 반대주장까지 첨가하여 개괄할 것이다.

### 1) 대통령제의 장점

(1) 대통령제 정부의 첫번째 장점인 집행부의 안정성은 대통령의 고정된 임기에 기초를 두고 있다. 이것은 의회제에서 입법부가 불신임투표로 내각을 사

퇴시키는 권한을 빈번히 행사하거나 혹은 공식적인 불신임이 채택되지 않더라도 내각이 입법부의 과반수 지지를 상실함으로써 초래하는 집행부의 불안정성과 대조된다. 그러한 불안정성은 바이마르공화국, 프랑스 제3~4공화국, 그리고 예야라트남 윌슨이 자세히 언급한 것처럼 준대통령제 헌법 이전의 스리랑카 의회제에서는 주요한 문제였다.[24] 내각이 입법부의 신임에 종속되기 때문에 잠재적인 내각의 불안정성은 의회제에 내재된 불가피한 특성이다.

이에 대해 빈번하게 옹호되는 개선책은 소위 "건설적인 불신임투표"이다. 이것은 새로운 수상이 선출될 때에만 동시에 수상을 해임시킬 수 있다는 규정으로 독일과 스페인의 헌법에서 발견된다. 이러한 규정은 바이마르공화국에서 부정적인 다수 세력의 문제로 촉발되었다. 즉 우파와 좌파는 정치적 중도파에 대항하여 다수세력을 구성할 수 있었지만, 이념상으로 너무 거리가 멀어 함께 대안적인 연합내각을 형성할 수 없었다. 그렇지만 건설적인 불신임투표는 내각이 집권을 유지할지라도 의회의 다수 세력이 반대하기 때문에 어떠한 제출 법안도 통과되는 것이 불가능하다는 것을 암시한다. 이 점은 집행부-입법부의 교착문제를—대통령제 정부를 괴롭히는 문제이지 의회제에서는 발생하지 않을 것으로 생각되던 문제를—예고한다. 따라서 건설적인 불신임투표는 내각의 불안정성을 완화시킬 수는 있지만 완전한 해결 방안은 결코 아니다.

한편 의회제에서 내각의 불안정성 문제는 실제로 얼마나 심각한가? 여기에는 두 개의 반대주장을 함께 고려해야 한다. 하나는 내각의 불안정성은 내각의 평균수명이 (얼마나 내각이 오래 지속되었는가로 측정했을 때) 단지 7~10개월에 불과했던 프랑스의 4공화국처럼 극단적인 형태를 취할 때만 문제가 된다는 것이다. 이러한 잦은 교체는 사실 내각의 통치 효과성에 해로운 영향을 미친다. 그러나 대부분의 의회제 정부는 비록 내각이 다당연합의 경향이 있을 때라도 상당히 지속적인 내각을 가진다. 그리고 내각이 적어도 2~3년 동안 지속될 때에는 4~5년이 보장된 대통령제와 별다르게 의미 있는 차이가 없다. 또다른 반대 주장은 대통령제 집행부의 "안정성"은 위험한 경직성을 낳는 반면, 의회제 집행부의 불안정성은 변화된 상황이나 집행부의 심각한 실패로 새로운 지도력이 요구될 때에 신속히 정부를 교체할 수 있는 유연성을 부여한다는 것이다. 나는 아래에서 이 점에 대해 다시 논의할 것이다.

(2) 대통령제 정부의 두 번째 주요한 장점은 국민에 의한 최고통치자의 선출이 의회제의 집행부 간접선출보다—공식적이건 비공식적이건—더 민주적이라고 생각된다는 점이다. 물론 민주주의가 모든 공직에 대해 국민에 의한 선출을 요구하는 것은 아니다. 그러나 민주주의 국가에서 가장 중요하고 강력한 권력을 소유한 공직자인 정부의 수뇌는 국민에 의해 직접 선출되어야 한다는 주장은 큰 타당성을 가지고 있다. 이것은 인도에서 의례적인 국가원수보다 훨씬 강력해질 대통령을 국민이 직접 선출하자고 주장하는 바산트 사트의 주요한 논거 중의 하나이다.[25] 그리고 대통령제에 대한 가장 솔직한 비판자 중의 한 사람인 후안 린쯔까지도 국민에 의한 최고통치자 선출이라는 방식의 민주적 가치를 인정한다.[26]

그렇지만 실제로 많은 의회제에서는 국민에 의한 수상선출과 기능적으로 대등한 장치가 제공된다. 이 점은 집권 여당에 대한 유권자들의 선택이 또한 그 정당 지도자를 수상으로 선택한다는 의미를 가진 양당체계에 있어서 특히 타당하다. 그러나 수상이 선거 후 정당 간의 복잡한 타협으로 등장하게 되는 다당체계에서는 이 점이 훨씬 덜 분명하다. 더욱이 다당체계에서는 집권연합의 변화와 수상의 교체가 국민의 참여 없이 선거 간기(間期)에 일어난다. 다당제 의회제에서, 특히 독일과 네덜란드에서 이러한 결과에 대한 불만족 때문에 내각구성상의 주요한 변화는 새로운 선거에 의해 사전 또는 사후에 인준을 받아야 한다는 비공식적인 규범이 채택되었다.

아마도 "민주적"이라는 주장에서 더욱 중요한 점은 의회제에서 입법부는 법을 제정하는 것과 집권내각을 지지하는 것이라는 서로 모순된 기능을 가진다는 점일 것이다. 내각이 제출한 법안에 대해 반대투표하는 것은 당연히 내각위기라는 변동을 수반하기 때문에, 내각은 종종 그들이 원하는 것을 수용하도록 입법부에 압력을 가할 수 있다. 의회신임의 대역설은 아더 슐레징거의 표현에 따르면, "의회제가 공식적으로는 입법부의 우위를 가장하지만 실제로는 거의 부정할 수 없는 입법부에 대한 집행부의 지배를 보장한다"는 것이다.[27] 이 점은 일당 다수세력의 내각을 가진 양당제의 의회제에서는—슐레징거의 견해는 주로 영국 사례에 기초하였다—특히 사실이지만, 네덜란드와 같이 덜 지배적인 연합내각을 가진 다당제에서도 또한 어느 정도 적용된다. 내각 "위협(blackmail)"의 개념은, 의회제에서 대통령제 정부로의 변화를 옹호했고 1966년에 네덜란드에서 새로운 정당을 창당했던 그룹 가운데 한 사람인 그류터스에 의해 현저하게 사용된다.[28] 대통령제에서만 입법부는 민주적으로 선출된 의원들에 의해 입법이란—물론 대통령이 오직 제한된 규칙제정 권한만 부여받는다면—주요한 과제를 수행할 수 있다.

"민주적"이란 주장에 대해서는 두 개의 반론이 존재한다. 그 하나는 권력분립이야말로 책임감의 분담으로 인해 분산되고 불명확해진 책임감을 의미한다는 주장이다. 이것이 대통령제에 대한 주요한 두 비판자인 바조트와 윌슨이 지적하는 대통령제의 결정적인 취약점이다. 즉 유권자가 공공정책에 대한 신뢰나 비난을 누구에게—대통령이나 입법부—행해야 하는지 알 수 없을 때, 민주적 책임감은 상실된다.[29] 물론 이러한 문제는 정당의 책임성이 약한 다당체계의 의회제에서도 일어날 수 있다. 둘째로 일인 수중으로 집행부 권력이 집중되는 것은 본질적으로 비민주적으로 간주할 수 있다는 것이다. 이러한 견해는 심지어 대통령제 집행부가 진지하게 고려된 적이 없었던 1848년 스위스 헌법의 입안자들이 매우 강력하게 표출하였던 것이다.[30] 그리고 배트레는 대통령제의 이러한 특징이 민주주의의 초기 국면에서는 남아 있으나 체제가 완전한 민주주의로 진보함에 따라 사라져야 하는 민주주의 이전의 격세유전적 요소로 간주되어야 한다고 길게 논의한다.[31]

(3) 대통령제 정부의 세 번째 주요한 장점은 권력분립이 제한 정부를—"전제" 정부에 대항하여 개인의 자유를 보호하기 위해서는 불가결한—의미한다는 것이다. 이 점은 몽테스키외 논리의 주요한 입장이다.[32] 또한 이것은 제임스 매디슨에게는 정당화가 필요 없는 공리였으며, 『연방주의자 논고』에 나타난 그의 유일한 관심은 제안된 미국 헌법이 그로부터 이탈되지 않는다는 것을 보여주는 일이었다.[33] 워터게이트 추문이 폭로될 수 있었던 것은 미국이 권력분립 체계였기 때문에 가능했다는 슐레징거의 주장은 이러한 주장의 현대적인 사례이다.[34] 대부분 현대 의회제 정부의 지지자들은 의회제 정부가 개인의 자유에

대해 어떤 커다란 위협을 수반한다는 주장을 강력히 부정한다. 독립된 법원, 방심하지 않는 강력한 발언권을 가진 의회 내 반대세력, 그리고 다당연합 내각 내에서의 상호 의심 등 이 모두가 정부의 권력 남용에 대항하여 개인 권리를 보호한다는 것이다. 또한 대통령제에서 권력분립의 장점은 부분적으로 집행권의 집중에 의해 상쇄된다고 주장되기도 한다. 사실 합의적 집행부를 가진 의회제에서는 워터게이트 추문과 같은 사건이 결코 일어날 수 없다는 것이다.

2) 대통령제의 단점

이제 대통령제의 단점으로서 의회제의 장점이 되는, 의회제와 대통령제의 주요한 세 가지의 다른 측면을 살펴보자. 이 가운데 첫째는—즉, 대통령제에서 집행부와 입법부의 교착—여러 문헌에서 커다란 주목을 받았으며 대통령제가 비판되는 주요한 근거가 되었다. 또 그것은 그러한 단점을 해결하거나 적어도 완화시키기 위한 여러 시도가 이루어지고 더 크고 많은 문제에 대한 개선책을 제시하도록 고무시켰다. 대통령제의 다른 두 문제는—경직성과 승자독식적 특징—옳건 그르건 그다지 심각하지 않게 간주되어 왔고 덜 복잡하기 때문에 이 논쟁에서 두드러진 역할을 수행하지는 않았다.

(1) "교착"이나 "마비"로 전환될지도 모르는 집행부-입법부 갈등의 문제는 대통령제 정부로 야기되었고, 서로 대립되기도 하는 두 개의 독립적인 기관의 공존이 가져온 불가피한 결과이다. 두 기관 사이에 불일치가 발생할 때에는—의회제에서 입법부와 집행부 간의 조율을 맞추는 의회신임이란 요인과는 달리—이것을 해결할 수 있는 제도적 방법이 존재하지 않는다. 몽테스키외도 이 문제를 인식하였지만 너무 심각하게 될 것이라고는 믿지 않았다. 왜냐하면 독립된 정부기관들은 "사물의 필연적인 운동에 의해 그 운동이 제한을 받기 때문에 그들은 조화롭게 움직이지 않을 수 없을 것"이라는 것이다.[35] 후대의 저자들은 다소 비관적인 견해를 취했다. 바조트는 기관 간의 상호독립은 서로를 약화시키는 상호 간의 적대감을 야기한다고 주장하였다.[36] 헌정제도위원회에게는 교착상태가 곧 근본적인 제도개혁이 요구되는 미국 대통령제 정부의 주

요한 문제이다.[37] 또한 스코트 메인워링은 이것이 라틴아메리카 민주주의에서 대통령제의 가장 커다란 문제였다고 논의한다.[38]

이에 대한 하나의 해결책은 두 권력의 분립은 유지하되 그들의 힘을 불균형하게 만드는 것이다. 특히 대통령을 더욱 활동적이고 효과적인 정부체계의 선봉으로 만들기 위해 입법부의 권한을 희생하는 대가로, 입법권과 비교하여 상대적으로 대통령의 권한을 증대시키는 것이다. 이러한 행동 방식은 종종 실제적인 해결책이라기보다는 문제를 예증하고 기껏해야 악화시키는 것으로 간주되었다. 예를 들어 해리 칸토르는 라틴아메리카의 민주주의자들이 너무 미약한 대통령보다는 힘이 강력한 대통령에게 보다 많은 관심을 가졌다는 점을 보여준다.[39] 칸토르와 메인워링의 견해 차이는 메인워링이 명백히 민주적인 라틴아메리카 국가의 대통령제에 초점을 맞추었다는 사실에 의해 부분적으로 설명될 수 있다. 그러나 동일한 체계에서, 대통령제는 교착상태라는 문제와 너무 강력한 대통령의 권한이라는 문제 모두로부터 어려움을 겪고 있을지도 모르기 때문에, 그들 둘 다 옳은 것으로 보인다. 해롤드 라스키는 대통령제가 교착과 더불어 무행동이라는 “정상적인” 상황과, 대통령의 권한과 행동주의의 격랑에 따른 “위기”의 상황 사이에서 진동하는 경향이 있다고 주장한다.[40] 비슷하게 린쯔도 교착 문제는 국민에 의해 선출된 독립적인 두 기관의 “이중적인 민주적 정통성”으로부터 발생하는 것으로 보았다. 그러나 그는 또한 전 국민에 의해 선출된다는 점에 기반하는 데다 입법부보다 우월하다는 대통령의 주장을 정당화하기 위해 종종 이용되어온, 대통령의 특별한 “국민표결적 정통성”을 강조한다.[41] 이 점으로 인해 대통령은 전 국민을 대표한다는 부인할 수 없는 사실이―전체로서의 입법부는 아니더라도 의원 개인과는 명백히 대조되는―대통령만이 국민을 대표한다는 주장으로 바뀌도록 이끌린다. 뒤베르제는 이러한 취지로 드골이 행한 주목할 만한 발언을 인용하였다.[42]

만약에 대통령의 강력한 권한이 해결책이라기보다는 문제로 간주된다면, 제안된 해결책 모두는 대통령 권한의 제한을 수반할 것이다. 칸토르는 대통령을 제약하기 위한 라틴아메리카 국가의 많은 시도를 살펴보았다.[43] 그중 하나는 재선 금지, 연임 금지 혹은 단 한번의 재임만을 규정하는 것과 같은 임기 제한이다. 다른 모든 요인이 같다면, 이러한 규정은 대통령의 권한을 어느 정도 확실하게 제한한다. 그러나 이 규정이 과도하게 작동하면, 마지막 임기 혹은 단임 초기부터 대통령을 비효과적인 "무력한 인물"이 되도록 만들고 결국은 교착의 문제를 다시 야기할 수도 있다. 또한 그 규정은 대통령제 정부의 두 번째 주요한 단점을—아래에서 논의될 시의적인 경직성—악화시킨다. 그리고 위에서 논의된 대통령제의 장점 중의 하나인 직접선거의 민주적 성격을 손상시키게 된다. 그 이유는 이러한 임기제한 규정으로 인해 유권자들이 원하는 인물을 선택할 수 있는 권리가 부인되고, 선출된 공직자들의 재선추구 야망으로 인해 나타나는 민주적 반응성이라는 유인이 제거되기 때문이다.

칸토르가 언급한 두 번째 해결책은 우루과이에서 볼 수 있는 합의적 혹은 복수 집행부의 채택이다. 이미 우리가 고찰하였듯이 이것은 체계의 주요한 변화를 수반하고, 그 변화 이후에는 더 이상 완전한 대통령제가 아니게 된다. 칸토르만이 아니라 카를로스 산티아고 니노에 의해[44] 제시된 다른 대부분의 해결책도 각료를 입법부 신임에 종속시키고 대통령에게 다른 각료들과 집합적인 의사결정을 하도록 요구하는 것과 같이 순수한 대통령제로부터 의회제 정부의 방향으로 변화시키는 것으로 나타난다. 그렇지만 대통령이 일인의 집행권자로 남고 각료들이 그의 부하로 남게 되는 한, 그리고(혹은) 대통령이 각료들의 임면권을 보유하는 한 이러한 조치들은 충분한 효과를 내지 못할 것이다. 완전한 의회제는 라틴아메리카에서 거의—논쟁적이지만, 전혀—존재하지 않는다. 칸토르는 예컨대—볼리바르 나모니에르의 분석에서 보듯이[45]—19세기의 브라질이 타당한 사례라는 것에 의문을 제기하고 있으며, 전문가들은 1891~1925년에 칠레가 실제로 얼마만큼 의회제적이었는가에 대해 견해가 일치되지 않는다.

대통령의 권한을 강화하는 것이 문제를 해결한다기보다는 더 많은 문제를 낳기 때문에, 헌정제도위원회가 제안한 온건한 해결책이 더 나은 전망을 제공할 것이다.[46] 그 기본적인 방법은 임기 중간의 의회선거를 폐지하여 대통령과 의회선거를 동시에 실시하고 가능한 한 상이한 공직선출에서 동일한 정당을 지지하도록 유도함으로써 "분할정부"—즉 한 정당에 의해 통제되는 대통령과 다른 정당에 의해 지배되는 의회의—가능성을 최소화하려는 시도이다. 집행부-입법부의 조화를 증진시키기 위한 또 다른 제안은 의원들이 의원직을 사임하지 않고도 내각에 입각하는 것을 허용하는 것이다.

(2) 대통령제의 두 번째 주요한 단점은 시의적인 경직성이다. 린쯔는 대통령의 고정된 임기가 "상황의 요구에 따른 부단한 재적응의 여지를 남겨두지 않고 정치과정이 불연속적이고 경직되게 일정 기간으로 분절되도록 한다"고 서술한다.[47] 비슷하게 바조트도 대통령제는 "탄력적인" 요소가 결여되어 있다고 언급한다. 즉 "모든 것이 경직되고, 지정되고, 시기가 한정되어 있으며", 정부가 필요로 하는 "혁명적인 유보"가 완전히 부재하다는 것이다.[48] 대통령의 사망 또는 활동 불능이라는 돌발적인 경우에 부통령이 그 직을 자동적으로 승계한다는 빈번한 규정으로 문제는 더욱 악화된다. 즉 자동적인 승계자는 이미 오래전에 선출되어 있으며, 따라서 반드시 승계가 발생하는 새로운 환경에 적합한 인물은 아니다—심지어는 선출된 시점에서도 적합한 인물이 아닐 것이다. 왜냐하면 대통령의 기본적인 자격 조건보다 부통령의 선택에는 다른 모든 종류의 정치적 이유가 작용하는 경향이 있기 때문이다.

대통령과 의원의 고정된 임기로 인한 경직성을 완화하기 위해 제안된 주요한 방법은 프랑스에서처럼 대통령이 의회해산권을 갖거나, 헌정제도위원회에 의해 제안된 대로 대통령이 의회해산권을 갖는 동시에 의회가 대통령을 해임할 수 있는 보완적 권력을 보유하는 것이다.[49] 또한 이러한 방법 모두는 집행부-입법부의 교착을 완화하는 시도로 간주될 수 있다. 프랑스 경우에는 입법부의 희생을 대가로 대통령의 권한을 강화하는 결과를 가져왔지만, 헌정제도위원회의 제안은 완전히 중립적인 것이다. 즉 대통령이나 의회에 의한 행위는 양자 모두에게 새로운 선거를 촉발한다. 또한 대통령제에서의 승계라는 특수한 문제는 새로운 대통령이 국민에 의해 선출될 때까지 상원의장이 대통령직을 대행한다는 프랑스 헌법조항으로 완화될 수도 있다. 그러나 이것이 가져오는 단기간의 과도기 통치는 그 조항의 결점이 될지도 모른다.

(3) 대통령제 정부의 세 번째 주요한 단점은 승자독식의 규칙에 기초하여 운영된다는 것이다. 이 규칙은 린쯔의 말을 한 번 더 인용하면, "민주정치를, 이

러한 게임이 예고하는 모든 잠재적인 갈등을 가진 제로섬 게임으로 만드는 경향이 있다."[50] 대통령 선거에서는 오직 한 후보와 한 정당만이 승리할 수 있다. 그리고 다른 모든 사람들은 패배한다. 더욱이 대통령 수중으로의 권력집중은 연합이나 권력의 공유를 형성하기 위해, 또는 서로 대립되는 문제를 취급하는 데 필요한 반대세력과의 협상에 참여하도록 하는 유인을 거의 제공하지 않는다. 특히 이미 분열되고 분극화된 국가에서는 승자독식이 가일층의 분열과 극단화를 초래할 가능성이 높다. 정치는 융합적인 대신에 배제적으로 된다.

그나마 미약한 개선책은 선거에서 절대 다수를 요구하는 것이다. 예를 들어 1차 선거에서 과반수를 획득한 후보가 없을 때 결선투표를 실시하거나 또는 한 후보가 투표의 과반수를 얻을 때까지 더 약한 후보로부터 더 강한 후보로 투표이양을 허용하는 선호투표를 사용함으로써(도날드 호로위츠가 기술한[51] 스리랑카의 대안적 투표제도처럼), 그러한 규칙은 대통령이 과반수득표에 의해 주어지는 민주적 정통성을 가지도록 보장하며, 그리고 후보들이 주요한 소수자에게 호소할 유인을 제공하여 준다. 다른 한편, 승자독식은 단순히 과반수 승자독식으로 바뀌는 것에 불과하며, 분극화는 특히 다소 팽팽하게 분열된 사회에서 잠재적인 위험으로 남는다.

이보다 더 강력한 개선책은 나이지리아 대통령선거 규칙에서 제시되며 호로위츠도 논의한 바 있다. 즉 전체 투표의 최다득표가 요구되지만, 또한 2/3의 주에 걸쳐 최소한 25%의 지지를 받아야 한다는 것이다. 두 번째 조건은 대통령 후보자가 광범하게 선거운동을 수행하고, 당선 뒤에도 그와 유사하게 융합적인 방법으로 통치하도록 하는 훌륭한 유인을 제공해 준다. 그러나 승리한 후보가 단지 취약한 다수의 지지를 받을지 모르며, 또는 어떤 후보도 최다득표와 지지의 광범한 분포라는 이중적 요구조건을 충족시키지 못할 수도 있다는 결점도 있다. 그리고 더욱 중요한 것은, 대통령에 당선된 개인은 반드시 어느 한 특정집단의 구성원일 것이라는 점이다. 일 개인은 연합이 될 수 없다. 권력공유의 연합은 합의제적 정부를 요구한다. 이 때문에 우리는 우루과이와 스위스의 복수 집행부에 의해 제시된 해결책으로 돌아가게 된 것이다. 이러한 맥락에서 스위스의 7인 집행부의 합의제적 성격이 스위스의 주요 정당뿐만 아니라, 다양한 종교, 언어, 지역집단을 광범위하게 대표하도록 기능한다는 점과 우루과이의 콜레지아도가 다수정당과 소수정당 대표를 모두 포괄했다는 사실은 언급할 만한 가치가 있다.

### 3) 준대통령제

준대통령제를 위에서 언급한 여섯 가지 요점에 의해 대통령제나 의회제 정부와 비교할 때 어떻게 평가할 수 있는가? 준대통령제의 옹호자들은 준대통령제가 각각의 순수한 정부형태가 가진 많은 장점을 결합한 것이라고 주장한다. 이들은 특히 대통령제와 의회제 국면 사이의 교체가 대통령제의 가장 심각한 단점인 집행부-입법부의 교착문제를 해결한다고 주장한다. 그 기본적인 근거는 대통령제가 대통령이 입법부에서 과반수 지지를 받을 때 가장 잘 운영된다는 것이다. 양자는 아마도 조화를 이룰 것이지만, 입법부는 독립적이고 대통령을 무비판적으로 지지할 필요도 없다. 교착의 문제는 대통령이 입법부의 과반수 지지를 못받을 때 발생하는 경향이 있다. 그런데 준대통령제가 의회제 국면으로 전환하는 것은 바로 이 시점이다. 아르헨티나의 민주주의강화협의회에서는 이러한 대안이 매우 결정적인 중요성을 가진 것이었다. 그래서 협의회는 이것을 프랑스 헌법과 우드로우 윌슨의 제안처럼 단순히 함축하는 것보다는 명시적으로 헌법에 규정할 것을 권고하였다.[52]

준대통령제의 찬양자들은 또한 그것이 대통령제 집행부와 연관된 직접 민주선거 및 안정된 임기라는 장점과, 의회제가 가지는 내각과 수상의 탄력성을 결합한 것이라고 주장한다. 더욱이 그것은 대통령과 수상, 내각이 함께 권력공유의 연합을 형성하기 위해서는 순수한 대통령제보다 더욱 좋은 기회를 제공한다. 장 블론델은 준대통령제 정부가 그가 "이원집정체제"라고 일컫는 일반적 형태의 정부체계에 속한다고 설득력 있게 주장한다. 그런데 이 체제는 민주적인 형태나 비민주적인 형태를 모두 포함하고 있고, 위에서 언급한 장점을 어느 정도 가지고 있으며, 특히 1970년대 이래 많이 출범하고 있는 듯하다. 나아가 블론델은 만약에 대통령이 수상에게 좀 더 논쟁적인 정치적 과업들을 위

임할 수 있다면, 그가 초월적인 정당조정자로서 행동할 수 있다는 장점도 지적한다.[53]

특히 교착을 피하고 대통령이 잠재적으로 중재 역할을 갖는다는 점은 강력하게 옹호되는 주장이다. 그러나 두 형태가 동시에 운영되는 것이 아니라 국면에 따라 계기적으로 운영될 때 의회제와 대통령제의 장점 양자는 동시에 논리적으로 주장될 수 없다는 비판이 있다. 예를 들어, 대통령제 국면에서 준대통령제는 의회제보다 연합형성의 잠재력이 훨씬 적다. 그리고 의회제 국면에서는 정부 수반이 직접 선출되는 장점을 결여하게 된다. 그럼에도 불구하고 준대통령제는 진실로 부인할 수 없는 장점을 가지고 있으며, 그리고 이것은 특히 대통령제에 대한 불만이 점증하고 있는 대통령제 민주체제에서 커다란 호소력을 가지고 있다. 이것은 아르헨티나와 브라질, 콜롬비아에서 적극적으로 고려되고 있으며, 다른 많은 라틴아메리카에서 상당한 지지를 받고 있다.[54]

## 5. 그 외의 설명

의회제와 대통령제의 결과에 대한 위의 긴 논의에서 부가적인 원인 변수들의—특히 정당체계와 선거제도—영향이 자주 언급되었는데, 이러한 측면에서 많은 저자들이 밝힌 가장 중요한 점은 집행부-입법부의 교착이라는 중대한 문제에 대한 책임이 대통령제 그 자체에 있는 것이 아니라 대통령제와 특정 정당체계의 결합에 있다는 점이다. 결정적인 점은 대통령이 의회 내에서 충분한 지지를 얻을 수 있는지의 여부인데, 이것은 메인워링이 주장하였듯이,[55] 다당제에서의 경우나 헌정제도위원회에서 강력히 지적된 것처럼[56] "분할정부"가 존재할 때의 양당제의 경우와는 다르다. 헌정제도위원회는 또한 미국정당의 비응집성에 주목하고 있는데, 이것은 대통령 자신의 정당이 의회의 과반수를 차지하는 경우에도 대통령에게 충분한 정치적 지지를 부여하지 못하는 효과를 가지고 있다. 가장 심각한 문제는 응집력 있는 두 정당이 존재하는 양당체계의 대통령제에서, 대통령이 입법부내에서 응집력 있는 한 정당의 반대에 직면할 때 일어난다—이것은 민주주의강화협의회 보고서에서 지적되었듯이 미국의 문제가 아니라 아르헨티나의 주된 고민거리이다.[57]

이 책 제5부의 장들은 이러한 부가적인 설명변수를—의회제 대 대통령제 정부의 변수와 관련짓거나 그 대안으로서—가능한 한 체계적으로 그리고 전세계적인 증거에 기초하여 검토하려는 시도이다. 여기서는 몇몇 재미있고 강력한 결론들이 도출된다. 호로위츠는 승자독식을 피하기 위해서는 의회제 정부형태를 채택하는 것으로 충분치 않고, 비례대표제에 의한 선거, 다당제, 그리고 연합내각이 필요하다고 지적하고 있다.[58] 그 다음 2개의 장에서 세이무어 마틴 립셋과 후안 린쯔는 이 결론에 기본적으로 찬성하고 있다. 메인워링의 연구결과와 더불어 그것은 의회제-다당제와 대통령제-최다수득표제 결합이 적절한 것으로 간주되어야 한다고 제시한다.

그렇지만 립셋의 기본 의도는 원래 의회제와 대통령제의 비교에 대한 부분적인 설명력에 대해서도 근본적인 의문을 제기하는 것이다. 그 대신, 그는 문화적 차이와 경제발전 수준이라는 대안적인 설명틀을 제안하였다. 즉 의회제든 대통령제든 잘 운용되어 온 민주정치는, 주로 좀 더 발전되고 좀 더 개신교적인 지역에서 발견될 수 있다는 것이다.[59] 이러한 문화적-지역적, 그리고 경제발전 유형상의 차이는 참으로 두드러진 것이지만 거기에는 여러 가지 유보조건이 요구된다.

첫째, 몇몇의 분명한 예외가 있다. 1970년대에 민주주의가 확고하게 자리잡은 것으로 보이는 남부 유럽(이탈리아는 훨씬 이전에)의 비개신교 국가들; 1950년경 이래의 코스타리카나 1960년경 이후의 콜롬비아와 베네수엘라 같이 오랫동안 중단되지 않은 민주주의의 역사를 가진 라틴아메리카 국가들; 세계적인 빈곤국가이면서도 세계에서 가장 거대한 민주주의 국가인 인도. 이러한 예외들은 "부적절한" 문화적 배경과 경제발전 수준이 민주주의의 절대적 장애물이 아님을 보여준다. 사실 특정한 배경조건에 부정적으로 영향받는 국가들에게, 의회제와 대통령제 중 어느 것이 더 낫게 기능하는지의 여부는 특히 중요한 문제이다.

둘째, 립셋의 문화와 성공적인 민주주의 사이의 연계에 관하여, 포웰의 분석은(특히 그가 제시한 <그림 2>) 문화적-지역적 구분과 정부형태 사이에도 강한 관계가 있음을 보여준다.[60] 이 분석은 예를 들어 라틴아메리카의 상대적으로 빈약한 민주주의 역사를 직접적으로 그 문화로써 설명하는 대신에, 대통령제 혹은 다당제를 수반한 대통령제가 핵심적인 개입변인이며 라틴아메리카의 민주주의 문제에 대한 진정한 설명을 제공한다는 사실이 적어도 동등하게 타당하다고 말하고 있다. 문화와 정부형태가 매우 밀접히 관련되어 있기 때문에 이러한 잠재적인 원인요인들은 분리시키기가 어렵다. 셋째, 경제발전의 수준은 의회제 대 대통령제와 비슷한 정도의 밀접한 연계를 갖지 않는다. 이는 이 변수의 영향에 대한 통제가 가능하다는 것을 의미한다.

프레드 릭스의 경제발전 수준을 통제하는 방법은 저발전국이라는 동일한 범주에 모두 적합한 제3세계 국가의 민주주의 성공률에 초점을 맞춘 것이다.[61] 그는 민주주의 헌법을 채택한 제3세계의 74개국 사이에 두드러진 차이를 발견한다. 즉 43개 의회제 정권 중의 2/3가 그럭저럭 지속되고 있는 반면에, 33개 대통령제 정권 가운데 단 하나의 정권도 심각한 중단 없이는 잔존하지 못했다는 것이다. 릭스의 분석은 1945년에서 1985년까지의 기간을 포괄하고 있다. 이보다 훨씬 오래된 필리핀의 사회과학자 레드비나 까리노의 연구는(이 책 맨 뒤의 "참고문헌" 5항에 열거되어 있다) 단지 1945~1963년 기간을 포괄하고 있으며, 민주주의의 성공에 대해 약간 다른 기준을 사용한다. 즉 쿠데타와 혁명은 실제로 민주적 체계를 전복시켰는지 아닌지에 상관없이 민주주의의 실패로 간주된다.[62] 그러나 51개의 제3세계 민주주의 국가에서 의회제가 대통령제보다 의미심장하게도 더욱 성공적이었다는 까리노의 전반적인 결론은 릭스의 결론과 유사하다.

포웰의 연구는 이제까지 행해진 의회제와 대통령제의 업적 수행에 대한 연구중에서 가장 면밀한 다변인 분석이다.[63] 그는 기본적으로 성공적인 27개의 민주주의 대국을(즉 장기간 지속된 인구 1백만 이상의 민주체제) 분석한다. 여기서 민주주의의 업적 수행에 대한 척도는 집행부의 지속성, 다수세력의 통제, 투표참여율, 그리고 폭력의 통제이다. 그는 경제발전 수준과 함께, 선거제도의 유형뿐만 아니라 종족적 동질성과 인구 규모라는 "환경적 이점"의 영향을 통제한다.

민주주의의 업적 수행에 대한 포웰의 두 지표는—집행부의 지속성과 다수세력의 통제—앞에서 논의된 의회제와 대통령제의 상대적 장점들에 포함되어 있고, 그의 연구결과는 이미 규명된 경향을 확인시켜 준다. 즉 대통령제 정부는 집행부의 지속성과 더욱 의미 있게 관련되어 있지만, 또한 덜 빈번한 다수세력의 통제, 즉 더욱 빈번한 "분할정부"와 중요하게 관련된다. 다른 두 개의 지표는 성공적인 민주주의 운용에 대한 보다 기본적인 척도이다. 투표참여율은 민주정치의 질적 척도로 간주될 수 있는데, 의회제는 이러한 측면에서 중요하게도 더 나은 업적을—심지어 선거참여를 증진하는 경향이 있는 비례대표제 선거법의 우월한 성과를 통제하는 경우에도—수행한다. 폭력은 헌법적 변인보다는 환경적 변인으로 훨씬 더 잘 설명되지만, 포웰은 특히 비례대표제와 결합된 의회제가 대통령제보다 공공질서를 유지하는 데 있어 더 나은 업적을 수행하는 경향이 있다고 주장한다.

토마스 베일리스가 제시한 체계적인 경험적 증거는 의회제와 대통령제 정부 사이의 차이 가운데 하나와 관련된다. 즉 그는 합의제를 단독제, 혹은 그 자신의 용어에 따르면 "단일지배적" 집행부 지도체제와 대조하였다.[64] 그의 분석에는 몇몇 공산주의 국가를 포함하고 있지만, 정치적·경제적 업적 수행에 대한 그의 자료들은 단지 선진 산업민주주의 국가에만—따라서 릭스와 포웰과 같이, 경제발전 수준을 통제한—해당되는 것이다. 이들 민주주의 국가의 합의제 수준은 5점 척도로 순위가 매겨지는데, 두 대통령제 국가(미국, 프랑스)는 척도의 맨 아래에 있고 스위스는 맨 위에, 그리고 그 사이에는 합의제 수준이 감소하는 순서로 3개 집단의 의회제 국가가 있다.

베일리스의 정치적 업적 수행 지표는 포웰의 지표와 매우 유사하다. 그의 결과 중 어떤 것은 명확한 결론에 이르지 못하지만, 특히 폭력의 척도와 관련하여 명백한 차이가 나는 경우에는 합의제 정권이 업적수행을 훨씬 더 잘한다. 경제적 업적 수행에 대한 그의 지표는 경제성장, 인플레이션, 실업, 파업행위와 같은 거시경제적 관리의 성공에 대한 가장 중요한 측정치가 된다. 여기서 그 차이는 더욱 현저해지고, 그것은 다시 일인지배적 정권에 의해서보다는 합의제 정권에 의한 업적 수행이 더 낫다는 것을 보여주는 경향이 있다.

## 6. 원인과 선택

현대의 헌법 설계자들은 이 책에서 강조한 문헌에서 보여준 상대적인 이점에 대한 분석에 기반하여 의회제, 대통령제, 혹은 준대통령제 정부형태를 선택할 수 있겠는가? 한 가지 문제는, 그 대안들이 모두 장단점을 가지고 있으며, 각각의 지지자들 사이의 논쟁에서 어떤 명백한 승리자도 나타나지 않았다는 점이다. 경험적인 증거들은 적어도 의회제 모형을 어느 정도는 선호하고 있지만, 그것은 대통령제를 강력히 지지하는 사람들을 납득시킬 수 있을 것 같지 않은 단지 제한된 증거에 불과하다. 또다른 문제는 민주주의 설계자들이 기존의 전통과 기본적인 제도적 보수주의 등 선택의 자유에 대한 심각한 제약에 직면한다는 점이다. 이러한 문제는 과거에 의회제나 대통령제 정부형태를 채택하는 결정이 어떻게 이루어졌는지에 대한 의문을 제기한다. 우리는 그것의 기원과 원인에 대해 무엇을 알고 있는가?

이미 위에서 논의한 대로 문화는 하나의 강력한 영향력이었다. 의회제와 대통령제는 선명하게 묘사된 문화적-지역적 유형에서 나타난다.[65] 그리고 많은 경우에 이러한 유형은 원래 특정한 모형의 강점 때문에 발달되었다. 가장 명백한 실례는 과거 대영제국에 속했던 민주국가들이다. 이론상으로는 영국 모형 이외의 다른 모형이 뒤따라 나왔을지 모르지만, 식민지 지배자와 원주민의 헌법설계자 모두에게는 그러한 모형의 잠재적인 경쟁자 가운데 어떤 것도 잘 알려지지 않았고 강력히 찬양되지도 않았다. 19세기 초반의 라틴아메리카 민주주의는 그 선택이 훨씬 제한되었으며, 대통령제 모형만이 당시에 실제적으로 이용 가능한 유일한 것이었다. 볼리바르에게는 몽테스키외의 주장과 미국 및 영국의 사례가 모두 같은 방향으로 지적되었다. 사실 안고스투라 연설의 시기에, 영국과 미국의 사례는 실제로 같은 모형에 속하는 약간 다른 경우였다.[66]

많은 나라가 점진적으로 민주화되었고, 민주화로 세습적 왕권이 점진적으로 부식되었던 서구 국가에서, 의회제 정부의 기원은 군주제에서 민주화로의 두 가지 대안적 길을 언급한 버니의 첫 번째 명제로 설명될 수 있다. 즉 군주제가 대통령제를 의미하는 민주적으로 선출된 "왕"에 의해 대치되거나, 혹은 의회제를 의미하는 것으로 왕이 그 권력 대부분을 상실하고 내각이 왕의 대리인보다는 의회의 대리인이 되는 길이다.[67] 왕이 입헌군주로서 보존되는 곳은 어디에서나 두 번째 대안이 가장 그럴 듯한 결과였다. 또한 이 설명은 브라질(라모니에르가 강조했듯이,[68] 그렇게 민주적이지는 않았던)의 19세기 의회제와 1970년대 순수한 내각제를 채택한 스페인의 경우에도 적용된다.

지난 20년 간 헌법설계자에 대한 이러한 종류의 제약적인 영향은 어느 정도 약화되어 나타났으며, 현재 다양한 유형의 유용한 모형들이 더욱 진지하고 더욱 냉정하게, 그리고 훨씬 적은 편견이나 선입견과 함께 고려되고 있는 것으로 보인다. 예를 들어 프랑스의 준대통령제는 과거에 프랑스의 통치를 받은 나라나 포르투갈과 같은 인접국가뿐만 아니라 스리랑카나 아르헨티나와 같은 먼 나라에서도 중요한 모형이 되었다.[69] 나이지리아는 미국식 대통령제를 채택하였을 때 영국 전통의 강점과는 어긋나게 나갔던 것이다.[70] 네덜란드에서 대통령제 정부를 채택하자는 제안은 입헌군주제의 존재가 더 이상 대통령제 정부에 대한 극복하기 어려운 장애물이 아님을 보여준다.[71] 그러나 제도적 보수주의는 강력하게 남아 있으며 실제적인 변화는 의회제에서 대통령제로, 혹은 그 반대 방향의 완전한 변화보다는 전형적으로 준대통령제로부터 그리고 준대통령제로의 "중간적인" 변화들과 관련되어 왔다. 즉 1958년 프랑스와 1978년 스리랑카의 의회제에서 준대통령제로의 변화, 그리고 1982년 핀란드와 포르투갈에서 반대 방향의 변화 등이 그것이다. 1977년 나이지리아의 완전한 변화는 주요한 예외이다. 라틴아메리카에서 준대통령제가 의회제보다 더 진지한 선택인 이유는 준대통령제가 덜 격렬한 개혁이라는 호소력을 가진다는 점이다.

1990년대에 계속되는 논쟁에 비추어 볼 때, 대통령제 정부로부터의 이탈이 의회제로부터의 이탈보다는 약간 더 가능성이 있는 것 같다. 라틴아메리카 민주체제, 필리핀, 한국, 그리고 헌정제도위원회의 연구가 보여주듯이 미국 등의 국가를 포함하여 대통령제로 통치되는 거의 모든 국가에서 대통령제에 대한 많은 불만족이 있다. 이스라엘과 이탈리아에서 대통령제 정부를 위한 제안에서 나타나듯이 유사한 감정이 의회제에서도 발견될 수 있지만, 그 경향은 더 약하고 상대적으로 드물게 발생한다. 이 문제는 더 이상 네덜란드의 헌정상 쟁점이 아니다. 완전히 보장할 수 있는 유일한 예측은—기존 정부형태에 대한 만연된 불만족, 신생 민주주의에서 헌법을 입안해야 할 필요성, 기존의 제도와 전통의 강점, 그리고 지금까지 의회제와 대통령제 지지자 사이의 결론 없는 논쟁 등에 기초하면—이 논쟁이 계속될 것이라는 것이다. 거론되고 있는 쟁점의 근본적인 중요성 때문에, 이 논의는 "대논쟁"으로 불릴 만한 가치가 있으며 민주개혁가들이 지속적으로 관심을 갖고 참여할 가치가 있다.

□ 주

(* 아래의 주에서는 주로 이 글의 원문이 수록된 레이프하트 편저의 각 장이 인용된다).

1) 1장.
2) 6장.
3) 2장.
4) "권력분립"이라는 용어는 단지 정부의 집행기관과 입법기관이 분리되어 있다는 것뿐만 아니라 두 기관의 상호독립성 또는 비예속을 의미한다는 점이 강조되어야 한다. 더욱이 권력분립과 권력융합은 모두 전적으로 집행부와 입법부 간의 관계를 가리킨다. 그것은 의회제 정부든 대통령제 정부든 간에 모든 민주체제에서 상당히 독립적인 사법부에는 적용되지 않는다.
5) 주 3)과 동일.
6) 4장/ 11장.
7) 25장.
8) 5장.
9) 27장/ 28장.
10) 이러한 사례는 대통령제와 의회제가 특정국가에서 단순히 "대통령"의 존재여부로 정의될 수 없다는 사실을 명확히 보여준다. 네덜란드의 제안서는 공식적으로 부르는 어떠한 "대통령"없이 대통령제를 창설하고자 하였다. 반대로 많은 제도들은—국가의 수장으로서 대통령이 있는 비군주제적이거나 공화제적인 의회제 모두—대통령제적 통치가 아니면서도 "대통령"을 가지고 있다.

11) 2장, 3장. 11장.
12) 23장.
13) 24장.
14) 11장.
15) 주 8)과 동일.
16) 9장.
17) 18장.
18) 21장.
19) 17장.
20) 19장.
21) 20장.
22) 주 1)과 동일.
23) 28장.
24) 주 21)동일.
25) 26장.
26) 14장.
27) 10장.
28) 27장.
29) 주 2), 7장.
30) 주 12).
31) 주 13).
32) 주 3).
33) 주 11)의 3장.
34) 주 27).
35) 주 3).
36) 주 2).
37) 주 16).
38) 13장.
39) 12장.
40) 8장.
41) 주 26).
42) 주 17).
43) 주 39).
44) 15장.
45) 16장.
46) 주 16).
47) 주 26).
48) 주 2).

49) 주 16).
50) 주 26).
51) 29장.
52) 주 18)과 주 20).
53) 22장.
54) 주 44), 주 45), 주 18).
55) 주 38).
56) 주 16).
57) 주 18).
58) 주 51).
59) 30장.
60) 33장.
61) 32장.
62) Ledivina V. Carino, "Legislative-Executive Arrangements, Stability, and Other Aspects of Political Development: A Comparative Analysis," *Philippine Journal of Public Administration*, 15/3-4(July-October 1977), pp. 370~388.
63) 주 60).
64) 34장.
65) 특히 주 60) 참조.
66) 주 6)의 11장.
67) 주 1).
68) 주 45).
69) 주 18)과 주 21).
70) 주 7).
71) 주 9)의 27장.

# 제4장 영국 의회의 정치적 위상*

필립 노톤(Philip Norton)

"1세기 전 영국의 정부체제는 세계의 3분의 2에 해당하는 지역에서 선망의 대상이었고, 나머지 3분의 1에서는 군림하고 있었다. 오늘날에 와서 의회의 본산은, 교체되면서 형성되는 정당정치의 독주체제에 얽매인 하녀가 되었다. 어떠한 정당의 독주체제든 영국 국민 다수에 의해 선출되지 않고, 또한 그 다수를 대표하지도 않는다. 가이 포크스(Guy Fawkes)는 372년 전에 왕궁과 의회를 폭파하기 전에 발각되었다. 오늘날은 실로 그가 다시 그러한 시도를 할 만한 지경이다."

1977년 11월 5일 ≪이코노미스트≫(*The Economist*)지는 유명한 논설에서 위와 같이 선언했다. 그것의 주요한 공격 대상은 의회였다. 사용된 언어가 놀라운 것일 수도 있지만 그러한 정서는 의회제도의 본산을 관찰해 온 사람들이 공유했고 지금도 함께 갖고 있는 견해이다. 의회제도는 잘해야 주변적인 존재로 이해되고 심하게 얘기하면 위험할 정도로 영국의 정치에 부적절한 것으로 인식된다. 게다가 의회의 부적절성에 대한 인식으로 말미암아 대부분의 다원주의적인 정치학 연구자들은 자신의 연구주제를 의회가 아닌 다른 곳에서 찾을 수밖에 없었다. ≪이코노미스트≫의 사설이 발표된 해에 피터 셀프는 영국이 전보다도 더 나쁜 상태로 통치되는지의 여부를 다룬 한 논문에서 다음과

---

* Philip Norton, "Parliament in Perspective." 이 글은 1987년 10월 15일 필립 노톤이 영국의 헐 대학(Hull University)에서 행한 취임강연이다. 박찬욱(서울대 정치학과 교수) 역.

같은 논평으로 결론을 맺고 있다. "이 논문은 의회에 관해 거의 언급하지 않는다. 나는 독자들이 스스로에게 왜 그러한지 묻기를 제안한다".[1] 의회에 관하여 논문을 쓰는 소수의 다원주의자들은, 의회의 제한된 역할을 확신하며, 의회가 왜 칭송과 관심보다는 학문적으로 경멸적 냉소를 받을 만한 정치적 변방으로 밀려났는가를 설명하기에 분주하다. 라차드슨과 조단이 말했듯이, "비관주의가 깊게 흐르고 있다."[2] 적어도 지난 20여년 동안 냉소주의가—필자가 주장하는 바인데—훨씬 심화되었다.

그것은 학술공동체의 폐쇄된 세계에 국한된 냉소주의가 아니다. ≪이코노미스트≫의 사설은 출판과 방송 매체에 광범위하게 퍼져 있는 견해를 표현했다. 단지 차이가 있다면 ≪이코노미스트≫는 그러한 표현에 지면을 좀 더 할애하려고 한다는 점이다. 다른 매체들은 대체로 의회를 무시하거나 주변화함으로써 의회의 부적절성에 대한 인식을 표현하고 있다. ≪파이낸셜 타임즈≫(*The Finacial Times*)의 저명한 정치분야 편집자조차도 의회를 비중있게 취급하도록 그의 동료들을 설득하는 것이 어렵다는 점을 인정하고 있다.[3] 정부 부서의 장관들도 비슷한 어려움에 처해 있는 것같다. 1983년 레이쓰 강연에서 더글라스 와스 경은 행정부에 들어가자마자 "영국 관청이 하원을 대수롭지 않게 생각해버리는 당당함,"[4] 즉 오늘날 공무원 사회의 중간층과 중상층에서 특히 두드러진 것으로 보이는 교만한 태도에 놀라움을 느꼈다고 말했다.[5]

요약하면, 의회에 관해 무언가를 알고 있고, 문외한보다 확실히 더 세련되게 인식하는 사람들 가운데서, 의회에 대한 비판은 상당한 정도로 정착되어 있고, 그 범위와 강도가 두드러진다. 의회의 부적절성은 거의 자명한 것으로 받아들여지고 있는 셈이다.

오늘 저녁 본인의 목적은 이러한 비판적이고 광범위한 인식을 강화하려는 것이 아니다. 나는 전직 옥스포드의 하원 의원이 "몰이해에 대하여 널리 퍼져 있는 경멸"[6]이라고 적절하게 묘사했던 것에 빠져들 작정은 아니다. 나는 의회의 문제를 즉각적으로 그리고 배타적으로 규정하는 데 있어서 동료 연구자들을 추종할 생각도 없다. 오히려 나의 최초의 목적은 좀 더 앞서는 문제, 즉 의회연구의 문제점을 규정하는 것이다. 나는 의회 그 자체에 관한 것이 아니라 현재의 비판의 바탕에 깔린 가정과 논거에 관한 학술적 연구에 강조점을 둘 시기라고 생각한다.

나는 의회에 대한 비판의 저변에 깔려 있는 가정이 결코 분명하지 않은 규범적 토대로부터 도출되었기 때문에 모호하고 부정확하다고 주장할 것이다. 그리고 비판의 핵심을 구성하는 논거들이 역사적이고 국제적인 비교에 있어서 의회가 수행해 왔던 것과 의회가 할 수 있는 것에 대해 왜곡된 상을 제공함으로써 잘못 구축되어 있다고 주장할 것이다. 오늘날 우리가 갖고 있는 것은 의회에 대한 잘못된 이해, 즉 필연적이지 않을 뿐만 아니라 잠재적으로 위험한 변화를 초래하는 처방을 낳는 오해라고 보다 적절하게 규정된다.

일단 이러한 오해가 정정된다면, 그때 가서 의회의 역할을 새롭게 보기 시작할 수 있고, 우리의 현대정치에서 의회제도에 대한 보다 분명한 평가를 제공할 수 있다. 간단히 말하면 의회에 대한 새로운 시각을 제공할 수 있을 것이다.

## 1. 비판

먼저 나는 의회에 가해지는 주요한 비판을 가능한 한 정식화함으로써 시작하겠다. 현존 문헌에서 분명히 구별할 수 있는 세 가지의 비판이 있다.

1) 의회와 행정부의 관계, 그리고 공공정책의 형성이라는 측면에서 영국 의회가 "쇠퇴"했다는 비판.

1964년 버나드 크릭의 단초적인 저작인 『의회개혁론』 이후로 "의회의 쇠퇴"는 공통의 제목이었고, 여러 문헌에서의 공통 주제였다.[7]

의회는 19세기 중반에는 정책형성에 있어서 중요한 참여자였던 것으로 일반적으로 받아들여지고 있다. 사회의 성장과 전문화의 압력은 유권자 대중, 정당의 성장과 헤게모니, 그리고 정부와 부문별 이익집단간의 점증하는 상호의존을 초래했다. 그리하여 이러한 발전의 결합효과로 의회는 공공정책의 형성과정에서 중심적인 지위로부터 주변적인 지위로 밀려났다.

금세기로 이행하는 시기에 의회에서 행정부로 정책결정 장소가 이전되었다. 그 이후 시기에서는 이른바 정책결정 권력의 누수와 더불어 한층 심화된 전환을 목도하게 되었다. 즉 거시정책의 수준에서는 조합주의적(혹은 당사자 협의적인) 기구로, 그리고 미시적이고 일상적인 정책의 수준에서는 각각의 정부책임 부문내의 소규모 정책공동체로 정책결정장소가 전환되었다.[8] 이러한 심화된 전환의 결과로 의회는 역사상 어느 때보다도 허약한 지위로 떨어지게 되었고, 정부가 의회에 제출한 정책, 즉 이해당사자들에 의하여 이미 형성되고 합의된 정책에 "고무도장을 찍는" 제도로만 특징지어졌다. 따라서 대부분의 다원주의자들은 "쇠퇴"를 적절하게 사용된 서술적 용어로 생각하기도 한다.

2) 체제수호의 행위자로서-즉 정부체제의 대중적 지지를 유지하는 기관으로서-영국의 의회가 예전보다 오늘날 더욱 약해졌다는 주장으로, 미국인 관찰자 사뮤엘 비어가 영국에서 "시민문화"가 몰락하는 것으로 특징지었던 비판.[9]

마이클 메지는 입법부에 귀속될 수 있는 많은 체제수호(혹은 체제유지) 기능을 규정했다.[10] 그 기능은 대표적인 두 부분으로 분류될 수 있다. 첫째는 시민들의 불만을 표출하고 어느 정도는 해소하는 기능이고, 둘째는 그 정치의 안녕에 중심적인 공공정책 조처에 대한 대중의 지지를 동원하는 기능이다. 의회는 이러한 기능 중 어느 것도 적절하게 수행하지 못하고 있기 때문에 일반적으로 결함이 있다고 비판받는다. 의정행태의 대립적인 성격과 의원들의 출신 배경 및 태도-백인으로서 중간계급 출신이며 정당에 충성하는 인물이라는 점-로 인해 의원들이 영국사회 내에 서로 상이하며 때로 경쟁하거나 흔히 합의를 이루는 견해와 이해를 적절하게 표출하지 못하고 있는 것으로 인식된다. 소외감을 느낀 노동당의 한 의원은 의회에서의 양당 대결이라는 표현이 "현실의 왜곡"일 뿐이라고 묘사하기도 했다.[11] 의회에서 정당의 헤게모니는 의원들이 개별적으로 시민들의 불만을 효과적으로 추구하는 것을 사전에 차단한다. 그리고 정당의 헤게모니는 정당간의 적대적 대결과 결합하여 집합체로서의 의회가 국민 저변에 호소력을 갖고 필요한 정책에 대한 대중적 지지를 동원할 수 있는 능력을 사전에 배제한다.

시민이 그들의 대의제 정부체제에 보다 많은 것을 요구하고 기대하게 됨에 따라 의회에 대한 불만은 점차 증가해 왔다. 버논 보그다노에 의하면, "점차적으로 교육 수준이 향상되고 지적으로 세련된 유권자는 전통적인 구조 안에서 거의 가능하지 않았던 보다 큰 정치적 영향력을 추구한다".[12] 게다가 의회가 시민의 견해와 불만의 전달통로로서의 역할을 제대로 행하지 못할수록, 더욱더 의회제도는 정부체제에 대한 지지가 떨어지는 문제를 해결하지 못할 뿐더러 그 자체가 문제의 일부로 된다.

3) 공공정책에 영향을 미치고 대중의 지지를 동원하는 기구로서 영국의 의회가 전보다 덜 효과적일 뿐만 아니라 서구 세계에서 다른 국가의 대의체보다 덜 효과적이라는 비판.

이 비판은 다양하게 형성되어 왔다. 영국 의회는 공공정책에 영향을 미치는 제도적 능력의 측면에서 미국 의회와 자주 대조된다.[13] 하지만 그 비교는 미국에 국한되지 않는다. 스튜어트 워크랜드는, 의회주의적인 정부가 영국에서보다는 "다른 서구 국가에서 더욱 효과적으로 운영되어 왔다"고 주장했다.[14] 그의 주장에 따르면, 영국에서 의회가 획득하는 지위와는 매우 대조적으로 유럽의 다당제 의회는 행정부에 매우 일관된 기율을 부여하는 것을 가능하게 함으로써, 정부와 대의체 사이의 복잡한 정치적 연계를 형성해 왔다고 주장한다. 공공정책에 미치는 영향이라는 점에서만 비교가 이루어지는 것은 아니다. 버논 보그다노는 영국이 이른바 "그 정치적 제도가 국민적 동의의 동원에 보다 적절한" 다른 나라들의 경험으로부터 배워야 한다고 제안했다.[15]

이것은 서구의 다른 입법부가 정책 영향력과 체제유지 기능의 수행 양자와 관련하여 별다른 문제가 없다는 주장이 아니다. 하지만 그 논의는 서구의 입법부가 영국 의회에서 볼 수 있는 어려움보다 덜 심각하다는 것을 의미한다. 정치학자 출신 의원인 오스틴 미첼은 요점을 아주 간결하게 지적하였다. "세계의 입법부들은 정체성의 위기를 겪고 있으며, 그 역할과 관련하여 난관에 봉착하여 있다. 그리고 증가된 압력과 변화된 사회에 적응하려고 노력하는 중이다. 영국보다 이 위기가 심각한 곳은 아무 데도 없다."[16]

간단히 말해서 비판가들은 의회를 극단적으로, 게다가 특별히 취약한 지위에 있는 것으로 인식한다. 취약하다는 의미는 전에 획득했던 지위와 비교하여, 그리고 다른 지역에서의 지위와 비교하여 그렇다는 것이다. 오늘날 사람들은 영국 의회를 긍지있는 "의회의 어머니"가 아니라 오히려 어려움을 겪고 있는 가련한 친척으로 묘사하는 경우가 허다하다. 참으로 의회에 대한 비판은 매우 강력하여 많은 관찰자들이 그 제도를 구제할 길 없이 빈약하다고 볼 정도이다. 그들에게 있어서 의회 개혁에 대한 공론, 특히 절차적 성격의 개혁에 대한 공론은 의회가 보다 중심적인 정책 영향력을 회복하고 지지동원의 역할을 회복하는 수단으로서는 부적절하다고 여겨지며, 그러한 변혁이나 회복을 성취하기 위해서는 근본적인 헌정개혁이 당장 필요한 것으로 생각된다. 이것이 1977년 ≪이코노미스트≫의 사설에서 제시된 길이다. 거기에는 선거제도, 권리장전(그리고 사실상의 성문헌법), 선출된 지방의회로의 권력이양, 임기가 보장되는 의회, 그리고 권력의 공식적인 분립을 포함하는 포괄적인 제안이 담겨 있다. 공식적으로 권력을 분립시키자는 제안을 받아들이는 개혁가는 거의 없다. 하지만 다른 개혁은 적어도 1970년대 중반 이후 정치적 의제에 올라 있다. 자유당은 광범위한 헌정개혁 프로그램에 열성적으로 노력하고 있다. 의회에서 선거민을 대표하고 있는 모든 정당은, 보수당을 제외하고 지방분권화에 찬성한다. 모든 정당은 선거개혁의 제안자들을 옹호하고 있다. 그리고 상원은 유럽인권협정에 기초하여 권리장전을 다양한 형태로 통과시켰다.[17]

따라서 사람들은 현존하는 우리 의회가 영국정치에서 주변화된 제도이며, 시민 이익의 표출과 수호를 위해서는 많은 헌정상의 수술이 요구된다고 믿을 수 있다. 그리하여 의회를 재활성화하거나 아니면 지방의회나 법원과 같이 의회에 대한 보다 효과적인 대안으로 기능하는 기관을 만드는 것을 고려하기도 한다. 확실히 그러한 인식을 지지하는 논거에 따라 대체로 지난 10년에서 20년의 기간에 걸쳐 지적이며 정치적인 논쟁이 지속되었다. 그 논자들이 아직 승리를 거두지는 못했을지라도 그러한 주장이 빈번히 제기되었기 때문에, 적어도 지적인 전투에서는 더욱 유리한 위치를 점하고 있는 것처럼 보인다.

## 2. 비판은 무엇이 잘못되었는가?

하지만 전투가 일방적이지는 않다. 제기된 비판은 분명 중요하고 얼핏보기에는 설득력이 있다. 하지만 그것은 스스로 왜곡된 의회상을 표현한다.

그 의회상은 분석적으로는 분리할 수 있지만 상호 관련된 몇 가지 이유 때문에 왜곡되고 있다.

1) 위의 비판들은 분명한 윤곽이나 틀이 없는 규범적 토대에서 도출된다. 의회에 대한 다양한 비판 가운데, 그 출발점은—의회의 "문제"—그 제도가 다양한 과제나 기능을 수행하지 못한다는 것이다. 구어체로 보다 적절한 말을 하자면, 의회가 그 맡은 바 임무를 제대로 해내지 못하고 있다고 비난받는다. 하지만 어떠한 논의의 출발점에서도 의회의 직무가 확연히, 명시적으로, 그리고 종합적으로 제시되지 않았다. 비판의 규범적 토대는 추론되어야 했다. 1981년에 안쏘니 킹은 "입법부를 강화하는 방법—우리가 그것을 원한다는 가정 하에"라는 제목의 논문을 발표했다.[18] 그런데 그 가정이 대부분의 문헌에 확산되어 있는 것이다.

의회는 정책형성에서 주변적인 행위자로 표현되었다. 이러한 결론을 도출하는 연구의 성격과 언어표현은, 의회가 그러한 지위를 점해서는 안된다는 것을 변함없이 함축하고 있다. 하지만 왜 그래서는 안되는가? 정확히 의회는 어떤 지위를 점해야 하는가 하는 질문은 충분히 제기되지 않았다. 하지만 우리가 영국의 정치체에서 의회가 차지해야 할 위상을 점검하기 위해서는 이러한 질문이 논의되어야만 할 것이다.

의회에 대한 정확한 "직무 요목의 서술," 그리고 분명한 규범적 근거가 없다는 점에서 비판가들의 무책임성을 지적할 수 있다. 이러한 무책임성으로 인해 의회가 의회로서 무엇을 해야 하는지에 대한 어떤 명시적인 구도와는 별개로, 어떤 특수한 근거나 또는 다른 근거에 입각하여 의회의 결점을 발견하는 산만한 분석적 접근이 가능해진다. 비판하기로 마음만 먹으면 사람은 누구나 어떤 제도의 특징적인 결점을 쉽게 발견할 수 있다. 하지만 결점을 찾는 행위의 적실성은, 한 제도를 둘러싸고 있는 환경의 맥락에서 그 제도에 기대하는 바에 대한 전체적인 인식에 달려 있다. 그런데 그러한 인식이 위의 비판에서는 결여되어 있는 것이다. 정책형성에 있어서 의회의 위상은 주변적일 수 있다. 하지만 공공정책에 영향을 미치는 것이, 의회가 수행하기를 기대하는 다른 과제의 중요성과 어떻게 비교되는가? 그리고 왜 그것이 실제로 우리가 의회에 부여하는 과제 가운데 하나이어야 하는가? 이러한 폭넓은 인식의 부재로 인해 의회에 귀속되는 다른 과제에 미치는 영향에 관해서는 거의 혹은 아무런 고려 없이 처방이 제시된다.

비판가들이 출발점에서부터, 의회가 수행하는 "직무에 대한 서술"을 명시적이고도 종합적으로 제시하지 못하는 것은 무책임하며 동시에 혼동을 야기한다.

2) 한편 의회에 가해지는 비판은 강조점이 왜곡되는 경향이 있다. 이러한 비판은 주로 한 정치체 내에서 관찰할 수 있는 정책결정에 주목하는 다원주의적 편견을 반영하고 있다. 따라서 의회와 정부와의 관계, 그리고 공공정책의 형성에 집중하게 된다. 바로 이 분야에서 의회는 비판에 가장 취약하다.

의회는 체제수호의 도구로서 허약하다는 이유로 비판될 수 있고, 실제로 비판된다. 그 비판은 이미 개략적으로 살펴보았다. 하지만 그 비판은 포괄적이고 종합적인 연구로부터 도출된 것이 아니다. 의회에 대한 비판 문헌에는 분명한 불균형이 있다.정부나 공공정책과 관련하여 의회를 고찰하는 책과 논문들이, 이를테면 입법과정이나 신설된 특별위원회의 정책적 영향력 및 본회의 활동에 대한 분석이 인쇄기에서 마구 쏟아져 나오고 있다. 체제수호의 행위자로서 의회의 역할을 분석하는 저작들은 이전보다 많은 편이지만 여전히 상대적으로 적다. 출간되는 저작은 대개 미국의 행태주의자와 랄프 밀리반드와 같은 맑스주의 정치학자의 펜에서 주로 나오고 있다.[19] 영국의 다원주의 저술가에 의한 분석은 매우 적다. 본인은 그 비판들을 개괄하면서 실제로 현존하는 연구를 두루 살펴보게 되었다.

의회와 정부의 관계나 공공정책에 대한 강조는 다원주의적 분석의 성격상 납득할 만하지만 바람직하지는 않다. 그것은 의회가 가장 취약할 수 있는 영역이지만 명확한 규범적 틀이 결여되어 있기 때문에 의회의 전체적인 중요성의 측면에서는 평가하기 어려운 영역에 집중함으로써 왜곡된 초점을 제공한다.

또한 편협한 경향이 문제를 악화시킨다. 즉, 관찰 가능한 정책결정에 대한 다원주의적 집중뿐만 아니라, 영국체제에 대하여 유별나게 근시안적인 초점이 존재하는데,[20] 그것은 우리의 국가적 대의체를 다른 나라의 대의체와 비교하고 대조하는 것을 주저하는 것이다. 영국 의회는 다른 국가의 입법부와 비교해서 허약한 것으로 비판되어 왔다. 그러나 다시 한 번 말하지만 그 비판은 포괄적이고 종합적인 연구에서 도출되지 않는다. 영국 태생의 학자가 광범위한 국가간 교차분석(영국-미국 비교를 넘어 확장되고 있는)에서 의회를 평가한 저술은 거의 존재하지 않는다.

나는 무수히 쏟아졌던 비판들로 잠시 되돌아갈 것이다. 하지만 지금 내가 지적하고자 하는 핵심적인 논점은, 의회에 대한 기존 연구가 영국의 정치체제에서 의회의 위치를 제대로 이해하고 평가하기 어렵게 만들 정도로 왜곡되었다는 점이다. 그러한 평가를 할 수 있기 위해서는, 기존의 비판가들보다 더 넓은 지평의 시야를 가질 필요가 있다.

3) 의회에 가해진 구체적 비판을 좀 더 직접적으로 살펴보면, 첫째로 공공정책의 형성과 관련하여 의회의 지위가 "조락했다"는 비판은 실제적 내용과 표현에 있어 역사적으로 왜곡된 것이다.

우리가 보았던 것처럼, 의회는 19세기의 일부 시기 동안 정책형성에서 중요한 역할을 했고, 이제 더 이상 그런 역할을 하지 않는 것으로 보인다. 나는 그것을 부정하려고 하지 않는다. 나는 다른 곳에서, 정책을 형성하는 입법부와 정책에 영향을 미치는 입법부를 구분했다.[21] 19세기의 일부 시기에, 의회는 정책형성 입법부의 성격을 나타냈다. 그 이후로는 정책에 영향을 미치는 입법부,

즉, 의회에 제출된 공공정책의 조처에 대해 본질적으로 반응하는 기관의 성격을 나타냈다.

내가 쟁점으로 삼는 것은 비판가들이 채용하는 역사에 대한 인식과 용어이다. 두 번의 선거법 개혁 사이의 시기와 비교하여, 의회는 “쇠퇴하고” 있는 것으로 서술된다. 이러한 서술에는 두 가지 가정이 깔려 있는 것처럼 보인다. 하나는 그러한 쇠퇴가 바람직하지 않다는 것인데, 이에 관해서는 앞서 규범적 함의를 통해 간단히 언급했다. 다른 하나의 가정은 규범적인 것과 역사적인 것의 혼동이다. 즉 19세기는 그 이후 시기와의 비교를 위한 규준이 되고 있다. 바꾸어 말하면, 19세기가 역사적 연구의 시발점으로 취급되고 있다는 것이다. 따라서 1980년대 의회는 그 시대와 비교되고, 그리하여 부족함이 발견된다.

그러나 이러한 비교는 오도된 것이다. 그 비교는 너무나 협소하고 왜곡된 초점을 채택하고 있다. 오늘날 의회는 19세기의 일부 시기 동안 의회가 차지했던 위치에서 이탈해 있을지도 모르고, 실제로 그렇다. 하지만 의회의 전 역사를 통해 볼 때–즉 13세기 이후로–이탈한 것은 현재의 의회가 아니고 19세기 의회이다.

영국의 정치문화는 적어도 노르만 시대 이후로 강력한 집행부를 선호했다. 의회는 어떤 연속적인 토대 위에서 볼 때 집행부의 일부가 아니었다. 1688년 명예혁명 시기에조차 그 혁명에 책임이 있는 사람들은 “실제로 활동적인 통치하는 왕, 즉 정책을 갖고 있는 군주”를 원했다.[22] 의회의 역할은 의회에 제출된 조처들을 토론하고 그 이후에 동의를 하는(또는 동의를 거부하는) 반응적인 것이었다.

여기에는 거의 예외가 없었다. 1642년에서 1660년 사이 공화정의 기간 동안, 지금과 같은 의회는 존재하지 않았다. (상원은 폐지되었던 것이다[23]). 19세기의 30여년 동안, 즉 “황금시기”에 의회는 한 정부를 다른 정부로 교체하고, 개별 장관을 해임하며, 한 정책을 또 다른 정책으로 대체하기까지 하는 권력을 구사했다[24]. 이러한 두 시기는 분명 전형적이지 않다. 20세기의 의회와 19세기 중반의 의회를 비교하는 것은, 전자를 현상적인 시기, 즉 반복될 수 없는 (그리고 내가 생각하기에 반복되어서도 안되는) 복합적 요인의 산물이었던 시기와 비교하는 것이다.

따라서 의회의 위상에 있어서 "쇠퇴"에 관해 언급하는 것은, 19세기 중반부터 20세기 중반까지의 시기로 좁게 제한할 경우에는 정확하다 할지라도, 더 넓은 역사적 관점에서는 잘못된 것이다. 역사적으로 우리가 목격했던 것은 의회의 쇠퇴가 아니라 오히려 의회의 자연스러운 위치로의 복귀였다.

4) 의회가 체제수호의 행위자로서 전보다 더 약해졌다는 비판은 부분적으로 역사적인 왜곡이며 실제로 타당하지 않은 것이다.

1982년 사뮤엘 비어는 『영국의 반전(反轉)』(*Britain Against Itself*)에서, 구래의 제도가 새로운 기대에 부응하지 못함에 따라 정치체제의 정당성이 침해되는 것과 더불어, 영국에서 "시민문화"의 몰락이 있었다는 그의 테제를 발표했다.[25] 나는 다른 곳에서 그의 테제를 논의한 바 있다.[26] 그것은 제한된－때로는 종잡을 수 없는－증거에 기초한 것일 뿐만 아니라 협소한 역사적 관점에 기초한 테제이다. 몰락에 대한 인식은 1945~70년의 시기를 기준으로 삼아, 그 시기와 지난 20여년의 시기를 비교하는 것에서 도출된다. 그 시기와 비교해 볼 때, 오늘날은 정통성의 문제가 있을 정도로 정부에 대한 신뢰가 감소되었다고 주장된다.

그런데 이러한 논거에는 두 가지 문제가 있다. 하나는 그것이 역사적으로 왜곡되었다는 점이다. 만약 우리가 영국 역사를 다시 폭넓게 훑어보면서 수십년의 시기보다는 오히려 수세기에 걸친 정치문화를 파악하게 되면, 우리는 1945년에서 1970년까지의 기간이 덜 합리적인 것이 아니라 보다 합리적인 사회로 가는 추세에서 돌출을 드러내는 비전형적인 시기임을 발견하게 된다. 비어가 주목했던 바는 그 추세에서의 사소한 굴곡이었으며, 추세 그 자체는 무시되었던 것이다.[27] 그것은 단지 사소한 굴곡이라는 사실이 비어 주장의 두번째 문제가 된다. 1950~60년대와 비교할 때조차도, 정부체제에 대한 대중의 지지 감소는 그리 크지 않았다. 게다가 조사자료는 비교할 만한 질문이 던져졌을 때 1970년에서 1978년까지의 기간에 거의 변화가 없음을 보여주고 있다.[28] 주목할 만한 것은, 지지의 쇠퇴가 과거보다 크지 않다는 것이었다. 경제적·산업적 침체에도 불구하고, 영국인들은 자신들의 정부제도를 상당히 신뢰하고 있다.

의회는 그 신뢰를 유지하는 가장 중심적인 제도이다. 랄프 밀리반드가 묘사했던 것처럼, 체제수호의 도구로서 의회는 "영국의 정치체제에서 가장 중요한 제도"이다.[29] 그리고 그 제도에 관해 주목할 만한 것은 그것이 대중적 신뢰를 계속 유지했던 정도이다. 영국 정부의 관료나 언론계 그리고 학계에서 의회에 가했던 비판은 대중일반 사이에서 공명하는 화음을 발견하지 못했다. 1973년 그라나다 텔레비전을 위시해 여러 곳에서 실시한 의회에 대한 태도를 묻는 전국적인 여론조사는, "그들이 기대했던 불만족의 정도를 입증하는 데 실패했다. 그래서 결국 그들은 여론조사 결과를 던져버리고, 많은 의원과 공무원의 불만을 그들의 틀로 사용했다."[30] (여론조사에서의 응답자 가운데 단지 8%가 의원이 "일을 제대로 하고 있지 못하다"고 생각하는 것으로 나타났다.) 1977년에 실시된 모리(MORI) 여론조사에서도, 의회에 대한 태도가 극히 부정적일 것이라고 기대되었을 시점인데도 불구하고, 역시 응답자의 8%만이 의회가 "일을 잘 못하고" 있다고 생각했다.[31] 다른 여론조사에서는 반드시 긍정적이지는 않았지만, 전체적인 윤곽은 분명하다. 의회에 대한 불만족은 비판가들이 짐작했던 것만큼 확산되어 있지는 않았다.

이러한 자료를 제시함으로써, 예전에 언급한 바 있는 다양한 체제유지 기능을 의회가 잘 수행하고 있다고 암시하려는 것은 아니다. 분명 의회가 할 수 있는 일은 더 많이 있다. 하지만 내가 주장하는 것은, 그러한 기능을 수행하는 의회의 능력을 제대로 인식할 때, 급격한 몰락은 없었다는 점이다. 게다가 어떤 체제유지 기능을 수행하고 있는 측면에서는 전보다 지금이 더 효과적이라고 주장할 수 있다. 이것은 앞에서 내가 의회에 가해졌던 비판이 실제 내용에 있어서 타당하지 않다고 주장한 이유이다.

가장 주목할 만한 예를 들면, 의회는 특정한 개인이 불만을 표출하고, 많은 경우 그것을 해결할 수 있기 때문에, "긴장완화"를 위한 제도로서 전보다 지금이 좀 더 효과적이다. 1950년대에 의원은 대체로 선거구민의 불만을 찾아나서는 데 적극적이지 않았다. 사람들은 대개 지역구민 간담회를 알지 못했다.

어떤 의원은 일년에 한번 정도 선거구를 방문했다. 1960년대 이후로 의원들은 선거구민에게 눈에 띄게 적극적인 관심을 기울였다. 지금은 거의 모든 의원들이 지역구민 간담회를 개최한다. 그리고 선거구민의 고충을 듣고 해결하는 일이 의원들의 하루 일과 가운데 상당 부분을 차지한다. 현재 의원들은 대부분 선거구민의 문제를 해결하기 위해서 관련 장관에게 매달 거의 만 통의 편지를 쓴다. 그리고 조사자료를 보면, 의원과 접촉한 이후 선거구민의 75%가 의원에게 "좋다" 또는 "아주 좋다"라는 평가를 한 것으로 나타났다.[32)]

또한 여기서의 주제와 관련하여, 1987년 총선거에서는 이제껏 가장 많은 수의 여성의원이 등장했음을 기록하는 것도 적절하다. 그리고 더욱 중요하게는 의회 역사상 최초로, 아시아-아프리카(단지 아시아인과 대조되는 것으로) 계열의 의원이 등장했다는 점이다. 문제가 되는 숫자는 작을 수도 있다. 그리고 많은 사람들의 생각으로는 갈등 해결과 긴장 완화에 의미있게 기여하기에 부적절할 수도 있다. 내가 여러분에게 생각해보도록 요구하는 것은, 제기된 비판을 전제로 할 때 이것이 1950~60년대 의회와 어떻게 비교될 것인가 하는 점이다.

따라서 체제수호의 행위자로서 의회의 역할은 비판가들이 생각하는 것보다 더욱 강력하고 복합적이라고 주장할 수 있다.

5) 마지막으로 의회가 다른 서구의 입법부보다 덜 효과적이라는 비판은—그러한 단호한 용어로 표현될 때—전혀 근거가 없다는 것이다.

정책에 영향을 미치는 행위자로서 또 체제수호자로서, 영국의회는 미국의회보다 덜 효과적일 수 있다. 하지만 그 비교를 일반화할 수는 없다. 결국, 독특한 것은 미국의회이지 영국의회가 아니다. 마이클 메지의 입법부에 대한 치밀한 연구는 주요국가의 의회 중에서 미국의회가 능동적인 입법부 또는 정책형성 입법부의 특성을 실제로 보여주는 유일한 사례임을 보여주고 있다.[33)] 그것은 영국에서는 현실적으로 복제될 수 없는 그들 나름의 문화와 헌정요인들 때문이다. 따라서 미국-영국 비교에만 국한된 연구들은 대체로 도움이 되지 않고, 보통 잘못된 방향으로 나아가고 있다.

메지의 연구에서, 의회는 반응적인 것으로 특징지어지는, 또는 본인의 용어로는 정책영향 입법부 가운데 하나로 안정적인 자리를 잡고 있다. 그것은 영연방과 서부 유럽 주요 국가의 대의체를 포괄하는 범주이다.[34] 나는 영국의회가 정책에 영향을 미치는 입법부로서, 그 범주에 포함되는 여타 국가의 어떤 의회보다 덜 효과적임을 입증하는 분명한 증거를 발견할 수 없다. 여기에 우리는 어떤 기준을 적용하는가? 정당 결속력인가? 영국의 하원의원은—그리고 상원의원은—지금 캐나다나 뉴질랜드의 의원보다 표결행태에서 보다 자율적이다. 게다가 캐나다의 하원은 영국의 경험에 부러운 시선을 던져 왔고 그 경험에 필적할 수 있다면 행복할 것이라고 지적하곤 했다.[35] 그렇다면 의원이 발의한 법안이 통과된 숫자를 볼 것인가? 대충 비교할 만한 시기상에서, 메지는 영국에서 통과된 비율이 일본, 이스라엘, 프랑스, 그리고 캐나다보다 더 높음을 발견했다. 다만 서독만이 더 높은 통과율을 보이고 있다.[36] 그렇다면 또 모든 통과 법률 가운데 정부 제출안의 비율을 문제 삼을 것인가? 다시금 메지를 인용하면, 영국에서 통과된 비율은 일본, 이스라엘, 프랑스, 캐나다보다 낮고, 서독과는 대충 비슷하다. 그리고 여기에 포괄된 시기는 영국의회의 의원에 의해 입증된 보다 자율적인 표결행태가 나타나기 이전의 것이었다. 마지막으로 전문화된 상설위원회 구조의 유무를 고려할 것인가? 최근까지, 영국의회에는 실제로 그러한 구조가 결여되었다. 하지만 그 당시 메지가 발견한 것처럼 그것은 반응적인 입법부에는 공통적인 것이다. 단지 독일의회는 주목할 만한 예외일 뿐이다.

비판가들은 1950년대와 1960년대 초 세계의 부러움이자 수출할 수 있는 보배로서 "의회의 어머니"를 찬양했던 순진하고 무비판적인 사람들만큼이나, 대체로 자신들이—다른 극단적인 측면에서—그와 비슷한 특징을 나타내 보이고 있다는 점을 인식하지 못하고 있다. 비교를 가능하게 하는 기준을 발전시키는 것은 어렵기는 하지만 거의 시도되지 않고 있다. 그런데 여태껏 시도된 비교에 따르면 영국의회가 여러 의회들 가운데 밑바닥에 위치하지는 않는다. 서구의 입법부 가운데, 영국의회가 결코 비전형적인 것은 아니다.

따라서 결론적으로 의회에 가해졌던 비판들은 설득력이 없고, 많은 측면에서 위험하다. 그것은 의회에 대한 잘못된 이해, 즉 필요하지 않을지도 모르는 —사실 많은 경우에 필요 없는—근본적인 변화를 위한 처방을 낳게 한 오해에서 도출된다. 만약 진단이 잘못이라면, 결국 처방은 부적절하게 될 것이다.

나는 의회를 둘러싸고 있는 잘못된 이해를 일소했을 때 지금의 영국민의 대의체를 새로운 시각에서 볼 수 있다고 믿는다. 그리고 그렇게 함으로써 의회에 가해진 비판과 관련된 함정을 피할 수 있다고 생각한다. 따라서 이하에서는 가급적 의회에 대한 본인의 이해와 우리의 정치체제에 있어서 의회의 위상에 대한 견해를 피력하겠다.

## 3. 새로운 시각(?)

리차드 로즈가 주목했던 것처럼, 정부는 정치적 권위에 의존한다. 그 권위는 지배자와 피지배자 사이에 지속적이고 광범위한 관계인 효과성과 동의라는 두 개의 요소를 가지고 있다.[37] 효과성은 근대국가를 형성하는 제도를 조직하고, 약속한 공공정책을 이행하기 위한 자원을 조달하고 배분하는 정부의 능력으로 규정될 수 있다. 로즈는 동의를 대체로 자명한 개념으로 취급한다. 즉 체제와 정부의 운영에 대한 시민적 동의인데, 공공정책에 대한 순응과 정책실행에 있어서의 협조를 포함한다.

이러한 두 개념은 로즈가 명확히 한 것처럼, 분석적으로 구분될 수 있지만, 실제에 있어서는 긴밀하게 상호의존적이다. 동의의 부재는 정부의 효과성을 손상시키고, 만약 그런 상황이 지속된다면 정부의 효과성을 파괴할 가능성이 높다. 정부가 관여하는 공공정책에 투자할 자원을 조달하고 배분함에 있어서 정부의 실패는 단기적으로는 특정 정부에 대하여, 그리고 그것이 지속된다면, 그때는 정부형태와 관련하여 불만을 야기한다. 로즈는, "사회 전반에 효과적으로 영향을 미칠 수 없는 조직은 정부가 아니다. 피지배자의 동의 없이 운영되는 정부는 서구 세계에서 우리가 생각할 수 있는 정부가 아니다"라고 쓰고 있다.[38] 이상적인 정부는 시민의 동의와 활동에서의 효과성을 동시에 향유하는

완전히 정당한 권위체이다.[39)]

따라서 영국의 정치체제를 파악하는 데 있어서, 나는 안정적인 체제란 효과성과 동의 사이의 균형을 유지하는 데 달려 있다는 전제를 출발점으로 삼으려 한다. 내가 제시하고자 하는 논거는 다음과 같다. 적어도 노르만 시대 이후 영국에서는 그러한 균형이 때로는 불안하게나마 지속되었으며, 또 그것은 강력한 행정부를 선호하지만 정치적 공동체에 의해 구속되고 그것에 책임을 질 수 있는 정치문화에서 유래되었다. 이러한 균형을 유지하는 중심적이고 활력 있는 메커니즘이 의회였고, 현재도 그렇다. 그리고 의회에 대한 잘못된 이해에서 비롯된, 변화에 대한 근본적 처방은, 사실상 다른 요소의 희생을 대가로 한 요소의 강화를 추구함으로써 궁극적으로 양자에게 모두 해가 되어 그 균형을 위협한다.

정치문화의 성격을 분석함에 있어서 나는 다른 곳에서 브리튼 정치문화, 아니 그보다는 잉글랜드 정치문화의 오랜 특성으로, 변화에 대한 경험적 정향과 지배자와 피지배자 사이의 조건적 관계를 규정했다.[40)] 비록 알몬드와 버바가 『시민문화』(*The Civic Culture*)에서 주목했던 복종태도에서 볼 수 있듯이,[41)] 피지배자가 권력자에게 순종할 자세가 되어 있을지라도 그 복종은 조건적이었다. 그리하여 지배자들은 정치공동체의 궁극적인 권위에 종속되어, 피지배자의 추정된 권리와 특권에 부합하게 행동하도록 기대되어 왔다. 절대적인 행정적 권위는 결코 인정되지 않았다. 이는 왕이 법을 선포하고 세금을 부과하기 전에 왕국의 지도적 인사들에게 자문을 구한다는 대관식 선서와 기대로, 앵글로색슨과 노르만 시대에도 인정되었던 것이다. 만약 추정된 권리와 특권이 무시되거나 폐지된다면, 그것을 회복하기 위해 적절한 행동이 취해졌다.(존 왕이 옥쇄를 찍었던 대헌장은 현재에도 결정적인 입헌적 의미를 갖는 기록으로 간주되고 있다. 그 당시 귀족들은 그것을 새로운 권리의 출발이 아닌, 현존하는 권리의 표현으로 이해했다.)

따라서 우리가 지금 공공정책이라 부르는 것을 형성함에 있어서, 행정부는 정치공동체를 존중하도록 기대되었다. 하지만 동시에 정책을 형성하고 정식화하기 위한 주도권은 행정부에 속하는 것으로 생각되었다. 시간이 지남에 따라,

행정부는 변화했다—처음에는 왕, 지금은 수상을 위시한 집합적인 기관(내각). 또한 시간이 흐르면서 정치공동체도 작은 기구로부터 18세 이상의 모든 성년 영국민의 모든 의도와 목적을 포함하게 된 현재의 기구로 변화했다. 하지만 변화하지 않았던 것은 행정부와 정치공동체 사이의 기본적 관계였다. 그리고 정치공동체가 성장함에 따라, 의회는 지배자와 피지배자 사이의 관계에서 균형을 제공하는 정치제도로 발전했다.

역사적으로, 본인이 언급했던 것처럼, 의회는 그 자체가 어떤 연속적인 토대 위에 서 있는 행정부의 일부가 아니었다. 오히려 그것은 반응적인 기관이었다. 그리고 의회가 효과성과 동의의 양자를 유지하는 데 독특한—참으로 대체할 수 없는—공헌을 하게 되는 것이 바로 이러한 반응의 속성으로 내재되어 있다.

반응적인 대의체로서, 의회는 정책형성을 행정부에 양보했을 뿐만 아니라 실제로 또한 행정부가 제안한 조치들에 대해서 항상 그런 것은 아니지만 보통은 동의함으로써 정부의 효과성을 촉진하는 데 기여했다.(결국, 이러한 목적으로 기사와 시민의원이 처음에 소집되었던 것이다.) 가장 최근인 18세기에는 이러한 동의가 "왕의 정부는 계속되어야 한다"는 믿음에 의해 촉진되었다. (국왕의 정부를 지속시키기 위해서 군주의 임명권이 행사되었다.) 그리고 19세기와 20세기에 그것은 정당과 정당의 결속력의 성장으로 촉진되었다. 의회는 근세기에 어떤 통상적인 토대 위에서, 정부에 대한 방해적인 평형추로서 통치하거나 행동하지 않았다. 오히려 의회는 정부의 지속을 촉진하는 데 공헌해 왔다.

그 관계는 일방적이지 않았다. 의회는 개별적·집합적으로 시민의 불만이 표출되는 것, 그리고 정치공동체가 수용할 수 있는 테두리 안에서 정부가 점차적으로나 실질적으로 활동할 수 있도록 다양한 방식으로 동의를 유지해 왔다. 즉 의회는 초창기 두 세기 동안의 발전으로 스스로의 노력에 의해 획득했던 체제유지 기능을 계속 유지해 왔다.[42] 정치공동체가 성장함에 따라, 동의를 보증하는 것이 점차 의회의 중심적인 역할이 되었다. 대의의 개념이 널리 유포됨에 따라, 점차 정부의 정당화를 제공하는 선출된 혹은 부분적으로 선출된 대의체로서 의회의 중심성이 더욱 커지게 되었다. 동시에 시민의 견해와 불만이 선거가 없는 기간에도 무시되지 않도록 확실히 보장함으로써 의회의 적실성이 보다 커지게 되었다.

따라서 의회의 역할은 지금까지보다 훨씬 더 동의를 유지하면서 동시에 효과성을 촉진하게 되었다. 이 두 가지는 불가분의 관계를 맺고 있다. 그것은 영국의 정치체제에서 의회의 위상을 이해하는 데 중심적이다. 두 가지 사이의 관계는 정책형성과 관련하여 왜 의회의 위치가 반드시 강력하지도 않으면서 체제의 안녕을 유지함에 있어서 중심적인가를 설명하는 데 도움이 된다. 그것은 미묘한 균형이다. 만약 의회가 공공정책의 형성에 스스로 너무 깊이 개입된다면, 효과성을 침해할 위험이 있고, 반대로 의회가 전혀 개입하지 못한다면, 동의를 위협할 위험이 존재한다.

이러한 균형의 유지는, 비판가들이 의회의 기본직무에 대하여 우리에게 제시한 것보다 분명할 뿐만 아니라 보다 종합적인 묘사를 제공한다. 그것은 정책형성에 대한 다원주의적인 매혹에서 벗어나도록 신선한 출발점을 제시한다. 그것은 또한 연구의 초점으로서 의회로의 복귀를 촉구한다.

이 미묘한 균형잡기 역할을 연구의 틀로 삼음으로써, 본인의 분석은 세 가지 명제를 여러분 앞에 제시할 수 있다.

1) 의회가 이러한 균형잡기 역할을 수행하도록 하는 요구는 지금에 특히 절실하다.

경제적 침체, 즉 자원이 쇠퇴하는 시기에, 공공정책에 대한 관여를 수행하기 위해 자원을 조달하는 정부의 직무는 보다 어렵게 된다. 다원주의적 침체현상이 시작된다.[43] 따라서 정부를 방해하지 말고, 그것의 효과성이 유지되도록 보장해야 할 필요가 있게 된다. 다른 한편으로 정부 스스로가 공공정책 관여를 이행할 수 없음을 알게 되면서 시민이 느끼는 소외의 가능성이 더 커진다. 그러므로 지지를 유지하고자 하는 요구가 더 커진다.

따라서 경제적 위기의 시대에, 효과성과 동의 사이의 균형을 성취하는 것은 더욱 어려워진다. 이러한 근거에서 그 균형은 더욱 필요하게 되는 것이다.

2) 의회는 금세기의 대부분 동안 했던 것만큼 효과적으로 이러한 균형잡기 역할을 제대로 수행하고 있지 못하다.

현재 정당은 의회의 균형잡기 역할에 있어 중심이 된다. 정당이 없다면, 의회는 효과성과 궁극적으로는 동의를 위협하는, 방향의 상실에 직면하게 될 것이다. 의회는 정당을 필요로 한다. 의회는 여론을 집약하고, 행태에 일정한 예측능력을 제공하기 위해 정당을 필요로 한다. 하지만 금세기 대부분의 기간 동안 발생했던 것은 정당이 대체로 의정행태에 대한 필수적인 중요 영향요인에서 배타적인 또는 거의 배타적인 영향요인으로 되었다는 점이다. 그것은 정당의 과도한 지배가 의회에 제출되는 모든 것에 동의를 부여하게 돼, 의회가 지나치게 정부를 위해 촉진하는 역할 쪽으로 강제되기 때문에 본질적으로 위험스럽다.[44] 1970년대 이전의 의회는 유권자를 대표하여 정부를 감독하고, 정부가 개인적이고 집합적인 시민의 요구에 부응하도록 하는 임무를 가능한 한 효과적으로 수행하는 데 필요한 정치적 의지와 (결과적으로) 제도적 자원을 결여했다.

그러므로 첫 번째 관찰과 결합되어, 이 관찰은 본인이 반박하던 바로 그 비판가들 가운데 하나로 본인을 위치짓는 것이 아닐까? 그렇지 않다.

의회는 과거에 했던 것만큼 효과적이지 않을 수도 있다. 그렇다고 전혀 효과적이지 않았다고 말하는 것은 아니다. 이것이 본질적인 차이다. 편파적이고 과장된 기대에서 출발함으로써, 비판가들은 의회제도가 그러한 기대에 부응하지 못했다는 결론을 쉽게 내리게 되었다. 그러므로 그 제도는 부적절한 것으로 백안시되었고 그 대안이 추구되었다. 본인의 출발점은, 의회의 역사적 운명이었던 반응적인 역할에서 의회를 분리시키는 어떠한 시도도 하지 않기 때문에 보다 온건하다. 결과적으로 비록 본인은 의회가 효과성과 동의 사이의 필수적인 균형을 확보하는 데 있어 보다 효과적일 수 있었을 것이라고 믿지만, 그러한 기대와 성취 사이의 격차는 의회 비판가들의 주장보다 훨씬 더 좁다.

의회에 가해졌던 비판에 대응함에 있어서 본인의 목적은 비판가들의 기대가 잘못 규정되고 과장되었을 뿐만 아니라 그들이 주장했던 것만큼—그들 자신의 기준에 의해서조차—의회가 효과적이지 않은 것은 아니라는 점을 입증하는 것이었다.

간단히 말해, 의회는 비판가들이 그랬던 것처럼, 고려 대상에서 제외되어서는 안 된다. 우리는 의회가 효과성과 동의 사이의 필수적인 균형을 유지하는 데 기능할 수 있도록 집행부와의 관계를 성취하는 것에 계속해서 기대를 걸어야 한다.

만약 본인이 여기서 멈춘다면 여러분이, "글쎄 그것은 멋진 생각이다. 나는 의회가 특히 현재에도 그러한 균형을 성취할 수 있다고 믿고 싶다. 하지만 나는 의회가 현재 그러한지에 대해서는 의심이 든다"고 생각하는 것은 용서받을 수 있을 것이다. 그 점은 아주 이해할 만하다.

그러나 본인은 여러분에게 의회가 믿음이나 또는 희망적인 사고가 아니라 엄격한 경험적인 증거에 기초해서 그 중대한 역할을 수행하는 능력을 갖고 있음을 지적한다. 본인은 세 번째이자 마지막인—그리고 중대한—논점을 통해 그것을 지적하려고 한다.

3) 의회는 최근 들어 시민이 기대하며 또한 역사적으로 부여된 역할을 수행할 수 있는 능력을 입증했다.

1970년 이후, 실제로 의회 내에 중요하고도 근본적인 변화가 있었다. 의회를 정책형성 기관으로 추동한 변화는 아니지만(그렇기 때문에 비판가들이 평가절하하는 경향이 있다), 부분적으로 의회가 금세기 전보다도 상당한 정도로 조사와 체제유지 기능을 수행할 수 있게 한 변화이다. 그 변화는 보다 중요하게는 의회가 그러한 기능을 미래에도 상당한 정도로 실현할 수 있는 잠재력을 갖고 있음을 입증한 것이었다.

그 변화는 다음의 세 가지로 요약될 수 있다.[45]

첫째, 행태와 태도의 변화가—상·하원 모두에서—있었다. 그것은 1970~74년 의회에서 시작되고 에드워드 히쓰 수상의 오만한 지도 스타일에 의해 촉발된 것으로,[46] 집권당의 평의원들이 하원에서 전대미문의 자율적인 투표행태를 보이기 시작한 것이다.[47] 그들은 자신의 편에 반대하여 전보다 종종 더 많은 숫자가, 그리고 전보다 훨씬 더 효과를 갖는 표결을 했다. 금세기에 처음으로 정부가 집권당의 평의원과 야당이 연합하여 정부를 패배시킴으로써 여러 조처들을 철회하거나 수정할 수밖에 없었다.[48] 그 결과 많은 의원들의 즉각적인 태도 변화가 나타났다. 그들은 이제 정부감독에 더욱 관여하고, 단지 정당에 의해서만 좌우되지 않는 역할을 수행하기를 원한다. 결과적으로 평의원의 독립성의 정도는, 1979년 이후에도 마찬가지로 의정생활의 두드러진 특징이 되었다. 의회에서 과반수를 훨씬 넘는 다수임에도 불구하고, 현재의 행정부는 의회의 지지를 당연시할 수 없게 되었다.[49] 정당은 의회행태의 주요한 결정요인으로 남아 있지만(본인은 필연적으로 그렇다고 믿는다), 더 이상 의원의 자유를 억압하지는 않는다. 정당결속에 대한 낡은 가정들은 폐기되어야 했다.

종신귀족의 유입과 1969년 의회 법안 제2호의 실패에 대한 반응으로 상원의원들의 독립성도 더욱 촉진되었다. 지난 20년에 걸쳐 그들은 훨씬 더 적극적이고 독립적으로 되었다. 그들은 지금 전보다 더 많은 인원이 더욱 빈번하게 출석하며 훨씬 더 적극적인 의지로 정부에 반대의사를 표명한다.[50] 상원의 정치적 구성을 전제로 할 때, 1970년대 노동당 정부와의 의견 차이는 놀라운 것이 아닐 수도 있다. 놀랍고 의미 있는 것은 지난 여름 현 정부가[1986년 당시 대처정부: 역자 주] 상원에서 백 번째의 패배를 겪었다는 점이다.

양원에서의 이러한 행태 변화는 정부 법안과 제안에 대한 영향력—정부가 의도했던 것과 아주 다른 형태로 등장하는—뿐만 아니라 또한 조사와 체제유지 기능을 수행하는 의회의 제도적 능력에서의 변화를 실현한다는 점에서 중요했다. 새로 발견한 독립성에 의해 성취할 수 있었던 것을 실제로 성취함으로써, 의원들은 특히 정부가 희망하는 바와 어긋나기는 했지만, 구조적·절차적 변화를 기꺼이 실행할 수 있음을 증명했다.

둘째, 그 다음으로 이러한 구조적·절차적 개혁이 있었다. 하원에서 가장 유명한 것은 1979년에 설치된 14개의 특별위원회이다.[51] 그것은 전에 구성되었던 것과는 아주 달랐다. 부분적으로는 그것이 포괄적이고(또는 거의 그러할 정도로, 정부책임 영역의 모든 부분을 망라하는), 부분적으로는 그것들이 내각의 반대에도 불구하고 설치되었고 내각에 의하여 설치된 것이 아니기 때문이다. 대부분의 내각 각료는 수상을 포함하여 불가지론자거나 반대자였다. 하지만

그들은 단호한 하원의 희망을 거역할 준비가 되어 있지 않았다.[52)]

그 위원회의 잠재력은 엄청나다. 그들은 조사 연구를 통해 정부를 감독할 뿐만 아니라 중요한 교육적 기능과 표출적 기능, 지지동원 기능을—사려 깊은 대중에게 전달될 수 있는 통로를 제공하는—수행했다. 그리고 동시에 소외집단의 견해를 들을 수 있는** 권위 있는 의회의 장을 제공함으로써, 긴장완화를 위한 중요한 행위자로서 공헌했다. 현재까지 위원회 활동은, 그들이 어떤 연속적인 토대 위에서 그러한 역할을 수행하고 있다고 주장하기에는 충분하지 않다. 하지만 현재까지의 위원회 활동은 단지 산발적으로는 그러한 역할을 할 수 있음을 암시한다. 거기에는 분명 잠재력이 있다.

그러나 새로운 위원회만이 유일한 변화는 아니다. 의회는 처음에 정부가 반대했던 것이지만, 법을 제정하여 회계감사국을 설치했다. 의회는 상임위원회를 운영하기 위한 의회의 규칙을 개정했다. 의회는 정부가 반대했지만, 의원들이 임무를 수행하기 위해 필수적인 자원을 제공하고자 세비, 의원의 비서수당, 조사연구비 등을 인상했다. 이것은 전부가 아니라 선택적으로 열거한 것이다.

마찬가지로 상원에서 주목할 만한 것으로는 유럽공동체의 입법초안 심의와 입법안 검토를 위해 현재의 위원회를 더 크게 활용할 수 있게 되었다는 것이다.[53)] 하원의 위원회처럼, 그러한 위원회는 견해의 표출을 위한 유용한 통로 역할을 한다. 만약 이러한 위원회가 없다면 그런 견해는 표출되지 못할 수도 있다. 그런데 그 견해는 장관과 공직자에게 직접적으로 접근하기가 쉽지 않은 집단이 나타내는 것이다. 어떤 위원회가 이해 당사자인 개인과 집단으로부터 견해를 구했을 때, 그 위원회는 약 9백 통의 편지와 비망록의 반응을 얻을 수 있었다.

셋째, 하원에서는 본인이 **대표활동의** 변화라고 표현한 현상도 초래되었다. 이러한 변화는 의원들이 선거구민의 표출된 불만과 관심을 찾아 해결하는 데 있어 훨씬 더 적극적이 되었음을 의미한다. 본인은 이미 이 변화의 본질적 부분을 개략적으로 설명했다. 의원들은 전보다 선거구민을 대표하는 활동에 훨씬 더 적극적이다. 그것만으로 의원들은 선거구민이 행정당국의 답변을 받을 수 있게 한다. 그들은 선거구민의 문제들, 즉 선거구민 스스로 성취할 수 없는 것에 각료들이 주의를 기울이도록 한다. 의원들은 자신의 선거구 안에 특정한 단체의 이해가 제기되고 보호되도록 한다.[54] 기본적으로 의원은 현재 시민 혹은 적어도 대부분의 시민들과 정부 사이의 가장 중요한 매개자로서 봉사하고 있다. 그 밖의 다른 사람들은 이러한 핵심적 역할을 수행할 수 없다. 확실히 재판관이나 지방자치단체장들은 그렇지 않다.

개별적으로, 이런 다양한 변화는 비판가들에 의해 무시되었다. 그것은 공공정책의 주요 항목에 커다란 영향을 주지 못하기 때문에(비록 무엇이 주요한 항목인지에 대한 정의가 그러한 결론을 보증하는 것으로 보통 조작되지만), 사소하고 중요하지 않은 것으로 간주되었다. 그러나 본질적인 균형잡기 역할을 수행하는 의회의 관점에서 보면, 그러한 변화들은 집합적으로 매우 중요하다. 그것은 국민에게 영향을 미치며 개인과 집단에 대해서도 실제적인 영향력을 미친다. 여러분이 그것을 인식하지 못할지라도, 여러분의 대부분은 학생 장학금을 망라하여 정부 정책의 변화를 요구하는 의회의 영향을 받고 있다. 그리고 그러한 변화들은—훨씬 더 중요하게는—바로 의회의 잠재력을 입증하는 것이다. 하지만 그것은 의회가 최대한 할 수 있는 만큼 효과적이지는 않을지 모른다. 아마 이것은 모든 입법부, 사실상 모든 조직에 해당될 것이다. 하지만 지금 의원들이 의회에 부여된 본질적인 역할을 수행하도록, 그리고 그것을 수행한다는 사실이 알려지도록 하기 위해 정진하도록 고무하는 것은 결코 시간낭비가 아니다. 그것은 정치문화와 조화되는 역할이고 사실상 정치문화의 산물이라고 할 것이다. 그것은 의원이 실현할 수 있는 역할이다. 최근의 변화는 대체로 의원들의 변화된 태도의 산물이다. 의원들만이 더 많은 변화를 가져올 수 있다. 우리는 헌정개혁의 거대한 계획이 아니라 바로 그들을 주시하고, 격려하며, 추켜세워야 한다.

이제 말을 맺고자 한다. 의회는 언론에서 나쁜 평판을 얻기 쉽다. 그것은 의회에 관해 글을 쓰는 사람과 의회를 관찰하는 사람들이 그 제도에 대해 무엇을 할 것인지 확신하기 못하기 때문이다. 그리고 그들의 의회가 해야 하는 것에 대해 어느 정도 잘못 규정된 생각을 갖고 있는 한, 그들은 그 제도에 대해 너무나 많은 것을 기대할 것이다.

그 대신 뒤로 물러나자, 의회를 바라보자, 그것을 우리의 역사와 정치문화의 맥락에서 평가하자. 만약 그렇게 한다면, 그때 우리는 일반적으로 생각했던 것보다 훨씬 더 복잡하고, 정치생활에 더욱 필요한 제도를 발견하게 될 것이다. 의회가 훨씬 더 우리의 주의를–그리고 우리의 올바른 평가를–받을 만한 가치가 있다고 본인은 감히 말할 수 있다.

** 본인이 염두에 두고 있는 하나의 설명 사례는, 1980년 브리스톨의 세인트 폴 구역의 폭동을 조사하기 위해 여러 유관 집단을 면담하러 브리스톨에 갔던 내무특별위원회의 소위원회 활동이다.

□ 주

1) P. Self, "Are We Worse Governed?", *New Society*, 19 May 1977.
2) J. J. Richardson and A. G. Jordan, *Governing Under Pressure*(Oxford: Martin Robertoson, 1979), p. 121.
3) 리델(P. Riddel)이 한자드 협회(Hansard Society for Parliamentary Government)의 연례회의에서 행한 연설, London, 1987.
4) Sir D. Wass, *Government and the Governed: BBC Reith Lectures 1983*(London: Routledge & Kegan Paul, 1984), p. 63.
5) 예를 들어 C. Ponting, *Whitehall: Tragedy and Farce*(London: Hamish Hamilton, 1986)의 논평을 참조.
6) C. M. Woodhouse, "Mutiny on the Benches," *Times Literary Supplement*, 12, March 1976.
7) 『의회의 개혁』 1장의 첫번째 소제목은 "의회의 쇠퇴"이다. 동일한 제목을 사용했던 다른 책들의 예를 들면 D. Coombes, *Representative Government and Economic Power*(London: Heinemenn, 1982)와 A. G. Jordan and J. J. Richardson, *British Politics and the Policy Process*(London: George Allen & Unwin, 1987) 등이 있다.
8) A. G. Jordan and J. J. Richardson, "The British Policy Style or the Logic of Negotiation?" in J. J. Richardson (ed.), *Policy Styles in Western Europe*(London: George Allen & Unwin, 1982)를 참조.
9) S. H. Beer, *Britain Against Itself*(London: Faber, 1982). 본인은 나중에 비어의 주장으로 되돌아가 논의를 전개할 것이다.
10) M. Mezey, *Comparative Legislatures*(Durham, North Carolina: Duke University Press, 1979)의 1장과 12장.
11) P. Rose, *Backbencher's Dilemma*(London: Frederick Muller, 1981), p. 147.

12) V. Bogdanor, "Democracy is Dying: Long Live Democracy," *Listener*, 17 April 1986, p. 17.
13) 이러한 유형의 최근 저작 사례는 A. Cox and S. Kirby, *Congress, Parliament and Defence*(London: Macmillan, 1986)이다.
14) S. A. Walkland, "The Politics of Parliamentary Reform," *Parliamentary Affairs*, 29 (2) 1976, p. 198.
15) Bogdanor, *loc. cit.*
16) A. Mitchell, *Westminster Man*(London: Thames Methuen, 1983), p. 267.
17) 변화에 대한 이러한 다양한 제안에 대해서는, P. Norton, *The Constitution in Flux*(Oxford: Martin Robertson, 1982)를 참조.
18) A. King, "How to Strengthen Legislatures－Assuming that We Want To," in N. J. Ornstein (ed.), *The Role of the Legislature in Western Democracies* (Washington DC: American Enterprise Institute, 1981), pp. 77~89.
19) R. Miliband, *Capitalist Democracy in Britain*(Oxford: Oxford University Press, 1984)의 2장과 A. Kornberg and L. D. Musolf (eds), *Legislatures in Developmental Perspective*(Durham, North Carolina: Duke University Press, 1970)를 참조; S. H. Beer, "The British Legislature and the Problem of Mobilising Consent," in E. Frank(ed.), *Lawmakers in a Changing World*(Englewood Cliffs, New Jersey: Prentice-Hall, 1966), pp. 30-48; 그리고 Mezey, *op. cit.*, 또한 그곳(12장)에서 인용된 저작.
20) P. Norton, "*Parliament Redivivus*?" in J. E. S. Hayward and P. Norton (eds), *The Political Science of British Politics*(Brighton: Wheatsheaf Books, 1986), pp. 127~129를 참조.
21) P. Norton, "Parliament and Policy in Britain: The House of Commons as a Policy Influencer," *Teaching Politics*, 13 (2), 1984, pp. 198~221.
22) F. W. Maitland, *Constitutional History of England*. H. V. Wiseman (ed.), *Parliament and the Executive*(London: Routledge & Kegan Paul, 1966), p. 5에서 인용.
23) 그 시기는, 의회가 소집되지 않았을 때 앞서의 10년을 포함하는 것으로 확장될 수도 있다. E. S. Cope, *Politics without Parliament*(London: George Allen & Unwin, 1987)를 참조.
24) Lord Campion, "Parliament and Democracy," in Lord Campion (ed.), *Parliament: A Survey*(London: George Allen & Unwin, 1952), 특히 p. 15와 J. Mackintosh, "Parliament Now and a Hundred Years Ago," in D. Leonard and V. Herman (eds), *The Backbencher and Parliament*(London: Macmillan, 1972), pp. 246~247를 참조.
25) Beer, *op. cit.*
26) P. Norton, *The British Polity*(New York: Longman, 1984)의 15장.
27) *Ibid.*
28) V. Hart, *Distrust and Democracy*(Cambridge: Cambridge University Press, 1978),

p. 60에 복제된 자료와 Moss, "Attitudes Towards Government," *SSRC Research Report HR 5472* (1980) 부록 p. 28의 자료를 비교하라. 후자의 자료는 Norton, *The British Polity*, pp. 360~361에 재수록되어 있다.

29) Miliband, *op. cit.*, p. 20.

30) Granada Television, *The State of the Nation*(Manchester: Granada TV, 1973), p. 201.

31) P. Kellner, "Who Runs Britain?", *Sunday Times*, 18 September 1977.

32) B. E. Cain, J. A. Ferejohn, and M. P. Fiorina, "The Roots of Legislator Popularity in Great Britain and the United States," *California Institute of Technology: Social Science Working Paper 288* (1979), pp. 6~7.

33) Mezey, *op. cit.*, 표 2.1, p. 36.

34) *Ibid.*

35) 가장 주목할 만한 것으로는 *Report of the Special Committee on Reform of the House of Commons*, James A. McGrath, PC, MP, Chairman(Ottawa: the Queen's Printer for Canada, 1985), pp. 1~10를 참조. 그리고 캐나다 의회에서의 그 이후 논쟁은 Canadian House, *House of Commons Debates*, Vol. 128, No. 191, 4 December 1985, 9148~9183열을 참조.

36) Mezey, *op. cit.*, Table 5. 1, p. 88.

37) R. Rose, "Ungovernability: Is there Fire behind the Smoke?", *Political Studies*, 27 (3), 1979, p. 353.

38) *Ibid.*

39) *Ibid.*, p. 354.

40) Norton, *The British Polity*, 2장.

41) G. Almond and S. Verba, *The Civic Culture*(Princeton, New Jersey: Princeton University Press, 1963), pp. 455~456.

42) 특히 A. B. White, *The Making of the English Constitution 449-1485*(New York: G. P. Putnam, 1908) pp. 354~378, 그리고 G. B. Adams, *Constitutional History of England*(London: Jonathan cape, 1935), 8장을 참조.

43) Beer, op. cit.; S. H. Beer, *Mordern British Politics*(London: Faber, 1969 ed.) 참조; 그리고 J. E. S. Hayward, *Political Inertia*(Hull: University of Hull, 1975).

44) 1970년대 이전에 정당 결속력은 100%에 거의 근접했다. 비어의 말을 인용하면, "그것을 측정하는 데는 더 이상의 의미가 없다." *Modern British Politics*, p. 350.

45) 이러한 세 가지 방향은 P. Norton (ed.), *Parliament in the 1980s*(Oxford: Basil Blackwell, 1985)에서 도출되고 발전되었다.

46) P. Norton, *Conservative Dissidents*(London: Temple Smith, 1978)의 특히 9장을 참조.

47) *Ibid.* 그리고 P. Norton, *Dissension in the House of Commons 1945-74*(London: Macmillan, 1974).

48) 1970-74년에 당한 패배에 대해서는 앞의 주에서 인용된 두 개의 저작을 참조; 1974~79

년의 패배에 대해서는 P. Norton, *Dissension in the House of Commons 1974~79*(Oxford: Oxford University Press, 1980)를 참조.

49) Norton, *Parliament in the 1980*s, 2장을 볼 것.

50) N. D. J. Baldwin, "The House of Lords: Behavioural Changes," in Norton, *Parliament in the 1980s*, 5장.

51) 특히 G. Drewry (ed.), *The New Select Committees*(Oxford: University Press, 1985)를 참조.

52) 비공개 정보원.

53) C. Grantham and C. Moore Hodgson, "The House of Lords: Structural Changes," in Norton, *Parliament in the 1980s*, 제6장 참조.

54) J. W. Marsh, "The House of Commons: Representational Changes", in Norton, *Parliament in the 1980s,* 제4장 그리고 P. Norton, "'Dear Minister .. ' The Importance of MP-to-Minister Correspondence", *Parliamentary Affairs*, 35 (1) 1982, pp. 59~72 참조.

# 제5장 관료와 정치인: 서설*

조엘 아버바크, 로버트 푸트남, 버트 로크먼
(Joel D. Aberbach, Robert D. Putnam, and
Bert A. Rockman)

1918년 뮌헨의 어느 거친 겨울날, 한 학생이 위대한 사회이론가로서 황혼을 맞이하고 있던 막스 베버에게 전후 독일이 어떠한 정치적 진로를 택해야 할 것인가에 관해 물어 보았다. 베버는 그러한 질문에 답하기 앞서, 명멸하는 현실의 외피 아래를 흐르고 있는 두 줄기의 강력한 역사의 물줄기에 관하여 이야기하기 시작했다. 그는 우선 현대정치는 전문적 훈련을 받은 직업기술관료들이 주도권을 잡아 나가는 근대적 관료체제, 특히 그 가운데에서도 국가기구의 성장에 의해 그 틀이 규정되고 있다고 주장하였다. 베버가 지적한 두번째의 물줄기는 첫번째 것만큼 두드러지지는 않지만, 상속받은 사회적 신분이 아니라 수백 만에 달하는 시민의 참여와 투표권을 바탕으로 한 대중정당을 영향력의 기반으로 삼고 있는 새로운 직업정치인 계급의 대두이다. 베버는 군주제에 대한 개인적 호감 때문에 이 두 줄기의 흐름을 어느 정도 혐오와 불신을 갖고 바라보았으나, 되돌이킬 수 없는 이 역사의 흐름은 금세기를 직업적인

---

* Joel D. Aberbach, Robert D. Putnam, Bert A. Rockman, "Introduction to Bureaucrats and Politicians in Western Democracies," in L. Cantori and A. Ziegler(eds.), *Comparative Politics in the Post-Behavioral Era*(Boulder, Col.: Lynne Rienner, 1988), pp. 284~302. 이 글은 원래 Aberbach, Putnam, and Rockman, *Bureaucrats and Politicians in Western Democracies*(Cambridge, Mass.: Harvard University Press, 1981)의 서론으로서, 칸토리와 지글러가 편집한 책에 수록된 글을 번역한 것임. 김웅진(외대 정외과 교수)·안승국(외대 정외과 강사) 공역.

정당정치인과 전문 국가관료의 세기로 만들 것이라 확신하고 있었다.[1]

그로부터 반세기 이상이 흐른 오늘날, 우리는 베버의 통찰력이 놀라울 정도로 정확했다는 사실을 깨닫게 된다. 서구의 선진국들은 1870년에서 1970년까지의 한 세기 동안 셀 수도 없을 만큼 무수한 정치사회적 변화를 겪어 왔으나, 특히 정책결정과정이라는 맥락에서 볼 때 이러한 변화 가운데에서 가장 두드러진 것은 바로 전문적인 정당정치인과 공무원들의 힘이 계속 커졌다는 점이다. 물론 이 두 가지의 경향은 유럽과 북미에 있어서 국가에 따라 각기 다른 비율과 국면을 거쳐 전개되어 왔으나, 크게 보아 그 패턴은 모든 곳에서 동일하게 나타났다고 할 수 있다.

정치적 측면을 살펴볼 때, 중기 빅토리아 시대의 의회와 내각은 정치를 직업적 기반으로 삼아 산다기보다는 (베버의 말을 빌리자면) 구실로 삼아 사는 아마추어 귀족들의 집합소에 지나지 않았다. 한 세기가 지난 지금에도 이러한 사람들이 전혀 없지는 않지만, 유럽의 정치 엘리트들은 대개가 중산계급(종종 노동계급) 출신이며, 교육수준이 높고 일생을 정치에 바칠 각오가 되어 있으며, 그들이 속한 정당이 선거에서 어느 정도 득표하느냐와 스스로 정당정치게임에서 성공하느냐의 여부에 따라 운명이 좌우되는 남녀들로 이루어져 있다. 그리고 정치인들의 경력가도에 있어서는 정당과 의회라는 출세사다리가 점점 합쳐지고 있다. 만약 1870년부터 1920년까지의 전반기가 정당이 의회(더 나아가 내각)의 리더십을 쥐게 되었다는 차원에서 정당에 의한 의회의 장악으로 특징지어진다면, 1920년 이후의 후반기는 전반기의 현상을 보완하는 정당리더십의 의회화(parliamentarization) 현상을 특징으로 한다고 말할 수 있다.[2]

지난 백여 년 사이에 나타난 국가공무원의 성격과 힘의 변화는 더욱 눈에 두드러진다. 1870년 당시만 해도 아직 자유주의 국가의 범주가 별로 넓지 못했으며, 공무원의 임무라는 것도 대부분 서기의 일을 벗어나지 못했다. 정책결정은 각료회의 탁자에 둘러앉은 한가한 아마추어들에 의해 이루어졌으며, 고위공무원직은 고등고시를 통해 채워지는 것과 연줄을 통해 메워지는 것이 반반 정도였다. 그러나 1970년에 이르러서는 국가의 범주가 규모에 있어서나 역할에 있어서 모두 눈부시게 확대되었다. 백 년 사이에 실질 공공지출의 총규모도 20배에서 30배가량 증대되었다. 물론 국민총생산도 역시 증대되었으나, 국가예산은 그보다 몇 배 더 빨리 늘어난 것이다. 이에 필연적으로 수반된 현상은 관료체제의 규모가 폭발적으로 확대되었다는 점이다. 예를 들면 1870년 영국의 공무원 숫자는 남녀 합쳐 5만 명을 약간 상회할 정도였으나, 1970년에 이르러서는 거의 80만 명에 육박하게 되었다. 오늘날에 있어서 승승장구하는 성장기업은 바로 국가인 셈이다.

관료체제의 역할도 그 복잡성에 있어서 크게 확장되었다. 1970년에 이르러 서구 세계의 공무원들은 철강산업구조를 어떻게 재편할 것인가, 공항을 어디에 건설할 것인가, 인플레이션을 어떻게 억제할 것인가 등등 수천 가지의 사안에 관해 결정을 내리고 있다. 금세기를 일관하여 서구 세계의 구석구석에서 정부의 전능화(omni-competence) 경향이 가속화된 것이다. 예를 들어 자그마한 덴마크에서조차 법령과 법규의 연 출판량이 1911년에서 1917년 사이에 약 열 배 정도 늘어났으며, 미국에서는 행정법규를 수록한 정부출판물(*Federal Register*)의 크기가 1966년부터 1975년까지 10년도 채 안 되는 기간 동안 네 배로 커졌다.[3] 이러한 경향에 걸맞게 서구 세계의 행정업무는 점차 고도로 전문화되고, 또한 의심할 나위 없이 강력해졌다. 즉, 근대국가를 운영하는 전문 간부집단이 나타난 것이다.

이리하여 역사적인 분석이자 예언에 해당되는 베버의 명제는 깜짝 놀랄 만큼 정확하게 확증되었다. 즉, 오늘날에는 선출된 정당정치인과 전문행정관료라는 불안정한 두 파트너가 국가권력의 지렛대를 함께 잡고 있다. 요즈음에 이르러서는 이러한 형국이 너무도 당연한 것이기 때문에, 역사적으로 볼 때 이것이 결코 “정상적인 것”이 아니라는 점을 깨닫기란 쉽지 않다. 19~20세기의 유럽과 북미를 제외한 대부분의 국가들에 있어서 정치체계의 리더십은 선출된 정치인과 직업관료들 사이의 이러한 분업현상을 반영하지 않아 왔다. “아일머(G. E. Aylmer)는 스튜어트 왕조에 관한 연구에서 찰스 1세 집권 당시까지 정치인과 행정관료 사이에는 가장 기본적인 차이조차 없었으며, 근대적인 의미의 정책도 거의 존재하지 않았다는 점을 지적하였다.”[4] 이와 유사하게, 오늘날 대부분의 제3세계 국가들은 “입법부”라든가 “정당”, 혹은 “행정부”라는 조직을 갖고 있음에도 불구하고 이러한 조직체계 속에서 선출된 정치인과 직업 관료 사이에 권력이 실제로 나누어져 있지 않다. 기실 대중에 기반을 둔 정당과 전문화된 요원을 갖춘 관료조직의 제도화는 현대 정치체계의 품질보증서로 간주되고 있다. 현대국가는 이 두 제도 사이의 골치 아픈 관계를 적절히 조정해야 한다는 난제를 안고 있다. 즉, 기술적인 효율성의 확보와 국민의 요구에 대한 민주적 대응이라는 두 개의 상충하는 명제를 동시에 충족시키기란 결코 쉽지 않은 것이다.[5] 아마도 지난 4반세기 동안, 행정부의 역할과 권력이 더 중요하고 강한가 아니면 정당이나 의회와 같은 대의기관의 역할과 권력이 더 강한가라는 문제보다 더 많은 논쟁을 불러일으킨 딜레마는 없을 것이다. 물론 논쟁의 대부분은 규범적인 문제들을 중심으로 전개되어 왔으나, 제도분석에 초점을 맞춘 경험적인 연구도 역시 이루어져 왔다.[6] 이제부터 제시할 우리의 분석 초점은 이러한 연구들을 보충하는 것이기는 하되, 그것들과는 다른 것이다. 즉, 우리는 관료제도나 정치제도가 아니라 정책입안자로서의 관료들과 정치인들에 관한 질문을 던지려 한다. 그들이 서로 어떻게 다른가? 과연 이들은 다른가? 가지고 있는 배경이 상이한가? 서로 다른 선호순위의 척도를 갖고 있는가? 정책결정을 내릴 때 서로 다른 기준을 적용하는가? 행정업무와 정책결정과정을 바라보는 입장이 다른가? 상이한 세계관을 갖고 있는가? 실제로 다른 점들이 있다면, 이러한 상이성들은 양자 간의 관계와 정책결정자로서의 역할 수행이라는 맥락에서 무슨 의미를 갖는가? 모든 중요한 정책결정이 정당정치인들이 아니라 관료들에 의해 내려진다면, 혹은 그 반대의 경우라면 무엇이 달라지는가?

우리는 이러한 질문들에 대한 대답이 부분적으로는 제도적이고 구조적인 사안들, 즉 관료와 정치인들이 그 속에서 행동하고 투쟁하며 손익을 따져보고 유리함과 진보를 모색하는 조직적 틀에 관한 문제와 연관되어 있다는 것을 완전히 인정한다. 그러나 우리는 여기에서 더 나아가 개별적인 정책결정자로서의 관료와 정치인에 관해 논의해 보고자 한다.

## 1. 첫 번째 상(像): 정책-행정

정치인과 관료의 관계에 대한 초기 이론들은 여러 가지 측면에서 단순했다. 즉, 정치인은 정책을 만들고 공무원들은 그러한 정책을 집행한다거나, 정치인들은 결정을 내리고 관료들은 결정된 바를 수행한다는 식이다.

유럽대륙에서는 정치와 (행정과 대비한 의미에 있어서)정책에 대한 이러한 전통적 의미규정이 용어 자체에 반영되었다(politique, politik, politica). 그리고 미국의 경우, 초기의 진보적 개혁주의자들은 정치와 행정의 영역을 분명히 나누었다. 윌슨(Woodrow Wilson)에 따르면,

> 행정은 정치의 영역 밖에 놓여 있다. 행정에 관한 문제는 정치적 문제가 아니다 … 행정의 영역은 실무의 영역이다. 즉, 행정은 정치의 소란과 싸움에서 떨어져 있다… 행정이 정치의 일부분이라면, 그것은 회계사무소가 일상생활의 일부인 것, 그리고 기계가 공산품의 일부인 것과 같은 정도일 뿐이다.[7)]

또한 금세기 초엽 굿노우(F. Goodnow)는 국가의 기능이 공공의사의 표현(정치)과 그러한 의사의 집행(행정)으로 자연스럽게 나누어진다고 주장함으로써 당시의 지배적인 견해를 보여주었으며[8)], 굴릭(L. Gulick)은 이러한 기능들이 제도적으로 분리되어야 한다고 덧붙였다. 즉, 굴릭에 따르면 "'정치'와 '행정'은 이질적인 기능이며, 이 두 기능을 행정구조 속에서 결합시키는 것은 대단히 비효율적"이라는 것이다.[9)]

모든 국가의 공식적 규범은 공무원들이 정치적인 "지배자"들에게 충실히 복종할 것을 규정하고 있다.[10)] 이러한 정치인과 관료 사이의 분업 이미지는 정치인의 빛나는 권위를 고양시키고, 관료의 역할을 이름 없는 중립성이라는 회색빛 관복으로 덮어놓고 있다. 특히 유럽에서는 관료와 정치인들 모두가 이러한 설정을 편안하게 받아들이고 있으며, 따라서 "전문가의 내력"의 가장 두드러진 국면이 되고 있다는 것은 별로 놀라운 일이 아니다. 피터즈(B. Guy Peters)가 지적한 것처럼, "이처럼 행정과 정치가 나누어져 있다는 생각은 관료들로 하여금 행위의 결과에 대해 정치적 책임을 질까봐 전전긍긍하지 않고서도, 그리

고 이미 결정된 정책을 바꿀 것을 요구하는 정치인으로부터 간섭을 받지 않고서도 정치에 관여할 수 있게 해 주었다. …정치와 행정의 분리는 또한 선거구민들의 눈치를 볼 필요가 없는 사람들에게 현대정부가 내려야 하는 수많은 어려운 정책결정들을 맡기고 있기 때문에 어느 정도는 정치인들의 입지를 넓혀주고 있다."[11] 사실 이러한 이미지는 주요한 정책사안이 논의되고 결정되는 의사당 내에서 실제로 일어나는 일과, 허가증과 연금에 관련된 일상적인 결정이 내려지는 행정관서 내에서 일어나는 일 사이의 차이점을 분명히 반영하고 있다.

베버 자신은 이상과 같은 첫 번째 상이 정치인과 행정관료 간의 가장 바람직한 관계라고 생각했으나, 또 한편으로 자유재량에 따른 (정치적)결정과 비재량적인 (행정적)결정의 차이가 궁극적으로는 명백하게 나타날 수 없기 때문에 실제로는 정치와 행정이 이렇게 잘 나누어지지 않으리라는 점을 깨닫고 있었다. 즉, "모든 문제는 아무리 기술적인 것처럼 여겨진다 하더라도 정치적인 중요성을 가질 수 있으며 또한 그 해결책은 정치적인 고려에 따라 결정적인 영향을 받을 수 있다"는 것이다.[12] 정책과 행정, 그리고 결정과 수행의 구분은 만져보면 단지 사람을 우롱하는 능글맞은 웃음만을 남겨놓고 몸체는 사라져버리는 체셔(Cheshire) 고양이의 우화를 닮은 것이라고 할 수 있다.[13]

게다가 비록 공무원들이 단지 명령을 따르기만을 원한다 해도(그런 공무원들이 있다는 경험적 증거가 있다), 그렇게 한다는 것은 실질적으로 불가능하다. 왜냐하면 정치인들은 현대 정부가 매년 맞닥뜨리는 수천 가지의 정책과제를 처리하기 위한 전문성과 정보, 그리고 시간을 갖고 있지 못하기 때문이다. 언젠가 어느 영국 정치인은 좌절감에 빠져 "장관들은 장래 정책이 어떻게 발전해야 하는지에 관한 넓은 안목을 보여줄 수 있다. 그러나 정책목표를 실제로 계획에 반영한다거나 그러한 계획을 수행함에 있어서는 말할 것도 없거니와 새로이 나타난 상황에 정책적으로 대응함에 있어서는 상당 부분 공식적인 행정 보좌관들에게 의존할 수밖에 없다"고 토로한 바 있다.[14] 그리고 공무원들이 일부러 정치인의 말을 거스르려 하는 경향은 관료들의 위세가 영국보다 떨어지는 곳에서 오히려 더 크게 나타난다. 베버는 이러한 점을 아주 명백하게 파악하고 있었다. 즉, "정상적인 상황 하에서라면 완전하게 발전된 관료체제의 힘은 막강한 것이다. '정치적 지배자'들은 행정조직 내의 숙련된 관리들을 마주보며 자신이 '전문가'의 정반대 편에 서 있는 '아마추어 평론가'에 불과하다는 것을 깨닫게 된다"는 것이다.[15]

간단히 말해서, 첫 번째 상은 권위, 정책결정의 단순성, 그리고 정치적 우월성에 위계가 있다고 상정하고 있는데, 이는 현대 정부에 관해 연구하는 학자들의 눈에는 비현실적인 것으로 비치게 마련이다. 개별적인 사안에 관해 결정을 내리는 데 있어서뿐만 아니라 대부분의 법안의 내용을 만드는 데 있어서도 재량권은 입법부에서 행정부의 손으로 넘어가 버렸다. 미국을 제외한 대부분의 나라에 있어서 주요 법안의 상정은 행정부에 의해 효율적으로 독점되고 있으며, 행정부 내에서도 선출된 정치인은 그 수에 있어서나 현직에 재임하는 기간에 있어서나 직업공무원에 뒤지고 있다.[16] 숙련되고 경험이 많은 관료들이 정책결정사안을 상정함에 있어서 막강한 영향력을 획득하게 된 것이다. 이에 따라 어떤 학자는 "결과적으로 현대 국가에 있어서는 정당정치라기보다는 관료정치(bureaucratic politics)가 핵심적인 정책결정의 장(場)이 되었다"고 주장하기까지 한다.[17] 이처럼 극단적인 견해가 과연 정확한 것인지의 여부를 떠나서, 정책결정에 참여하는 보통 사람들조차 오늘날 관료제가 단순히 다른 곳에서 만들어진 정책을 집행하는 기관이라고는 보지 않는다. 우리가 면접한 고급관료 가운데 단지 1%만이, 그리고 국회의원 가운데 단지 15%만이 "고급관료의 임무는 법규의 정확한 집행에만 머물러야 한다"는 견해를 전폭 지지하였다.[18] 그처럼 적게 답할 수밖에 없는 이유는 실제로 관료들의 임무가 정책의 집행에만 머무를 수가 없기 때문이다. 적어도 정부의 상층부에 있어서는 정치인과 관료들의 분업에 관한 첫 번째 상이 적용될 수 없다고 본다.

## 2. 두 번째 상: 현실-이익

두 번째 이미지는 정치인과 관료 모두가 정책결정에 참여하지만, 각기 독특한 역할을 한다는 내용을 가지고 있다. 즉, 공무원들은 사실정보를 제공하고 정치인들은 이익과 가치를 따진다거나, 공무원들은 (과연 제대로 될까 의심스럽지만) 중립적인 전문지식을 투입하며 정치인들은 (어느 정도 설득력 있는 것인지는 알 수 없지만) 정치적인 감각을 발휘한다는 것이다. 따라서 공무원들은 기술적 효율성을 강조하는 반면, 정치인들은 선거구민의 이익을 가능한 한 많이 반영하려 한다.

사이몬(Herbert Simon)은 이러한 이미지의 배후에 놓여 있는 논리를 아주 명료하게 제시한 바 있다. 즉, 그는 "인간의 선택과정은 '전제로부터 결론을 도출하는 과정'"으로 간주되어야 하며, 따라서 "총체적인 결정보다는 전제(이러한 많은 전제들이 모든 정책결정에 결합되어 있음)가 가장 작은 분석단위가 된다"는 견해를 피력하였다. 사이몬은 더 나아가 정책결정에 연관된 전제들이 사실적(서술적)인 것과 평가적인 것(선호에 관한 것)으로 나누어질 수 있다고 주장하는 가운데, "결정과정에 있어서 사실적인 요인과 윤리적인 요인들을 보다 효과적으로 분리할 수 있는 절차적 장치"와 "정책수립기관과 집행기관 사이의 보다 효율적인 분업"을 추구할 것을 제안하였다. 이러한 분업에 있어서 관료들은 전문지식을 제공하며, "(선출된 정치인들로 구성된) 민주제도는 가치판단을 뒷받침하는 절차로서의 존재가치를 확보한다"는 것이다.[19)]

두 번째 상은 또한 "정치적 합리성(합목적성)"과 "행정적 합리성"을 대조시킴으로써 표현된다. 예를 들어 모스타인 막스(Fritz Morstein Marx)에 따르면,

> 행정적인 합목적성은 행정부에 있어서나 입법부에 있어서나 정치적인 호소력을 거의 갖지 못한다. 정치적인 정책결정자들은 자신의 고유한 목적 때문에 찬찬히 따져보는 것을 여간해서는 참지 못한다. 그들은 특히 어떤 사안에 대해 설득하는 입장에 섰을 때 관련된 사실정보의 끔찍하게 장황한 나열에 직면하기를 싫어한다. … 일반 시민과 정당 지도자들이 상정된 정책을 인과관계라는 시금(試金)과정에 붙이는 행정부의 역할을 기꺼이 받아들이기 위해서는 뛰어난 정치적 성숙도를 갖추어야 한다.

모스타인 막스가 보기에, 전문행정관료의 역할은 "정치세력간의 고삐 풀린

상호작용"과 "정치적인 권력싸움"을 공공정책결정의 토대로서 받아들이는 것이었다.[20] 또한 만하임(Karl Mannheim)은 날카로운 통찰력을 발휘하여 "관료들은 근본적으로 모든 정치적 사안을 행정적인 문제로 바꾸어 생각하는 경향을 나타낸다"는 점을 간파하였다.[21] 이에 대하여 다른 이들은 (후견과 로그롤링(logrolling), 그리고 특혜에 대한 정치인들의 관심과 관련하여) 정치인들은 근본적으로 행정적 사안을 정치적 사안으로 바꾸어 생각하는 경향을 나타낸다고 덧붙이고 있다.

두 번째 상은 또한 비민주국가 정책결정자들의 유형 분류와도 연관되어 있는데, 공산주의체제에 있어서 통상 "당간부(reds)"와 "전문가(experts)"를 나누는 것을 예로 들 수 있다. 그러나 민주주의체제의 경우, 이러한 이미지는 다양한 요구와 이익을 조정하고 균형을 맞추며 중재한다거나, 사회적인 갈등을 형성·재형성·해결하는 특별한 역할을 정치인에게 부여하고 있다. 즉, 정치인의 역할은 경쟁적 이익집단들이 나름대로의 요구를 표출할 수 있는 권리에 입각한 공공이익이라는 개념을 반영하고 있는 반면, 공무원의 역할은 객관적으로 규정된 기준과 근거 있는 판단에 따른 보다 총체적인 공공이익이라는 개념을 수반하고 있는 것이다.[22] 이와 같은 이론에 따르면 관료들은 정치적 지침을 수용해야 하지만, 그렇게 함으로써

> 관료체제가 정치적으로 결정된 정책을 편파적으로 옹호하는 당파적 투사가 되라는 것은 아니다. 물론 정부는 나름대로의 프로그램에 입각해서 이익의 중재자 역할을 수행하는 한 어떤 이익은 보호하고 다른 이익에 대해서는 무관심하거나 적대시하게 마련인 것이다. 그것은 정치적 사안인 동시에 당연히 정권을 잡고 있는 정부의 책임의 범주에 속한다…. 그러나 관료제는 그 자체로서는 조직화된 이익집단 가운데에서 친구나 적을 인지하거나 만들 수 없도록 되어 있다. 만약 그렇게 한다면 공평할 수가 없기 때문이다. 정부는 보편적 이익을 증진시키고 특혜를 주지 않음으로써 중립성을 지켜나갈 수 있다.[23]

그러나 최근에 이르러 정부와 정책결정을 연구하는 일부 학자들은 행정관료와 정치인 사이의 분업에 관한 포괄적인 설명 구도로서 이러한 이미지의 정확성에 대해 여러 가지 예를 들어 의문을 제기하고 있다. 우선 정치인들의 교육

수준이 높아지고 전문화가 가속화됨에 따라 행정관료들이 전문성을 독점하고 있다는 두 번째 상은 호소력을 잃고 있다.[24] 그런데 이보다 더 중요한 것은, 수많은 연구 결과가 분파이익을 동원하고 중재하는 관료조직의 (정치적) 역할을 환기시키고 있다는 점이다.

루크(Francis Rourke)에 의하면, "권력을 추구함에 있어서 모든 행정조직들은 여론을 동원하는 기술에 크게 의존한다. 관료들은 정치인들처럼 자신의 생존을 확보하기 위해 그의 지지기반을 돌보아야 한다. 그리고 여론의 지지를 지속적으로 확보하는 일은 관료체제의 운영에 있어서 필수불가결한 요건의 하나이다."[25] 한편 이처럼 자기를 보존하기 위한 노력과는 별개로, 현대의 행정관료들은 불가피하게 이익관리의 역할을 떠맡게 된다고 주장하는 학자들도 있다. 정책적 합의에 도달하지 못한 국회의원들은 "공익을 위해서"라는 그럴 듯한 구실로 상충하는 이해관계의 조정 역할을 행정부서에 떠맡기곤 한다. 루크가 말한 것처럼, "국내문제에 관한 한 행정부의 정책결정은 특정 사안의 해결을 위해 전문지식을 적용하는 작업을 넘어서서, 상충하는 집단이익을 조정하는 작업까지를 포함"하는 것이다.[26] 이미 1936년에 헤링(Pendleton Herring)은 "현대 자유주의국가를 제대로 운영하느냐 못하느냐의 관건은 행정관료들과 이익집단 사이에 실무관계를 구축하는 데 놓여 있다. 이러한 관계는 행정관료들로 하여금 국가목표를 수행하게 만들고, 이익집단들은 그들의 고유한 목표를 실현하도록 해 준다"고 주장한 바 있다.[27] 일부 미국 학자들은 이처럼 보다 "정치적인" 관료의 기능을 미국정치의 독특한 국면, 즉 권위의 분화현상(fragmentation)에서 찾아 왔다.[28] 이러한 미국의 예외적인 상황에 대해서는 잠시 후 다시 논의하기로 한다. 그러나 여기에서 특기할 만한 점은, 유럽에서도 이에 상응하는 현상이 나타났다는 점이다. 마인츠(Renate Mayntz)와 샤프(Fritz Scharpf)는 독일의 정책결정 양태에 관해 언급하는 가운데, "이익집단이 우선 눈을 돌리는 곳은 의회나 정당이 아니라 상세한 요구를 할 수 있고 또한 주장을 뒷받침할 수 있는 정보를 제시할 수 있는 행정부서"라고 주장하였다.[29] 유럽의 행정부는 이러한 이익표출에 대응하여 방부처리된 전문지식을 중립적으로 행사하는 경우가 거의 없다. 크리스토프(James B. Christoph)는 영국의 경우에 관해 언급하는 가운데, "공무원들의 임무 가운데 하나는 이러한 이익집단들의 요구를 분석하고 검정하며 손익을 따져본 후 상급 정책결정자들에게 상담하는 일이지만, 만약 이들이 어떤 방식으로든 고객과 이해관계를 같이 하지 않는다면, 그리고 오늘날 정부정책의 틀 속에서 미리 손을 쓰는 사람이 혜택을 입지 못한다면 부자연스러운 일일 것"이라고 주장하였다.[30] 이러한 관찰결과를 수용하기 위해서, 우리는 정치인과 관료들 사이의 관계에 관한 세 번째의 설명방식을 만들어내야 한다.

### 3. 세 번째 상: 힘-균형

세 번째 상에 따르면 관료와 정치인 양자 모두가 정책결정에 관여하며, 더 나아가 정치에도 관여한다. 실제로 이들 사이에는 다음과 같은 차이가 있다. 정치인들은 조직되지 못한 개인들의 광범위하고도 확산된 이익을 표출하는 반면에, 관료들은 조직된 고객들의 협소하고 집중된 이익을 매개한다. 관료-정치인 사이의 분업을 이렇게 해석함에 있어서, 정치인들은 정열적·파당적이며 또한 이상적이고 심지어 이념적이기까지 한 반면, 관료들은 신중하고 중도적이며 또한 현실적이자 실용적인 것으로 비친다. 또한 정치인들은 공개적인 것을 추구하며 혁신적인 문제를 제기하고 정책체계를 활성화시키나, 관료들은 비밀회합을 선호하며 점진적인 조정을 추진하고 정책상의 균형을 추구한다(균형이란 웹스터 사전에 의하면 대립하는 세력들 또는 행위들 간의 형평상태를 뜻한다). 이제 이러한 이미지에 대해 보다 상세하게 알아보기로 하자.

로즈(Richard Rose)는 영국의 정책결정과정을 검토한 후, "이론적으로 보면 각료는 정책목표를 공무원들에게 전달하며, 공무원들은 이러한 각료들의 희망을 실현시키기 위해 행정적 수단을 강구한다. 이와 같은 도식에 따르면 정치인과 공무원의 역할은 서로 구분되는 가운데 상호보완적이다. 그러나 실제로 정책결정은 변증법적으로 발전되는 것이 보통이다. 즉, 정치인과 공무원 양자 모두가 주요 정책의 정치적·행정적인 의미를 따져 본다"[31]고 주장하였다. 이러한 이유 때문에 고위 공무원들은 정치적 이익을 면밀히 계산해 보지 않을 수 없다. 그러나 공무원들이 민감하게 반응하는 이익은 대개 특정 분야에 집중되어 있다. 왜냐하면 공무원의 세계는 대부분 부서적 범주에 의해 제한을 받으며, 따라서 부서에 따라 특히 중요한 고객의 이익에 의해 규정되기 때문이다. 캐나다의 한 공무원이 대략적으로 관찰한 바와 같이 "함께 일하는 집단들을 옹호하는 것이 부서의 업무이다."[32)]

공무원들은 역할상 소속 부서의 고객들과 자주 접촉할 수밖에 없다. 아래와 같은 어떤 영국 공무원의 말은 다른 나라의 경우에도 충분히 적용될 수 있을 것이다. "(의회의) 회기 전후에 있어서 공무원들은 제안된 정책적 변화에 의해 영향을 받을 가능성이 큰 사람들과 지속적으로 접촉하게 마련이다. 그래서 새로운 법규의 파급효과에 대한 기술적 정보를 획득해야 하고, 각료들이 어떠한 최종적 입장을 취할 것인가를 예상하면서 그것을 토대로 협상을 벌여야 한다. 또한 가능하다면 언제나 미리 동의를 얻어내야 하고, 정부는 행동하기 앞서 반드시 관계되는 이익집단과 협상을 해야 한다는 영국 불문율의 요건을 만족시켜야 하며, 장관을 위해서 막 끓어오르려 하는 정치적 수온을 측정해야 한다."[33)] 이와 같은 협상과정은 여러 나라에 있어서 공무원과 그들에 의해 지명된 자문위원들이 주도하는 수백 개의 전문위원회를 양산하였다. 여기에서 눈길을 끄는 점은 이러한 위원회에 정당정치인들이 별로 포함되지 않았다는 사실이다. 공무원과 이익집단은 이러한 경로를 통해 상징적 관계를 맺는다.[34)] 영국에 있어서 "정부내 합의(Whitehall consensus)"가 관료의 주도하에 이루어지는지 혹은 이익집단의 주도하에 이루어지는지 매우 불명확한 것은 바로 이러한 이유 때문이다.

요컨대 세 번째 상에 있어서 공무원의 역할은 조직화된 정치세력들의 평행사변형이 낳는 합성운동을 따라가는 것이다. 그런데 이와 같은 이익집약의 행정적 과정이 지닌 세 가지 한계를 주목할 필요가 있다. 첫째, 조직화되지 못한 이익은 대개 무시된다. 예로서 마인츠와 샤프가 독일의 사례에 관해 언급한 바와 같이, "연방부처는 제한된 업무능력 때문에 조직화된 이익집단과의 접촉을 통해서만 필요한 상황정보를 얻는다. 이는 연방부처가 행정부와 갈등을 일으킬 소지가 없거나 정치적 문제를 야기시킬 잠재력이 없는 비조직적 사회경제집단의 상황과 요구에 대해서는 별 관심을 두지 않는다는 것을 의미한다."[35] 이와는 대조적으로, 정치인들은 참신하고 관심을 끄는 선거공약을 끊임없이 추구하는 가운데 조직화되지 못한 이익을 표출하려는 동기를 어느 정도 갖고 있다. 헌팅턴(Samuel Huntington)이 지적한 것처럼, 미국에 있어서 "의회의 위치는 조직화되지 않은 개인적 이익의 대표기관"[36]에 해당된다. 정당이 소속 정치인들이 개인적으로 정책연립을 구성하는 수고를 덜어주고 있는 유럽에 있어서도, 대중에 기반을 둔 광범위한 이익에 주의를 기울이는 정치인의 능력은 상당히 크다.

관료에 의한 이익집약의 두 번째 한계는 이들이 각 기능 부문을 서로 연결시켜주지 못한다는 전형적인 취약점이다. 담가드(Eric Damgaard)는 덴마크의 행정적 정책결정에 관해 언급하는 가운데 이러한 한계를 잘 지적하고 있다. 즉, "대부분의 행정부서들은 농부, 노동자, 기업인, 학생, 선생 또는 퇴직자와 같은 잘 조직된 고객을 갖고 있다. 전반적인 정치적 기능은 이러한 집단들의 다양한 이익에 영향을 주는 정책결정과 관련된다. 정치인들은 이러한 기능을 수행함에 있어서 공무원으로부터 거의 도움을 받지 않는다. 왜냐하면 공무원들은 보통 사회의 특정부문과 일체감을 갖거나 최소한 문제가 있는 집단과 마찰을 일으키는 것을 원하지 않기 때문이다…. 그러므로 실제로 발견되는 것은 합리적 정책결정이 아니라 재화와 용역의 분배로 표현되는 '분절된 점진주의'(segmented incrementalism)이다."[37] 공무원들은 필연적으로 정치적 이익의 스펙트럼 중에서 상당히 협소한 부분을 차지하고 있는 집단에 관심을 집중하는 반면에, 정치인들은 보다 광범위한 집단의 이익을 수용하여 정책결정과정으로 전달한다. 동일부문 내에서의 이익절충은 대개 관료들의 책임이나, 농부-소비자 혹은 노조-경영자 사이에서와 같은 부문교차적 이익집약(cross-sector aggregation of interest)은 정치인의 고유영역이다.

행정적 이익집약에 있어서 세 번째의 명백한 한계는 관료들은 이미 만들어진 정치세력의 평행사변형을 어쩔 수 없는 것으로 받아들이는 반면, 정치인들은 이러한 제약을 뛰어넘을 수 있고 또 실제로 빈번히 뛰어넘는다는 점이다. 정치인들의 광범위한 정치적 접촉과 수단은 그들로 하여금 잠재적으로 불안정한 보다 넓은 범주의 정치세력들을 동원할 수 있도록 해준다. 더구나 정치적 이상과 이념은 정치인들에게 현존의 세력관계를 초월할 수 있도록 하는 비판적 척도, 즉 사회를 어떻게 재편할 수 있느냐에 대한 감각과 그 방법에 대한 생각, 그리고 때로는 호소력을 발휘하는 감성적 공약 등을 마련해 준다.

기실 많은 학자들이 주목해 온 정치인과 관료 사이의 색다른 점 가운데 하나는 기질(氣質)에 관련된 것이다. 정치인들은(최소한 그들 가운데 다수는) 공무원들과 크게 달라서 이상주의적이고 당파적인 열의를 가지고 있다. 예컨대 영국의 경우 "인간은 이상이나 신념에 전념할 때만이 인생이 의미를 찾게 된다"는 견해에 전적으로 동의한 국회의원들의 수가 그렇게 대답한 공무원들의 수의 두 배에 달한다.[38] 한 공무원은 "행정가가 이상주의자가 될 필요는 없다. 행정가가 지닌 탁월한 자질은 오히려 이상으로부터 자유로울 수 있는 능력이다. 그의 눈에는 이상주의와 대중들의 사악한 욕망이 같은 것으로 비친다"[39]라고 말하였다.

신중함, 실용성, 온건함 그리고 위험 회피는 공무원들이 선호하는 특성이다. 단지 정치인들만이 극단주의를 덕으로, 온건함을 악으로 규정한다. 기질의 차이는 대부분 밟아온 길이 다르기 때문에 나타난다고 볼 수 있다. "업적 중심의 관료제는… 빨리 승진하기를 원하거나 위험을 무릅쓰기를 좋아하는 사람이나 자신의 입장을 고집하기를 좋아하는 사람들에게는 좋은 자리가 못된다."[40] 이와는 달리, 선거와 정당정치는 베번(Aneurin Bevan)이 말한 바와 같이 "국민의 연사로서 권좌에 앉아 호령하기를 원하는" 커다란 열정과 이상을 지닌 사람들의 희망을 충족시켜 준다.[41] 미래의 정치상황에 대한 단기적 예측은 이러한 부류의 정치인들보다는 관료들의 사고에 더욱 커다란 압박을 준다고 볼 수 있다.

세 번째 상에 따르면 정치인과 관료 모두가 정치적 기술을 필요로 하지만, 그것은 같은 기술이 아니다. 왜냐하면 이들은 동일한 유(類)일지는 모르나 동일한 종(種)이 아니기 때문이다. 정치인의 자연적 거점은 공개적인 연단이나, 관료들의 자리는 위원회 탁자인 것이다. 영국에 대한 크리스토프의 다음과 같은 관찰 결과는 다른 나라에서도 마찬가지일 것으로 여겨진다. "위원회는 정부의 주요한 도구이다…공무원들은 나름대로의 방식으로 위원회의 운영과정을 매끄럽게 한다. 즉, 그들은 위원회의 운영비법을 터득하고 있으며, 또한 비공개적인 협상이 가능하다면 언제나 동의를 얻어내는 것으로 유명하다."[42)]

영국의 한 공무원은 정치적 성공에 관한 그의(암시적으로는 정치인들의) 판단기준을 다음과 같이 요약하여 제시하고 있다. "행정가는 다양한 여론과 여론에 가까운 견해들(semi-public opinion), 그리고 여러 집단의 주장 가운데에서 손쉽게 여겨지는 길을 비겁하게 선택한다. 그가 신경 쓰는 것은, 자신의 주장을 관철했다는 의미가 아니라(왜냐하면 그렇게 할 권리가 없기 때문에) 종국에 가서도 멀쩡하게 살아남아 있는 가운데 자기 주변을 둘러싼 세력들이 잠정적인 균형을 이루었다는 의미에서 성공을 거두는 것이다."[43)]

세 번째 상 속에 그려진 정치인과 관료간의 이러한 차이는 정책결정자로서의 업무수행에 어떠한 영향을 미치는 것일까? 우선 이 두 집단은 조금 다른 문제들을 안건으로 상정하는 것 같다. 마인츠와 샤프가 독일 행정부의 정책결정과정에 관한 연구를 통해 지적한 바와 같이 "주도권을 지향한 (행정)부서의 추진력은 업무분야의 발전에 대한 인식, 고객과의 접촉, 또는 현재 수행되고 있는 계획의 피드백으로부터 나온다."[44)] 이와는 달리, 정치인들은 보다 광범위한 종류의 대중적 불만에 대해 민감한 정치적 촉각을 가지고 있다. 더구나 정치인들은 완전히 성숙된 분파적 이념을 갖고 있기 때문에, 사회현실과 정치적 이상간의 불일치에 관심을 두기 쉽다. 또한 정치인들은 관료들보다는 더욱 더 평등이나 자유 따위의 철학적 원리가 두드러지게 반영된 사안들을, 사회적으로 받아들여지건 말건 괘념치 않고 상정하는 경향을 보인다. 비록 관료들이 어느 의미에서는 정치적이라 할지라도, 그들은 대처(Margaret Thatcher) 수상식의 신보수주의적 정책을 창출해 낼 수 없을 뿐더러, 급진노동당의 앤소니 벤(Anthony Wedgwood Benn)의 민중주의적 정책제안을 따라잡지도 못한다. 로즈가 단언한 바와 같이, "정당들이 내세우는 독특한 주장은 보다 일반적인 가치와 원리에 비추어 공공선택의 문제를 검토하라는 것이다."[45)]

세 번째 상은 현상유지를 할 수밖에 없다는 분위기가 행정적 정책결정과정에 내재되어 있다고 보고 있는데, 이는 보수적인 정치이념이라기보다는 절차적·기질적인 보수주의에서 비롯된 것이기 쉽다는 것이다. 영국의 정책결정과정을 면밀하게 관찰한 한 학자는 "대개 관리들은 정치적 고위층으로부터의 반대가 없는 한 소속 부서가 추구하는 목표의 맥락을 벗어나지 않는 범위 내에서 정책을 기획한다. 공무원들이 혁신이나 획기적 변화를 가져오는 정책제안을 하는 경우는 매우 드물다"[46]라고 주장하였다. 선례와 지속성에 대한 관료들의 이와 같은 집착은 영국의 경우에만 해당되는 것이 결코 아니다. 예컨대 독일의 고위 공무원에 대한 연구는 그들에게 있어서 정책결정이란 "어떤 완전히 새로운 것을 시작하는 것이라기보다는 전적으로 기존의 정책을 개선하는 것을 의미한다"고 결론 맺고 있다.[47]

획기적 변화를 반대하는 행정적 결정을 내리도록 하는 것은 단지 조용한 생활에 대한 선호만이 아니다. 공무원들은 관련된 이해관계와 공개적인 논쟁에 대한 혐오의 밀접한 상호작용 때문에 예상되는 갈등의 관리에 특히 신경을 쓰기 쉬우며, 정책안을 상정하기에 앞서 관련된 참석자들로부터 동의를 얻으려 애쓴다. "이는 결국 관료체제의 기능단위들이 정책안의 내용을 현재 직면하고 있거나 부딪힐 것으로 예상되는 반대에 따라 조정함으로써 잠재적 갈등을 최소화하려 할 것이라는 것을 의미한다. 대개 이러한 조정의 결과로 얻어지는 정책은 적극적이라기보다는 대응적이고 점진적인 성격을 갖게 된다."[48] 그러므로 행정적인 정책결정과정은 어떠한 부서로부터의 반대도 만약 끈질긴 것이기만 하다면 수용되기 쉬운 일종의 자유주의적 거부집단정치(*liberum veto* group politics)이다.[49]

> 관료들은 전문직업주의와 공공정신에 따라 공익을 실현하기 위해 노력할지도 모른다. 그러나 만일 정치적 감독을 받지 않는 조직 속에 던져진다면, 대단히 적극적이고, 강력하며 협조적이기조차 한 참여자를 자극하는 방식으로 공익을 규정하는 것이 얼마나 비현실적이고, 정치적으로 위험하며, 궁극적으로는 불필요하고 비신사적인가를 깨닫게 될 것이다.[50]

로즈는 이러한 유형의 정치를 일컬어 아래와 같이 말한 바 있다. "(이는) 방향이 없는 동의에 의한 정부(government by directionless consensus)라 불릴 수 있다… 보호와 지침을 제공해 주는 강력한 분파적 주도권이 없는 상황 하에서 행정가들이 취할 수 있는 가장 손쉬운 행동방식은 관련된 이익들의 최소공통분모를 추구하는 것이다… 동의를 끌어내는 것이 바로 정부의 목표가 된다."[51] 물론 동의의 내용이 변하고 잇따라 정책도 변할 수 있다. 그러나 분파적인 이데올로기를 갖고 있지 않고 정치적 접촉의 범위도 협소한 이익집단을 벗어나지 못하는 관료들이 이러한 변화를 스스로 촉진시킬 가능성은 거의 없다. 즉, "협의(consultation)"가 관련된 이익집단 간에 이미 이루어져 있는 균형을 안정시키는 방향으로 이루어지기 때문에, 그 결과는 비어(Samuel Beer)가 "다원주의적 지체(pluralistic stagnation)"라고 일컬은 것, 혹은 "자유적 조합주의(liberal corporatism)"라고도 불리는 것에 가까워지게 마련이다.[52]

물론 정치인들이 이러한 유형의 정책결정과정으로부터 완전히 배제된다고 가정하는 것은 잘못된 것이다. 그러나 세 번째 이미지는 정치인들만이 보다 광범위하고 장기적이며 논쟁의 여지가 있는 사안들을 상정하기 쉽다는 점을 분명히 하고 있다. 이러한 현상은 권력의 사회적 배분양상을 재조정하는 문제에 있어서 특히 두드러지게 나타난다. 예컨대 렘부르크(Gerhard Lehmbruch)는 독일에 있어서 기업계의 주변적인 조정과 관련된 카르텔 입법(cartel legislation), 그리고 노동자의 이익과 경영자의 이익이 근본적으로 충돌하는 노동자의 경영참여(codetermination)에 대한 정책결정 유형을 대조하여 보았다. 그 결과, 전자의 경우 "핵심적인 협상은 행정부서와 기업대표 사이에서, 그리고 대개 정당체계의 바깥에서 이루어졌으나", 후자의 경우 "'턴테이블'의 역할을 담당한 것은 더 이상 행정부서가 아니라 정당체계"였다는 점을 발견하였다. 요약해서 말하자면,

> 만일 (특히 "재분배"의 문제와 관련하여) 심각한 갈등이 발생한다면, 정당체계가 합의를 이끌어 내는 데 있어서 보다 큰 힘을 발휘할 수 있다. 왜냐하면 이들은 융통성을 지니고 있을 뿐더러 동의의 분계점(threshold of consensus)이 낮기 때문이다. 이를 달리 표현하자면, 이익대표의 조합주의적 하부체계 내에서는 그 체계의 기능수행에 필수적인 (실질적·법률적) 만장일치 규칙으로 인한 높은 분계점 때문에

합의구축과 문제해결이 비교적 낮은 수준의 갈등정도에 의존하게 된다는 것이다.[53)]

이러한 이유 때문에 세 번째 이미지는 심각한 사회적 위기, 혹은 주요한 개혁의 국면에서는 정책결정에 대한 공무원들의 영향력이 축소되거나 심지어는 없어지는 경향이 있다는 점을 분명히 하고 있다. 예를 들어 구르네이(Bernard Gournay)는 "프랑스에 있어서 지난 수십 년간 고위 행정가는 정치적 위기를 타개함에 있어서 아무런 직접적 영향력도 발휘하지 못한 것으로 여겨진다"고 주장하였다.[54)] 또한 독일의 경우를 분석한 마인츠와 샤프에 따르면,

> 장기적이고 광범위하며 골치아픈 사안에 관한 정책주도권은 대개 정치적 핵심층이 쥐고 있다. 지난 수년간에 걸쳐 이러한 성격을 가진 정책들이 어떻게 만들어졌는가 거슬러 올라가 보면, 정치적인 행정부서(각료)나 의회로부터 연원한 것들이 많다는 사실을 알 수 있다.[55)]

도간(Mattei Dogan)의 결론에 따르면,

> 종전 직후 자유화된 유럽의 전 지역에서 이루어진 주요 개혁들을 일부 혁명적인 성격을 지닌 것들까지 포함하여 살펴보면, 사회보장을 위한 영국의 베버리지 계획(Beverage Plan)과 같은 몇 안되는 예외가 있기는 하나, 고위행정가들이 입안하였거나 만든 것이 거의 없었다는 것을 알 수 있다. 당시에는 정당지도부가 주된 정책 실무자인 동시에 입안자였다.[56)]

정책의 혁신과 추진은 특히 좌파 정치인들에 의해 주도되는 것처럼 보인다. 예를 들어 노동당의 선임관료인 크로스먼(Richard Crossman)은 "만일 정치인이 성명서와 정책대안이 없이 입각한다면 잊혀져 버리고 말 것이다. 비록 부서 내에서 그가 할 수 있는 유일한 역할이 촉매적 자극제의 역할이라 해도, 부하들은 그에게 이것저것 여러 가지를 하라고 강요할 것이다"[57)]라고 주장한 바 있다. 그런데 놀랍게도 그의 보수당 정적 가운데 한 사람이 이와 유사한 견해를 피력하였다. "단지 각료들만이 주요한 변화를 추진할 수 있다. 공무원들의 정책제안은 우선적으로 안정을 고려하는 경향이 있다."[58)] 캐나다의 트뤼

도(Pierre Trudeau) 수상은 이 문제를 특유의 직설법으로 다음과 같이 표현하였다. “우리는 여기서 부서를 관리하는 것이 아니다. 우리는 변화를 보기를 원한다.”[59)]

프랑스와 같은 몇몇 대륙국가의 경우에는 행정가들이 이러한 종류의 개혁추진력을 발휘할 수 있다고 여겨지기도 한다. 그러나 다이어먼트(Alfred Diamant)는 프랑스의 사례를 주의 깊게 살펴본 후 다음과 같은 결론을 내렸다. “프랑스의 경험에 비추어 볼 때, 정치적으로 갈팡질팡하는 시기에는 고위직 공무원 집단(grand corps)이 국가통치업무를 진정으로 수행한다고 말할 수 없다. 그들은 단지 일상적인 업무를 지속적으로 수행하고, 현상을 유지하며, 자신들의 이익을 보호할 뿐이다. 특히 강력한 행정부를 지녔던 제4공화국의 경우에도 매일 매일의 행정업무는 별 탈 없이 진행되었으나 근본적인 혁신은 이루어지지 못하였다. 아이디어, 계획이나 정책제안이 없었던 것은 아니나, 단호한 정치적 의지의 부재로 말미암아 이러한 계획들이 사장되어버린 것이다.”[60)] 이것이 바로 세 번째 상이 상정하고 있는 정치인과 관료간의 분업양태이다.

## 4. 네 번째 상: 완전혼합

지금까지의 내용을 주의 깊게 읽은 독자라면, 첫 번째 이미지로부터 세 번째 이미지로 가면 갈수록 관료와 정치인의 역할이 점점 더 중첩되어 나타나고, 또한 이러한 이미지들을 뒷받침하고 있는 지적 근거들도 역사적으로 변모해 왔다는 점을 쉽게 알 수 있을 것이다. 우선 양자를 아주 명백하게 구별하고 있는 첫 번째 상은 직업관료와 정당정치인을 나눈 베버의 분류 도식이 구체화되었던 19세기 후반부에 출현하였다. 공무원이 정책결정과정에 있어서 어느 정도의 역할을 담당한다는 두 번째 상의 지적 기원은 대략 20세기의 전반까지 거슬러 올라간다. 반면 관료들에게 상당히 많은 “정치적” 역할을 부여하고 있는 세 번째 상은 주로 지난 수십 년간의 연구로부터 도출된 것이다. 현실 상황과 학문적인 해석이 대략 맞아들어 간다고 가정할 때, 이와 같은 변화는 행태주의적 용어를 빌린다면 관료의 역할과 정치인의 역할이 수렴되고 있다는 견해, 즉 누군가 지적한 바와 같이 관료제도의 "정치화"와 정치의 "관료제화" 현상[61]이 나타나고 있다는 견해를 벗어나지 않는 것이라고 볼 수 있다. 이러한 견해의 논리적 귀결로서, 네 번째 상은 금세기의 마지막 4반세기에는 정치인과 관료간의 베버적 구별이 사실상 실종되고 "완전혼합(pure hybrid)"이라 부를 수 있는 유형이 나타날 것이라 예측하고 있다.

의회(또는 대통령)에게 책임을 져야 하는 내각이 출현한 이래, 각료들은 각 부처의 정점에서 야누스적인 위치에 처할 수밖에 없었다. 즉, 이들은 안으로는 관료들에게, 그리고 밖으로는 정치지도자들에게 시달리면서 사안에 따라 양쪽 편을 번갈아 들어주었던 것이다. 그런데 우리가 여기에서 논의하고 있는 경향은 이처럼 이미 장기간에 걸쳐 확립된 각료의 이원적 역할을 훨씬 넘어서는 것이다.

이러한 경향의 제도적 표출 양태는 국가에 따라 다르다. 프랑스와 일본 같은 체제에 있어서 핵심적 요인은 정치적인 경력사다리와 행정적인 경력사다리 사이의 높은 인사순환율이다. 예컨대 프랑스 제5공화국에서 두드러지게 나타난 유형은 능력 있고 야심 있는 공무원이 입각하여 정치적 기술을 수년간 연마한 후, (항상 그런 것은 아니지만 대부분 집권당의) 정치엘리트로 등용되는 것이다.[62] 이와 같은 인물 중의 하나인 지스카르(Giscard) 대통령은 정치체제의 정점에까지 도달했던 것이다. 전후 일본에서도 대략 이와 유사한 경향이 나타났다.[63]

영국과 독일의 경우, 본래 직업공무원을 위해 마련된 자리에 정치적으로 기용된 "외인부대(outsiders)"나 "낙하산을 타고 내려온 사람들(irregulars)"을 완전혼합형 인물의 선구자들로 간주할 수 있다. 예로서 1964년 윌슨(Harold Wilson) 수상은 직업공무원이나 의원으로서의 경력이 전혀 없는 소수의(어떻게 보면 상당이 의미 있는 수의) 정당지명인사들을 중앙 행정부처에 기용하였다. 이어서 히스(Edward Heath) 내각은 각 장관들에게 부속된 "정무관"(political secretary)이라는 새로운 직책을 만들었으며, 중앙정책심의국(Central Policy Review Staff)을 창설하여 미국인들이 "들락거리는 자들"

(in-and-outers)이라 부르는 인사들을 차례로 영입하였다. 이러한 시도 가운데에서 전적으로 성공적이라는 평을 얻은 것은 하나도 없으나, 이는 실질적인 전문지식과 정치참여 의지를 골고루 갖춘 관리들이 필요하다는 점에 대한 양당의 합의를 반영하는 것이다.[64]

독일의 경우 고위공무원들이 당적을 갖는 것, 그리고 전(前) 각료들이 연방의회(*Bundestag*)에 진출하는 것은 지극히 자연스러운 일로 받아들여져 왔다. 여기에 더하여, 1969년 이후 브란트(Willy Brandt) 내각은 사회당-자유당 연립내각에 이러한 정당 중 하나와 오랜 결속을 맺으면서 자문역을 담당해 왔던 다수의 외부인사(*Aussenseiter*)들을 기용하였다. 마인츠와 샤프는 이들의 역할에 대해 다음과 같이 말하고 있다.

> (이들의 역할은) 정치와 행정의 통합으로서 규정될 수 있다. 더 정확히 말하자면, 각 분파를 대표하는 지도자들은 각기 두 가지의 정책결정 기준, 즉 기술적이자 실질적인 전문지식과 정치적 전략을 조화시켜 제시해야 한다…. 이러한 통합기능을 수행할 수 있으려면 정치인의 언어뿐만 아니라 관료의 언어로도 말할 수 있어야 한다.
>
> 즉, 그들은 두 세계에 속하는 사람이 되어야 한다…. 사실 이와 같은 요구는 다수의 직업공무원들에게는 지나친 것이 될 수 있다. 그러나 특이한 경력을 가진 외부 충원자들, 즉 여러 개의 준거집단을 지닌 경계인(境界人)들의 입장에서 보면, 관료로서의 제2의 정체성을 획득한다는 조건 하에 오히려 유리한 점으로 작용할 수 있다.[65]

몇몇 나라에서 완전혼합형이 나타나게 된 것은 지난 십년간 거의 모든 서구 국가에서 각료실, 총리실, 그리고 백악관 보좌관실과 같은 핵심부처들이 팽창되어 수많은 정치적 행정가들을 흡수했기 때문이라고 할 수 있다. 이러한 "슈퍼관료(superbureaucrat)"들에 대한 가장 훌륭한 연구는 캠블(Colin Campbell)과 자블로스키(George Szablowski)의 분석인데, 이들은 애당초 캐나다의 사례를 연구하였으나, 현재 영국, 미국, 스위스에 이르기까지 연구의 범위를 확대하고 있다. 캐나다의 경우, 이러한 중앙 행정부서의 참모진들은 ① 광범위하고도 융통성 있는 권위를 지니고 있다는 측면에서, ② 폭넓은 사회적 대표성과 실질적인 혁신성을 지니고 있다는 측면에서, 그리고 ③ (단지 고객의 이익에 민감하게 대처한다는 의미에 더해 앞서 세 번째 이미지가 정치인들만의 속성으로 간주한바) 정치의 정당성을 인정한다는 측면에서 전통적인 공무원과는 다르다. 캐나다에 있어서 정치인과 관료의 역할이 통합되고 있다는 사실을 뒷받침해 주는 재미있는 제도적 징후 가운데 한 가지는 각료들이 보좌관들에게 각료회의 참석을 위임하는 경우가 점차 늘어난다는 점이다.[66)]

또 하나의 흥미 있는 변형은 스웨덴 중앙정부 내에서 각료와 직접 같이 일하는 소규모 정책결정 보좌진인 "각료실(ministries)"과 일상적으로 정책수행을 담당하는 보다 큰 기관인 "행정부처(administrative board)"간의 구별이다. 스웨덴에 대한 설문조사 결과는 각료실 관리들이 행정부처의 관리들보다 배경과 시각에 있어서 훨씬 더 "정치적"이라는 점을 입증하고 있다.[67)]

미국의 경우, 유럽에 비해 전통적으로 정치적 리더십과 행정적 리더십이 잘 나누어지지 않았었다. 워싱턴의 관료정치에 대한 헤클로(Hugh Heclo)의 연구는 이러한 모호성이 최근에 이르러 더욱 커졌다는 것을 명백히 보여주고 있다. 즉, "어쨌든 고위 공무원직, 그리고 정치적 임용-공개채용간의 구분은 보다 복합적이고 불분명한 것이 되었다. 전임 대통령의 한 측근 보좌관은 '내 생각에는 전반적인 정치적-행정적 사안이 모두 한 데 엉켜 있다. 어떻게 구분을 해야 할 지 판단이 서지 않는다'라고 말한 바 있다"는 것이다.[68)]

우리와 마찬가지로 헤클로 역시 직업관료들이 명목적인 정치적 지위를 차지하고 있다는 것, 그리고 역으로 명목적인 공무원직을 임명하는 데에는 정치적인 영향력이 개입한다는 것을 발견하였다. "인사관리가 얼마나 복잡하든간에, 최고위 대통령 보좌관들과 그 수하에 있는 수천 명의 관리들 사이에는 극히 중대한 정치적 행정이 이루어지는 모호한 영역이 존재한다는 점이 바로 핵심"이라는 것이다.[69)] 그의 결론에 따르면,

> (한 때 정당정치인의 영역이었던) 고위행정직에 대한 정치적인 임명은 확대·특화·층화된 관료제의 특성을 보다 더 많이 띠게 되었다. 관료체제를 통제한다는 측면뿐만 아니라 고위공무원이 되기 위해서는 백악관의 특정정책 및 목표에 동조해야 한다는 측면에서도 전통적인 연줄의 영향력이 관료체제 내에서 더욱 증대되었다.[70)]

요컨대 정치의 관료화와 관료의 정치화 현상이 나타난 것이다.

펜실베니아 애비뉴의 반대편 끝으로 가면 완전혼합형이 출현했다는 또 다른 증거를 틀림없이 찾을 수 있다. 대부분의 정치관료보다 더욱 더 긴밀하게 후견인들에게 매어 있으나, 실질적인 정책결정과정에 점점 더 깊이 관여하는 전문가인 의회보좌관들이 폭발적으로 늘어나고 있는 것이다. 미국에서, 그리고 규모가 훨씬 적은 다른 나라들에서도 의회보좌진의 팽창은 정치인들로 하여금 지속적으로 증대되는 직업관료들의 영향력을 견제할 수 있도록 하는 방편으로서 정당화되었다. 그러나 일부 예리한 관찰자들은 입법부와 행정부 내의 정치적 판단이 모두 고삐 풀린 전문가적 시각에 종속될 위험성이 있다는 점을 크게 우려하고 있다.[71] 어떠한 경우든 이와 같은 경향은 관료와 정치인의 역할이 수렴되고 있다는 우리의 잠정적인 가설과 일치하는 것이라고 여겨진다.

만일 이러한 종류의 수렴현상이 실제로 일어나고 있다면, 이는 우리 연구의 시발점, 즉 근대정부의 베버적 기원(Weberian epoch)이라 부른 상황의 종말을 의미할 지도 모른다. 그러나 달리 보면 이러한 추측은 사변적인 것에 불과할 수도 있다. 오늘날 산업화된 민주주의체제를 통틀어 대부분의 정책결정자들은 아직까지도 두 가지의 기본범주, 즉 정치인과 관료 가운데 어느 한편에 자연스럽게 속해 있다. 미래상황이 어떻게 될지 어렴풋하게나마 예측해 보려 노력하는 것은 좋지만, 그것을 현재와 혼동해서는 안 된다.

□ 주

1) Max Weber, "Politics as a Vocation," in H. H. Gerth and C. Wright Mills(eds. and trans.), *From Max Weber: Essays in Sociology*(New York: Oxford University Press, 1958), pp. 77~128.

2) 이러한 견해를 뒷받침하는 근거로서는 Robert D. Putnam, *The Comparative Study of Political Elites*(Englewood Cliffs, N.J.: Prentice-Hall, 1976), pp. 173~190, 205~208을 볼 것. 이 책 속에 지적된 것처럼, 그리고 베버가 인식한 것처럼, 미국의 경우는 예외에 해당된다, 미국 정치엘리트의 특징은 금세기를 통해 보다 안정되어 왔는데, 그 이유는 중산층을 대표하는 정당지도자들이 이미 20세기 초엽에 권력을 잡았기 때문이며, 또한 미국 정당이 근대 유럽국가의 정당과 같은 힘과 통합성을 얻지 못했기 때문이기도 하다.

미국의 특징에 관해서는 이 논문의 말미에서 논의하기로 한다.

3) Eric Damgaard, "The Political Role of Nonpolitical Bureaucrats in Denmark," in Mattei Dogan(ed.), *The Mandarins of Western Europe: The Political Role of Top Civil Servants*(New York: Halsted Press, 1975), p. 276; Morris Fiorina, *Congress: Keystone of the Washington Establishment*(New Haven: Yale University Press, 1977), p. 93.
4) G. E. Aylmer, *The King's Servants: The Civil Service of Charles I, 1625~1642*(New York: Columbia University Press, 1961), p. 10. 이 부분은 Alfred Diamant, "The Bureaucratic Model: Max Weber Rejected, Rediscovered, Reformed," in Ferrel Heady and Sybil L. Stokes(eds.), *Papers in Comparative Public Administrations*(Ann Arbor: University of Michigan, Institute of Public Administration, 1963), p. 85에서 재인용된 것임.
5) 현대적 의미의 정치발전과정에 있어 정당과 관료제의 핵심적 역할에 관해서는 Ferrel Heady, *Comparative Public Administration*, rev. 2nd ed.(New York: Marcel Dekker, 1979), pp. 79~126과 그 속에 인용된 방대한 문헌들을 참조할 것.
6) B. Guy Peters, *The Politics of Bureaucracy*(New York: Longman, 1978)는 이러한 문헌들을 일목요연하게 개관하고 있다. 미국의 경우에 관해서는 Lewis C. Mainzer, *Political Bureaucracy*(Glenview, Ill.: Scott, Foresman, 1973)을 볼 것.
7) Woodrow Wilson, "The Study of Administration," *Political Science Quarterly*, 2(June 1987), pp. 209~210; B. G. Peters, 1978에서 재인용.
8) Mainzer, 1973, p, 69 참조.
9) Luther W. Gulick, "Notes on the Theory of Organization," in L. Gulick and L. Urwick(eds.), *Papers on the Science of Administration*(New York: Columbia University, Institute of Public Administration, 1937), p. 10.
10) Heady, 1979, pp. 387-388; Samuel Krislov, *Representative Bureaucracy* (Englewood Cliffs, N.J.: Prentice-Hall, 1974), p. 288.
11) Peters, 1978, pp. 137~138.
12) Diamant, 1963, p. 85에서 재인용.
13) 이러한 관점은 이미 Carl J. Friedrich, "Public Policy and the Nature of Administrative Responsibility," in C. Friedrich and E. S. Mason(eds.), *Public Policy*(Cambridge, Mass.: Harvard University Press, 1940); Paul H. Appleby, *Politics and Administration*(University: University of Alabama Press, 1949) 등에 제시된 바 있다.
14) Peter Shore, *Entitled to Know*(London: MacGibbon & Kee, 1966), p. 153. 이 부분은 Richard Rose, "The Variability of Party Government: A Theoretical and Empirical Critique," *Political Studies*, 17(December 1969), p. 428에서 인용된 것임.
15) Diamant, 1963, p. 80에서 재인용.
16) Gerhard Loewenberg and Samuel C. Patterson, *Comparing Legislatures*(Boston: Little, Brown, 1979), pp. 142~143; Renate Maynts and Fritz W. Scharpf,

*Policy-making in the German Federal Bureaucracy*(Amsterdam: Elsevier, 1975), p. 67; Rose, 1969 등을 볼 것.

17) Francis E. Rourke, *Bureaucracy, Politics, and Public Policy*, rev. ed.(Boston: Little, Brown, 1976), p. 184.

18) 이 질문항은 영국과 독일의 정치인들에게만 주어졌기 때문에, 제시된 수치는 이들 두 나라의 경우에 한정된 것이다. 그러나 이들은 상당한 대표성을 갖고 있다고 본다.

19) Herbert Simon, *Administrative Behavior*, 2nd ed.(New York: Macmillan, 1957), pp. xii, 57~58, 197.

20) Fritz Morstein Marx, *The Administrative State*(Chicago: University of Chicago Press, 1957), pp. 25, 41.

21) Karl Mannheim, *Ideology and Utopia*(New York: Harcourt, Brace & World, 1946), p. 105.

22) Glendon Schubert, *The Public Interest*(Glencoe, Ill.: Free Press, 1960).

23) Morstein Marx, 1957, pp. 137~138.

24) Putnam, 1976, pp. 205~207을 볼 것.

25) Francis E. Rourke(ed.), *Bureaucratic Power and National Politics*(Boston: Little, Brown, 1965), p. 187.

26) Rourke, 1976, p. 75.

27) Emmette S. Redford, *Democracy in the Administrative State*(New York: Oxford University Press, 1969), pp. 189~190에 인용된 Pendleton Herring, *Public Administration and the Public Interest*(New York: McGraw-Hill, 1936).

28) Norton E. Long, "Power and Administration," *Public Administration Review*, 9(Autumn 1949), pp. 257~264; Rourke, 1976, pp. 73~74.

29) Mayntz and Scharpf, 1975, p. 32.

30) James B. Christoph, "High Civil Servants and the Politics of Consensualism in Great Britain," in Dogan, 1975, p. 47.

31) Richard Rose, *The Problem of Party Government*(New York: Free Press, 1974), pp. 418~419.

32) Colin Campbell and George J. Szablowski, *The Super-Bureaucrats: Structure and Behavior in Central Agencies*(Toronto: Macmillan of Canada, 1979), p. 201.

33) Christoph, 1975, p. 29.

34) Mattei Dogan, "The Political Power of the Western Mandarins: Introduction," in Dogan, 1975, p. 17; Roland Ruffieux, "The Political Influence of Senior Civil Servants in Switzerland," in Dogan, 1975, pp. 246~247; Vincent Wright, "Politics and Administration under the French Fifth Republic," *Political Studies* 22(March 1974), p. 58; John Higley, Karl Erik Brofoss, and Knut Groholt, "Top Civil Servants and the National Budget in Norway," in Dogan, 1975, p. 262.

35) Mayntz and Scharpf, 1975, p. 136.

36) Samuel P. Huntington, "Congressional Responses to the Twentieth Century," in

David B. Truman(ed.), *The Congress and America's Future*(Englewood Cliffs, N.J.: Prentice-Hall, 1965), p. 30.

37) Damgaard, 1975, p. 291.

38) 이 질문항은 영국에서만 제시되었는데, 공무원들 가운데에서 전적으로 찬동한 사람이 15%인 것과는 대조적으로 의원들의 36%가 전적으로 찬동한다고 응답하였다.

39) C. H. Sisson, *The Spirit of British Administration*(London: Faber, 1959), p. 23; Rose, 1974, pp. 423~424로부터 재인용한 것임.

40) Morstein Marx, 1957, p. 102.

41) Loewenberg and Patterson, 1979, p. 20에서 재인용.

42) Christoph, 1975, p. 48.

43) Sisson, 1959, p. 23; Rose, 1974, pp. 423~424에서 재인용.

44) Maynz and Scharpf, 1975, p. 71.

45) Rose, 1974, p. 480.

46) Bruce Heady, "A Typology of Ministers: Implications for Minister-Civil Servant Relationship in Britain," in Dogan, 1975, p. 83.

47) Mayntz and Scharpf, 1975, p. 74.

48) 위의 글, p. 162.

49) 위의 글, pp. 74~75, 153~157.

50) Mainzer, 1973, p. 115.

51) Rose, 1969, p. 442.

52) Samuel H. Beer, "Political Overload and Federalism," *Polity* 10(Fall 1977), pp. 5~17; Gerhard Lehmbruch, "Liberal Corporatism and Party Government," *Comparative Political Studies* 10(April 1977), pp. 91~126을 볼 것.

53) Lehmbruch, 1977, pp. 117~118, 122.

54) Dogan, 1974, p. 20에서 재인용.

55) Mayntz and Scharpf, 1975, p. 92.

56) Dogan, 1974, p. 20.

57) Rose, 1974, p. 387.

58) Heady, 1975, p. 69.

59) Campbell and Szablowski, 1979, p. 78.

60) Alfred Diamant, "Tradition and Innovation in French Administration," *Comparative Political Studies* 1(July 1968), p. 255.

61) 이와 동일한 표현이 독일(예로서 Nevil Johnson, *Government in the Federal Republic of Germany*(Oxford: Pergamon Press, 1973), Dogan, 1974, p. 15에서 재인용), 프랑스(Wright, 1974), 그리고 미국(Hugh Heclo, *A Government of Strangers* (Washington, D.C.: Brookings Institution, 1977), pp. 65~76)에서 나타난 경향을 서술하는 데 사용되었다는 점은 매우 흥미롭다.

62) Dogan, 1974, pp. 14~15; Wright, 1974, pp. 48~49; Jeanne Siwek Pouydesseau, "French Ministerial Staff," in Dogan, 1974, pp. 196~209; Ezra Suleiman, *Politics,*

*Power, and Bureaucracy in France: The Administrative Elite*(Princeton, N. J.: Princeton University Press, 1974) 등을 볼 것.

63) 예로서 Heady, 1979, pp. 219~220을 참조할 것.

64) Rose, 1974를 볼 것.

65) Mayntz and Scharpf, 1975, pp. 85~86.

66) Campbell and Szablowski, 1979.

67) 스웨덴에서의 여론조사 결과에 관한 보다 자세한 설명은 Thomas J. Anton, *Administered Politics: Elite Political Culture in Sweden*(Boston: Martinus Nijhoff, 1980)에 들어 있음.

68) Heclo, 1977, pp. 34~36.

69) 위의 책, p. 40.

70) 위의 책, p. 82.

71) Loewenberg and Patterson, 1979, p. 164.

# 제3부 정치과정: 정당, 선거, 이익집단

# 서론과 해제

제3부에 수록된 글들은 시민사회 내의 개인 및 집단의 이익과 견해가 표출·집약되어 정부로 투입되는 연계과정에 초점을 맞추고 있다. 정당이나 이익집단과 같은 행위자가 선거 등을 중심무대로 하여 전개하는 정치과정은, 구소련과 동구 등 공산주의 제2세계나 아시아, 아프리카, 라틴아메리카 등 제3세계에 비하여 서구 민주국가에서 가장 활성화되어 있다. 실제로 이 방면에서 탁월한 연구업적은 서구정치를 대상으로 한 것이 대부분이다.

제6장에서 립셋과 로칸은 서구에서 근대 이후 사회적 균열(cleavage)이 어떠한 방식으로 정당체계를 발전시켜 왔는가를 논의한다. 이 글은 고전적인 연구업적으로 손꼽히는 것이다. 사회적 균열은 사회경제적 배경요인에 비추어 개인들이 차별화되는 분열현상이다. 그런데 단순한 분열이 여기서 문제시되는 균열을 의미하는 것은 아니다. 사회경제적 특성에 의하여 규정되는 집단의 구성원들이 정체감(identity)를 갖고 그들의 입장을 관철하기 위하여 조직화될 때 비로소 사회적 균열이 주목을 받는 것이다.[1)]

서구의 국가들은 국민혁명(근대국가 건설과 국민형성)과 산업혁명을 거치면서 네 가지의 사회적 균열을 경험하여 왔으며, 이러한 균열의 구조는 정당체계에 그대로 투영되었다. 중심-주변의 균열, 즉 국가의 경계 내에서 중앙집권화 및 동질화를 모색하는 지배문화와, 외부로부터 강요되는 새로운 질서와 가치를 거부하는 종속문화 사이의 갈등이 근대국가 건설의 초기에 전개되었다. 그리고 교회가 사회구성원에 대한 도덕과 교육정책에 관한 기존의 특권을 수호하면서 국가의 대행자적인 위치에 서기를 거부함으로써 심각한 교회-국가 균열이 초래되었다. 이러한 성(聖)과 속(俗)의 대결은 특히 네덜란드나 독일처럼 가톨릭교도가 소수이지만 상당한 영향력을 가진 종교집단을 이루는 곳에서 더욱 치열하였다.

중심-주변 균열과 교회-국가 균열이 국민혁명의 산물이라면, 농촌-도시 균열과 계급균열은 대체로 산업화의 진전과 함께 초래되었다. 농촌-도시 균열은 전통적으로 지배적이었던 토지 이익과 도시에서 새롭게 등장한 상공업 이익간의 상호충돌로서, 예를 들면 영국에서 보수당과 자유당의 초기 대립은 이러한 대립에 기반을 둔 것이었다. 그런데 영국에서 지주와 상공업자의 대립은 산업혁명이 심화되면서 완화된 반면, 스칸디나비아 국가에서는 도시 상공업자에 대한 농촌의 지속적인 저항이 중심과 주변간의 문화적 갈등과 중첩되어 심화되었고, 농민당의 조직화로 연결되었다. 산업혁명이 낳은 자본가계급과 노동자계급간의 균열은 러시아혁명으로 절정에 이르렀으며, 네 가지 균열 가운데 가장 널리 확산되었고 그만큼 중요한 것이다.

어떠한 균열이 어느 정도의 영향력을 유지하고 있으며, 또 균열 간에 상호교차하는 정도가 어떠한지는 국가별로 상이하다. 이것은 정당체계 형태간의 차별성으로 귀결된다. 영국을 예로 들면 국교(Anglican Church)의 성립으로 교회-국가 균열의 심각성은 무시해도 될 만큼 약화되었다. 토지 이익과 상공업 이익이 모두 보수당으로 집약되면서 농촌-도시 균열도 해소되었다. 한편 1921년 아일랜드의 독립 후에는—물론 스코틀랜드, 웨일즈, 북아일랜드 켈트계 주변문화는 존재하나—중심-주변 균열도 상당한 정도로 약화되었다. 따라서 계급균열이 가장 우세하게 되었으며, 이것을 토대로 하여 보수-노동의 양대 정당 경쟁구도가 형성되었다. 네덜란드에서는 대조적으로 ① 국민적·자유주의적·세속적 일반문화, ② 정통 프로테스탄트(칼빈교회) 문화, 그리고 ③ 로마 가톨릭 문화 등 세 가지 종렬(縱列, *zuilen*)로 분화된 수직적 이질화(*verzuiling*)가 일찍이 이루어졌고, 여기에 계급균열이 각 종렬을 교차함으로써 복잡한 다수정당체계의 토대를 형성하였다.

립셋과 로칸은 또한 사회적 균열구조가 어떻게 경쟁적 정당체계로 발전하게 되었는가를 체계적으로 논구한다. 하나의 사회운동이 반대입장을 표출하고 궁극적으로 정치적 목적을 달성하기 위해서는 네 개의 연속적인 관문을 통과하게 된다. 그것은 ① 반대의 표출이 용납되는 정당화, ② 참여의 권리가 부여되는 통합, ③ 대의기관에 진출하여 세력을 형성하는 대표, 그리고 ④ 다수자 지위를 확보하며 중요한 구조적 변화를 가져올 수 있는 다수지배이다. 각 관문마다 문턱의 고저가 있을 수 있다. 그 고저에 따라 정당체계의 특징을 묘사할 수 있다. 예를 들면 1832년 이전 영국에서는 정당이 허술한 의원조직이나 유지의 클럽에 불과한 원내정당이었다. 당시의 정당체계에서는 정당화의 관문이 중간 수준의 문턱을 유지했으나 다른 관문은 문턱이 모두 높았다(MHHH). 초기 원외정당의 체계에서는 반대운동의 의사 표명은 자유로웠지만 참정권은 제한적·차등적으로 주어졌으며, 대표와 다수지배의 장애가 많았다(LMHH). 대표의 관문에 있어서 다수제는 비례대표제보다 높은 문턱을 의미하며, 다수지배의 관문에 있어서 권력분립에 기초한 대통령제가 권력융합에 토대를 둔 의회제보다 문턱의 수준이 높다. 또한 립셋과 로칸은 사회운동 간의 동맹과 대립이 종교개혁, 프랑스혁명, 산업혁명, 러시아혁명 등 역사적 전기에 어떻게 형성되었는가를 도식화하였는데, 이것은 정당체계의 성립에 관한 비교분석에 매우 유용하다.

립셋과 로칸이 제시하는 중요한 명제는 서구에서 보통선거권이 거의 실현되었던 1920년대에 이르러 형성된 정당체계가 그대로 동결되어 적어도 논문이 집필된 1960년대에까지 큰 변화를 겪지 않고 유지되었다는 것이다.[2)]

제7장에 소개된 글에서 달톤, 플라나간과 벡은 1960년대 말 이후 서구의 선거에서 나타난 유권자의 정당지지를 미시적 또는 집합적으로 분석해 보면 중대한 변화가 일어나고 있음을 알 수 있다고 주장한다. 그리고 이러한 변화의 성격과 근원에 대한 논의를 전개한다. 앞에서 립셋과 로칸의 논지가 정당체계의 안정이라고 한다면 여기서의 주제는 정당체계의 불확실성이다.

1960년대 서구의 민주국가에서는 학생시위 등 격렬한 저항운동이 확산되었던 바와 같이 정치적 변화의 징후가 역력히 나타났다. 선거의 특징은 변역성(變易性, electoral volatility)으로 요약되었고, 정당정치에서는 전통적인 균열이 약화되는 대신에 새로운 차원의 균열이 생성되고 있다는 주장이 일게 되었다. 정당이 새롭게 부각된 쟁점에 대응하고 이를 해소하는 데 부적절하게 된 데 비해, 이익집단과 사회운동의 역할이 더욱 중요하게 되었다는 것이다.[3)]

다시 말하여 립셋과 로칸이 1920년대 이후 60년대까지 지속된 정당지지의 안정적인 편성(stable party alignment)을 지적한다면, 제7장의 저자들은 유권자·정당연합체계의 재편성(electoral realignment) 또는 그것의 붕괴(electoral dealignment)를 강조한다.

유권자·정당연합체계의 재편성이란 정당의 집단적 기반에 있어서 중요한 변화가 나타나는 것을 말한다. 어떤 정당에 대하여 종전에는 지지하지 않던 유권자 집단이 지지로 변화하는 것이 그것이다. 이러한 변화는 1930년대 미국 선거에서 형성된 민주당 지지자의 뉴딜 연합(New Deal Coalition)과 같이 급격하게 생길 수도 있으나 서서히 일어나기도 한다. 어떠한 경우든 변화가 초래한 결과가 비교적 장기적으로 지속될 조짐이 있어야 유권자·정당연합체계의 재편성으로 규정할 수 있다. 정당의 전략이 이러한 재편성을 초래할 수 있다. 예를 들어 서독의 사민당(SPD)은 1959년 고데스베르크 강령의 선언 이후에 전통적인 노동계급(Old Left)의 지지를 유지하면서도 신중간계급의 지지를 서서히 획득하여 유권자 지지의 재편성을 가져왔고 1969년 이후 집권할 수 있었다. 그러나 정당의 전략이 효과를 미치지 못하는 환경적인 변화가 유권자·정당연합체계의 재편성을 가져오기도 한다. 예를 들면 일본이나 이탈리아에서는 농업부문이 점차 축소되고 농촌이 집권당의 지지기반으로서 갖는 비중이 약화되었다.

1960년대 말 이후 서구의 선거정치에서 유권자·정당연합체계의 재편성이 나타났다고 보는 시각은 계급균열 등 전통적인 균열이 약화되고 새로운 균열이 생성되고 있다고 파악한다. 새로운 균열은 구정치-신정치(old politics-new poitics) 균열 또는 물질주의-탈물질주의(materialism-postmaterialism) 균열이라고 불린다. 신정치 또는 탈물질주의를 표방하는 집단은 사회경제적 배경의 특성에 있어서 신중간계급, 대학 수준 이상의 학력집단, 젊은 층으로 규정된다. 이 집단은 중요한 정치적 과제로서 환경보전, 참여, 개인권리의 확대, 여성권리의 신장, 삶의 질 등을 내세운다. 녹색당이나 신사회운동에서 이러한 신정치 세력의 조직적 표현을 발견할 수 있다.

한편 선거정치의 변화를 유권자·정당연합체계의 붕괴로 규정하는 것은 후기

산업사회에서 정당이 노정하는 부적절성과 한계를 지적하는 기능적인 관점에서 비롯된다. 그런데 붕괴현상은 그 자체가 종국적인 결과로서 새로운 선거정치의 양상이라고 보는 학자가 있는가 하면 재편성에 선행하는 과도기적인 단계라고 주장하는 학자도 있다. 미국의 경우에는 정당 일체감의 약화와 무당파(independents)의 증가 추세가 이러한 붕괴현상을 반영하는 증거로 지적된다. 정당 일체감의 개념을 그대로 적용하기 어려운 서구의 경우에는 계급투표의 감소, 사회집단적 맥락과 정당 지지가 갖는 상관관계의 약화, 정책쟁점투표나 후보 이미지 투표의 증가, 유동층(floating voters)의 확산, 신생정당의 급격한 출현과 몰락, 선거의 변역성 강화 등이 붕괴현상의 증거로 제시된다.[4]

선거 및 정당정치의 변화가 갖는 성격에 대한 진단의 내용이 다양하듯이 그 변화의 원천에 대한 논의도 분분하다. 제7장의 글에서는 ① 경제적 번영이 가져온 노동계급의 부르주아화, ② 산업구성상의 변화가 초래한 사회적·직업적 유동성, ③ 대중사회의 특징인 개인의 원자화, ④ 공동체의 동질성과 유대의 약화, ⑤ 교육수준의 향상, 정치정보의 확산, 및 대중정치의식의 세련화를 의미하는 인지적 동원(cognitive mobilization), ⑥ 정당체계의 노쇠화, ⑦ 가치관의 변화 등 상호배제적이지 않은 여러 가지 요인에 근거한 설명이 제시된다.

제7장에서의 논지가 변화를 강조함에도 불구하고 이 변화를 여전히 주변적인 것으로 보는 입장이 있음에 주목할 필요가 있다. 이를테면 신정치를 내세우는 세력과 정당은 전적으로 새롭다기보다는 좌파의 한 변형에 불과하며 물질주의-탈물질주의 가치관의 균열이 전통적인 좌우 구분을 대체할 수 없다는 것이다. 그리고 정당정치의 변화는 주로 좌파 내에서 또는 우파 및 중도파 내에서 정당간 세력관계가 변화하는 것이라는 주장도 있다. 사실 녹색당과 같은 신생정당은 의회에 진출했어도 주변적인 지위에 머무르고 있으며, 정당체계의 분절화를 심화시키지도 않았다. 이렇게 보면 선거의 변역성은 다소 과장된 측면이 있다는 것이다.[5] 변화의 가능성을 전체적으로 100으로 놓고, 실제로 일어난 변화의 폭을 10 정도라고 하자. 물론 10정도의 변화가 의미심장한 것으로 파악될 수도 있지만 90만큼의 무변화에 주목하여 여전히 안정성을 강조할 수도 있는 것이다. 서구의 선거 및 정당정치의 변화에 대한 논의가 이와 마찬

가지라고 할 수 있다.

이익집단 정치도 정치과정의 핵심적 측면을 구성한다. 제8장에 소개된 윌슨의 글은 서구의 이익집단 정치에 관하여 1970년대 말과 80년대 초에 출간된 다섯 권의 주요 저서(제8장 참조)에 대한 서평 형식을 갖추고 있다. 윌슨은 이 저서들의 학문적 공헌을 긍정적으로 평가하면서도 그 연구 결과를 비판적으로 고찰한다.

1970년대 이후 서구의 이익대표 및 중개방식으로서 조합주의(corporatism)가 가장 두드러지게 부각되었다. 서구의 조합주의는 과거 파시스트 체제나 중남미 권위주의 체제의 국가조합주의와 구별하기 위하여 신조합주의(neo-corporatism), 사회조합주의(societal corporatism), 또는 자유적 조합주의(liberal corporatism)로 지칭되었다. 예상되는 것처럼 윌슨은 가장 중요한 조합주의 이론가로서 쉬미터를 꼽는다. 윌슨에 의하면 조합주의에 대한 개념정의는 쉬미터의 초기 저작에 있는 대로 받아들이는 것이 문제를 가장 적게 초래한다.[6] 조합주의의 개념을 정책결정 양식, 정치체제의 유형, 선진자본주의에서의 노사갈등 관리장치, 분권화의 방식 등 가운데 어느 하나 또는 두 개 이상의 복합적 의미로 확장하면 조합주의는 중간범위이론의 수준을 넘어서는 거시개념이 되고, 개념의 다차원성과 다의성 때문에 오히려 이론화를 어렵게 한다는 것이다.[7]

윌슨은 조합주의를 다원주의에 속하는 한 변종이라기보다는 다원주의의 대안으로서 파악할 것을 권한다. 조합주의 방식은 ① 이익부문별로 이익을 독점적으로 대표하며 위계적으로 조직되어 있는 강력한 대규모 집단이 존재하고, ② 이러한 이익집단이 공공정책의 형성과 집행과정에 공식적으로 통합되어 제도화된 역할을 수행하는 것을 말한다. 반면 다원주의 방식은 ① 동일한 이익부문 내에서도 자발적으로 조직된 다수의 집단이 상호간에 경쟁을 전개하며, ② 이익집단이 정책과정에서 공식적·제도적 역할을 담당하지 않고 각 집단이 다양한 방식으로 정부에 압력을 행사한다. 그런데 다원주의와 조합주의는 모두 이념형(ideal type)으로서 현실의 이익집단 정치는 이 양자가 혼재된 형태로 나타난다. 이 두 가지 방식의 혼합 정도는 국가별, 시기별, 이익부문별, 정책분야별로 차이를 보이게 된다.

조합주의의 생성과 확산의 조건, 그리고 그것이 이익집단과 종국적으로 통치에 미치는 효과 역시 주요 연구과제이다. 일반적으로 경제정책의 수행과정에서 국가, 자본, 및 노동간 합의의 필요성이 조합주의의 기원으로 강조된다. 노동자의 조직화 수준, 체제 내 사회주의 정당의 존재, 정치체제의 성격, 경제정책분야 등과 조합주의의 상관관계도 많은 연구자의 주목을 받고 있다. 조합주의의 결과와 관련해서는 노동조합과 노동계급에 미친 효과, 그리고 국가의 정치경제적 위기에 대한 영향을 평가하는 데 있어서 긍정적인 견해와 부정적인 견해가 엇갈린다.

윌슨은 기존의 연구에서 미흡한 점도 지적한다. 이를테면 종래의 연구는 조합주의의 원인과 결과에 대해서 보인 많은 관심과는 대조적으로 조합주의 현상의 확산 정도를 실증적으로 규명하는 것이 가장 초보적인 연구과제임에도 불구하고 이를 소홀히 하였다. 또한 비생산자 이익집단, 소득정책 이외의 분야에 대한 관심이 불충분하였다. 그리고 조합주의가 근본적으로 국가와 이익집단 간 상호작용을 강조하는 개념이지만 막상 조합주의적 방식을 가능케 하는 공식적 구조에 대한 연구가 부족하였다. 따라서 국가의 역할은 피상적으로만 제시되었다.

이론적 측면에서 기존의 연구는 서술의 차원을 넘어서지 못하며 서로 연관된 명제의 체계를 구축하는 데 실패하였다. 뿐만 아니라 조합주의 개념이 가진 규범적, 이데올로기적 요소는 설명이나 예측의 장애가 된다는 것도 언급된다.

윌슨이 살펴본 조합주의 연구는 1980년대 초반까지 발표된 것에 국한된다. 서구는 아직도 여전히 조합주의의 세기를 벗어나지 않은 것으로 보이지만 1980년대 이후에 많은 변화를 겪었고, 조합주의 대표 및 존재방식이 약화되었다. 무엇보다도 경제가 침체되고 성장이 불확실해지면서 계급타협이 용이하지 않게 되었다. 아울러 경제문제 이외의 평화, 환경, 여성권리, 삶의 질과 같은 쟁점이 부각되면서 비생산자 집단의 정치적 발언권이 강화되었다. 즉 일반시민의 직접적 참여가 주창되었고 집단대표자를 통해 일반 구성원의 이익이 중

개되는 조합주의 방식이 약화된 것이다.[8)]

끝으로, 제3부의 주제와 관련하여 참고문헌을 몇 가지 소개한다.

Suzanne D. Berger(ed.), *Organizing Interests in Western Europe: Pluralism, Corporatism, and the Transformation of Politics*(Cambridge: Cambridge University Press, 1981).

Russell J. Dalton, *Citizen Politics in Western Democracies: Public Opinion and Political Parties in the United States, Great Britain, West Germany, and France*(Chatham House: Chatham, N.J., 1988).

Gerhard Lehmbruch and Philippe C. Schmitter(eds.), *Patterns of Corporatist Policy Making*(London: Sage, 1982).

Stein Rokkan, *Citizens, Elections, and Parties*(Oslo: Universitetsforlaget, 1970).

Giovanni Sartori, *Parties and Party Systems*(Cambridge: Cambridge University Press, 1976).

Philippe C. Schmitter and Gerhard Lehmbruch(eds.), *Trends Toward Corporatist Intermediation*(London: Sage, 1979).

Rein Taagepera and Mattahew Soberg Shugart, *Seat and Votes: The Effects and Determinants of Electoral Systems*(New Haven: Yale University Press, 1989).

---

□ 주

1) Stefano Bartolini and Peter Mair, *Identity, Competition, and Electoral Availability: The Stabilization of European Electorates, 1885~1985*(Cambridge: Cambridge University Press, 1990) 참조.

2) 이러한 문제는 다음 논문에서 다시 확인되었다. Richard Rose and Derek Urwin, "Persistence and Change in Western Party Systems since 1945," *Political Studies*, Vol. 18, 1970, pp. 287~319.

3) Ian Budge, "Electoral Volatility: Issue Effects and Basic Change in 23 Post-War Democracies," *Electoral Studies*, Vol. 1, 1982, pp. 31~61; Mogen N. Pedersen, "Changing Patterns of Electoral Volatility in European Party Systems, 1948~77,"

in H. Daalder and P. Mair(eds.), *Western European Party Systems*(London: Sage, 1983), pp. 29~66; M. N. Pedersen, "The Dynamics of European Party Systems: Changing Patterns of Electoral Volatility," *European Journal of Political Research*, Vol. 7, 1979, pp. 1~26.

4) 유권자·정당연합체계의 재편성과 붕괴현상의 구체적인 논의는 바로 제7장의 글이 수록된 Dalton, Flanagan, and Beck(eds.), *Electoral Change in Advanced Industrial Democracies: Realignments or Dealignments*(Princeton: Princeton University Press, 1984)의 여러 논문을 참조할 것.

5) Michael Gallagher, Michael Laver, and Peer Mair, *Representative Government: Western Europe*(New York: McGraw-Hill, 1992), pp. 99~115 참조.

6) Philippe Schmitter, "Still the Century of Corporatism," *Review of Politics*, Vol. 36, pp. 85~131.

7) 이런 문제에 대한 방법론적 논의로서는 지오바니 사르토리, 「비교정치연구에 있어서 개념정립의 오류」, 김웅진·신윤환·박찬욱 편역, 『비교정치론 강의 1』, 한울, 1992, 57~92쪽을 참조할 것.

8) B. Guy Peters, *European Politics Reconsidered*(New York: Holmes and Meier, 1991), pp. 165~192; P. A. Gourevitch, *Politics in Hard Times: Comparative Responses to International Economic Crises*(Ihtaca, N. Y.: Cornell University Press, 1986).

# 제6장 균열구조, 정당체계, 그리고 유권자 편성: 서설*

세이무어 마틴 립셋, 스테인 로칸
(Seymour Martin Lipset, and
Stein Rokkan)

## 1. 서론

### 1) 비교분석을 위한 질문들

이 책에 수록된 논문들은 비교정치사회학의 연구에 핵심적인 일련의 질문들에 대한 해답을 시도하고 있다.

첫 번째 질문군(群)은 국가공동체 내에서의 대립 및 균열체계의 발생과 관련된 질문들이다. 예컨대, 어떠한 갈등이 먼저 발생했고 어떠한 갈등이 나중에 발생했는가? 이들 중 일시적이며 부차적인 갈등은 무엇이었고, 지속적이며 널리 확산된 갈등은 무엇이었는가? 또 어떤 갈등들이 상호 종단함으로써 복합적인 제휴와 대립의 세력관계를 형성시켰고, 어떤 갈등들이 상호 중첩됨으로써 국민들을 양분시켰는가 등의 질문들이 이에 해당한다.

두 번째 질문군은 정치체제 내에 지속적인 균열 및 반대의 체계가 발달하기 위한 여러 조건들에 관한 질문들이다. 즉, 과거의 몇몇 갈등들은 정당들 간의

---

* Seymour Martin Lipset and Stein Rokkan, "Cleavage Structures, Party Systems and Voter Alignments: An Introduction," in Lipset and Rokkan (eds.), *Party Systems and Voter Alignments*(New York: Macmillan, 1967), pp. 1~64. 김수진(이화여대 강사) 역.

대립으로 발전된 반면 다른 갈등들은 왜 그러하지 못했는가? 국가공동체 내의 무수한 이해관계와 가치관의 충돌 요소들 중에서 어떤 갈등들이 정당들 간의 직접적인 대립을 배태시켰고 또 어떤 갈등들이 보다 포괄적인 정당체계 내로 집약될 수 있었나? 어떤 조건들이 다양한 반대 집단들의 광범위한 결집을 유발시켰고, 어떤 요인들이 보다 단순한 이해관계 혹은 보다 협소하게 규정된 명분들을 단편적으로 표출시키도록 하였나? 참정권의 확대, 비밀선거의 도입, 타락선거에 대한 엄격한 규제 수단의 발달, 단순다수결제의 유지 혹은 여러 종류의 비례대표제 도입 등과 같은 법률적·행정적 변화들은 이와 같은 현상들에 어떤 영향을 끼쳤는가 등의 질문이 여기에 해당된다.

끝으로 세 번째 질문군은 위와 같은 경로로 형성된 정당체계 내에서의 일반 대중들의 행태에 관한 질문들이다. 즉, 정당들은 선거권을 획득한 새로운 대중들의 정치적 지지를 얼마나 신속하게 획득할 수 있었으며, 또 각 정당들에 의해 동원된 유권자 집단들의 핵심적인 특성은 무엇이었나? 상이한 대중 집단들 내에서 각 정당의 동원노력을 도와주거나 방해했던 조건들은 각각 무엇이었나? 경제성장 혹은 경제적 침체가 초래한 경제·사회·문화적 환경의 변동이 얼마나 신속하게 정당들의 세력 및 전략의 변화로 전환되었는가? 각 정당의 정치적 성공은 그 정당에 대한 동원율 및 새로운 지지의 창출에 어떠한 방식으로 영향을 끼쳤는가? 각 정당들은, 정책결정 과정에 영향을 미치기 위해 유용한 창구로서의 존립 가치를 확립해 가면서, 새로운 보호세력들을 확보하고 또 지지계층을 변화시키는 경향을 보였는가 등의 질문이 여기에 속한다.

이와 같은 문제들에 관한 모든 분석들은 중요한 "역사적" 차원도 포함하게 된다. 즉, 이 모든 분석들은 우리로 하여금 "발전론적 비교"라는 과제에 직면하도록 한다. 각 정당에 대한 유권자들의 현재와 같은 정당지지편성의 양태를 이해하려면, 각 정치체제가 경쟁적 정치를 도입한 이래 그 정치체제 내의 적극적 혹은 소극적 시민들이 직면해 온 대안들의 연속적인 흐름과 그 변화양상을 도출해야 한다. 정당들은 매 선거마다 "새로이" 자신들을 시민들에게 제시하는 것이 아니다. 정당들은 제각각의 역사를 지니고 있으며 유권자들에게 제시할 독특한 대안체계들을 축적해 왔다. 일국의 사례에 관해 연구할 경우, 현재의 편성양태를 분석하기 위해 이 같은 역사를 반드시 고려할 필요는 없을 것이다. 이 경우에는 정당들을 그 국가의 모든 시민들에게 동등하게 드러난 객체들이라고 가정해도 무방하기 때문이다. 그러나 비교분석적인 연구에서 역사적 차원의 분석은 반드시 포함시켜야 한다. 정당 결성시점의 차이, 그리고 선거권 확대를 전후하여 유권자들에게 제시된 대안들의 특성의 차이 등에 관한 자세한 자료가 없이 현재의 유권자 편성 양상의 편차들을 이해한다는 것은 불가능하다.

우리의 비교 분석은 몇 단계로 나뉘어 실시되어야 한다. 우선 경쟁적 정치로의 최초의 발전 및 대중선거의 제도화를 고려해야 하며, 다음으로 선거를 치르기 위한 대중조직의 전국적 체계를 배태시킨 균열과 대립의 분포상황을 파악해야 하고, 그 다음 단계에 비로소 역사적으로 주어진 대안들을 바탕으로 형성된 현재의 유권자 편성 양상을 창출한 역학에 관해 어느 정도의 이해를 도모해 볼 수 있을 것이다. 서구의 민주정치체제에서 유권자들이 오직 한 가지 사안에 관한 입장에 의거해서 투표하는 경우는 대단히 드물다. 그들은 통상 역사적으로 주어진 강령, 공약, 전망, 그리고 세계관 등의 "꾸러미들" 가운데서 선택을 해야 하는 상황에 놓여 있다. 따라서 이 "꾸러미들"을 만들었던 일련의 사건들 및 그 역학관계에 관한 지식 없이 유권자들의 현재의 행태를 이해할 수는 없다. 우리의 과제는 서로 다른 정치적, 사회적, 경제적 발전 조건 속에서 형성된 서로 다른 "꾸러미들"의 체계를 설명할 수 있고, 또 대안들의 이처럼 상이한 특성에 관한 정보를 현재의 선거행태 분석에 활용하도록 해줄 수 있는 현실적인 모형들을 개발하는 것이다. 즉, 우리는 서로 다른 유형을 지닌 "정당체계들"의 기원과 "동결"을 규명해 보고자 하며, 또 제각기 다른 체계 내에서 역사적으로 주어진 "꾸러미들"을 배경으로 하여 발전된 현재의 유권자 편성 양상을 비교·분석할 수 있는 자료들을 취합하고자 한다.

이 서언적 문헌에서 우리는 몇 가지 뚜렷한 비교 대상에만 논의를 국한시킬 것이다. 서구의 정당체계와 유권자 편성에 관한 완전한 비교 분석은 각국 정치발전에 관해 상세한 사회학적인 분석들이 완료된 이후에나 가능할 것이다.[1] 우리는 우선 각 국가의 정치공동체 내에 존재할 수 있는 균열적 기초들의 유형(typology)에 관해 논할 것이다. 다음으로, 서구 정치체제에 실재하는 정당체계들을 논의하고, 마지막으로 유권자들이 선택해야 할 대안들을 토대로 형성된 유권자 편성 양상의 정당체계별 편차에 논의를 집중시키려 한다. 이 마지막 논의에서 우리는 지역, 계급, 그리고 종교 등과 같이 확연한 사회문화적 기준에 의거한 편성만이 아니라 “우리” 대 “그들”이라는 순전히 정치적인 기준에 의거한 편성에도 주의를 기울일 것이다. 즉, 우리는 정당들 자신이 중요한 흡인력의 극점들을 확립하여 (대중)운동의 지리적, 사회적, 문화적 토대와는 별개의 독자적인 결속력을 생성할 가능성 역시 고려하겠다는 것이다.

2) 투쟁의 담당자이며 동시에 통합의 도구인 정당

서구정치사를 일관하여 “정당”은 정치체 내에서 분열, 투쟁, 그리고 반대를 주도해 왔다. 어원적인 관점에서 “정당(party)”은 “부분(part)”으로부터 파생된 어휘이며, 중세 말기의 정치서에 처음으로 등장한 이래 그것은 어떤 통합된 전체의 내부에서 특정 요소와 경쟁 혹은 분쟁관계에 놓여 있는 요소를 지칭하는 의미를 항상 지녀 왔다.2)

20세기 들어 숱하게 등장한 유일 정당이나 전체주의적 정당, 즉, 이른바 “일당체계”는 정당의 또 다른 의미를 시사한다는 반론을 제기할 수도 있을 것이다. 이것은 정당이라는 용어의 용례에 관한 해묵은 모호성을 반영한다. 막스 베버(Max Weber)는 그의 저서 『경제와 사회』에서 중세 이탈리아 도시에서의 정치를 묘사하는 부분에서 “정당”이라는 용어의 용례를 논한 바 있는데, 그는 피렌체의 교황당(*Guelfs*)이 그 도시를 통치하는 관료집단의 일부로 흡수된 다음부터는 더 이상 정당일 수가 없다고 주장했다. 즉, 그는 경쟁적·자발적 정치의 묘사에 쓰이는 “정당”과 일원적 체계에서 쓰이는 “정당”과의 어떠한 공통점도 인정하기를 거부했던 것이다. 이러한 구별은 명백히 분석적 중요성을 지닌다. 그럼에도 불구하고 이 양자 사이에는 잠재적인 공통점이 있다. 전체주의 정당은 정치시장 내의 자유로운 경쟁을 통해서 활동하지는 않는다. 그러나 그것은 여전히 보다 큰 전체의 “부분”이며, 그 전체 속의 다른 세력들과 “대립”

관계에 놓여 있다. 전형적인 전체주의 정당은 국가체계의 활동적이며 동원적인 부분을 구성한다. 그것은 공직을 획득하거나 혹은 정치적 지지를 얻기 위해서 다른 정당들과 경쟁하지는 않는다. 그러나, 그것은 여전히 다른 어떤 무엇에 대항하여, 즉 국가공동체 내의 음모적인 저항세력 혹은 외국의 적들이 가해 오는 위협적인 압력에 대항하여 인민들을 동원하려고 노력한다. 서구적인 관점에서 볼 때 전체주의 체제에서 치러지는 선거들은 하등의 의미도 없을는지 모른다. 하지만, 그 선거들은 중요한 정당화의 기능을 수행한다. 즉, 그 선거들은 "감추어진" 반대, 다시 말해서 확립된 체제에 대항하는 정통성을 결여한 반대 세력들에 대한 지속적인 운동의 일환으로서 "(체제에 대한) 지지의 의식"인 것이다.

정치체의 구조가 무엇이든 정당들은 정치적 동원의 핵심적 담당자로서의 역할을 수행해 왔으며, 그에 따라 국지적 공동체들을 국가 전체 혹은 보다 넓은 연합체로 통합시키는 데 기여해 왔다. 이것은 최초의 경쟁적 정당체계들에서도 그러했을 뿐 아니라 식민지 상태에서 벗어난 많은 단일정당 국가들에서도 명백한 사실이다.

경쟁적 정당체계 내에서의 이러한 통합의 과정은 두 가지 측면에서 분석이 가능하다. 즉, 각 정당은 국지적 영역을 넘어서는 커뮤니케이션 망을 구축함으로써 국민적 일체감을 강화시키는 데 기여하는 한편, 정당들 간의 경쟁성 자체는 국가의 정부체계를 특정한 정권 담당세력의 "상부에" 위치하게끔 도와준다. 이것은 또한 양 방향으로 충격을 준다. 즉, 시민들로 하여금 정치체계 전반에 대한 자신들의 충성심과 상호 경쟁하고 있는 정치가들에 대한 자신들의 태도를 명확하게 구별하도록 추동하며, 권력의 획득을 위한 경쟁에 나선 자들은 최소한 정권을 장악할 가능성이 조금이라도 있다면 정치체제 및 정치체제의 권력교체 규칙에 대한 시민들의 애착을 유지하는 데 관심을 갖도록 한다. 반면, 일원적 정치체제의 시민들은 체제와 정권담당 세력을 구분하도록 추동되지 않는다. 즉, 시민들은 정치체제를 특정한 지배자의 정책과 동일시하는 경향을 보이며, 권력을 장악한 세력은 국가에 대한 충성심을 자신들에 대한 지지로 연결시키기 위해 이를 습관적으로 이용한다. 이러한 사회에서는 정치적 영도자나 지배정당에 대한 어떠한 공격도 정치체제 자체에 대한 공격으로 비화되는 경향을 보인다. 특정 정책 혹은 특정한 직무수행자들을 둘러싼 논쟁은 체제의 사활이라는 근본적인 문제를 즉각적으로 제기하게 된다. 경쟁적 정당체계에서는 현존 집권 세력에 대한 반대 세력들이 설혹 국가를 약화시키거나 민족적 전통을 배신한다고 비난을 당한다 하더라도 그 때문에 정치체제의 지속적인 생존이 위기에 빠지지는 않는다. 경쟁적 정당체계는 국가를 시민들의 불만으로부터 보호해 준다. 즉, 그들의 불평과 공격은 체제 전반으로부터는 비껴나서 현재의 집권 세력으로 집중되는 것이다.[3)]

정치체제 내의 제도화된 갈등 통합기능에 관해서 많은 사회학자들이 분석한 바 있다. 상충하는 이익들을 표출하는 정규적인 통로의 확립이 수많은 국민국가 체제의 안정에 기여해 왔다. 상이한 종교적 입장의 지위를 효과적으로 균등화시킨 것이 종교적인 문제를 둘러싼 첨예한 갈등을 크게 완화시키는 데 기여했다. 선거권의 확대나 정치적 표현의 자유의 확립 역시 국민국가의 정통성을 강화시켜 주었다. 기득권 계급과 소외 계급 사이의 실재적 혹은 잠재적 갈등이 표출될 수 있는 통로의 개방은 처음에는 수많은 정치체제의 균형을 허물어뜨렸지만 장기적으로는 각 정치체를 강화시켜주는 경향을 보였다.

갈등과 통합간의 이와 같은 변증법은 오늘날의 정당에 관한 비교사회학적 연구의 핵심적인 관심사이다. 이 책은 다양한 갈등들, 그리고 이들의 정당체계로의 변환양식에 초점을 맞출 것이다. 그러나 이것이 우리가 정당의 통합기능을 무시할 것임을 의미하지는 않는다. 우리는 단지 잠재적 혹은 현재적 긴장과 균열들로부터 분석에 착수하기로 선택했을 따름이며, 또한 이러한 초기의 갈등들을 배경으로 발전한 타협과 조정의 경향을 다룰 것이다. 우리의 주요한 관심사는 정치체제 내의 정책 및 가치적 문제를 둘러싼 다양한 갈등 속에서의 연합체들이라 할 수 있는 정당들에 집중된다. 사회학자들에게 정당은 이중적인 매력을 발산한다. 정당들은 현존하는 사회구조 내의 잠재적인 긴장과 대립 및 상충하는 이해관계들을 구체화하고 명료화한다. 그들은 또한 시민들로 하여금 구조적인 균열축들을 넘어서서 연합하도록 이끌며, 체제 내에 확립되어 있거나 혹은 추후 수행할 역할들에 대한 시민들의 적극적 수행 의지의 우선순위를 확정짓도록 강요한다. 정당들은 "표출기능"(expressive function)을 지닌다. 즉, 그들은 사회적·문화적 구조 내부의 대립을 어떤 행동 혹은 비행동에 대한 요구와 압력으로 변환시켜주는 수사학을 개발한다. 반면 정당들은 또한 "도구적·대의적 기능"(instrumental and representative functions)을 지닌다. 즉, 그들은 대립되는 수많은 이해관계 및 가치관들의 대표자들로 하여금 타협점을 도출해내고, 요구사항들을 변경하며, 압력을 집약하도록 강요한다. 소규모 정당들은 표출기능만으로 만족할지도 모른다. 그러나 현존하는 균열축들을 넘어서서 잠재적인 적수나 반대자들과 공동전선을 확립하려는 적극성을 결여한 어떤 정당도 공동체의 중요 사안에 대해 결정적인 영향력을 확보하려는 희망은 버려야 할 것이다. 이것은 정당형성의 초기 단계에 저명인사 및 입법가들이 모여서 결성했던 도당(clique)이나 클럽의 경우에도 해당되지만, 참정권이 새로운 시민계층으로 확대되어감에 따라 이처럼 광범위한 연합의 필요성은 더욱 커져갔다.

서구 국가들 내에서 다수당의 지위를 추구하는 대부분의 정당들은 비록 수많은 사안들에 관해 견해를 달리 하지만, 다른 진영의 경쟁자들에 대한 보다 큰 적대감을 바탕으로 결속한 집단들의 결합체이다. 갈등과 분쟁은 사회구조 내의 대단히 다양한 관계들로부터 생성될 수 있다. 그러나 어떤 정치체제에서든 이들 가운데 오직 극소수만이 정치를 분극시키는 경향을 보인다. 각 정치체제에는 "균열 기반의 위계질서"(hierarchy of cleavage bases)가 존재한다. 정치적 우선순위의 이와 같은 질서는 정치체마다 다양할 뿐만 아니라 시간에 따라 변화해가는 경향 역시 지닌다. 사회·문화적 균열들이 지니는 정치적 비중의 이러한 격차와 동태적인 변화는 비교연구의 근본적인 문제들을 제기한다. 지역, 언어, 혹은 인종은 언제 분극작용의 가능성이 가장 높은가? 계급균열이 최우선적인 위치를 차지하게 되는 것은 언제이며, 종교적 신념이 계급과 마찬가지로 중요한 균열기반이 되는 것은 언제인가? 이러한 반대 혹은 대립들이 동일 정당 내에서 수용·조정되는 데 가장 유리한 조건들은 무엇이며, 어떤 상황 하에서 이 대립들이 정당들 간의 쟁점으로 자리잡게 되는가? 어떤 유형의 정치연합이 정치체제의 긴장을 극대화시키는 경향을 띠며 어떤 유형이 정치체의 통합에 도움을 주는가? 이와 같은 질문들은 향후 여러 해에 걸쳐 비교정치사회학의 연구 대상들이 될 것이다. 이에 관해 수많은 가설들이 이미 제시되어 있으나, 다수의 정치체제들에 대한 체계적인 분석은 지금까지 거의 행해진 바가 없다. 상품의 가격, 채권자와 채무자의 권리, 임금과 이윤, 재산의 소유권 등과 같이 세속적이며 협상가능한 사안들보다 도덕 및 인류가 추구해야 할 목표의 성격 등이 주요 균열축을 형성할수록 정치체제의 긴장은 커진다는 주장들이 자주 제기된 바 있다. 그러나 이러한 주장이 인도해 주는 것은 지극히 제한적이다. 우리가 알고자 하는 것은 한 가지 균열이 언제 여타의 균열들보다 현저해지며, 이 균열들이 어떤 종류의 정치연합을 만들어 내고, 그에 따라 형성된 세력의 분포 양상이 국민국가 내의 합의를 구축하는 데 어떤 결과를 가져다주었는가 등이다. 우리가 이에 대해 분명한 해답을 찾았다고 가장하지는 않는다. 그러나 우리는 분석의 수준을 한 단계 더 진전시키려고 노력하였다. 우리는 사회구조 내에서 "논리적으로 가능한" 갈등 및 반대의 다양한 재료들을 우선 검토해본 연후에 "각 갈등들의 정치적 표현인 경험적으로 실재하는 사례들"에 대한 목록을 작성해보고자 한다. 여기서 우리는 포괄적인 분석전략을 제시하려 하지 않고 단지 한 가지 가능한 접근법만을 제시하고자 한다.

### 3) 균열의 차원: 한 가지 가능한 모형

우리의 과제는 다음 네 가지로 집약된다.

첫째, 우리는 우선 일련의 지역사회들의 내부구조를 검토해 보아야 한다. 국가공동체 형성의 초기 단계에 어떤 균열들이 생성되었고 그 후 중앙집권화와 경제성장의 단계에서는 어떤 균열들이 생성되었는가? 이 질문들은 다음 절에서 다루게 될 것이다.

둘째, 우리의 다음 과제는 "정당형성"의 여러 과정들 가운데서 규칙성을 찾아보는 것이다. 전승되어 온 균열들이 어떻게 정치적으로 표현되었는가? 국민국가의 지역적 조직 양태, 행정부와 입법부 혹은 통치자와 국민 대표들 간의 권력 분립의 양상, 참정권 및 협의권의 확대 과정 등이 정치적 경향 및 정치적 운동 간의 제휴와 대립의 발달에 어떻게 영향을 끼쳐서 궁극적으로 독특한 정당체계를 형성시켰는가? 이 질문들은 그 다음의 두 절에서 다룰 것이다.

셋째, 그 다음 과제는 이와 같은 발전의 결과에 대한 검토이다. 어떠한 일체성, 어떠한 연대성, 경험과 운명의 어떠한 공유성들이 강화되어서 형성 과정상에 있던 정당들이 이를 활용할 수 있었으며, 또 어떠한 것들이 약화되거나 혹은 무시되어야 했는가? 사회구조 내의 어디에서 정당들이 가장 손쉽게 안정된 지지를 동원해 낼 수 있었으며, 또 어느 곳에서 가장 침투하기 힘든 의혹과 배척의 장벽에 부딪혔는가? 이 문제들은 마지막 절에서 다루고자 한다.

넷째, 우리의 마지막 과제는 이처럼 다양한 자료들을 모두 취합하여 선거 및 대표들의 충원과정의 실제 작동을 분석하는 것이다. 표의 분포는 얼마나 그 사회의 구조적 균열을 반영하고 있는가? 정당체계를 통해 압축된 대안들은 선거행태에 어떤 영향을 미치는가? 그리고 정치적으로 중립적인 선거기제의 발달, 절차의 형식화 및 규격화, 비밀선거의 도입 등이 이념화 및 동원화의 노력을 얼마나 억제하는가?

## 2. 균열과 연합의 여러 차원들

### 1) 균열의 두 차원: 지역문화적 차원과 기능적 차원

핵심적인 균열들과 그 정치적 표현들은 두 개의 이분법에 의한 두 대각선에 의해 형성되는 이차원적 공간 내에 배열될 수 있을 것이다.

다음의 그림에서 수직축은 국가 균열구조의 "지역적" 차원을 나타내며 수평축은 "기능적" 차원을 나타낸다.

지역적 축의 최하단부에서 우리는 지배적인 국가 엘리트와 관료들의 침탈에 저항하는 전적으로 지역적인 반대세력들을 발견할 수 있는데, 이것은 중앙집권화하고, 규격화하고, 합리화하려는 국민국가의 압력에 대한 주변부 지역들, 언어적 소수집단들, 그리고 문화적 위협을 느끼는 집단들의 전형적인 대항을

<그림 1> 균열구조의 2차원적 공간

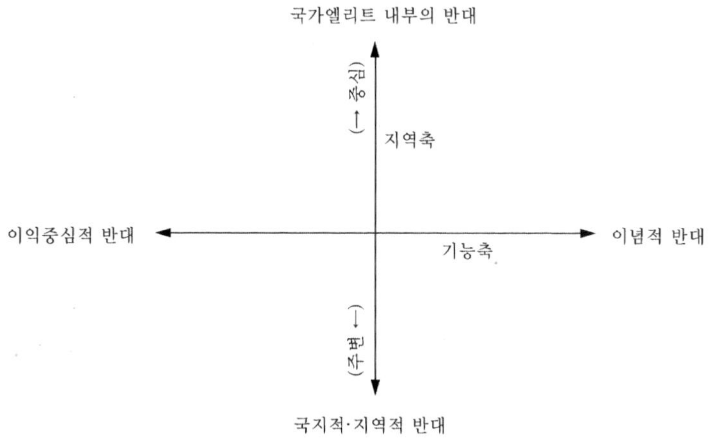


뜻한다. 수직축의 최상단부에서 발견할 수 있는 것은 지역단위들 간의 갈등이 아니라 체제 전반적인 조직, 목표, 그리고 정책 대안들을 둘러싸고 체제 내부에서 벌어지는 갈등들이다. 이것은 최고 권력을 둘러싸고 벌어지는 엘리트들 간의 직접적인 투쟁만을 뜻할 수도 있으나, 국민국가에 관한 관념, 국내정책의 우선성, 그리고 대외 전략 등에 대한 보다 깊은 견해 차이를 반영할 수도 있다.

수평축 위에서의 갈등들은 국가의 지역적 단위들을 "종단"(cut across)한다. 이 갈등들은 비록 넓은 지역에 산재해 있지만 그 처지와 성향이 비슷한 사람들을 연합시키며, 그 결과 각 지역 공동체마다 확립되어 전승되어 온 지역적 유대를 약화시키는 성향을 지닌다. 이 차원의 왼쪽 끝에서 천연자원, 생산품, 그리고 기타 경제활동 등이 만들어 낸 이익들의 단기적 혹은 장기적 분배를 둘러싼 전형적인 갈등들을 발견할 수 있는데, 생산자와 소비자, 노동자와 고용주, 채무자와 채권자, 소작인과 지주, 기여자와 수혜자들 간의 갈등들이 이에 해당된다. 이 위치에서의 결속은 구체적이며, 갈등들은 합리적인 협상 및 보편적인 분배의 규칙들을 확립함으로써 해결되는 경향을 보인다. 반면 수평축을 따라 오른쪽으로 이동할수록 결속의 기준은 점점 모호해지고, "우리"라는 집단과의 일체감은 보다 강렬해지며, "그들" 집단에 대한 배척은 더욱 비타협적이 된다. 그리하여 수평축의 오른쪽 끝에서 우리는 강력히 결속된 종교적 혹은 이념적 운동체들이 이들을 둘러싸고 있는 공동체에 대해 행사하는 전형적인 "흑백"(friend-foe) 논리에 입각한 반대를 발견하게 된다. 여기서의 갈등은 더 이상 구체적인 이득과 손실을 둘러싼 것이 아니라 도덕적 권리에 대한 관념, 역사 및 인류의 운명에 관한 해석 등을 둘러싼 갈등들이다. 이러한 운동조직의 소속원들은 여러 집단이나 단체에 중복해서 가입할 수 없으며, 이들에게는 공동체 내의 다른 집단들과 일체의 유대를 끊고 24시간에 걸친 전적인 헌신이 요구된다. 따라서 균열축을 넘나드는 자유로운 의사의 소통은 불가능해지며, 불순한 요소들 및 타협의 씨앗 등으로부터 운동을 보호하기 위해서 의사의 소통은 엄격히 통제된다.

역사상 실재했던 균열들이 위와 같은 양 축의 끝에 위치한 적은 사실 흔하지 않다. 구체적인 갈등이 전적으로 지역적이거나 혹은 전적으로 기능적인 경우는 드물며, 사실 양 측면 모두에 긴장을 불러일으킨다. 이 모델은 본질적으로 정치체제의 비교분석을 위한 "격자"(grid)의 역할을 수행한다. 이때의 과제는 주어진 시기에 특정 정당들의 배후에 결집한 연합체들을 이 이차원적 공간 내부에 자리매김을 하는 것이다. 이 축들은 손쉽게 계량화되지 않으며 엄격한 형량의 기준을 만족시켜 주지도 않을 것이다. 그럼에도 불구하고, 그들은 정치구조의 경험적 다양성들을 사회학 이론의 제 개념들과 결합시키려는 우리의 노력을 위해 유용한 것처럼 보인다.

### 2) 국민혁명과 산업혁명

지역적인 반대는 국민국가 수립(nation-building) 과정에 제약을 가한다. 이 반대가 극단적인 수준에 이르면 전쟁, 영토의 분리, 혹은 심지어 인구의 교체를 초래하게 된다. 기능적인 반대는 국가의 영역이 어느 정도 공고해진 다음에 비로소 발생하게 된다. 그것은 서로 상이한 지방과 지역 간에 늘어나는 상호 교류와 의사 소통에 발맞추어 생성되어 "사회적 동원"[4]의 과정을 통해서 확산된다. 성장하는 국민국가는 광범위한 영역에서 통일과 표준화의 담당자들을 배출시켰으며, “원초적인(primordial)” 지역문화의 터전들에 서서히 침투해 들어갔다. 교회의 조직들 역시 그러했다. 이들은 때로는 세속적인 행정가들과 긴밀히 협력하기도 했지만, 국가의 관리들과 대체로 대립 내지는 경쟁 관계에 놓여 있었다. 이 점에 있어서는 수많은 자율적인 경제성장의 수행자들, 즉, 무역업자들과 상인들, 금융 및 재정업자들, 장인들과 산업적 기업가들 역시 마찬가지였다.

국가 관료의 초기 성장은 근본적으로 지역에 기초한 반대 세력들을 출현시켰다. 그러나 그 후 정부의 활동 영역이 확대되고 지역 간 교류가 가속화됨에 따라 지역과 지역 간에, 지역성을 초월해서, 혹은 지역 내부 차원 등에서 대단히 복잡한 결속체계들이 서서히 형성되었다.

초기의 저항적 동원의 물결은 종종 국가, 연맹체, 혹은 제국의 영토적 통일성을 위협했다. 노르웨이와 스웨덴 농민들의 동원은 양국 간의 통합(union)의 지속을 점차 불가능한 것으로 만들었다. 합스부르크제국 영토 내의 신민들의 동원은 제국을 붕괴시켰다. 아일랜드계 가톨릭 세력의 동원은 내전과 분리독립으로 이어졌다. 아프리카 및 아시아의 신생국들이 최근에 겪었던 국민국가 수립을 둘러싼 긴장들은 지배적인 문화와 피지배적인 문화 간의 유사한 갈등들을 반영하고 있다. 콩고, 인도, 인도네시아, 말레이시아, 나이지리아 및 수단 등의 최근 역사는 모두 이와 같은 시각에서 서술될 수도 있을 것이다. 초기 동원의 물결이 영토체계를 붕괴시키는 지경에까지 이르지는 않았지만, 그 물결은 때로는 지역적, 문화적 갈등의 지울 수 없는 유산을 남겨 놓기도 했다. 스페인에서 카탈로니아, 바스크, 카스틸리아 사이의 대립, 벨기에에서의 플레밍과 왈룬 간의 갈등, 캐나다에서의 영국계 및 프랑스계간의 균열 등이 그 예이다. 동원이 완전히 이루어진 정치체들에서 이와 같은 균열축들이 완화되거나 혹은 보다 강화되기 위한 조건들에 관한 연구는 그리 많지 않다. 스위스에서의 인종, 종교에 의한 복합적인 균열들, 그리고 핀란드와 노르웨이에서의 언어를 둘러싼 갈등 등은 벨기에의 네덜란드어계와 프랑스어계간의 최근에 와서 더욱 악화된 갈등 및 캐나다의 퀘백지방과 영어 상용지역 간의 갈등보다는 비교적 다루기 쉬운 갈등들임이 증명되었다.

이 같은 차이들을 설명하기 위해서 각각의 균열을 일일이 다루어 나갈 수는 없는 일이다. 그러나 각 정치체 내부의 갈등축들의 "배열상태"(constellations)는 반드시 분석되어야 한다. 이 배열상태들의 편차를 설명하기 위해서는 다음 네 가지의 핵심적 균열축들-① 지배적 문화 대 종속적 문화, ② 교회 대 정부, ③ 1차산업 대 2차산업, ④ 노동자 대 고용주 및 소유자-을 구분하는 것이 대단히 효과적임을 우리는 발견했다.

이들 가운데 두 개의 균열은 "국민혁명"의 직접적인 산물들이었다. "국민국가의 수립을 주도한 중심부 문화"(central nation-building culture)와 지방 및 주변부에서 인종적, 언어적, 혹은 종교적으로 독특한 "지배를 받는 인구들"(subject-population)간의 갈등(1), 그리고 중앙집권화, 표준화, 동원화를 지향하는 "국민국가"(nation-state)와 역사상 이미 확립된 배타적 특권을 지닌 "교회" 사이의 갈등(2)이 그것이다.

나머지 두 균열은 "산업혁명"의 산물들이다. 즉, "토지에 기초한 이익"(landed interests)과 신흥계급인 "산업적 기업가들"(industrial entrepreneurs)간의 갈등(3)과, 소유주 및 고용주에 대한 소작인, 노역자, 노동자들의 갈등(4)이 그것이다.

19세기 이래 유럽사의 많은 부분은 프랑스와 영국에서 각각 비롯된 이 두 가지 혁명적 변화의 과정들에 의거하여 서술할 수 있다. 유럽 각국의 균열구조에 두 혁명이 모두 영향을 끼쳤지만, 프랑스혁명은 가장 깊고도 가장 처절한 대립을 유발시켰다. 결정적인 전장은 "동원화하는 국민국가의 열망과 교회의 집합적 권리"(the aspirations of the mobilizing nation-state and the corporate claims of the churches) 사이에 형성되었다. 이것은 경제적인 차원을 훨씬 넘어서는 문제였다. 교회재산의 지위 및 종교활동의 재원 조달 등이 격렬한 논쟁의 대상이 되었던 것은 명백한 사실이다. 그러나 근본적인 갈등은 도덕적인 문제, 즉 공동체 규범의 통제 권한을 둘러싼 것이었다. 혼인 의식, 이혼의 허용 여부, 자선행위의 조직 및 정신질환자들의 관리, 의료행위자와 종교행위자간의 역할 구분, 장례 의식 등을 둘러싼 분쟁들은 바로 이 근본적인 갈등을 반영하고 있었다. 그러나 교회와 국가 간의 가장 근본적인 갈등의 초점은 "교육의 통제권"을 둘러싼 것이었다.

가톨릭교나 여러 종류의 개신교를 불문하고 교회는 수 세기에 걸쳐서 인간의 정신적인 영역을 대표하고 올바른 신앙에 입각한 어린이들의 교육을 통제할 수 있는 권리를 주장해 왔다. 루터교가 확립된 국가들의 경우 이미 17세기에 어린이들에 대한 초등교육을 고유 언어로 실시하기 위한 조치들이 취해졌다. 즉, 확립된 국가 교회들은 단순히 국가의 대행자들이 되어버려, 이러한 조치들을 반대할 이유가 없었다. 그러나 다종교 국가들과 순 가톨릭 국가들의 경우 프랑스혁명의 이념은 대단히 분열적인 영향을 미쳤다. 어린이들에 대한 중앙집권화된 국가의 세속적인 통제력이 의무교육의 발달과 더불어 강화되자, 이것은 종교의 중개 권능과 직접적인 갈등을 야기시켰고, 대중동원의 숱한 물결들을 불러 일으켰으며, 또 이 물결을 전국적인 반대 정당으로 발전시켰다. 프랑스혁명에 의해 고양된 급진주의자들과 자유주의자들에게 의무교육의 도입은 국민국가와 시민 개개인들 사이에 직접적인 영향과 통제의 통로를 만들려는 체계적인 노력상의 다양한 수단들 가운데 오직 한 가지에 불과했다. 그러나 부모 및 정신적 권위자들과 어떠한 협의도 거치지 않고 직접 어린이들에게 침투하려는 이들의 시도는 광범위한 반대와 격렬한 투쟁을 불러 일으켰던 것이다.[5]

이러한 과정을 통해서 형성된 종교정당들은 보통선거의 도입과 함께 광범위한 대중조직으로 성장해 갔으며, 교회에 다니는 노동자들로부터 대단히 높은 지지를 획득할 수 있었다. 선거권이 여성에게 확대되자 이 지지율은 물론 더욱 높아졌다. 사회주의 정당들에 관해 앞으로 서술하게 될 내용과 대단히 유사한 과정을 통해서 이 교회운동들은 지지자들을 외부의 영향으로부터 차단시켜 줄 대단히 다양한 연계 조직과 기구들을 발전시켰다. 즉, 그들은 자신들만의 학교 및 청년운동 단체들뿐만 아니라 종교적 색채를 띤 노동조합, 체육 클럽, 레저 단체, 출판사, 잡지, 신문, 그리고 때로는 라디오와 텔레비전 방송국 등을 지었던 것이다.

저항적인 지역문화를 통합하려는 데서 발생하는 갈등(1)이나 종교단체와의 갈등(2)이 반드시 사회의 수직적 분열을 심화시키지는 않는다. 이와 관련하여 스위스와 네덜란드의 차이를 분석해 보면 다원적 절연(pluralist insulation)이 발전하기 위한 상이한 조건에 관해 많은 것을 얻을 수 있다.

1차산업 종사자와 도회지인들 간의 갈등은 경제적 성격을 띠는 것이 "정상"이지만, 관료 및 도시인들에 대한 농민들의 저항이 이념적 성향을 강력하게 띠었던 사례 또한 대단히 많다. 노동자와 고용자 사이의 갈등은 항상 경제적 협상의 요소를 지녀왔다. 그러나 여기에도 문화적인 저항 및 이념적 절연 등과 같은 요소가 통상 강하게 개입해 왔다. 노동자정당들은 권력으로부터 멀어질수록 더욱 분열적이며, 더욱 독자적인 신화에 사로잡히고, 또 더욱 자신들을 여타의 사회로부터 격리시키려는 성향을 보였다. 이와는 대조적으로, 승리한 노동자정당들은 타협적이고 온건하며, 또 사회 내의 모든 부문의 영향에 대해 보다 개방적인 성향을 보여 왔다.

우리의 분석의 지역적 축을 따라 형성된 넓은 지점들에서도 이와 같은 다양성을 찾아볼 수 있다. 국민국가의 중심부에 위치한 엘리트들의 지배에 대한 "문화적"·"종교적" 저항의 사례를 이미 소개한 바 있는데, 이와 같은 반대가 항상 "순수하게" 지역적인 것만은 아니다. 이 반대운동들이 특정한 지방 거점을 완벽하게 장악할 수도 있지만, 중심부 지역에서 역시 동조세력을 찾음으로써 초지방적(cross-local) 혹은 초지역적(cross-regional) 전선을 형성할 수도 있다.

노르웨이 구좌파(Old Left)의 반대는 본질적으로 이러한 성격의 것이었다. 그것은 처음부터 중심부의 관료적·귀족적 엘리트들의 지배에 대한 지역적 저항운동이었으나, 점차 도회지 계층의 지배에 대한 문화적 저항이라는 대중운동으로 확대되어 갔다. 선거권이 확대되고 또 정치적 동원이 진행됨에 따라 이 운동은 중심부 도시들에도 거점을 확보했을 뿐 아니라 그 중 몇몇에 대한 통제권을 장악하기도 했다.[6] 운동의 이와 같은 확대는 점차 구좌파 내부의 분열 가능성을 높여 주었다. 그리하여 경제적 성향을 강하게 노정시킨 한 세력은 농민당(Agrarian Party)으로 발전했고, 보다 문화적인 색채를 강화시켰던 세력은 구좌파와의 오랜 갈등 끝에 기독국민당(Christian People's Party)을 조직했다. 스칸디나비아 국가들에서는 이처럼 기존 루터교회의 관용적인 실용주의에 반대하는 도덕적, 복음주의적 정당들이 다수 출현했다. 그들은 유럽 대륙의 기독교 정당들과는 다르다. 즉, 그들은 국가 주도의 교육 자체를 반대하지도 않았으며, 추종자들 주위에 숱한 기능적 조직망을 구축하지도 않았다. 그들의 주된 관심은 도회지의 세속주의적 침탈로부터 정통 복음주의의 전통을 보호하고, 국가의 입법적·행정적 기구들을 활용하여 청소년들을 현대적 삶의 해악으로부터 보호하려는 데 있었다. 국가교회의 미온적인 관용주의를 거부한다는 점에 있어서 그들은 영국의 비국교도(nonconformists) 및 네덜란드의 반혁명당(Anti-Revolutionaries)과 유사하지만, 이들이 활동한 맥락은 대단히 다르다. 영국의 경우 종교적 활동가들은 자유당 (그리고 이후에는 물론 노동당) 내부에서 활동할 수 있었고 굳이 독자적인 정당을 결성하지 않더라도 자신들의 견해를 내세울 수 있었다. 네덜란드의 경우, 정통주의에 입각한 반대자들은 독자적인 정당을 결성했을 뿐 아니라 그 주위에 강력한 수직적 조직망도 구축했다.

국민혁명은 보다 광범위한 지역 주민들에게 가치관과 문화적 일체감의 차이가 빚어내는 갈등에서 어느 한 쪽을 선택할 것을 강요했다. 산업혁명 역시 다양한 문화적 반대운동을 촉발시켰지만, 궁극적으로 이 혁명은 국가 내의 가치 공동체들을 종단하여 유권자들로 하여금 그들의 경제적 이익에 입각해서, 즉 새로운 기술의 확산과 확대된 시장이 창출하는 증대된 부 가운데 자신의 몫에 의거하여 편을 들도록 강요하는 성향을 띠었다.

우리의 분석틀에서 이와 같은 이해관계는 두 가지 균열로 집약된다. 도시와 농촌의 이익 사이의 균열(3) 및 노동자와 고용자의 이익 사이의 균열(4)이 그것이다.

세계무역 및 산업생산의 눈부신 성장은 농촌의 1차상품 생산자들과 도시의 상인 및 기업가들 사이에 긴장과 갈등을 증대시켰다. 대륙에서는 농촌과 도시 사이의 상충하는 이해관계가 이미 중세시대부터 각 신분의 분리 대표제에 의해서 공식적으로 인정되어 왔다. 즉, 귀족과 몇몇 예외적인 경우 자영농 집단이 토지를 대변했던 반면 시민들(burghers)은 도시를 대변했다. 산업혁명은 이 갈등을 더욱 심화시켰고 각 국가마다 입법부 내에 독특한 모습의 도-농 배열을 배태했다. 서로 다른 신분간의 오랜 분열은 종종 통합의회시대까지 이어져서 보수당-농민당 혹은 자유당-급진당간의 대립으로 표출되었다. 영국에서의 도시와 농촌간의 갈등은 대륙에 비해 현저히 약했다. 영국 하원은 시민계층만의 의회가 아니라 왕국을 구성하는 각 지역 단위, 즉 군(county)과 시(borough)를 대표하는 입법자들의 집합체였다. 그러나 영국에서조차 산업혁명은 토지에 기초한 이익과 도시의 이익 사이에 깊고도 격심한 균열을 발생시켰다. 웨일즈와 스코틀랜드는 이에 해당되지 않을는지도 모르지만, 잉글랜드에서 보수당과 자유당간의 대립은 1880년대에 이르기까지 대체로 이 균열이 초래한 결과였다.7)

이 대립의 핵심은 경제적 갈등이었다. 그러나, 그 균열을 심화시킨 것은 이미 획득한 지위를 유지하려는 투쟁, 그리고 새로운 성취를 인정받으려는 투쟁 사이의 충돌이었다. 영국에서 국가는 토지 엘리트들의 지배하에 있었으며, 새로이 성장하는 산업적 기업가 계급은 그들의 경제적 이익을 수호하고 그들의 경제력에 합당한 지위를 요구하기 위한 반대 세력으로서 수십 년간 결집하였다. 따라서 보수당과 자유당간의 갈등은 두 가지 가치정향 사이의 대립을 반영하고 있었다. 즉, 문벌과 혈연관계(ascription and kin connection)에 입각한 지위의 인정 대 성취와 노력(achievement and enterprise)에 입각한 지위의 주장간의 대립이 그것이다.

이러한 갈등은 이행기에 접어든 모든 사회의 전형적인 갈등이며, 그것은 산업화의 초기 단계에 가장 격렬한 양상을 띠다가 성장하는 엘리트가 공동체 내에서 그 지위를 확립해 감에 따라 점차 약화된다. 영국의 경우 이러한 화해의 과정이 대단히 신속하게 진행되었다. 사회적 이동성이 높고 또 계층 간 결혼이 확산되던 영국 사회에서는 도시의 산업적인 부가 토지귀족들의 전통적인 위계질서 내부에서 차츰 완전한 인정을 얻을 수 있었다. 농업적 이익과 기업적 이익간의 결합은 계속 증대되어 갔고, 그에 따라 공고해진 국가 엘리트는 보수당과 자유당간의 갈등의 성격을 곧 바꾸게 되었다. 기업주들의 지방 및 교외로의 이동은 그들을 노동자들과 단절시키는 한편 토지를 소유한 신사(gentry)

계층과 긴밀한 관계를 맺도록 했다. 그 결과 정치체계 내의 도-농 갈등은 약화되었으며, 그 반면 더욱 확대된 유권자들 사이에서 계급적 대립이 급속히 증대되어 갔다.[8)]

독일에서는 이와 유사한 화해가 엘베강 동쪽의 농업 세력과 그 서쪽의 산업 부르주아 사이에 이루어졌다. 그러나 독일의 상당수 자유주의 세력은 보수세력과 제휴했으며, 영국의 자유당이 1차세계대전이 발발할 무렵까지 그러했던 것처럼 노동계급 유권자들을 자신들 편으로 포섭하려고 노력하지는 않았다. 그 결과 부르주아와 노동자들 사이의 괴리는 깊어만 갔고, 민족적 혹은 군사적 가치에 대한 호소를 통해 이것을 메워보려는 필사적인 노력들이 다양하게 경주되었다.

유럽 대륙의 다른 국가들의 경우, 도시와 농촌간의 균열은 20세기에 이르기까지 지속적으로 정치에 영향을 미쳤다. 그러나 그 균열이 정치적으로 표출된 양식은 매우 다양했다. 이러한 다양성은 부와 정치적 통제력이 도시에 집중된 정도와 농촌경제의 소유구조 등에 상당 부분 좌우되었다. 저지대 국가들(Low Countries), 프랑스, 이탈리아, 스페인 등에서는 도시와 농촌간의 균열이 정당간의 대립으로까지는 거의 발전되지 않았다. 이와 다른 균열 요인들, 특히 국가와 교회 및 지주와 소작인간의 갈등이 유권자들의 결속에 보다 큰 영향을 끼쳤다. 이와는 대조적으로, 북rn 5개국의 정치를 전통적으로 지배해 온 지역은 도시였으며, 민주주의와 의회주의를 위한 투쟁은 농민들 내부의 광범위한 동원과정을 통해서 촉발되었다.[9)] 이것은 본질적으로 중심부의 관료 및 귀족 엘리트들에 대한 저항의 표출이었지만, 이 운동은 경제적 반대의 요소 역시 지니고 있었다. 즉, 농민들은 도시인들과의 거래에서 착취를 당한다고 느꼈고, 또 성장하는 도시경제로 조세 부담을 이전시키기를 원했다. 1차상품을 생산하는 공동체들이 국가의 단일통화 및 시장경제체제로 편입되면서 이 경제적 균열은 더욱 두드러졌다. 그 결과, 이익집단과 협동조합이라는 광범위한 전선이 형성되었을 뿐만 아니라 독특한 농민당들이 이들 국가에서 발전했다. 노동자정당들이 이들 국가의 지배적인 세력으로 성장한 이후에도 이 농민당들은 기업가 집단의 이익을 보호하려는 보수당들과 연합전선을 구축하지 못했다. 농촌과 도시 사이의 문화적 차이는 여전히 강력했으며, 시장에 대한 엄격한 통제를 선호하는 농민당들이 자유경쟁의 철학을 주창하는 다수의 보수당들과 제휴한다는 것 역시 쉬운 일이 아니었기 때문이다.

도시와 농촌의 이해의 충돌은 “상품” 시장에 집중되었다. 즉, 농민들은 자신들의 생산품을 최고의 가격으로 판매하되 그들이 필요로 하는 물품은 도시의 산업생산자들로부터 저렴한 가격에 매입하기를 바랐다. 이 갈등이 반드시 정당의 형성으로 귀결되었던 것은 결코 아니다. 이 갈등은 정당들 간의 대립이라는 폭넓은 수준에서 다루어질 수도 있었지만, 이익단체에 의한 기능적 대표 및 협상이라는 보다 좁은 영역으로 전환될 수도 있었다. 농민당은 강력한 문화적인 저항이 경제적 갈등을 더욱 심화시켰던 지역에서만 출현했다.

“노동” 시장에서의 갈등은 이에 비해 훨씬 더 일률적인 분열을 노정시켰다. 노동계급을 대표하는 정당들은 유럽의 모든 국가에서 초기 산업화의 물결에 뒤이어서 출현했다. 그 수효가 급증하던 임금노동자 집단은 대규모 농장이나 벌목장 혹은 공장을 불문하고 그들의 열악한 노동조건과 불안정한 고용상태에 대해 분노했으며, 이들 중 대다수가 자신들의 고용주들로부터 사회적, 문화적 소외감을 느꼈다. 그 결과 다양한 종류의 노동조합들이 조직되었으며, 전국적 규모의 사회주의 정당들이 성장했다. 이와 같은 운동의 성공은 노동자 신분을 운명적으로 인식하는 가부장적 전통의 강도, 작업장의 규모, 노동자들의 지역적 유대의 정도, 해당 산업의 번창 수준 및 고용의 안정도, 충실한 헌신 혹은 교육과 성취에 의한 승진 및 생활수준 향상의 기회 등과 같은 다양한 요인들에 좌우되었다.

노동운동의 독자적인 발달을 위한 그 핵심적인 요인은 해당 사회의 “개방성”(openness)이었다. 노동자 신분은 평생 동안 벗어날 수 없는 것이었는가, 아니면 신분 향상의 길이 열려 있었는가? 신분 변화의 자격을 얻을 수 있는 교육은 얼마나 쉽게 받을 수 있었는가? 독자적으로 자립하여 독립된 작업장을 세울 전망은 어느 정도였는가? 이와 같은 사항들에 대한 유럽과 미국의 차이점은 명료하게 분석되어야 한다. 즉, 미국의 노동자들은 유럽의 노동자들에 비해 훨씬 일찍 투표권을 부여받았다. 뿐만 아니라 평등과 성취를 보다 중시하고, 보다 나은 교육의 기회를 제공하며, 또 새로운 이민자들이 낮은 지위의 일자리들을 이어감에 따라 신분 향상의 기회가 보다 넓었기 때문에 미국의 노동자들은 보다 쉽사리 국가체제에 동화될 수 있었다.[10]

19세기와 20세기 초 유럽에서의 신분의 장벽은 대단히 높았다. 신분사회의 전통은 노동자들을 현 위치에 고착시켜 버렸으며, 교육을 통한 신분 이동의 기회 역시 매우 한정되어 노동자의 자녀들이 부모보다 나은 신분으로 상승하기란 대단히 어려웠다. 그러나 노동자의 권익에 대한 기성 혹은 신진 엘리트들의 태도는 유럽의 국가들 간에 대단히 중요한 편차를 보여 주었는데, 이 차이는 노동조합과 사회주의 정당의 발달에 뚜렷한 영향을 끼쳤다. 영국 및 스칸디나비아 국가들의 엘리트들의 태도는 다분히 개방적이고 실용적이었다. 다른 모든 국가들과 마찬가지로 이들 국가의 엘리트들 역시 노동자들의 주장에 대해 적극적으로 저항했던 것은 사실이지만 그에 대해 직접적인 탄압을 가하지는 않았다. 이 국가들은 오늘날 유럽에서 가장 규모가 크지만 또한 가장 온건한 노동자정당들을 보유하고 있다. 독일, 오스트리아, 프랑스, 이탈리아, 스페인 등에서의 균열은 이보다 훨씬 깊이 발달하였다. 노동조합과 사회주의자들을 탄압하려는 숱한 노력들이 이들 국가에서 경주되었다. 그 결과 노동계급의 조직들은 국민적인 문화로부터 스스로를 고립시키고, 사회적으로 게토화된 정당들(*soziale Ghettoparteien*)을 발전시키며,[11] 또 사회환경의 포괄적인 영향으로부터 그들의 구성원과 동조자들을 차단시키는 것을 목적으로 하는 강력한 이념적 운동을 전개하는 경향을 띠었다. 유럽의 노동계급 중 상당 부분에 확산되었던 이와 같은 "반체제"적 정향은 러시아혁명의 발발과 함께 절정에 달했다. 공산당 운동은 단지 영토 공동체 내부의 소외된 계층을 대변하는 것만이 아니라 국가에 대한 외부적인 음모로 간주되게 되었다. 이와 같은 사태의 발전은 1920년대와 30년대에 다수의 유럽 국가들을 내전 상태로까지 빠뜨렸다. 이처럼 단순한 흑백논리에 입각한 대립에 휘말린 시민들의 숫자가 많을수록 정치체제 전체가 파멸에 직면하게 될 위험은 더욱 커졌다.

2차세계대전 이후의 발전 양상은 이처럼 첨예한 대립을 축소하고 이념적 긴장을 어느 정도 완화하는 방향으로 나아갔다. 이러한 발전에는 전쟁 중의 국민적 협력의 체험, 생활수준의 향상, 전통적인 노동계급과 부르주아 사이의 간격을 메워 줄 "신중산계급"의 급속한 성장 등과 같은 다양한 요인들이 영향을 끼쳤다. 그러나 가장 중요한 요인은 "노동자 정당이 지역적, 전국적 정부 기구에 참여"하게 되고 그에 따라 이들 정당이 기존 체제에 "순치"되어 갔다는 사실이다. 오스트리아에서의 사태 발전은 특히 주목할 만한 사례로 꼽힌다. 사회주의와 가톨릭간의 극단적인 대립은 마침내 1934년의 내전으로 이어졌다. 그러나 국가사회주의의 통치와 전쟁, 점령 등을 체험한 후 이 두 정당은 비례(*Proporz*) 체계에 입각한 연립정부 구성에 합의했는데, 그것은 양 진영의 상호 불신을 토대로 하되 최소한 공존의 필요성은 인정하는 체제를 의미했다. 서구의 지도적 공산당인 프랑스와 이탈리아 공산당이 취한 태도를 비교해 보아도 정부체제에 대한 참여의 중요성이 여실히 드러난다. 프랑스 공산당은 지역 공동체의 운영에 가담한 기회가 훨씬 적었을 뿐만 아니라 전국적 차원에서도 더욱 고립된 상태에 머물러 있었던 반면 이탈리아 공산당은 지역 수준의 결정과정에 훨씬 동태적으로 개입해 왔다.[12] 에릭·알라트(Erik Allardt)는 북구 제국의 계급적 분극화의 수준을 비교함에 있어서 이와 유사한 요인들의 중요성을 실증해 준 바 있다. 그는 좌파 정당들(공산당과 사민당)에 대한 노동계급의 투표율은 핀란드가 노르웨이나 스웨덴 등과 대체로 비슷한 수준을 보이지만, 중산계급의 이들 정당에 대한 투표율은 핀란드가 다른 두 국가에 비해서 현저히 낮다는 사실을 지적했다. 이 차이는 노동계급의 상향 이동의 기회가 핀란드의 경우 다른 두 국가들보다 현저히 낮다는 사실과 관련이 있는 것처럼 보인다.[13] 핀란드 노동자정당들의 지속적인 (계급적) 폐쇄성은 이들이 지방 공동체나 전국적 차원에서 책임 있는 정책결정 과정에 참여하는 수준이 저조하다는 사실을 반영하는지도 모른다. 비록 이 점에 관한 상세한 연구가 아직 행해진 바 없지만, 노르웨이 노동계급의 이동성과 정치변동에 관한 몇몇 연구들이 보여주는 것은 신분 향상의 주 통로는 공공 부문이며 "부르주아화"의 결정적인 물결은 노동당이 정치체제 내에서 지배적인 위치를 차지한 이후에야 일어났다는 사실이다. 핀란드의 경우 1944년까지 장기간에 걸친 공산당의 지하활동 및 이후 수십 년간의 노동운동의 깊은 분열 등이 양대 정당으로 하여금 공공 부문에 결정적인 영향력을 행사하지 못하도록 했으며, 또 신분이동에 대한 오랜 장벽을 지속시켰다. 반면 다른 스칸디나비아 국가들의 경우 사회민주적 노동자정당들의 승리는 신분이동의 새로운 통로를 열어 주었고, 또 노동계급의 고립을 해소시켜 주었다.

### 3) 동원이 완료된 정치체제에서의 균열들

우리의 분석적 패러다임에 입각해서 도출한 네 개의 핵심적 균열들은 모두 "기존의" 국가 엘리트 및 이들의 표준 문화에 대한 저항운동들이었으며, 해방과 동원의 광범위한 물결의 부분을 형성하고 있었다. 그런데, "동원이 완료된 국민국가"의 경우 매우 다른 유형의 저항운동이 발생하는 경향을 보여 주었다. 이 경우 저항의 초점은 더 이상 전통적 중심부 문화가 아니라 산업체와 정부에 새로이 형성된 거대한 관료집단의 지도자들, 전달매체 산업의 다양한 부분에 대한 통제자들, 대중적 조직체들의 우두머리들, 일부 국가의 경우 소수 인종적 혹은 소수 종교적 집단의 지도자들 등과 같이 새로이 성장한 엘리트 세력망이었다. 이탈리아의 파시즘, 독일의 국가사회주의, 프랑스의 푸자디즘(Poujadism), 미국의 극우주의 등과 같이 이념적 특성은 국가별로 상이했지만, 새로운 엘리트 및 이들을 성장시킨 제도들에 대한 이와 같은 저항은 종종 "반체제"적 형태를 갖추었다. 이 같은 저항운동은 지역적 균열축을 종단하게 되는데, 왜냐하면 이때의 갈등은 국가를 구성하는 지역단위간의 갈등이 아니라 국가의 체제 및 정치 조직에 대한 상반된 관념들이 초래한 것이기 때문이다. 이 모든 운동은 "민족주의적" 운동이었다. 즉, 이 운동들은 역사적으로 주어진 민족과 그 문화를 받아들일 뿐만 아니라 공경한다. 그러나 이들은 민주적 동원화와 협상과정을 통해서 발달된 정책결정 및 통제의 체계를 거부한다. 이들의 목표는 단지 다원적 교환체제 내에서 특수한 이익체계에 대한 인정을 받으려는 것이 아니라 이 체제를 보다 권위주의적인 분배 절차와 "교체"하는 것이다.

이들은 모두 민족의 운명과 과업 등에 관한 확고한 신념을 다양한 방법으로 표현하고 있는데, 그 표현법이 매우 엉성한 운동들도 있는 반면 대단히 체계적으로 그 신념을 표현하는 운동들도 있다. 이들은 또한 지지자들을 운동이 표방하는 대의에 충실한 세력으로 붙잡아 두기 위한 조직망을 구축하고자 적극적인 노력을 전개한다. 그들은 사회의 수직적 질서확립을 지향하되 국가 내에 오직 하나의 수직축만 존재하기를 원한다.

이 민족주의적 운동은 초기에는 피지배 민중들 내부에서 솟아오르는 동원화의 물결에 대한 지배적 문화 내의 하층 신분의 대응을 본질적으로 반영했다. 합스부르크제국 시절의 오스트리아에서 비타협적 범게르만주의 운동의 성장은 대학교의 학생운동 단체들과 쉐네러(Schönerer)가 이끄는 민족주의적 노동자 단체들과의 제휴에 의해서 결정적으로 가속화되었는데, 이 노동자 단체들은 새로운 산업의 중심지에 대한 체크인(Czechs)들의 침투에 의해서 생계의 위협을 받고 있던 게르만계 장인들과 노동자들을 핵심 세력으로 하고 있었다.[14] 오스트리아 노동계급의 타민족 혐오증은 전염성을 지녔음이 곧 드러났다. 1880년대와 1890년대의 초기 노동계급의 민족주의와 1918년 패전 이후의 국가사회주의 운동 사이에는 역사적 연결 고리가 명백히 존재한다.[15] 히틀러는 슬라브족과 유태인들에 대한 자신의 혐오감을 오스트리아 노동계급 내의 민족주의자들로부터 물려받았던 것이다.

이러한 갈등이 출현하게 된 조건들을 밝히기 위한 다양한 시도들이 행해졌다. 국민국가 건설의 연속성 및 규칙성의 차이는 명백히 이와 관련이 있다. 오스트리아, 독일, 프랑스, 이탈리아, 스페인, 미국 등은 모두 국민국가 건설을 위해 대단히 쓰라린 위기들을 거쳐야 했으며, 국가 통합을 둘러싼 숱한 갈등들이 남긴 유산과 여전히 싸워 나가야 하는 처지에 놓여 있다. 다렌도르프(Ralph Dahrendorf)는 독일에서 국가사회주의의 성장을 정치적 근대화를 향한 마지막 돌파구라고 해석한 바 있다. 그것은 지역적 고립의 장막을 걷어버리고, "전통의 속박에서 벗어난 모든 인간들의 평등한 출발점," 즉 다양한 신분적 장벽에 구속받지 않는 성공지향적 사회를 확립했다는 것이다.[16] 이러한 유형에 속하는 다수의 반체제운동들의 통계적 역사를 검토해 보면, 이 운동들이 "작은 인간들," 즉 다원적 사회 내부에서 성장한 강력하고 복합적인 집단들에 의해서 위협받고 있는 고립된 개별적 시민들로부터 가장 높은 지지를 획득해 왔음을 알 수 있다. 이 "작은 인간들"은 거대한 금융집단이나 대기업 및 관료집단들만이 아니라 교회, 노동조합, 협동조합 등과 같은 집단들에 대해서도 저항감을 표출했다. 1930년, 1932년, 그리고 1933년에 독일에서 치러졌던 총선거를 분석해 보면, 국가사회당에 대한 대중적 지지의 결정적인 분출이 중소 자영농, 직능공, 점원, 그리고 기타 중산층 하부의 자영업자들 사이에서 이루어졌다는 것은 의심의 여지가 없다. 이들의 대부분은 신교도들이었고, 또 이들 모두 거대한 카르텔과 금융집단, 노동조합, 그리고 중앙당(*Zentrum*) 주위의 배타적 가톨릭 조직들에 대해 많든 적든 직접적인 반감을 지니고 있었다. 이와 유사한 세력의 결집은 이탈리아, 노르웨이, 프랑스, 미국 등에서도 찾아볼 수 있다. 비록 구체적인 맥락상의 명백한 차이점들은 존재하지만, 이 사례들은 이러한 "반체제" 운동의 성장조건에 관한 중요한 요소들을 시사해 준다.

서구의 정치체제가 초기의 국민국가 확립의 단계, 그리고 그후의 선거권 확대 및 조직적 성장의 단계를 거치면서 배태시킨 전형적인 균열들에 대한 우리의 개괄적인 검토는 이제 끝이 났다. 우리는 엄격한 발전론적 비교보다는 사례를 적시하는 방법으로 우리의 논의를 이끌어 왔다. 우리의 목적은 각 국가별 공통점과 상이점에 대한 완전한 설명을 제공하려는 것이 아니라 오늘날의 사회학 이론상의 중심 개념들로부터 발전시킨 한 가지 분류체계의 잠재력을 탐색해 보려는 데 있었다. 우리는 다른 기회에 이러한 방향의 연구를 더욱 진척시킬 수 있기를 희망하지만, 여기서는 단지 이러한 가능성들에 관한 논의를 제기하고 이처럼 다양한 국가들의 역사적 경험을 분석하기 위한 새로운 방법들을 제시하고자 하였다.

## 3. 균열구조의 정당체계로의 전환

### 1) 반대통로 형성의 여러 조건

지금까지 우리는 각각의 특정한 시기에 출현한 한 가지 균열에 초점을 맞추어 온 반면 "균열체계"의 성장 및 "정당들의 위상"(constellations of political parties)으로의 전환에 관해 크게 관심을 기울이지 않았다. 그러나 균열들이 자동적으로 정당들 간의 대립으로 전환되는 것은 아니다. 조직전략과 선거전략상의 고려 사항들, 연합이 가져다 줄 보상과 분열이 초래할 손실간의 형량, 조직화의 시간적 경과에 따른 "동원시장"의 점진적 협소화 등 여러 요인이 그 전환 과정에 영향을 미친다. 여기서 우리는 이 이론적 탐색의 핵심적인 영역으로 진입하게 되는데, 그야말로 깊이 있는 협동 연구가 절실히 요청되는 대단히 매력적인 영역이다. 각 정당체계에 관한 사례를 재분석하고, 또 그 분석결과들을 보다 광범위한 발전이론체계에 결합시킬 수 있는 가능성들을 모색하는 데는 엄청난 작업이 필요하다. 그러므로 여기서 우리가 이 모든 가능성들을 완전히 다룰 수 있으리라고 결코 기대할 수 없으며, 단지 몇 가지 특징적인 발전 양상들에 논의를 국한시켜서 한 가지 개괄적인 분류법을 제시하고자 한다.

사회문화적 갈등이 어떻게 정당들 간의 대립으로 전환되는가? 이 전환 과정의 다양성을 이해하자면 각 사회의 "저항 표출 및 이익 대표의 조건들"에 관한 수많은 정보를 추출해야만 한다.

첫째, 우리는 정치체제 내의 "의사결정의 여러 전통"에 관해 알아야만 한다. 중앙정부 내에서의 자문에 입각한 절차와 전제적 절차간의 우월성, 탄원과 저항을 다루기 위해 확립된 규칙들, 정치적 결사체들을 통제하거나 혹은 보호하기 위해 취해진 조치들, 언론의 자유, 시위의 조직화 등에 관한 정보가 그 예들이다.

둘째, 우리는 "저항을 표출하고 동원하기 위한 통로"에 관해 알아야만 한다. 대의제도는 존재했는가? 만약 존재했다면, 의원직에 대한 접근은 얼마나 용이했고, 의원 선출의 권한은 누가 가지고 있었으며, 그 선출의 방식은 어떠했는가? 갈등은 직접적인 시위, 파업, 사보타지, 본격적인 폭력 등을 통해 표출되었는가, 또는 그것은 규칙적인 선거 및 정당하게 설립된 대의기구에 대한 압력 등으로 유인될 수 있었는가?

셋째, 우리는 체제 내에서 "연합의 기회, 효과, 그리고 비용"에 관한 정보를 필요로 한다. 오래된 운동들은 지지 기반의 확대에 얼마나 적극적 혹은 소극적이었는가? 또 새로운 운동들이 독자적인 대표성을 획득한다는 것이 얼마나 용이했는가?

넷째, 끝으로 우리는 체제 내에서 "다수결 원칙의 가능성, 의미, 그리고 한계"에 관해 알아야만 한다. 어떠한 연합을 통해 대의기구를 다수의 통제 하에 둘 수 있었는가? 또 이와 같이 형성된 다수가 기본적인 제도를 구축하고 체제 내의 배분 방식을 결정하는 데 얼마나 실질적인 영향력을 행사할 수 있었는가?

### 2) 네 가지 관문(Tresholds)

이와 같은 일련의 질문들은 어떠한 운동이든지 정치체제 내에서 새로운 요구사항들을 관철시켜 나가는 과정상에서 반드시 통과해야 하는 "일련의 관문들"을 제시해 준다.

첫째, 정당화의 관문(treshold of legitimation): 일체의 저항들은 음모적인 것으로 간주되어 배척되는가, 아니면 탄원, 비판, 반대의 권리를 일정 수준 인정해 주는가?

둘째, 통합의 관문(threshold of incorporation): 특정 운동에 대한 모든 혹은 대다수의 지지자들이 의원 선출의 참여자로서의 지위를 거부당하고 있는가, 아니면 이들은 자신들의 반대자들과 대등한 정치적 시민권을 부여받고 있는가?

셋째, 대표성의 관문(threshold of representation): 새로운 운동은 대의기구에의 통로를 확보하기 위해서 보다 규모가 크고 또 보다 오래된 운동에 가담해야만 하는가, 아니면 독자적인 대표성을 획득할 수 있는가?

넷째, 다수결의 관문(threshold of majority power): 수적인 다수의 결정권에 대한 견제 및 반격의 힘이 체제 내에 구축되어 있는가, 또는 선거에서의 승리는 특정 정당이나 연합세력에게 국가체제의 주요한 구조적 변화를 단행할 수 있는 힘을 부여해 주는가?

이상의 논의에 입각해서 우리는 정당체계의 발전 조건에 관한 개괄적인 "4 변수 분류체계"를 제시할 수 있는데, 각 관문의 수준들이 결합한 결과 발전될 정당체계는 다음과 같다.

| 관문의 수준 | | | | 정당체계 |
|---|---|---|---|---|
| 정당화 | 통합 | 대표 | 다수결 | |
| 고 | 고 | 고 | 고 | 전제적 혹은 과두적 정권. 모든 정당의 말살. 말단행정 혹은 신분적 대표를 통한 저항 및 탄원의 유통. |
| 중 | 고 | 고 | 고 | 의원들의 도당 및 명사들의 클럽 등과 같은 최초의 내부적 정당체계. 예: 1832년 이전의 영국, "Hats"와 "Caps" 분쟁기의 스웨덴. |
| 중 | 중 | 고 | 고/중 | 등록단체를 통한 기본적인 외부 지지자를 양성하되 조직에 대한 보호장치를 갖춘 내부적 정당체계: 절대왕조가 붕괴된 시점부터 의회주의와 보통선거 확립기까지의 서구에서 가장 보편적이었던 정당체계. |
| 저 | 중 | 고 | 고 | 외부적 정당체계 발전의 초기 단계: 하층계급 운동의 자유로운 발전. 그러나 여전히 제한되고 (혹은) 불평등한 선거. 예: 1909년 이전의 스웨덴. |
| 저 | 중 | 고 | 중 | 위와 동일. 그러나 의회주의 확립. 예: 1899년 이전의 벨기에, 1884~1900년의 노르웨이. |
| 중 | 저 | 고 | 고 | 하층계급 혹은 종교적 소수 정당들의 국가체제로부터의 격리: 보통선거는 실시하되 정치적 조직에 대해서는 통제. 예: 반사회주의법 시기(1878~90)의 독일제국, 프랑스 제2제국 및 제3공화정 초기. |
| 저 | 저 | 고 | 고 | 보통, 평등선거 하에서의 경쟁적 정당체계. 연합에 높은 보상. 입법 및 행정의 명료한 분리. 예: 공산당 활동에 대한 제한 및 남부 흑인들에 대한 사실상의 참정권 제한이 없었다면 미국이 최선의 예일 것이나 프랑스 제5공화국이 보다 나은 예임. |
| 저 | 저 | 고 | 중 | 위와 동일. 그러나 의회주의. 예: 프랑스 제3공화정 후기 및 제4공화정, 1918년 이후 영국. |
| 저 | 저 | 중 | 중 | 위와 동일. 그러나 중간 수준의 관문을 지닌 비례대표제: 대표성 확보를 위한 연합의 필요성 크지 않으나 최소 득표 수준의 명시적 혹은 묵시적 설정을 통해 정당 난립 방지. 예: 북구 제국, 벨기에, 네덜란드, 1918~20 이후의 스위스. |
| 저 | 저 | 저 | 저 | 위와 동일. 그러나 거의 완전한 비례대표제. 다수지배의 원칙. 예: 분열되고 파편화된 의회 및 평민주의적 대통령이 병존하던 바이마르 공화국. |

경험적으로 볼 때, 위의 관문들 중 어느 하나의 변화는 머지않아 여타의 관문을 변화시키려는 압력을 생성시켰다. 그러나 그 변화의 추이는 대단히 다양했다. 4개의 "높은" 관문 상태로부터 4개의 "낮은" 관문 상태에 이르는 체계적인 정치발전의 등급은 존재하지 않는다.

결사의 자유의 인정 및 선거권의 확대 등과 같이 관문을 낮추기 위한 명료한 진전들은 변화의 초기 단계에서 일반적으로 발견되며, 발전 과정상의 보다 큰 변화는 그 이후 단계에서 찾아볼 수 있다. 사실 이와 같은 변화들의 종료점은 단일하지 않고 아래와 같은 다수의 종료점을 지닌다.

| 관문의 수준 | | | | 정당체계 |
|---|---|---|---|---|
| 정당화 | 통합 | 대표 | 다수결 | |
| 저 | 저 | 고 | 고 | 단순다수결에 의거한 대표성 및 권력 분립. |
| 저 | 저 | 고 | 중 | 단순다수결에 의거한 대표성 및 의회주의. |
| 저 | 저 | 중 | 중 | 중위 수준의 관문을 지닌 비례대표제 의회주의. |
| 저 | 저 | 저 | 저 | 저수준의 관문을 지닌 비례대표제 및 평민주의적 다수결. |

정당 및 정당체계의 성장에 관한 초기의 비교연구 문헌들은 의회 내 반대세력의 출현, 자유언론의 출현, 선거권의 확대 등과 같이 앞의 두 관문들이 낮아진 데 따른 결과들에 초점을 맞추었다. 토크빌, 오스트로골스키, 베버, 미헬스 등은 각각 다양한 방식으로 현대 정치체제의 핵심적 제도인 경쟁적 대중정당에 관한 통찰력의 획득을 추구했다.[17] 이에 반해서 특히 1920년대 이후의 문헌들은 선거제도 및 정책결정 구조가 정당체계의 형성과 기능에 대해 초래한 결과 등과 같은 제3, 제4의 관문으로 연구의 초점을 전환시켰다. 특정한 선거

제도들을 둘러싼 격렬한 찬반 논쟁들은 비교 분석을 위한 숱한 노력들을 촉발시켰지만, 서로 대립되는 견해들 중 어느 한쪽에 지극히 감정적으로 집착한 나머지 분석자료에 대해 납득하기 어려운 해석을 내린다거나 빈약한 증거를 토대로 지나치게 성급한 일반화를 시도하는 등의 문제를 종종 야기시키기도 했다. 상이한 국가들 내에서 일어난 변화의 추이에 대한 비교 자체로 만족한 저술가들은 거의 없었다. 그들은 앞으로의 사태 진전에 영향력을 행사하기를 원했는데, 이것은 선거공학을 통해서 기존의 정당체계에 변화를 가져올 수 있다는 그들의 지극히 낙관적인 견해를 반영하고 있었다. 그들이 대체로 잊고 있었던 사실은 일단 확립된 정당은 고유한 내적 구조를 발전시키며 또 핵심적 지지층들의 장기적인 귀속감을 구축한다는 점이다. 선거제도를 통해서 특정 정당의 형성을 방해하거나 지연시킬 수는 있겠지만, 정당이 일단 확립되어 체제 내에 확고히 뿌리를 내린 다음에는 단순히 선거제도의 변용을 통해서 그 성격을 변화시킨다는 것은 지극히 어려운 일일 것이다. 사실 선거제도를 독립변수로, 그리고 정당체계를 종속변수로 취급한다는 것은 대부분의 경우 사리에 맞지 않는다. 정당의 전략가들은 일반적으로 선거입법에 결정적인 영향력을 행사할 수 있을 것인데, 이들은 자당의 의석을 증가시키거나 선호하는 (정당) 연합을 강화시킬 뿐 아니라, 조직적 분리운동을 억제함으로써 자당의 위상을 가장 공고히 해줄 수 있으리라고 판단되는 표결제도를 선호할 것이다. 단순 다수결제도는 문화적으로 보다 동질적인 정치체에서 양당 대결 구도를 발전시킬 것이며, 오로지 지역적 균열에 의해서만 더 많은 정당을 배출할 것이라는 가설은 추상적인 이론의 수준에서는 그럴 듯하게 보일지 모르지만 이와 같은 일반화를 떠받쳐 주는 유일한 증거는 민주적 대중정치가 출범했던 시점부터 줄곧 단순 다수결제도를 실시해 온 국가들에서만 발견된다. 즉, 선거법의 "추후 변경"이 정당제도에 끼친 영향에 관한 확실한 증거는 거의 존재하지 않으며 오히려 많은 불확실성이 상존한다는 것이다. 그 한 가지 간단한 이유는, 정치체제 내에 이미 확고히 구축된 정당들은 선거제도의 이와 같은 변화의 범위와 방향에 대해 커다란 영향력을 행사할 것이며, 이들은 최소한 선거에 의해서 자신들이 소멸되는 것은 결코 바라지 않을 것이기 때문이다.

정당 간 경쟁의 조건 및 전략의 차이에 관한 체계적인 연구는 모두 각 발전 단계를 이처럼 차별화하여 인식하는 데서 출발해야만 한다. 이에 관한 상세한 국가별 비교를 여기서 진행시킬 수는 없으며, 우리의 논의는 하층 계급들의 운동 및 정당의 성장, 그리고 재산세 납부자 정당(*régime censitaire* parties)의 쇠퇴라는 두 가지 독특한 변화 추세에 관한 증거를 검토해 보는 선에서 머물 것이다.

### 3) 선거의 규칙들

초기의 선거제도들은 모두 신생 정당들에 대해 높은 관문을 세웠다. 따라서 노동운동이 독자적인 대표성을 획득한다는 것은 어디서나 지난한 일이었다. 그럼에도 불구하고 새로운 계층의 압력에 대한 제도적 개방의 수준에는 중요한 차이가 명백히 존재했다. 독일제국 및 프랑스의 제3, 4, 5공화국에서 채택한 결선투표제도는 절대 다수라는 가장 높은 장벽을 세움과 동시에 사회주의에 반대하는 세력들 간의 다양한 국지적 연합의 가능성을 열어 주었다. 즉, 이 제도는 선거에 새로이 참여하는 세력들의 대표성을 억제했던 반면 기존 정당들로 하여금 합당을 하거나 아니면 전국적 차원에서 연합전선을 형성할 것을 강요하지도 않았다. 이 선거제도의 불공평성은 노동계급의 국가제도로부터의 소외를 더욱 심화시켰으며 사르토리가 명명한 "원심적 다원주의"(centrifugal pluralism)[18] 체제, 즉 한 주요한 정치적 운동이 기성 정치권의 외곽에 존재하고 그 내부에는 다수의 정당들이 대치하고 있는 정당체계를 배태했다.

영·미의 단순 다수결제도 역시 정치권으로 새로이 진입하려는 신흥 정치운동에 대해 높은 장벽을 구축했다. 그러나 그 장벽의 최초의 수준은 매 선거구마다 50퍼센트로 평준화되었던 것이 아니라 기존 정당들이 채택한 전략에 따라 처음부터 다양했다. 즉, 기존 정당들이 공동 이익을 지키기 위해 단합한다면 관문은 높아지지만 이들이 서로 경합한다면 신진 세력의 관문은 낮아진다. 노동계급의 정치적 동원의 초기 단계에서 이 선거제도는 소위 "자유-노동"(Lib-Lab) 간의 연대를 촉진시켰다. 새로이 유권자 대열에 합류한 노동자들은 의회 내에 대표성을 확보할 유일한 기회는 기존 정당들 중 보다 개혁지향적인 정당과 연합 후보를 내세우는 것뿐임을 깨달았던 것이다. 이로부터 일정 기간이 경과한 후에 비로소 사회주의 정당들은 산업 집중도와 계급 차별의 수준이 높은 지역들에서 독자적인 대표성을 획득할 수 있었다. 그러나 노동자들의 독자적인 대표성 획득이 기존 정당들의 대응 연합을 반드시 초래했던 것은 아니다. 영국에서 하층 계급의 결정적인 도약은 1918년과 1922년의 선거에서 일어났다. 1차 세계대전 이전에 노동당은 단지 소수의 선거구에 독자적인 후보를 낼 수 있었으며, 총 670개의 의석 중 42석 이상을 획득해 본 적이 없었다. 1918년 노동당은 갑자기 388개 선거구에 후보를 내어 63석을 획득했으며, 1922년의 선거에서는 411개 선거구에서 경합하여 142석을 획득했다. 그러나, 단순 다수결제도는 정당체계의 즉각적인 재편을 강요하지 않았다. 자유당은 계속 독자 노선을 고수했으며, 1931년의 정치적 위기 상황 하에서 선거가 치러질 때까지 보수당에게 굴복하려 하지 않았다. 이 두 기존 정당들 간의 뿌리 깊은 적대감은 새로운 정당이 넘어야 할 관문을 어느 정도 낮은 수준에 머물도록 해 주었다. 반면 정당체계로의 편입과정에 있어서의 바로 이러한 수월함이 노동당 내부의 분열을 조장했다. 1930년대 초의 통화 위기는 노동당 지도자들로 하여금 국가에 대한 충성과 노동계급과의 단합 중 하나를 선택하도록 강요했던 것이다.

그러나 단순 다수결제도를 채택한 모든 정치체에서 이처럼 강력한 노동자 정당이 발달했던 것은 아니다. 캐나다와 미국은 소위 "자유-노동 연합"의 단계에서 멈추어버렸다. 이 두 "비정상적인" 국가들을 분석한 학자들은 노동계급의 조기 선거권 획득, 높은 신분이동 수준, 확고하게 자리잡은 연방제, 그리고 지역적·인종적·종교적 다양성 등을 대표적인 일탈 요인들로 파악했다.[19] 그러나 이 두 사례들 간에는 중요한 차이가 존재하는데, 이 차이는 우리가 제시한 네 번째 관문, 즉 다수결의 위력에 대한 보호 장치의 중요성을 실감하게 해 준다. 캐나다와 미국의 정당체계에 관한 한 비교 연구에서 엡스타인(Epstein)은 양국 정당체계의 명백한 상이성은 헌법에 의해 설정된 정책결정 절차의 차이를 반영하고 있다는 주장을 대단히 설득력 있게 제기했다. 즉, 의회 내의 다수세력에 대한 내각의 책임성을 제도화한 캐나다와, 두 개의 상이한 대표성 확보의 통로를 제도화함으로써 권력의 분립을 실현한 미국의 제도적 상이성에 주목해야 한다는 것이다.[20] 내각책임제는 수적인 다수가 권력을 획득할 수 있는 관문을 낮추어 준다. 그러나 이 경우 정부의 존립은 의회 내에서 집권당 및 집권당을 지지하는 정당들의 대표들이 일사불란한 표결을 하는 데 전적으로 달려 있다. 권력분립체제는 수적인 승리를 기반으로 하여 획기적인 정책 전환을 시도하는 것을 더욱 어렵게 만든다. 반면 이 제도는 각 정당들 내부에서 훨씬 더 유연한 연합과 제휴를 할 수 있도록 해 준다. 캐나다의 정당은 의회 내에서 높은 단합력을 과시하며 또 후보자 선정에 있어서도 엄격한 통제체제를 유지하고 있다. 미국의 정당은 최소한의 내부 구조만을 갖춘 대단히 느슨한 연합체이며 후보자 선정 역시 예비선거제도를 통해 보다 넓은 유권자 시장에서의 결정에 일임하고 있다. 그 결과 캐나다의 제도는 지역적, 문화적인 저항 정당들의 출현을 조장하는 경향을 보여 온 반면 미국의 기존 정당들은 다양한 운동 및 이익세력들이 제기하는 분파적, 국지적 요구들에 대해 놀라울 정도로 유연하게 대처해 왔다. 따라서 미국에 정착한, 완벽한 양당제도를 단순 다수결에 입각한 선거제도가 가져다 준 정상적인 결과로 간주해서는 안 된다. 미국의 정당들은 동일한 선거제도 하에서 형성된 다른 국가의 정당들과 그 성격 및 구조면에서 대단히 상이하다. 그리고 이 차이에 대한 최선의 설명은 정책결정의 영역을 의회 및 대통령 통솔 하의 행정부로 양립시켜 놓은 헌정 질서를 분석함으로써 얻을 수 있다.

이와 같은 논의는 균열구조의 정당체계로의 전환에 관한 우리의 연구에서 핵심적인 부분이라고 할 수 있는 "합당, 연합, 연립의 비용과 효과"에 대한 관심을 불러 일으킨다. 대표성 획득을 위한 관문의 높이 및 중앙에서의 정책결정의 규칙 등은 연합 활동이 가져다 줄 순수익을 증가시키거나 혹은 감소시킬 것이다. 그러나 연합이나 합당이 실제 이루어질 수 있을 것인지는 과거로부터의 적대감의 강도 및 균열선을 넘어 행해지는 대화의 개방 정도 등에 의해 결정될 것이다. 정당의 지도자들 사이에는 최소한의 신뢰감이나마 형성되어 있어야 할 것이며, 또 어느 쪽이 선거에서 승리하든 정책결정자들에 대한 통로가 개방되어 있으리라고 기대할 수 있는 근거가 존재해야 할 것이다. 영국의 선거제도는 지역적 대표성이라는 유서 깊은 전통을 배경으로 함으로써만 이해가 가능하다. 즉, 의원은 자신을 당선시켜 준 유권자들만을 대표하는 것이 아니라 자신의 지역구민 전체를 대표한다는 것이다. 그러나 이 제도는 선거 결과에 대한 승복과 관련하여 선거구민들에게 대단히 무거운 요구를 하고 있다. 즉, 2개 정당의 후보가 경합한 지역구에서는 49%에 달하는 유권자들이 지지하지 않는 의원의 결정에 승복해야 할 수도 있으며, 만약 세 후보가 경합을 했다면 그 비율은 66%에 달할 수도 있을 것이다.

인종적, 문화적, 혹은 종교적으로 분열된 공동체의 경우 이와 같은 요구는 필연적으로 엄청난 긴장을 불러일으키게 될 것이다. 균열의 깊이가 깊을수록 반대 세력에 의해 선출된 의원의 결정에 순순히 승복할 가능성은 줄어들 것이다. 따라서 비례대표제를 채택하려는 초기의 움직임이 유럽의 국가들 중 가장 인종적으로 복잡한 국가들에서 생겨났던 것도 결코 우연이 아니었다. 그 결과, 쉴레스비히-홀스타인을 통합했던 덴마크가 1855년에 일찌감치 비례대표제를 도입하였고, 스위스의 칸톤들은 1891년부터, 벨기에는 1899년에, 모라비아는 1905년에, 그리고 핀란드는 1906년에 각각 비례대표제를 도입했다.[21] 위대한 선거제도 역사가인 브라우니아스(Karl Braunias)는 비례대표제 확산의 단계를 1차 세계대전 이전의 "소수자 보호"의 단계 및 전쟁 직후 수년간의 "반사회주의" 단계라는 두 개의 단계로 구분한 바 있다.[22] 언어적, 종교적으로 분열된 사회에서 단순다수결에 입각한 선거는 정치체제의 존속을 명백히 위협할 수 있다. 그리하여 소수 세력의 대표성을 확보할 수 있는 제도의 도입은 국가의 영토를 공고히 하기 위한 핵심적인 전략 요소로 간주되게 되었다.

선거권 확대를 위한 압력이 증대됨에 따라 비례대표제에 대한 요구는 문화적으로 보다 동질적인 국가에서도 역시 생겨났다. 이 새로운 대표성의 원칙은 대부분의 경우 위와 아래로부터의 압력이 결합하여 실현되었다. 즉, 자라나는 노동계급은 입법부에 진출하기 위해 대표성의 관문을 낮추기를 원했으며, 기성 정당들 중 위협을 가장 크게 받고 있던 정당은 보통선거제도 하에서 새로이 동원되고 있던 유권자들로부터 자신들의 지위를 보호하기 위해서 비례대표제를 요구했던 것이다. 벨기에에서 1893년에 도입한 남자들에 대한 (불평등) 보통선거제도는 노동당과 가톨릭당의 양극적 대립을 점점 강화시켜서 자유당의 존립을 위태롭게 했다. 이 상황 하에서 비례대표제의 도입은 체제의 균형을 어느 정도 회복시켜 주었다. 스웨덴과 노르웨이에서 선거 절차를 둘러싸고 벌어졌던 투쟁의 역사는 한 가지 관문을 낮춘 결과가 그 다음 관문의 수준을 둘러싼 협상에 미치는 영향에 관해 많은 것을 시사해 준다. 스웨덴에서 자유당과 사회민주당은 보통 및 평등선거의 실현을 위해서 기나긴 투쟁을 전개했으며 의회로의 진출을 용이하게 하기 위해 처음부터 비례대표제를 주장했다. 그러나 그들은 정치적 동원이 놀라울 정도의 성공을 거두자 전략을 바꾸어서 1904년 이후부터는 단순다수결에 입각한 소선구제를 주장했다. 이러한 사태는 농민들 및 도시의 보수당 세력들에게 두려움을 불러 일으켰고, 이들은 자신들의 이익을 보호하기 위해서 비례대표제의 도입을 보통선거의 실시에 동의하기 위한 조건으로 내세웠다. 그 결과 두 개의 장벽은 동시에 허물어져서 유권자가 되는 것이 보다 손쉬워졌을 뿐 아니라 대표성의 확보 역시 보다 용이해졌던 것이다.[23] 노르웨이의 경우 동원화의 물결 사이에 훨씬 오랜 시간적 간격이 존재했다. 선거권은 처음부터 스웨덴보다 훨씬 넓었으며, 농민들 사이에서 일어났던 첫 번째 정치적 동원화의 물결은 1884년에 일찌감치 구체제를 붕괴시켜 버렸다. 그 결과 급속한 경제적 변화의 충격에 의해서 농촌 프롤레타리아와 산업 노동자들이 마지막으로 동원화되기 훨씬 이전에 선거권은 이미 확대되었다. 정국의 주도권을 장악하고 있었던 급진적이며 농업적인 노르웨이의 "좌파"(자유당: 역자 주)는 대표성의 관문을 낮추어야 할 필요성을 전혀 느끼지 않았으며 1906년에 프랑스식의 결선투표제도를 도입함으로써 오히려 이 관문을 높여 버렸다. 이것이 노르웨이 노동당의 급진화 및 고립화에 크게 기여했다는 점에는 의심의 여지가 없다. 1915년에 이르러 노동당은 총투표의 32퍼센트를 획득했음에도 불구하고 의석 확보율은 불과 전체의 15퍼센트에 머물렀다. "좌파"는 1921년까지 이 선거제도를 고수했다. 제도 변경의 결정적인 동기가 평등주의적 정의감이었던 것은 명백히 아니다. 오히려 절대 다수의 관문을 넘어선 노동당의 계속적인 성장이 초래할 급속한 몰락의 두려움이 "좌파"

로 하여금 제도 개혁을 선호하도록 강요했던 것이다.

이 모든 사례들에서 만약 유산계급을 대표하는 정당들이 성장하는 노동운동에 대항해 공동전선을 결성할 수 있었더라면 관문들은 높은 수준에서 유지되었을 것이다. 그러나 이들 사이에 누적되어 온 적대감과 불신은 너무도 강했다. 벨기에의 자유당은 가톨릭당과의 합당 가능성을 결코 상정할 수 없었으며, 북구 제국에서 농촌과 도시 사이의 균열은 어떠한 반사회주의적 연합전선의 구축도 불가능하게 할 정도로 깊었다. 이와 대조적으로 영국의 높은 산업발달 수준 및 농촌과 도시간의 점진적인 이해의 합치는 대표성 획득 체제를 변경하라는 요구에 효과적으로 저항할 수 있도록 해 주었다. 그 결과 노동당은 초기에 심각한 과소대표 상황을 겪었으며, 보수당은 지방 및 도시의 교외에 대단히 광범위한 연합세력을 구축하여 득표율을 위험 수위보다 훨씬 높은 수준에서 유지할 수 있었던 것이다.

## 4. 유럽의 정당체계 형성에 관한 모형

### 1) 네 가지 결정적인 대립의 차원

사회·문화적인 균열들의 정치적인 대립으로의 전환 조건들에 관한 지금까지의 검토를 통해서 다음과 같은 세 가지 결론을 끌어낼 수 있다.

첫째, 정당배열의 국가적 체계상의 구성적인 차별성은 일반적으로 대표성의 관문이 낮추어지기 "이전"에 이미 명료하게 드러났다. 정당의 연속적인 형성이 결정적으로 일어나는 것은 경쟁적인 정치의 초기 단계이다. 그것은 선거권이 확대되기 훨씬 이전에 일어나기도 했지만, 많은 경우 선거권을 마지막으로 획득한 대중들을 동원하려는 노력이 급속도로 진행되기 바로 직전에 일어났다.

둘째, 대중들의 정치화 단계에서 대표성의 관문이 높게 설정되어 있을 경우 새로이 성장하는 정치적 조직체는 존속을 위한 혹독한 시험을 치러야만 했다. 여기서 살아남은 조직체계는 전승되어 온 사회구조 내에 확고하게 구축되는 경향을 띠었으며, 선거 규칙의 변화 등에 의해서 쉽사리 흔들리지 않게 되었다.

셋째, 대표성의 관문을 낮추려는 결정적인 움직임은 새로운 대중운동의 압력보다는 기존의 재산세 납부자 정당들 간의 분열을 반영했다. 비례대표제의 도입은 소수의 분파 정당의 출현을 가져오기도 했으나 그것은 본질적으로 다수결에 입각한 권력을 확보하려는 새로운 도전 세력에 대해 공동방어 전선을 형성할 수 없었던 정당들이 분열된 채로 존립할 수 있는 길을 열어 주었다.

각 국가의 정당 형성의 결정적인 국면에서 무슨 일이 일어났는가? 수많은 대립과 갈등의 요소들 중 어느 것들이 정당들 간의 대립으로 전환되었으며, 이러한 대립들이 어떻게 안정된 체계로 정착되었는가?

각 국가별 발전 과정에 관한 자세한 비교를 이 글에서 할 수는 없다. 우리의 목표는 균열 기반 및 정당 배열의 다양성을 설명할 수 있는 분석틀을 제시하는 데 있기 때문이다.

우리는 이미 서구정치의 네 가지 결정적인 대립의 차원들을 구분하여 제시한 바 있다. 이들 중 둘은 이른바 국민혁명의 산물이었으며, 나머지 둘은 산업혁명을 통해 형성되었다.

서구정치의 경쟁 및 동원화의 초기 단계에 출현한 정당체계의 기본적인 특징들은 "이 두 가지 근본적인 변화 과정들 사이에 이루어졌던 연속적인 상호작용들"의 산물로 해석할 수 있다.

국민혁명의 시기와 특성의 차이는 유럽에서 발견되는 정당체계들의 현격한 차이의 계기를 제공해 주었다. 신교도 국가들의 경우 국가와 교회의 권한들 사이의 갈등은 종교개혁 시기에 왕권의 발동을 통해 이미 일시적으로 해결되었으며, 1789년 이후 촉발된 중앙집권화 및 표준화의 여러 과정들이 국가와 교회 사이의 갈등을 즉각적으로 유발시키지도 않았다. 이 세속적·정신적 양대 세력들은 단결하여 국민국가 형성의 중심부 문화를 수호하려 하였다. 그러나 이들은 점차 지방 및 주변부, 농민이나 직인, 노동자 등과 같은 비특권계층이 전개했던 저항운동의 지도자 및 이론가들의 공세에 직면하게 되었다. 서구의 다른 모든 국가들은 프랑스혁명이 동반한 세속화의 물결에 의해 중심부의 분열을 경험했으며, 이들은 예외 없이 교권의 수호를 위한 강력한 정당들을 발전시켰다. 이 정당들은 독일, 저지대 국가들, 스위스, 오스트리아, 이탈리아, 스페인 등에서와 같이 명백한 종교 정당의 색채를 띠기도 했으며 프랑스의 우파처럼 비명시적인 종교성을 지니기도 했다.

산업혁명의 시기와 특성의 차이 역시 유럽의 정당체계들의 차이를 초래했다. 상품시장에서의 갈등은 매우 다양한 형태의 정당 연합들을 형성시키는 경향을 보였다. 일부 국가들의 경우 상업적 영농을 하는 대다수의 농민들이 2차 산업의 소유자들과 제휴할 수 있는 길을 발견하기도 했으나, 또 다른 국가들의 경우 양 세력은 상호 대립관계를 유지하고 또 독자적인 정당들을 발전시켰다. 이와는 대조적으로 노동시장에서의 갈등은 훨씬 더 동일한 분열상을 노정시켜서 서구의 모든 국가들은 1차세계대전이 발발하기 이전의 특정 시기에 하층계급의 대중정당들을 발전시켰다. 이 정당들이 유일한 노동계급의 정당으로 통합되어 간 것은 극히 드물었다. 특히 라틴계 국가들의 경우 하층계급의 운동은 혁명적 무정부주의, 무정부주의적 생디칼리즘, 맑스주의, 그리고 개량적 사회주의 등으로 날카롭게 분열되었다. 1917년의 러시아혁명은 유럽 전역의 노동계급 조직들을 분열시켰다. 오늘날 우리는 서구의 사실상 모든 국가에서 공산당, 사회주의 좌파 정당, 그리고 개량적 사회민주당을 발견할 수 있다.

우리의 목표는 그러나 개개 정당의 출현을 설명하려는 것이 아니라 각각의 국가들에서 정치적 조직들의 안정된 "체계"를 발전시킨 연합형성(alliance formation)의 과정들을 분석하는 것이다. 이 연합형성의 모습들을 어느 정도 이해하기 위해서는 각 정치체에서 일어났던 두 가지 혁명적 변화 과정들 간의 "상호작용"을 연구해야 한다. 산업의 도약(take-off)이 일어났던 시기에 국민혁명은 얼마나 진척되어 있었는가? 문화적·경제적 동원화라는 이 두 과정은 서로 어떤 영향을 주고받았는가? 공동전선을 구축시킬 만큼 긍정적이었는가, 아니면 분열상을 지속시킬 정도로 부정적이었는가?

서구 정당체계들 간의 결정적인 차이점들은 우리의 분석틀 내에서 구분된 네 가지 균열축들 중에서 처음에서부터 세 가지를 관류하는 갈등과 타협의 국가 역사의 차이를 명백히 반영하고 있다. 중심부 대 주변부, 국가 대 교회, 농업

대 공업 간의 균열들은 국가들의 발전을 상이한 방향으로 이끌었던 반면 고용주 대 노동자간의 균열은 각국 정당체계의 기본구조를 보다 유사한 방향으로 이끌었다. 정당체계들 간의 핵심적인 차이들은 경쟁적 정치의 초기 단계, 즉 대중동원의 마지막 단계 이전에 나타났다. 이 차이들은 국민국가 형성의 조건과 과정의 기본적인 차이, 그리고 지속적 성장을 향한 도약기에 형성된 경제구조의 차이를 반영했다. 다만 우리의 이러한 주장이 정당체계들 간의 차이점들이 오로지 정치적 스펙트럼상의 우측과 가운데에서만 발견될 뿐 스펙트럼의 좌측은 훨씬 유사하다는 것을 결코 의미하지는 않는다. 노동계급의 운동은 서구 전역에서 찾아 볼 수 있다. 그러나 노동운동은 그 규모와 응집력과 이념적 정향, 그리고 역사적으로 이미 주어진 국가정책에 대한 통합 혹은 고립의 정도 등에 있어 현격한 차이를 보여 준다. 우리는 다만 좌파의 이와 같은 차이를 만들어 낸 요인들은 "부차적인" 요인들이라는 사실을 지적하고자 한다. 정당체계들 간의 결정적인 차이는 노동계급의 정당들이 정치권에 진입하기 이전에 이미 형성되었다. 그리고 노동자들에 의한 이 대중 정당들의 특성은 정치권에서 대결해야 했던 이념, 운동, 그리고 조직들의 위상에 의해 크게 영향을 받았던 것이다.

### 2) 3단계 모형

서구 정당체계들 간의 차이를 이해하기 위해 우리는 "민주화 및 대중동원을 향한 도약이 이루어지기 직전에 국민국가 형성을 위해 활동 중이던 엘리트들이 처한 상황"을 우선 분석해야만 한다. 그들의 성과는 무엇이었고 또 그들은 어디서 가장 커다란 저항에 직면했는가? 그들의 자원은 무엇이었고, 그들과 가장 가까운 연합세력은 누구였으며, 또 그들은 더 이상의 지지세력을 어디서 발견할 수 있으리라고 기대했는가? 그들의 적은 누구였으며, 그 적들의 자원은 무엇이었고 또 그들은 동조 세력을 어디서 결집해 낼 수 있었는가?

정당체계의 비교분석을 위한 우리의 접근 논리를 명확히 하기 위해서 우리는 "연합과 대립의 대안들에 관한 모형"을 개발했다. 우리는 우선 다수의 행위자 집단들을 설정하여 이들 간의 연합과 대립에 관한 일련의 규칙들을 마련했으며, 그 결과 출현할 수 있는 잠재적인 정당체계들의 유형을 경험적으로 알려진 사례들에 비추어 보는 실험을 했다.

우리의 모형은 일곱 행위자 집단들 사이의 연합, 중립, 혹은 대립 관계들을 다루고 있다. 우리 시도의 추상성을 부각시키기 위해서 우리는 각 행위자 집단을 아래와 같은 약자로 표기하려 한다.

N: "국가"의 주요 기제들을 통제하는 협력적 "국민국가 수립자들"의 중심부 핵심세력.
C: 국가의 영토 내부에 확립되어서 교육에 대한 포괄적인 통제 수단을 보유하고 있는 종교집단.
R: 로마 교황청 및 교황의 관할 아래 조직된 초국가적 종교 집단.
D: C와 R에 반대하는 반체제적, 비국교적인 종교적 활동가 집단.
L: 국토 내 1차산업의 총생산량의 상당 부분을 좌우하는 기존 지주들의 협력체.
U: 국가경제의 성장 부문인 2차산업을 담당하는 도시의 상업적, 기업적 경영자들의 협력체.
P: 국가 중심부의 통제에 반대하는 종속적 주변부의 저항운동.

우리의 모형은 이 행위자 집단들의 '연합형성의 제약들'을 또한 다음과 같이 설정한다.

1) N과 D, N과 P는 예외없이 대립관계를 형성하여 결코 연합하지 않는다.
2) N은 "종교" 및 "경제" 두 영역에서 연합세력을 결정해야 한다.
3) 종교적 영역에서 N은 다음 세 가지 대안을 가진다.
   가) C와의 연합
   나) 세속적 자세 견지(S)
   다) R과의 연합
4) 경제적 영역에서 N의 대안은 다음 두 가지로 국한된다.
   가) L과의 연합
   나) U와의 연합
5) N의 연합 양식은 P의 연합 선택을 결정하게 되지만 거기에는 다음과 같은 제약이 따른다.

가) N이 C와 연합할 경우 우리의 모형은 다음 두 가지 조건적 결과를 설정한다.
  a) C가 지배적일 경우 종교적 영역에서 P의 유일한 대안은 D이다.
  b) R이 여전히 강력한 소수세력을 형성하고 있을 경우 P는 두 개의 연합 집단으로 분리될 것이다. 이때 N-C-L 연합에 대한 대응은 $P_1$-S-U 및 $P_2$-R로 나타날 것이며, N-C-U 연합에 대한 대응은 $P_1$-D-L 및 $P_2$-R-L로 나타날 것이다.

나) N이 S 또는 R을 연합세력으로 선택할 경우 P의 연합 대안은 P-S-U 및 P-R-L, 혹은 단순히 P-U 및 P-L로 한정된다. 즉, 이 경우 P-R-U, P-S-L은 가능한 대안이 아니다.

위와 같이 다양한 행위자 집단 및 제약들이 결합하여 기본적인 정치적 대립에 관한 다음과 같은 8가지 유형을 창출해 낸다.

| 유형 | N의 선택: 종교적 영역 | N의 선택: 경제적 영역 | P의 대응 | 가장 근접한 경험적 사례: 국가 | N 정당 | P 정당 |
|---|---|---|---|---|---|---|
| I | C(C 지배적) | L | P-D-U | 영국 | 보수 | 자유: 켈트 주변부<br>반국교도<br>2차산업 |
| II | C(C 지배적) | U | P-D-L | 스칸디나비아 | 보수 | "좌파": 농민<br>기독교<br>급진 |
| III | C(R 강력소수) | L | $P_1$-S-U<br>$P_2$-R | 프러시아/<br>독일제국 | 보수 | 바바리아<br>자유당<br>중앙당 |
| IV | C(R 강력소수) | U | $P_1$-D-L<br>$P_2$-R | 네덜란드 | 자유 | 캘빈파: 기독역사당<br>반혁명당<br>가톨릭: 가톨릭당 |
| V | S | L | $P_1$-U/$P_2$-R | 스페인 | 자유 | 카탈로니아 우파<br>칼리스트 |
| VI | S | U | P-R-L | 프랑스/<br>이탈리아 | 자유/<br>급진 | 보수-가톨릭-기독 |
| VII | R | L | P-S-U | 오스트리아 | 기독 | 자유: 범게르만+공업 |
| VIII | R | U | P-L | 벨기에 | 기독/자유 | 플란더즈 분리주의 |

이 유형 분류작업은 과도하게 추상적이며 불필요할 정도로 기계적인 것으로

여겨질지도 모른다. 그러나 이 분석적 시각을 통한 수확이 역사적 엄밀성의 상실을 훨씬 능가한다는 것이 우리의 입장이다. 이 모델은 국가별 발전양상의 유사점과 대조점들을 도식화하기 위한 수단을 제공할 뿐만 아니라, 광범위하게 퍼져 있는 경험적 편차들에 대한 설명을 목표로 하는 가능한 한 가장 단순한 구조의 설명적 패러다임을 확립하려는 시도이기도 하다. 정당체계들 간의 유사점과 대조점들에 관한 수많은 단편적인 논의들을 민주정치에 관한 문헌에서 찾아볼 수 있다. 우리의 논의는 통일된 가정 및 가설체계에 입각하여 이러한 편차들에 대한 일반적인 분류체계를 개발하려는 최초의 시도라고 믿는다.

우리의 모델은 혼란스러울 정도로 다양한 경험적 정당체계들을 각국 역사상 아래의 세 차례의 중대한 국면에서 이루어진 결정 및 발전의 순차적인 결과체제로 축소시키고자 한다.

첫째, "종교개혁"기-국가 영토 내에서 종교 조직의 통제권을 둘러싼 투쟁.

둘째, 1789년 이후의 "민주적 혁명" 이후 시기-태동하는 국민국가에 의해 구축될 대중 교육의 포괄적인 기제에 대한 통제권을 둘러싼 투쟁.

셋째, "산업혁명"의 초기 단계-토지에 기반을 둔 이익과 도시의 신흥 상공업적 지도자들의 요구와의 대립.

우리가 이미 제시한 여덟 가지 연합-대립의 유형은 사실 위의 역사적 국면들을 토대로 하여 발전시킨 다음과 같은 세 차례의 연속적 2분법의 집약적 결과이다.

제1 2분법: 종교개혁

| I-IV: 교회에 대한 국가의 통제 | V-VIII: 국가와 로마카톨릭 교회의 연합 |
|---|---|

제2 2분법: 민주적 혁명

| I-II | III-IV | V-VI | VII-VIII |
|---|---|---|---|
| 지배적 국립교회 | 소수 로마교회 강력 | 세속화 혁명 | 국가와 로마교회의 연합 |

제3 2분법: 산업혁명

| 선호이익 | | 선호이익 | | 선호이익 | | 선호이익 | |
|---|---|---|---|---|---|---|---|
| 토지 | 도시 | 토지 | 도시 | 토지 | 도시 | 토지 | 도시 |
| I | II | III | IV | V | VI | VII | VIII |

이 모형은 종교개혁과 반종교개혁(Counter-Reformation)이 초래했던 유럽의 치명적인 분열의 결과들을 드러내고 있다. 국가와 교회간의 초기 투쟁의 결과는 그로부터 약 3백년 후 민주화와 대중동원의 시대에 각국 정치의 구조를 결정지었다. 남부 및 중부 유럽에서 반종교개혁은 교회의 위치를 강화시켜 주었고 또 교회의 운명을 구체제의 특권세력들과 결합시켰다. 그 결과 나타난 것은 국가적, 급진적, 세속적 운동 및 가톨릭적, 전통적 운동으로의 정치적 양극화 현상이었다. 16세기에 북유럽, 영국, 스칸디나비아에서 이루어진 타결은 19세기에 이르러 대단히 상이한 균열구조를 탄생시켰다. 이들 지역의 기존 교회들은 유럽 대륙의 로마가톨릭 교회처럼 국민국가 수립 세력들과 대립하려 하지 않았으며, 종교세력에 반대하는 "좌파" 운동의 지지자들은 주변부와 신흥 도시지역에서 새로 선거권을 획득한 비국교도 및 정통파 신도들 사이에서 대부분 출현했다. 남부 및 중부 유럽 부르주아들의 구체제에 대한 반대는 교회의 가르침에 대해 적대적이거나 아니면 최소한 무관심했다. 이 지역 국가의 문화적 통합은 먼저 이루어졌으며 그 결과 교회는 새로운 정치질서 내에서 어떤 위치든 찾아보아야만 했다. 반면 북서부 유럽에서 구체제에 대한 반대는 결코 종교적 가치에 대해 무관심할 수 없었다. 기존 권력에 대항했던 "좌파" 연합은 국교회의 내부와 외부에서 다양한 분파운동을 전개하고 있던 정통 프로테스탄트 세력들로부터 결정적인 지지를 확보했다.

전통적인 정치구조에 대항하던 이 두 가지 유형의 "좌파" 연합은 대중선거 시대의 유럽의 정치발전을 이해하는 데 근본이 되는 요소이다. 이것은 유럽의 정치체 중 종교적으로 가장 분열된 체제, 즉 우리 모델의 III, IV 유형의 분석에 특별한 중요성을 지닌다. 유럽의 종교적 전선은 저지대 국가들, 구 독일제국, 그리고 스위스의 영토를 곧장 가로질렀다. 이 모든 국가들이 치러야 했던 국민국가 수립 세력과 강력한 로마가톨릭 소수세력과의 쟁투는 각국 정치체제의 지속적인 분열을 생성시켰으며 또 각국 정당체계의 구조를 결정지었다. 네덜란드의 정당체계는 남·중부 유형(VI-VIII)과 북·서부 유형의 직접적인 결합에 가장 근접해 있다. 즉, 이 국가는 갈수록 세속화되었던 국민국가 형성 정당인 자유당을 배출하는 한편, 영국과 스칸디나비아의 전통적인 반대당들을 지지했던 세력들과 같은 유형의 정통 프로테스탄트 세력을 기반으로 한 신교도 "좌파"를 배출했다.

영국과 네덜란드의 차이는 대단히 시사적이다. 양국은 모두 중앙의 권위에 반대하는 주변부의 강력한 가톨릭 밀집지역을 지니고 있었다. 영국의 아일랜드 및 네덜란드의 남부지역이 이에 해당된다. 아일랜드의 경우, 누적된 인종적·사회적·종교적 갈등들이 전통적 체제 내에서 결코 해결될 수 없었으며, 이것은 폭력사태의 주기적인 분출을 역사적으로 지속시키다가 마침내 영토의 분열로 귀결되고 말았다. 네덜란드의 경우, 벨기에의 분리 이후에도 상당한 규모의 가톨릭 소수 세력이 남게 되었지만 집단적 다원주의(corporate pluralism)의 오랜 전통에 힘입어 이들을 체제 내에 안주시킬 수 있었다. 가톨릭교도들은 포괄적인 독자적 결사체와 강력한 정당을 조직하여 비록 분절되었지만 응집력을 지닌 정치체제에 서서히 편입되어 갔다.

네덜란드와 스위스의 비교를 통해서 국가체제 내에서의 정당들의 분화 조건에 관한 이 분석의 깊이를 더할 수 있을 것이다. 양국은 우리 모형상의 제IV유형에 가깝다. 즉, 신교가 국가의 주도권을 장악하고 있지만 강력한 가톨릭 소수 세력이 존재하며, 국민경제의 영역에서는 도시의 이익이 농촌의 이익을 압도하고 있다. 우리 모형의 가정을 설정하면서 우리는 국민국가 수립 세력에 대한 주변부 반대 세력의 분리를 예측했다. 즉, 정통파 신교도의 저항(P-D-L) 및 로마 가톨릭교도(P-R-L)의 저항이 그것이다. 이 예측은 네덜란드의 경우에는 명백히 들어맞지만 스위스의 경우 그렇게 잘 들어맞지 않는다. 이것을 어떻게 설명할 것인가? 사실 이 유형의 대조를 통해서 비교사적 분석의 매력을 단단히 맛볼 수도 있겠지만 우리가 여기서 할 수 있는 것은 단지 간단한 가설을 제시하는 것이다. 조건변수들을 엄격히 선정함으로써 우리의 모형은 복잡한 역사적 발달 경로들을 단순화시킬 뿐만 아니라 연속적으로 존재하는 경험세계를 단순한 2분법적 구도로 환원시킨다. 네덜란드와 스위스의 차이는 중심부-주변부 축을 더욱 분화시킴으로써 설명이 가능할 것이다. 국가의 중앙집권화 움직임은 네덜란드가 훨씬 강했다. 스위스의 경우 프로테스탄트 캔톤(Canton)과 가톨릭 연합세력(*Sonderbund*)간의 전쟁에 의해서 중앙집권화의 경향이 현저히 약화되었다. 네덜란드의 경우 자유당이 강력히 추진했던 중앙집권화는 신교 및 구교 양쪽의 저항을 초래했다. 스위스의 경우 급진당(Radicals)은 신교도로부터는 어떠한 저항도 받지 않았을 뿐 아니라 오히려 구교에 대항하려는 신교도들의 지원을 받았다. 그 결과 형성된 정당체계는 전형적인 남중부 사례들과 본질적으로 동일한 구조를 지니게 되었다.

우리 모형상의 N-P축을 더욱 분화시킴으로써 통제된 차원별 비교체계에 프랑스라는 독특한 사례를 보다 쉽게 부합되도록 할 수 있을 것이다.

우리는 프랑스를 이탈리아와 함께 우리 모형상의 제VI유형으로 분류했다. 즉, 반종교개혁에 의한 가톨릭의 우위가 관철되었으나 19세기의 국민국가 형성단계에 이르러 세속화 및 종교적 갈등을 겪어야 했으며, 국가 정치에 있어서 도시가 명백한 우위를 점하고 있는 유형이 그것이다. 그러나 이것은 극도로 대조적인 역사적 발전과정을 겪은 두 정치체를 동일한 분석 유형에 편입시켰음을 의미한다. 프랑스는 유럽에서 가장 역사가 오래고 또 가장 중앙집권화된 국민국가 중 하나이다. 반면 이탈리아는 프랑스혁명이 발발하고도 대단히 오랜 기간이 경과한 후에야 비로소 국토 통일을 성취할 수 있었다. 그러나 우리는 이것을 우리 모형이 지닌 약점이라고 생각하지 않는다. 양국의 정당체계는 놀라울 정도로 유사하므로 어떠한 비교분석의 체계일지라도 이 점을 어떻게든 부각시켜야만 한다. 우리 모형상의 "국민국가 수립자" 연합 및 "주변부" 연합은 이 양국의 맥락별로 매우 상이한 의미를 지닌다고 보아야 한다. 프랑스의 경우 "중심부"와 "주변부"의 구분은 단순히 지리적인 수준을 훨씬 능가한다. 즉, 그것은 대혁명에 대한 지지와 반대라는 오랜 역사의 신조를 반영했다. 지그프리트(Siegfried)의 고전 『타블로우』(*Tableau*)에 자세하게 서술되어 있듯이 프랑스의 우파(*Droite*)는 중앙집권화 및 평등화를 향한 혁명적 추진에 가장 완강하게 저항했던 지역을 거점으로 삼았다.[24] 그러나 이것은 단순히 주변부의 저항운동의 수준을 넘어서서 소외된 엘리트 집단들, 그리고 아무런 신념이나 근본도 없는 자들에 의해 자신들의 정당한 권력이 찬탈되었다고 느꼈던 좌절된 국민국가 수립세력 등을 포괄하는 광범위한 연합체였다. 반면 이탈리아에서 세속적인 국민국가 수립 세력에 대항하는 그처럼 광범위한 연합세력이 형성되기 위한 기반은 존재하지 않았다. 이탈리아의 지방 유지들은 이른바 변혁(*transformismo*)이 제공하는 유혹을 뿌리치지 않았으며, 교회는 신앙심 깊은 추종자들로 하여금 거의 두 세대 가까운 기간 동안 정치에 일체 관여하지 않도록 통제했다.

대중동원의 초기 단계에 나타난 이와 같은 차이는 양국 정당체계에 심대한 영향을 끼쳤다. 선거권이 확대되고 노동계급의 정당이 강력해짐에 따라 교회는 스스로의 자원을 이용해서 자신의 지위를 보호해야 할 필요를 느끼게 되었다. 프랑스에서 그 결과는 가톨릭 교육기관의 보호를 농촌의 기존 위계질서의 보호와 분리시키려는 시도로 나타났다. 이와 같은 경향은 가톨릭계 노동조합의 조직을 통해 표출되었다가 마침내 1944년에는 인민공화운동(MRP)의 결성으로 이어졌다. 그러나 프랑스 교회가 역사적으로 지녀왔던 신조의 부담은 너무 컸다. 그리하여 이 정당은 기독교적 민주주의의 원리를 수호하기 위한 안정된 대중정당으로 성장해 나갈 수 없었다. 이와 대조적으로 이탈리아의 역사는 노동계급의 정당들에 비해 변변치 못한 경쟁자들만이 남아 있는 상황 속에 교회를 빠뜨렸다. 그 결과 다양한 이해관계와 운동을 망라하는 포괄적인 연합세력이 형성되었는데, 여기에 가담한 세력들은 종종 서로 다투기도 했지만 파편화된 구체제의 중심 세력인 가톨릭 교회의 권한을 수호하는 데는 단합력을 과시했던 것이다. 결국 양국 모두 종교적 분극화라는 명백한 경향을 보여 주었지만 국민국가 수립 역사의 차이는 정당들 간의 대립과 연합의 체계상의 차이를 초래했다.

우리 모형이 분류한 여덟 가지 유형에 대해 하나하나 모두 자세히 논의할 수도 있겠지만, 그러다 보면 우리는 개별 국가의 역사에 지나치게 깊이 빠져들게 될 것이다. 우리는 각국의 사례가 얼마나 정확하게 우리 모형에 들어맞는가보다는 모형의 전반적인 구조에 더 큰 관심을 기울이고 있다. 이와 같은 시도에 있어서 완성이란 있을 수 없다. 이것은 단지 보다 자세한 비교를 위한 일련의 주제를 설정하고, 또 그 분석의 결과를 처리하기 쉬운 개념 틀 내에서 정돈하기 위한 방안을 제시하려는 시도이다. 이 모형은 단지 도구일 뿐이며 그 유용성은 계속적인 발전, 즉 관찰된 상이성을 해명하기 위한 변수의 추가 및 이미 포함된 변수들에 대한 개념 정의와 등급 설정의 개선 등에 의해서만 시험될 수 있다.

3) 제4단계: 노동계급운동 세력 및 구조상의 다양성

우리의 3단계 모형은 보통선거를 향한 결정적인 약진이 일어나기 직전에 멈추고 있다. 이 모형은 유럽 각국의 유권자들 중 "독립적인" 계층들, 즉 "납세자 (재산세 납부자) 정권"기에 투표권을 가질 수 있었던 재산소유자와 전문직 종사자 및 고등교육 이수자들 사이에 존재했던 다양한 분열 체계의 근원들에 초점을 맞추고 있다.

그러나 이것은 서구 정치발전사의 고작 절반 정도에 해당할 뿐이다. 하층계급으로의 선거권의 확대는 각국 정치체계의 특성을 변화시키고 새로운 균열을 발생시켰으며 기존의 유권자 결속 구조에 변화를 가져 왔다.

그렇다면 우리는 왜 이처럼 중요한 발전 양상을 유럽 정당체계에 관한 우리의 모형에 포함시키지 않았는가? "어떠한 단일 국가의 정당체계"를 설명함에 있어서 최초 3개의 균열축들이 네 번째 균열축보다 반드시 중요하기 때문이라는 이유는 명백히 아니다. 순전히 수치적인 측면에서 본다면 우리가 다루고 있는 국가들 중 절반 이상의 사례에서 오히려 제4의 균열이 여타의 어떤 균열보다도 보통선거에 의한 표의 다양한 분포 양상을 훨씬 더 많이 설명해 준다. 우리가 처음의 세 균열축들에 초점을 맞춘 이유는 이 균열축들이 "체계들 간의" 대부분의 차이를 설명해 준다고 보았기 때문이다. 중심-주변, 국가-교회, 토지-산업이라는 세 가지 균열의 상호작용은 노동운동의 성장이 파생시킨 어떠한 균열축보다 각국 정당체계들 간의 보다 두드러지고 또 보다 지속적인 차이를 발생시켰다.

우리는 물론 제4단계 모형을 제시할 수도 있었을 것이다. 그러나 그것은 대단히 성가신 작업일 뿐만 아니라 수많은 분석적 군더더기들을 양산하게 될 것이다. 설명이 필요한 것은 선거권 확대 이전 혹은 이후의 특정 시기에 독특한 노동운동이 출현했다는 사실이 아니라 노동운동의 "강도와 결속력", 즉 비특권계급의 행동을 동원해 내는 능력, 그리고 분열과 파편화를 유발하려는 수많은 압력에도 불구하고 단합을 유지해 내는 능력이다. 유럽의 모든 정치체는 선거권이 최초로 확대된 시점부터 정당들의 과도한 다원화를 억제하려는 민주화 이후의 다양한 노력이 경주되던 시점 사이에 여러 형태의 노동운동을 발전시켰다. 이러한 운동의 "실재"를 예측한다는 것은 어려운 일이 아닐 것이다. 그러나 이 운동들 중 어떤 운동이 강력하거나 취약하고, 또 어떤 운동이 통일되거나 분열될 것인가를 예측한다는 것은 각국의 조건과 발전에 관해 더 많은 지식을 필요로 하며 역사적 상호작용 과정에 관해 더욱 정교한 모형을 필요로 할 것이다. 우리의 3단계 모형은 어떠한 정당에 관해서도 이처럼 깊숙한 분석을 시도하지는 않는다. 즉, 이 모형은, 이러저러한 균열들로 특징지어지는 정치체제에는 이러저러한 정당들이 출현할 것이라고 예측할 수는 있지만 어느 한 정당의 세력이나 응집력을 해명할 수 있는 어떠한 공식도 제공하지는 않는다. 이 시점에서 우리는 우리 모형의 확충을 통해서 설명해야만 하는 체계들 "사이의" 다양성에 관한 초보적인 논의만 개진하고자 한다. 이에 의거해서 우리는 "제4의 단계"를 제시하고 보통선거의 충격 속에서 형성된 각국 정당체계의 상이점들을 설명하기 위한 방안을 제시하고자 한다.

우리의 최초의 분석 방침은 서구 정치체제의 네 가지 결정적인 균열의 차원들을 설정한 바 있다. 정당체계 출현에 관한 우리의 모형은 이 네 차원들 중 처음 세 가지에 상응하는 세 차례의 역사적 중대 국면들을 다음과 같이 제시하였다.

| 균열 | 역사적 중대 국면 | 쟁점 |
|---|---|---|
| 중심-주변 | 종교개혁-반(反)종교개혁:<br>16, 17세기 | 국가적 종교 대 초국가적 종교<br>민족언어 대 라틴어 |
| 국가-교회 | 국민혁명:<br>1789년 및 그 이후 | 대중교육에 대한 세속적 혹은<br>종교적 통제 |
| 토지-산업 | 산업혁명:<br>19세기 | 농산물에 대한 관세 수준;<br>2차산업 경영의 통제 혹은 자유 |

여기에 제4의 균열 차원 및 제4의 중대 국면을 다음과 같이 추가할 수도 있

을 것이다.

| 균열 | 역사적 중대 국면 | 쟁점 |
|---|---|---|
| 자본가-노동자 | 러시아혁명: 1917년 및 그 이후 | 국가 정치체제에의 통합 대 국제적 혁명운동에 대한 충성 |

유럽에서 독특한 노동계급 정당이 발달한 조건들은 국가별로 대단히 상이하다. 이 상이성들은 1차대전 훨씬 이전에 이미 형성되었다. 러시아혁명은 새로운 균열을 생성시켰다기보다는 단지 노동계급의 엘리트들 내부에 이미 확립되어 있던 균열을 더욱 두드러지게 했을 뿐이다.

우리의 3단계 모형은 이와 같은 발달 양상에 관해 명쾌한 예측을 제공하지 않는다. 가장 통일되고 또 가장 온건한 노동운동이, 프로테스탄트 교회가 지배적이며 역사적으로 가장 평탄한 국민국가 수립과정을 거쳤던 우리 모형상의 제1, 제2 유형의 국가군들, 즉 영국, 덴마크, 스웨덴 등에서 발견되는 것은 부인할 수 없는 사실이다. 가톨릭 교회가 지배적이며 역사적으로 대단히 힘겨운 혹은 대단히 지체된 국민국가 수립과정을 거쳤던 우리 모형상의 제5, 제6 유형의 국가군들인 프랑스, 이탈리아, 스페인 등에서 대단히 분열적이고 또 전반적으로 고립된 노동운동이 출현한 것도 사실이다. 그러나 프로테스탄트적인 북서부 지역과 라틴계의 남부 지역 사이에 위치한 중간지대(제3, 4, 7, 8 유형)에서의 다양성을 설명하기 위해서는 명백히 다른 변수들을 도입해야만 한다. 오스트리아와 독일의 노동운동은 지배적인 국가 엘리트들에 대항해서 독특한 대항 문화(counter-culture)를 발전시켰다. 오스트리아의 사회주의자 진영(*Lager*)은 비록 비엔나에 과도하게 집중되어 있었지만 합스부르크제국이 해체된 후 교회주의적 보수 세력 및 범게르만주의적 민족주의 세력에 대항하여 통일성을 유지해낼 수 있었다. 이와는 대조적으로 독일의 노동운동은 1918년의 패전 이후 깊숙이 분열되었다. 정치경쟁의 규칙에 관해 첨예하게 대조적인 관념을 지녔던 양 진영은 대립을 지속할 수밖에 없었고, 이 대립은 1930년대 초 대중적 민족주의의 물결에 대항한 투쟁에서 치명적인 결과를 초래했던 것이다. 우리 모형상의 제4유형에 속하는 스위스와 네덜란드의 경우 러시아와 독일에서 발발한 혁명이 약간의 혼란을 초래하기는 했지만 노동계급의 주력정당으로부터 좌익으로의 분열이 그다지 심각하지는 않았다. 이들 국가에서는 문화적·종교적으로 두드러진 균열들이 사회주의 정당의 잠재력을 위축시켰다. 그러나 이들 국가의 다원주의적 전통은 사회주의 정당들의 정치권에 대한 점진적인 진입을 용이하게 해 주었다.

중간지대에 속한 모든 국가들 중 벨기에(제8 유형)는 아마도 가장 흥미로운 사례일 것이다. 우리가 제시한 개략적인 규칙에 따른다면, 철두철미한 가톨릭 국가일 뿐만 아니라 두 개의 독특한 언어권을 가로질러 국민국가를 건설한, 대단히 힘든 역사를 거친 벨기에의 노동운동은 두드러진 분열상을 노정해야 마땅하다. 그러나 이 경우 국가의 규모가 작다는 점, 그에 따라 대외의존성이 높다는 점 등이 분열 및 파편화를 향한 내부의 힘을 크게 제약했던 것으로 보인다.[25)]

프랑스, 이탈리아, 스페인의 경우와 오스트리아, 벨기에의 경우의 대비를 통해서 한 가지 일반화를 시도해 볼 수 있다. 즉, 교육발달 및 대중동원의 중대한 시기에 국가수립 세력과 교회 간에 공개적 혹은 잠재적 대립이 존재했던 국가들(제5, 6 유형)의 노동운동이 교회가 외부의 공동 적과 대항하기 위해 국가수립 세력과 제휴했던 국가들(제7, 8 유형)의 노동운동보다 더욱 분열적인 경향을 보였다. 이것은 아일랜드의 경우에도 잘 들어맞는다. 아일랜드의 가톨릭 교회는 세속적인 민족주의자들과 마찬가지로 잉글랜드에 대해 적대적이었다. 그리하여 이 양대 세력의 연합은 아일랜드 정치의 계급적 균열선을 따른 분극화의 가능성을 축소시켰을 뿐만 아니라 주목할 만한 세력을 지닌 공산당의 출현 가능성 역시 희박하게 만들었다.

북구의 프로테스탄트 국가들에 대해서도 이와 유사한 일반화를 시도해 볼 수 있을 것이다. 즉, 국민국가 건설을 둘러싼 투쟁기에 내적 분열이 심했던 국가일수록 러시아혁명에 따른 노동계급 분열의 정도가 더욱 두드러졌다. 독일 노동계급의 깊은 분열에 관해서는 이미 언급한 바 있다. 독일제국은 유럽에서 매우 뒤늦게 건설된 국민국가였으며, 노동계급의 정당이 정치권으로 진입한 시점에 이르기까지 제국 내의 종교적·지역적 갈등 요소들 중 어느 것도 해소되지 않고 있었다. 북유럽의 국가들 중 가장 역사가 오랜 덴마크와 스웨덴은 공산당-사회당 분열의 영향을 가장 적게 받았다. 이에 반해서 식민상태에서 벗어나 새로 국가를 건설했던 노르웨이, 핀란드, 아이슬란드는 그 분열의 영향을 훨씬 직접적으로 받아야 했다. 1814년 내정에 대한 자치권을 획득하고 1905년 완전한 주권을 획득했던 노르웨이의 경우, 그 영향은 단지 1920년대 초반에 짧게 지속되었다. 그러나 1917년에 독립한 핀란드와 1944년에 주권국가가 된 아이슬란드의 경우 공산-사회 분열의 영향은 더욱 오랫동안 지속되었다. 북유럽 국가들 간의 이와 같은 차이는 비교정치에 관한 여러 문헌들에 의해서 이미 빈번히 다루어진 바 있다. 노르웨이 노동당의 과격화에 관해서도 이미 다양한 해석이 제시되었는데, 예컨대 정당 지도자들이 택할 수 있었던 연합의 폭을 강조한다든가, 주변부 지역의 급속한 산업화에 대한 기층세력의 반응을 강조한다든가, 정당구조의 개방성 및 유권자 반응의 신속성을 강조한 것 등이 대표적인 해석들이었다. 노르웨이 농민들의 정치적 동원이 대단히 빨랐으며 또 관료들이 지배하던 구체제에 대한 이들의 승리가 신속했다는 사실이 이후 출현한 노르웨이 노동당을 더욱 고립시키고, 특히 스웨덴과 덴마크의 사민정당들보다 제휴세력으로서의 비중을 현저히 저하시켰다는 점은 의심의 여지가 없다. 급속한 산업화의 과격화 효과에 관한 불(Edvard Bull)의 오래된 가설을 입증해 주는 많은 증거들 역시 존재한다. 그러나 최근의 연구들은 이 요인이 정치변동의 폭넓은 과정을 해명해 줄 수 있는 단지 한 가지 요소에 불과하다는 점을 시사하고 있다. 노동당은 기존의 도시들과 삼림지역 및 수산업 지역에서 더 많은 표를 획득했다. 그러나 정당구조의 개방성은 당내의 급진세력으로 하여금 당내 지위를 대단히 신속하게 확보하고 러시아혁명 직후의 결정적인 시기에 다수파로 급부상하는 것을 가능하게 해 주었다. 반면, 기층세력의 영향력에 대한 이와 같은 개방성은 노동당의 모스크바와의 연대를 조기에 종식시킨 요인이 되기도 했다. 공산당은 1924년 정식으로 분당해 나갔으며, 노동당은 점진적으로 "국가에 합류"하여 1935년 마침내 정권을 장악했다.

2차대전 이후에도 강력한 공산당이 존재했던 스칸디나비아 국가는 핀란드와 아이슬란드뿐이었다. 외견상 이 두 국가는 정치적·문화적 독립을 위한 기나긴 투쟁 및 뒤늦은 산업화라는 두 가지 특징을 공유하고 있다. 그러나 이들은 민족주의에 입각한 정치적 동원이 처음 시작된 시점부터 보통선거를 바탕으로 한 정당체계가 최종적으로 확립될 때까지 대단히 상이한 정치변동의 과정을 거쳤다. 이러한 차이를 초래했던 한 가지 명백한 요인은 러시아와의 지리적 거리의 차이였다. 1906년 보통선거에 입각한 최초의 선거가 핀란드에서 치러졌을 때 37%의 득표율을 기록하며 사회당이 급작스럽게 부상했던 것은 러시아의 짜르 정권에 대항하는 정치적 동원화의 물결이 초래한 한 가지 결과였다. 1917년의 러시아혁명은 핀란드를 양분시켰다. 특히 노동계급의 유권자들은 민족문화 및 사회질서에 대한 충성심과 자신들이 속한 계급 및 계급적 이익의 보호자에 대한 연대감에 의해 분열되고 말았다.[26] "백군"의 승리 및 그에 이은 공산당 탄압(1919~21, 1923~25, 1930~44)은 깊은 상처를 남겼다. 1945년 소련의 승전 이후 핀란드 공산당(SKDL)의 정치적 부상은 "귀족"과 고용주들에 대한 노동계급의 뿌리 깊은 적개심만이 아니라 보다 일반적인 견지에서 중심부의 민족문화 옹호자들에 대한 노동계급의 반감을 반영하고 있었다. 아이슬란드 노동운동의 분열은 이보다는 극적인 요소가 덜하다. 아이슬란드에서 대중적인 갈등 요소는 별로 찾아볼 수 없으며, 공산당에 대한 동조자들과 사회당 지지자들 사이의 대립은 본질적으로 적극적인 정치활동가 집단들 사이의 개인적인 반감을 반영하고 있는 것으로 보인다.[27]

## 5. 비교정치사회학을 위한 함의

유럽의 정치체들의 정당 대립에 관한 비교역사를 체계화하려는 우리의 시도는 1920년대의 특정 시점, 즉 선거권이 확대된 이후 대다수의 새로운 잠재적 지지자들이 정치적으로 동원됨으로써 주요한 정당의 대안들이 동결(凍結)되어 버린 시기까지 진행되었다. 왜 거기서 멈추는가? 균열에 관한 비교 분석을 왜 1960년대까지 진행시키지 않는가? 그 이유는 믿기지 않을 정도로 단순하다. 1960년대의 정당체계들은 몇 안되는 그러나 중요한 예외들을 제외한다면,

1920년대의 균열구조를 그대로 반영하고 있다. 이것은 "고도의 대중 소비" 시대에 도달한 서구의 경쟁적 정치체제의 핵심적인 특징이다. 정당의 대안들은, 그리고 대단히 많은 경우에 정당 조직들 자체는, 각국의 절대 다수의 유권자들의 나이보다 연륜이 오래다. 서구의 대부분의 시민들에게 현재 활동 중인 정당들은 어린 시절부터 아니면 최소한 그들이 처음으로 선거를 통한 정당의 선택에 직면했던 시기부터 이미 정치적 지형의 한 부분을 형성해 왔다.

이와 같은 연속성은 종종 당연한 것으로 여겨져 왔지만, 사실 이것은 비교사회학적 연구에 흥미로운 문제들을 제기한다. 1차대전이 끝날 무렵에 이미 조직되었던 정당들 중 놀라울 정도로 많은 숫자가 파시즘과 국가사회주의의 탄압을 견뎌냈을 뿐만 아니라 또 하나의 세계대전 및 그들이 속한 정치체의 사회적·문화적 구조상의 격심한 일련의 변화들 역시 이겨내고 여전히 생명력을 유지하고 있다. 어떻게 이것이 가능했는가? 이 정당들은 어떻게 그들의 활동을 제약해 온 정치적, 사회적, 경제적 제 조건들의 무수한 변화들을 견뎌낼 수 있었는가? 그들은 어떻게 그토록 오랜 기간 동안 자신들과 일체감을 지속해 온 수많은 시민 집단들을 유지할 수 있었는가? 또한 그들은 어떻게 자신들의 핵심적인 지지자들을 세대를 바꾸어 가면서까지 재생해 낼 수 있었는가?

이 질문들의 어느 것에도 뚜렷한 해답은 존재하지 않는다. 정당들의 내부운영 및 조직적 기능에 관한 우리의 지식 수준은, 정당들이 사회·문화적 기반 및 공공의 의사결정에 참여해 온 역사에 관한 지식에 비해 대단히 빈약하다.

이 질문들에 대한 해답에 보다 가까이 가려는 시도는 "오래된" 정당들(선거권 확대의 최종 국면에 결성되었던 초기의 대중정당들)과 "새로운" 정당들(보통선거가 실시된 후의 몇십 년 사이에 결성이 시도되었던 정당들)에 대한 비교 분석으로부터 출발해야만 할 것이다. 대중의 최대한의 정치적 동원을 향한 마지막 운동이 전개되기 "이전에" 대중적인 조직체를 확립하고 지역적 정부구조 속에 뿌리를 내릴 수 있었던 정당들이 가장 수명이 길다는 법칙에 대한 중대한 예외를 발견한다는 것은 어려운 일이다. 선거권의 완벽한 보장에 입각한, 민주주의를 수립하기 위한 최후의 운동기에 대중정당들이 성장함에 따라 협소해질 수밖에 없었던 "지지 시장"은 새로운 운동세력들이 진입할 만한 정치적 공간을 거의 남겨 두지 않았다. 새로 출현한 노동자정당들의 도전에 대해 자유 및 보수 진영측이 전국적 규모의 대중 조직을 구축함으로써 대항했던 국가들의 경우, 새로운 정당이 또 다시 등장할 여지는 유난히 적었다. 그것은 대표성의 관문이 낮았던 스칸디나비아 국가들이나 그 관문이 대단히 높았던 영국의 경우나 마찬가지였다. 그리고 특권계층들이 정치적 동원을 위해서 전국적인 대중조직에 의존하기보다 그들의 지역적 권력자원에 의존했던 국가들의 경우 민주화 이후의 정당체계는 훨씬 허약하고 또 새로운 정치세력들에 대한 개방의 폭이 넓었다.

프랑스는 선거권을 가장 먼저 확대한 국가군에 속하지만 기득 계층의 동원 노력은 지방적이며 개인적인 경향이 강했다. 영국의 보수당에 비견될 만한 대중정당은 결코 성장하지 못했다. 공산당(PCF)과 사회당(SFIO)의 우측에 "지지시장의 협소화"는 거의 일어나지 않았으며, 그 결과 민주화의 후기 국면에서조차 정당체계가 재편될 수 있는 여지가 대단히 넓었다.

강력한 대중적 조직을 갖춘 좌익과 눈에 띄게 파편화된 우익간의 비대칭성은 독일에서도 발견된다. 독일과 영국의 대비는 균열구조에 관한 분석을 할 때 이미 여러 차례 행한 바 있다. 오스트리아와의 대조 역시 주목할 만하다. 오스트리아의 세 진영 간의 경합 구조는 동원화의 초기 단계에 이미 확립되었으며, 합스부르크제국으로부터 제1, 제2공화국을 거치는 동안 정당체계는 놀라울 정도로 변동을 보이지 않았다. 가톨릭 교회의 대중조직을 중심으로 보수적 지지세력을 강력히 규합함으로써, 새로운 정당의 동원 잠재력을 대단히 억압할 수 있었다. 반면, 독일제국과 바이마르공화국에서 사민당의 우측에 존재했던 유일한 대중정당은 가톨릭의 중앙당이었는데, 이것은 민주화 이후에 프로테스탄트 우파를 기반으로 하여 새로운 정당이 조직될 여지가 대단히 컸음을 의미한다. 독일 정당체계 안정의 기회를 열어 준 것은, 역설적이지만 국가사회주의 정권의 패전 및 그에 따른 프로테스탄트 동독 지역의 상실이었다. 지역적으로 분할된 기민·기사연합(CDU/CSU)의 출현과 더불어 독일인들은 최초로 영국의 보수당과 유사한 세력 범위를 지닌 보수적 정당을 지닐 수 있게 되었다. 기민·기사연합은 보수당처럼 강력한 당원 조직을 구축하지는 못했다. 그러나 최소한 1966년의 대변환이 있기 전까지 기민·기사연합은 대단히 폭넓은 계층과 지역에 걸친 이익을 놀랄 만큼 효과적으로 집약해 내었다.

서구의 또 다른 두 개의 국가는 보통선거가 도입된 이후에 정당체계의 엄청난 변화를 겪었으므로 이에 관해 반드시 언급할 필요가 있다. 이탈리아와 스페인이 이들이다. 이탈리아의 경우는 독일의 경우와 유사하다. 양국은 모두 뒤늦은 통일이라는 고통스러운 과정을 거쳤으며, 국민국가 수립 세력(프로이센 및 피에드몽)과 가톨릭 교회간의 분열이라는 특권층 내부의 분열이 깊었고, 또 노동계급의 조직권에 대한 인정이 대단히 늦었다. 그러나 양국의 핵심적인 차이는 정당 발달의 시점(timing)의 차이에서 비롯된다. 독일제국의 경우 분화된 정당구조의 발달이 동원화의 초기 국면에 이미 허용되었으며 또 이 정당구조는 바이마르공화국이 지속되었던 15년 동안 기능할 수 있었다. 이탈리아의 경우 이와는 대조적으로 국가와 교회의 분열이 매우 심각했기 때문에 구조적으로 대응력을 갖춘 정당체계가 1919년 이전에 결코 형성되지 못했으며, 그로부터 고작 3년 후에 무솔리니의 로마행군이 단행되었다. 따라서 민주혁명이 성취된 이후 정당체계가 "동결"될 시간적 여유가 전혀 없었으며, 1944년 파시스트 정권이 패배한 이후에 부활시킬 만한 전통적인 정당체계 역시 거의 존재하지 않았던 것이다. 사회당과 가톨릭당(*Popolari*)이 짧은 기간이나마 꽤 성공적으로 유권자들을 동원해 내었던 것은 사실이다. 또 이 경험이 2차대전 이후 공산당(PCI)과 기독민주당(DC)의 지위에 영향을 끼친 것도 역시 명백한 사실이다. 그러나 사회당과 가톨릭당 이외의 어떠한 정치 세력도 선거에의 참여를 목적으로 조직된 적이 없었으므로 정치적 동원이 이루어질 시장 내에서 예측할 수 없는 변동이 일어날 수 있는 여지가 대단히 컸던 것이다.

스페인은 프랑스와 많은 공통점을 보여 주는데, 통일 국가의 조기 수립에도 불구하고 중앙 권력에 대한 깊은 적개심이 몇몇 지방에서 온존되어 왔다거나 보통선거의 조기 도입에도 불구하고 정당조직이 취약하고 분열되어 있다는 점 등이 그 대표적인 예이다. 분리주의 세력의 정치적 동원 및 노동계급의 전투성의 앙양이 초래한 중첩적인 위기상황 하에서, 민족주의에 입각한 대항 혁명이 두 차례(1923년 프리모 데 리베라의 쿠데타, 1936년의 스페인 내전)나 발발할 때까지 스페인에서 어떠한 강력한 대중정당도 성장하지 못했던 것은 사이비 의회제도 및 지방 토호들의 온정주의(*caciquismo*)적 지배력의 지속 등이 초래한 결과였다.

정당체계의 안정된 발전에 실패한 이 네 가지 주목할 만한 사례들 자체가 우리 모형의 타당성을 훼손시키지는 않는다. 각국의 시민들이 지지를 선택해야 할 가장 대표적인 정당들의 대안체계는 투표권이 마지막으로 확대되기 직전 혹은 직후에 확정되었으며, 향후 수십 년에 걸친 정당선택의 구조적 조건의 변화에도 불구하고 대체로 유지되었다. 프랑스, 독일, 이탈리아의 경우조차도 대안체계의 지속성은 그 조직적 표현양태의 변화만큼이나 놀랍다. 이와 관련해서는 프랑스의 사례가 많은 점에서 흥미를 끈다. 프랑스 내부적 요인에 의해 선거 정치가 중단된 적은 없었다. 그러나 민주주의의 평민주의적(plebiscitarian) 모형과 대의적(representative) 모형 사이를 넘나드는 격심한 동요가 여러 차례 있었으며, 이익표출의 수준과 정당의 수준 모두 조직적 파편화가 두드러졌다. 이처럼 빈번한 정치적 격동에도 불구하고, 정치적 스펙트럼상의 좌파와 우파에 대한 유권자들의 정서와 일체감에 본질적인 지속성이 존재함을 의심하는 프랑스정치 분석가는 없다. 다시 말해서, 프랑스의 유권자들은 당면한 사안들에 대해 반응하지 않는다. 그들은 정치체제 전반에 역사적으로 형성된 느슨한 대안의 지형에 사로잡혀 있는 것이다.

정당 대안의 이러한 "역사성"은 국가들 "사이"뿐만 아니라 단일 국가 "내부"의 유사성과 상이성을 연구하는 데도 매우 중요하다. 정당의 대안들은 "시대"나 지배의 유형에 따라 전체 체계별 상이성을 지니기도 하지만, 동일한 정치체제 내에서 지역별로 상이한 모습을 보여 주기도 한다. 단일국가 내에서의 동원과 결속의 과정을 자세히 이해하기 위해서는 투표율과 투표의 분포상황에 대한 정보뿐만 아니라 "지구당 조직들이 형성된 시점"에 관한 정보 역시 필요로 한다. 정당의 지역적 정착 과정은, 조직에 관한 기록이나 당원 명부 혹은 지방선거 때 제시되는 후보자 목록에 대한 정보 등을 통해 파악할 수 있을 것이다. 대부분의 서구 국가에서 지역적 대표성을 확보한다는 것은 전국적 차원에서의 대표성을 확보하는 것보다 권력자원에 대해 훨씬 직접적인 통로를 열어 줄 것이다. 지방의 관리들은 정당 조직의 중추를 이루는 경향을 띠며, 그들은 자신들의 직위를 통해 제공할 수 있는 보상을 나누어 줌으로써 적극적인 지지세력의 중핵을 끌어모을 수 있다. 비특권 정당들이 지방의 행정기구에 접근할 수 있다는 것은 조직망을 유지·발전시키는 데 결정적인 중요성을 띠었다. 이 정당들의 존속은 노동조합의 조직적 역량에 크게 힘입었다고 볼 수도 있을 것이다. 그러나 이 정당들은 경제적 권력체계나 혹은 교회 조직에 핵심적 세력을 의존하고 있는 정당들에 비해서 지방 행정에 대해 잠재적 권력자원으로서의 의미를 보다 많이 부여해 왔다.

정당들의 이와 같은 지역적 정착과정에 관한 연구는 대부분의 국가에서 아직 걸음마 단계에 불과하며, 이에 관한 본격적인 비교 연구는 지금까지 전혀 시도된 바 없었다.[28] 이것은 경험적 정치사회학의 한 가지 커다란 공백이다. 우리의 지식과 체계화를 위한 우리의 노력 사이에는 불행하게도 비대칭성이 존재한다. 서로 다른 지역의 유권자들에게 정치적 대안들이 "정착"되는 과정에 관해 우리는 거의 알지 못한다. 반면에 우리는 특정한 대안이 "선택"되는 상황들에 관해서는 상당히 많은 정보를 가지고 있다. 이것은 명백히 자료에 대한 접근 정도의 차이를 반영하고 있다. 정당조직의 형성, 발전, 정체, 소멸에 관한 자료를 각 지역별로 취합한다는 것은 엄청난 시간을 쏟아 부어야 하는 암담한 작업이다. 이에 비해서 일단 특정한 대안들이 정착된 이후 이들 가운데서 행해지는 선택에 관해 알아보는 것이 훨씬 쉬운 일이다. 선거에 관한 기록을 관리하는 기구들은 대중의 선택에 관한 자료들을 이미 수십 년에 걸쳐 축적해 놓았으며, 2차대전 이후 우후죽순처럼 늘어난 여론조사 기관들도 마찬가지다. 현재 우리가 필요로 하는 것은 정당의 지역적 정착 시점이 유권자 결속에 미친 결과를 명확하게 규명하기 위한 정보를 취합하려는 체계적인 노력이다.[29] 생태학적 자료(ecological data)를 이처럼 오랜 기간 동안 축적해 온 기관들이 성장함에 따라 이와 같은 분석은 늘어날 수밖에 없을 것이다. 이러한 연구들에 대한 조정과 통합을 극대화하기 위한 국제적인 노력이 현재 절실히 요구된다 하겠다.

이와 같은 자료보관소들이 성장함에 따라 대중정치에 관한 비교연구에 있어서 “시간적 차원”의 중요성은 커질 수밖에 없다. 일찍이 프랑스의 일단의 선거지리학자들은 지역적 정착 및 그 시간적 지속성에 관해 깊은 관심을 기울였다. 또 팅스텐(Tingsten)과 같은 통계생태학자들(statistical ecologists)은 통시적인(diachronic) 안정성보다는, 특히 노동자나 여성들처럼 새로이 유권자 대열에 합류한 집단의 정치적 동원화가 초래한 변화의 정도에 관해 더 큰 관심을 기울였다. 그러나 자료를 수집하고 분석하기 위한 기술로서 표본조사가 도입됨에 따라 시간적 변화에 관한 관심은 축소되고 보다 동시적인 상이성(synchronic variations)에 관해 연구가 집중되기 시작했다. 조사기술들이 관심을 집중시킨 것은 단기적인 변동사항들이었다. 과거의 투표행태나 가족들의 정치적 전통에 관한 질문을 도입한다는 것이, 이와 같은 조사를 발전적 연구(developmental research)의 충분한 도구로 만들어 주지는 못했다. 그러나 지난 수년간 이와 같은 추세에 중요한 역전이 일어났다. 선거에 관한 역사적, 시계열적 자료 등에 대한 학자들의 관심이 현저히 증가했을 뿐만 아니라 “정치적 대안들의 조직적 발전 및 동결”에 대한 그들의 연구 역시 대폭 확대되었다. 이와 같은 현상들은 서구의 대중정치에 관한 진정한 비교사회학이 성장하기 위해 필수적인 조건들이다. 이 지역 국가들의 현재의 유권자 결속 양태를 이해하기 위해서는 당면한 현안들이나 현재의 사회문화적 구조를 분석하는 것으로는 충분하지 않다. 정당의 대안들이 최초로 형성되었던 시점으로 돌아가서, 그 당시 역사적으로 확립되었던 일체감의 집중점들과 그 이후 변화한 선택의 구조적 조건들과의 상호작용을 분석한다는 것이 더욱 중요하다.

동시적 분석전략과 통시적 분석전략을 이와 같이 결합한다는 것은 조직적으로 이미 포화상태에 도달한 1960년대의 대중정치를 이해하는 데 더욱 중요성을 띤다. 수십 년 동안 진행된 구조변화와 경제성장은 해묵은 기존의 대안들의 현실적합성을 갈수록 떨어뜨렸다. 그러나 높은 수준의 조직적 동원화가 이미 정치공동체 전반에 걸쳐 이루어진 현 상황 하에서 새로운 대안 정당들이 결정적인 도약을 성취할 만한 여지는 거의 존재하지 않는다. 이러한 상황 하에서, 공동체 내에서 기성 정치조직에 대한 결속도가 가장 낮은 청년층, 특히 학생들이 엄청난 좌절과 소외감을 느끼고 이에 대해 저항한다는 것은 결코 우연한 일이 아니다. 1960년대 들어 “청년들의 반항”은 새로운 유형의 범죄, 새로운 생활방식, 그리고 새로운 유형의 정치 등과 같이 다양하게 표출되었다. 기존의 대안, 기존의 정당정치에 대한 거부감이 가장 극적으로 표출된 것은 아마도 미국에서의 민권투쟁 및 학생들의 저항운동일 것이다. 그러나 기존 정당들, 특히 집권당에 대한 청년들의 거부감은 유럽에도 광범위하게 퍼진 현상이다. 국가 권력 담당자들의 외교정책 및 군사정책에 대한 광범위한 반대는 이와 같은 환멸의 여러 요인들 중 한 가지에 불과하다. 복지국가 내에서의 기대수준과 성취수준간의 격차 역시 명백히 중요한 요인이 되어 왔다. 이처럼 다양한 요인에 의한 분노들이 결합하여 생명력을 갖춘 정당들을 조직할 수 있을 만큼 폭넓은 운동체들이 태동할 가능성은 그다지 크지 않다. 그러나 기존 정당들의 사회화 및 충원 과정은 명백히 영향을 받게 될 것이다. 물론 많은 것이 지역적 집중도 및 대표성의 관문의 높이에 좌우될 것이다. 관문이 낮은 스칸디나비아 체제의 경우 이반의 물결은 기존 정당체계의 균형을 벌써 허물어뜨렸다. 이 지역에서는 사회주의 좌파의 중요한 분리운동들이 출현하여 기존의 사민정당들의 전략적 입지를 심각하게 손상시켰다. 이와 같은 현상은 덴마크에서 먼저 일어났다. 공산당의 분리는 사회주의 좌파에 놀라울 정도로 강력한 민족적·티토주의적 정당을 성장시켰고, 그 결과 특히 1966년 가을 선거에서 기존의 사민당은 심각한 타격을 입었다. 이와 본질적으로 동일한 사태가 1961년 노르웨이에서도 발생했다. 집권 노동당 내부에서 분리운동이 갑작스럽게 일어나더니 이 해 선거에서 두 개의 의석을 차지했으며, 노동당은 2차대전 이후 최초로 절대다수 의석을 상실했다. 이것은 그 후 전개된 일련의 위기의 시작이었다. 분리해 나간 좌파는 1965년 총투표의 6%를 획득할 만큼 성장했고, 노동당은 마침내 정권을 상실했다. 스웨덴의 최근 추세 역시 이와 유사한 발전 양상을 보여 준다. 즉, 공산당은 덴마크의 경우와 유사한 민족주의적 노선으로 전환하여 그 존립 기반을 보다 확대하는 데 성공했다.

정당 세력의 이와 같은 변화를 비교 분석할 때 핵심적으로 고려해야 할 사항이 있다. 어느 정당(들)이 집권을 해 왔고 또 어느 정당들이 반대당의 위치에 있었는가 하는 점이 그것이다. 1950년대에 많은 평론가들은 영원한 절대다수당의 성장에 대해 우려를 표명했다. 집권당들은 모든 유리한 요소를 장악하고 수많은 전략적 자원을 자신들을 위해 동원할 수 있으므로 반대당은 영구히 무기력한 존재로 남을 수도 있다고 이들은 주장했다. 이 평론가들이 대단히 신속하게 스스로의 견해를 수정할 수밖에 없었던 것은 실로 다행스러운 일이다. 1960년대 들어 점증한 "기대의 혁명"은 집권당들을 끔찍할 정도로 불리한 처지에 빠뜨리고 말았다. 그들은 이제 더 이상 스스로 통제할 수 없는 난국에 대한 책임을 져야만 하며, 끊임없는 요구와 불평 및 비판의 표적이 되어 있으며, 이에 대처하기 위해 필요한 자원을 더 이상 통제하지도 못한다. 스칸디나비아와 영국의 집권 노동자정당이 겪고 있는 곤경은 오직 이러한 관점에서만 이해할 수 있다. 복지국가, 자동차와 텔레비전 문화의 확산, 교육의 폭발적 확대 등 이 모든 발전들은 정부의 권위를 갈수록 위축시켰고, 또 기존의 노동자정당들이 젊은 세대의 지지를 유지하는 데 대단히 힘들게 만들어버렸다. 유럽의 집권 노동자정당들 중 가장 슬기롭고 가장 선견지명이 있다는 스웨덴의 사민당조차 마침내 그 시대의 종착점에 도달한 것처럼 보인다. 사민당은 1956년 이후 혁신적인 보충연금제를 도입함으로써 복지제도를 확충하라는 요구에 성공적으로 부응했지만 이것이 사민당 통치의 영속적인 자산이 되지는 못했다. 사민당이 최근에 직면한 문제는 "장사진을 이루는 사회"와 관련된 것이다. 즉, 직업학교 및 대학교 앞에 늘어서 있는 장사진, 주택 구입을 위해 대기하는 장사진, 의료 혜택을 받기 위해 기다리는 장사진들이 문제의 핵심이다. 스웨덴의 노동자들은 아마도 세계에서 가장 높은 생활수준을 향유하고 있을 것이다. 그러나 이것이 스웨덴의 사민당 정부에 큰 도움이 되지는 못하고 있다. 노동계급의 젊은이들은 다른 사람들이 더 많은 교육을 받고, 더 좋은 주거환경을 누리고, 더 나은 의료혜택을 받는 것을 주시하고 그에 따른 좌절감과 소외감을 키워 가고 있다. 스칸디나비아 3국 모두에서 사민당의 퇴조가 도회지에서는 뚜렷한 반면 시골의 주변부에서는 지극히 미미하다는 사실은 의미심장하다. 이것은 곧 집권 정당들이 "기대혁명"이 가장 강력하게 일어난 지역에서 가장 심각한 어려움에 처해 있다는 것을 뜻한다.

이러한 현상이 어떤 성격의 정치를 발전시킬지 예측하기에는 아직 너무 이르다. 이전보다 정치적 동요가 커질 것이라는 점은 명백하다. 이것은 다시 정부의 규칙적인 교체가 이루어질 가능성을 높여 주겠지만 새로운 형태의 연립 형성을 또한 촉발시킬 수도 있을 것이다. 정치인들은 비난을 분산시키려는, 즉 경쟁하는 정당들과 책임을 나누어 가짐으로써 선거에서의 보복을 모면하려는 속성을 지니고 있다. 덴마크의 경우, 기성 정당들 사이에 존재하는 모든 장벽을 넘어서서 본격적인 협상이 강화되는 뚜렷한 경향을 보여 주고 있다. 노르웨이는 현재[1966년: 역자 주] 비사회주의 진영의 4당 연립정부를 경험하고 있다. 네 정당들 간에 갈등은 분명히 상존함에도 불구하고 연립은 지속되고 있다. 왜냐하면 각 정당은 선거 당시에 했던 약속을 이행하지 못하는 것을, 정부 내의 단합을 유지하기 위해 어쩔 수 없는 일이라고 손쉽게 변명할 수 있기 때문이다. 스웨덴에서 이와 같은 대안은 아직 시도되지 않고 있다. 그러나 이곳에서도 "노르웨이식 해결"에 관한 논의가 제법 무성하다. 1966년 여름과 가을에 독일연방공화국에서 일어난 사건은 극도로 상이한 정치적 배경 하에서도 매우 유사한 과정이 진행되고 있었음을 보여 준다. 즉, 현재 집권하고 있는 정당의 색깔이 무엇이든, 현재의 정치 지도층과 정책결정 체계에 대한 환멸이 증가하고 있음이 독일에서도 증명되고 있다.

이와 같은 발전을 이해하고 미래에 일어날 수 있을 법한 사태의 전망을 하기 위해서는 경쟁적 대중정치에 관한 비교사회학을 차근차근 구축해 나가는 것이 필수적이다. 이러한 연구와 체계화를 위해 필요한 새 주제와 새 전망들을 이 장황한 서론이 어느 정도 제시해 주었다면 이 글을 쓴 목적은 달성되었다고 볼 수 있을 것이다.

□ 주

1) 각국 정치발전의 통계적 역사를 구축하기 위한 요즘의 노력들을 검토한 문헌으로 S. Rokkan, "Electoral Mobilization, Party Competition, and National Integration," in J. LaPalombara and Myron Weiner, eds., *Political Parties and Political Development* (Princeton: Princeton University Press, 1966).
2) 정당이라는 용어의 오늘날의 용도를 다원적, 일원적 정치체제간의 비교분석적 맥락 하에

서 일반적으로 논하고 있는 문헌으로 Giovanni Sartori, *Parties and Party Systems* (New York: Harper and Row, 1967) 참조.

3) 이 과정에 대한 일반적인 분석은 S. M. Lipset et al., *Union Democracy*(New York: Free Press, 1956), pp. 268~269 참조.

4) 이 개념의 정의 및 그 구체적인 지표에 관해서는 Karl Deutsch, "Social Mobilization and Political Development," *APSR*, vol. 55 (1961), pp. 493~514.

5) 시민적 권리와 의무가 스스로 책임질 수 있는 모든 성인들에게 확대된 과정에 관한 분석은 R. Bendix and S. Rokkan, "The Extension of Citizenship to the Lower Classes," in R. Bendix, *Nation-Building and Citizenship*(New York: Wiley, 1964) 참조. 교육제도의 발달과 정치에 관한 논의는 R. Ulrich, *The Education of Nations*(Cambridge: Harvard University Press, 1961) 참조.

6) 이 과정에 대한 분석은 Ulf Torgersen, "The Structure of Urban Parties in Norway During the First Period of Extended Suffrage 1884-1898," in E. Allardt and Y. Littunen, eds., *Cleavages, Ideologies, and Party Systems*(Helsinki: Westermarck Society, 1964), pp. 377~399 참조.

7) 두 경제 부문간의 핵심적인 쟁점은 대외무역에 관한 것이었다. 보다 구체적으로 그것은 해외에서 생산된 값싼 곡물로부터 국내 농업이 보호되어야 하는가, 아니면 노동자들에게 값싼 식량을 공급해 줌으로써 제조업을 지원해 주어야 하는가에 관한 문제였다. 곡물관세를 둘러싼 정치에 관한 비교 분석은 특히 Alexander Gerschenkron, *Bread and Democracy in Germany* (Berkeley: University of California Press, 1943) 참조.

8) James Cornford, "The Transformation of Conservatism in the Late 19th Century," *Victorian Studies*, vol. 7 (1963), pp. 35~66.

9) 이와 같은 발전의 배경에 대한 자세한 소개는 Bryn J. Hovde, *The Scandinavian Countries 1720~1865*(Ithaca: Cornell University Press, 1948), 특히 제8, 9, 13장 참조.

10) S. M. Lipset, *The First New Nation*(New York: Basic Books, 1963), 제5~7장.

11) 이 표현의 출처는 Ernest Fraenkel, "Parlament und Öffentliche Meinung," in *Zur Geschichte und Problematik der Demokratie: Festgabe für H. Herzfeld*(Berlin: Ducker & Humblot, 1958), p. 178. 독일에 관한 보다 자세한 최근의 연구는 Günther Roth, *The Social Democrats in Imperial Germany*(Totowa: Bedminister Press, 1963), 제7~10장.

12) Walter Laqueur and Leopold Labedz, eds., *Polycentrism: The New Factor in International Communism*(New York: Praeger, 1962); L. Labedz, ed., *Revisionism* (New York: Praeger, 1962).

13) Erik Allardt, "Patterns of Class Conflict and Working Class Consciousness in Finnish Politics," in Allardt and Littunen, *op. cit.*, pp. 97~131.

14) Andrew G. Whiteside, *Austrian National Socialism before 1918*(The Hague: Nijhoff, 1962; Andrew G. Whiteside, "Austria," in T. Rogger and E. Weber, eds., *The European Right*(London: Weidenfeld, 1965), pp. 328~363.

15) 오스트리아에서 대중적 반유태주의의 '조작'에 관한 자세한 분석은 Peter Pulzer, *The Rise of Political Anti-Semitism in Germany and Austria*(New York: Wiley, 1964).
16) R. Dahrendorf, *Gesellschaft und Demokratie in Deutschland*(Munich: Piper, 1965), 특히 제26장.
17) 이 문헌들에 관한 논의는 S. M. Lipset, "Introduction: Ostrogorski and the Analytical Approach to the Comparative Study of Political Parties," in M. I. Ostrogorski, *Democracy and the Organization of Political Parties*(abridged ed.; New York: Doubleday, 1964), pp. IX~LXV 참조.
18) G. Sartori, "European Political Parties: The Case of Polarized Pluralism," in LaPalombara and Weiner, *op. cit.*
19) 영국과 미국의 민주정치의 공통점과 차이점에 관한 논의는 L. Lipson, "Party Systems in the United Kingdom and the Older Commonwealth," *Political Studies*, vol. 7 (1959), pp. 12~31; S. M. Lipset, *The First New Nation*, 제5~7장; R. Alford, *Party and Society: The Anglo-American Democracies*(Chicago: Rand and McNally, 1963), 특히 제7장.
20) Leon D. Epstein, "A Comparative Study of Canadian Parties," *American Political Science Review*, vol. 63 (March 1964), pp. 46~59.
21) 유럽의 비례대표제의 역사에 관한 기본적인 참고서는 여전히 Karl Braunias, *Das Parlamentarische Wahlrecht*(Berlin: de Gruyter, 1932)이다. 또한 S. Rokkan, "Electoral Systems," in *International Encylopedia of the Social Sciences* (forthcoming) 참조.
22) Braunias, *op. cit.*, II, pp. 201~204.
23) 스웨덴에서의 선거권 확대와 비례대표제 도입을 위한 협상에 관한 논의는 Douglas V. Verney, *Parliamentary Reform in Sweden 1866~1921*(Oxford: Clarendon, 1957), 제7장 참조.
24) 반혁명적 저항의 고전적인 지역의 사회문화적 특성에 관한 탁월한 분석은 Charles Tilly, *The Vendée*(London: Arnold, 1965) 참조.
25) 이 점에 관해서는 특히 Lorwin의 벨기에, 프랑스의 비교 분석을 음미해 볼 가치가 있다. Val Lorwin, "Working Class Politics and Economic Development in Western Europe," *American Historical Review*, vol. 63 (1958), pp. 338~351.
26) John H. Hodgson, *Communism in Finland*(Princeton: Princeton University Press, 1966).
27) Mary S. Olmsted, "Communism in Iceland," *Foreign Affairs*, vol. 36 (1958), pp. 340-7; Donald E. Nuechterlein, *Iceland: Reluctant Ally* (Ithaca: Cornell University Press, 1961), 제1장.
28) 이것은 노르웨이의 선거 연구 프로그램의 한 가지 핵심 주제이다. 이에 관해 특히 S. Rokkan and H. Valen, "The Mobilization of Periphery," in S. Rokkan, ed., *Approaches to the Study of Political Participation*(Bergen: Chr. Michelsen Institute, 1962) 참조. 지방정부의 "정치화"에 관한 비교연구의 가능성은 S. Rokkan, "Electoral

Mobilization, Party Competition, and National Integration," in LaPalombara and Weiner, *op. cit.*, pp. 241~265에서 논의되고 있다.

29) S. Rokkan, "The Comparative Study of Political Participation," in A. Ranney, ed., *Essays on the Behavioral Study of Politics*(Urbana: University of Illinois Press, 1962), pp. 45~90.

# 제7장 산업민주국가에서의 유권자 변화*

러셀 달톤, 폴 알렌 벡, 스캇 플라나간
(Russell J. Dalton, Paul Allen Beck,
and Scott C. Flanagan)

산업화된 선진 민주국가에서 일어난 변화의 첫 물결은 많은 사람들을 놀라게 하였다. 2차세계대전 이후에 이루어진 경제의 회복은 산업화된 민주국가들에게 전례 없는 번영을 예고했었다. 역사적으로 많은 사회를 괴롭혀왔던 근원적인 경제문제들 가운데 상당수가 거의 해결되는 것처럼 보였다. 학자들은 이러한 풍요로운 시대의 시작을 합의정치의 시작과 이데올로기의 종말로 결론지었다.[1] 그러나 1960년대에 발생한 학생시위와 정치시위들은 이러한 견해들을 무색하게 만들었다. 평등권을 확보하기 위한 운동, 베트남전쟁, 환경보호 운동 등이 결합되면서 미국정치에는 10여 년간에 걸쳐 불안이 계속되었다. 프랑스의 5월혁명 당시에는 학생과 지식인들이 거리에서 바리케이드를 치고 저항함에 따라 프랑스 정부는 붕괴 직전까지 이르렀었다. 독일에서도 학생들이 반전시위와 사회개혁운동에 가담함으로써 대학 캠퍼스는 텅텅 비게 되었다. 2차세계대전 이후 안정이 계속되던 일본의 정치도 학생들의 시위와 시민운동으로 인해 동요되었다. 인종 분규와 지역 갈등은 영국, 벨기에 및 스페인에서도

---

* Russell J. Dalton, Paul Allen Beck, Scott C. Flanagan, "Electoral Change in Advanced Industrial Democracies," in Russel J. Dalton, Scott C. Flanagan, and Paul Allen Beck (eds.), *Electoral Change in Advanced Industrial Democracies: Realignments or Dealignments?*(Princeton: Princeton University Press, 1984), pp. 3~22. 신명순(연세대 정외과 교수) 역.

심화되었다. 세계 곳곳에서 민주주의는 위기에 봉착한 것처럼 보였다.[2] 1960년대 중반과 1970년대 초반에 걸쳐 발생한 이러한 소요사태들은 10년 전에 이들 국가들이 누렸던 평온한 정치와 극명한 대조를 이루는 것이었다.

학생들의 데모와 정치시위는 정치변동을 나타내는 뚜렷한 폭력적 지표였다. 이러한 시위들은 산업화된 선진 민주국가에서 광범위하면서도 심층적으로 일어나고 있던 변화들을 가장 두드러지게 나타내는 것이었다. 이러한 변화들의 증거는 학교와 직장, 가정 그리고 정치체제 전반에서 나타나기 시작하였다. 20년 전만 해도 안정의 시대가 시작되는 것처럼 여겨지던 것들이 이제 정치의 거의 모든 영역에서 진행되는 대대적인 변화에 의하여 흔들리게 되었다.

이러한 변화들 중의 하나는 대중이 관심을 갖는 쟁점들에서 나타났다.[3] 산업화된 사회들은 풍요와 경제적 안정을 제공하는 것을 목표로 삼았다. 선진 산업화가 성공함에 따라 국민 가운데 상당한 부류는 기본적인 경제적 욕구의 대부분을 충족시킬 수 있었다. 이에 따라 국민들의 관심은 새로운 사회적 목표들로 바뀌게 되었다. 산업화된 선진 민주국가에서 공통적으로 나타난 새로운 쟁점은 사회적 평등, 환경보호, 핵 에너지의 위험성, 남녀 평등과 인권 등이었다. 또한 각국의 역사적 조건에 따라 나라마다 독특한 문제들이 제기되었는데, 예를 들면 미국에서는 인종간의 평등문제로, 그리고 벨기에, 캐나다, 스페인, 영국 등에서는 민족문제와 언어 때문에 갈등이 야기되었다. 이 모든 문제들은 하나의 정치적 쟁점으로 단일화되지는 못했지만 지난 20년간 새로운 정치갈등을 야기시켰다.

광범위하게 진행된 또 하나의 변화는 정치의 스타일이 변한 것이다.[4] 경제적 결정이나 정치적 결정을 내리는 과정에 국민들이 보다 많이 참여하는 것이 중요한 사회적 목표가 되었다. 이러한 추세는 이 기간 동안에 발생한 시위의 확산, 시민들이 활발히 참여하는 조직의 증가, 그리고 비상례적인 정치참여와 밀접하게 연결되어 있다. 중요한 것은 시민들이 자신의 삶에 영향을 주는 정치적 결정들에 수동적으로 복종하기보다는 적극적으로 참여한다는 점이다.[5]

정치적 변화와 사회적 소요가 1960년대 후반보다 눈에 띄게 줄어들기는 했지만, 변화의 과정은 지금도 계속되고 있다. 베트남전쟁은 끝났지만 핵 에너지,

여성의 권리, 환경 문제, 그리고 군축 문제 등과 관련된 시위들은 우리 주위에서 계속되고 있다. 이보다 더 중요한 점은, 1960년대에 시작된 자유화의 추세가 상당한 정도로 약화되었고, 이러한 문제들이 뉴스의 각광을 받는 정도도 약화되었지만 1970년대에도 이러한 추세는 여전히 계속되었다는 점이다.[6)]

이에 더하여 1970년대와 1980년대 초반에는, 1960년대에 신좌파에 의해 제기되었던 쟁점들에 대한 보수주의 측의 반격이 시작되었다.[7)] 새로운 도덕성이란 것은 새로운 형태의 보수주의적 견해를 의미하는 것으로서 많은 나라들에서 신우파가 등장하였다. 낙태, 여성에 대한 동등한 권리의 부여, 동성연애자들의 권리 보장, 새로운 생활양식 등에 반대하는 운동에서 나타난 바와 같이 이들은 전통적인 가치관을 재강조하였다. 일부 국가들에서 신우파는 역사회화(逆社會化) 캠페인을 시작하였는데, 이 캠페인이 목표로 삼은 것은, 교회가 운영하는 사립학교를 증설하고, 공공 도서관에 금서를 비치하지 못하게 하는 것과 같은 신도덕 운동을 통하여 젊은이들을 격리·보호하려는 것이었다. 많은 국가들에서는 복지국가론에 대한 반격이 일어났는데, 그것들은 주로 정부의 사회보장 지출과 세금을 줄이는 운동으로 나타났다.

신좌파와 신우파에서 새로운 점은 그들이 정책의 우선권을 어디에다 두는가에만 있는 것이 아니라, 그들이 국내 유권자들과 형성하는 정치적 연대와 동맹의 성격 면에서도 차이가 있다는 점이다.[8)] 신좌파는 신중산계급으로부터 상당한 지지를 받았으며 신우파는 노동자뿐만 아니라 과거에는 정치에 무관심했던 보수적 도덕주의자들로부터도 지지를 받았다. 또한 신우파는 고전적인 보수주의처럼 자유주의에 무조건 반대하는 것은 아니다. 왜냐하면 이들의 주요 주장 중의 하나가 개인주의를 강조하고 정부의 비대화와 관료 중심의 규제에 대항하여 개개인이 주도적 역할을 하는 것을 재강조하고 있기 때문이다. 사실 신우파는 세금인상 반대 운동, 정부의 규모를 제한하거나 혹은 줄이려는 노력, 그리고 국가의 권한을 지방정부로 되돌려 주어 시민들의 통제가 보다 용이하도록 만드는 것과 같은 고전적 자유주의와 일맥상통하는 면을 가지고 있다.

1980년대 초에 닥쳐온 불경기로 인하여 선진 산업국가들의 경제가 어려움에 처하게 되고, 이에 따라 경제문제들이 정치적 논의의 핵심적 주제가 되었음에도 불구하고, 산업화된 사회들의 전통적 정치질서에서 나타났던 계급간의 연합양상은 부활하지 않았다. 예를 들면 미국, 독일과 영국에서는 2차세계대전 이후 최대의 실업상태가 나타났지만, 정치가 계급을 중심으로 이루어지는 형태는 강화되지 않았다. 그 이유는 수십 년간 경제적 번영이 계속되면서 이들 국가에서 사회구조의 변화가 이루어졌기 때문이라고 볼 수 있다. 즉, 대부분의 국민들은 심각한 실업률의 증가 속에서도 경제적으로 심한 타격을 받지는 않았으며, 중산층도 두텁게 형성되어 있었기 때문이다. 과거에 논란되던 쟁점들이 중요한 정치적 쟁점으로 재등장하였음에도 불구하고 정치가 이루어지는 형태는 과거와는 다른 식으로 진행된다는 점은, 산업화된 서구 선진사회의 정치에서 일어나고 있는 변화를 잘 나타내는 것이다.

1960년대에 나타나기 시작한 변화 물결의 첫 번째 충격은 지나갔지만, 이러한 변화의 과정이 올바른 방향으로 나아가기 위해서는 더 많은 시간이 필요하다. 신좌파와 신우파가 구좌파와 구우파를 대체하는 현상이 대부분의 선진 산업사회에서 일어날 것인지를 예측하기는 아직 이르다. 또한 만일 이러한 새로운 구조조정이 일어나게 된다면, 유권자와 정당체계간의 관계는 어떻게 재조정될 것인지도 중요한 관심거리이다. 지난 20년간 일어났던 사건들을 정확한 관점에서 파악하기 위해서는 좀 더 시간이 지나야 할 것이다. 이 연구가 의도하는 바는 이처럼 정확한 평가를 시작하는 데 필요한 자료를 모으려는 것이다.

이 논문의 핵심 주제는 민주적 정치체계에서 근본적인 변화가 일어나고 있다는 점이다. 위와 같은 새로운 환경에서 성장한 전후 세대들은 정치과정에 관하여 새로운 형태의 관심과 새로운 형태의 정치적 기술을 가지고 있다. 이러한 상황 전개는 민주적 정당체계에 새로운 긴장을 야기하고 있다. 즉 안정적으로 운영되던 정당의 연합이 분열되고 있고, 유권자와 정당 사이에 형성되었던 전통적인 사회심리적 유대관계가 약화되고 있다. 앞으로 이 문제들이 어떻게 발전할 것인가를 간단명료하게 예측할 수는 없다. 이 논문에서는 각 국가들이 이러한 변화에 대응하는 다양한 형태를 보여주려 한다. 각 국가들이 가지고 있는 독특한 제도와 정치상황이 이러한 변화에 적응하여 방향을 바꿀 것이라고 예상할 수 있고, 반대로 이러한 변화가 그 국가의 특성에 맞게 수용될 것이라는 점도 예상할 수 있다. 이와 더불어 이러한 개별적 경향들의 이면에서 공통적으로 나타나는 양상을 찾아내고 이러한 양상이 민주적 정당체계에 미치는 영향을 논의하고자 한다.

## 1. 변화의 근원

이 논문에서 대상으로 삼은 대부분의 국가들은 지난 세대 동안에 고도 산업사회의 문턱에 도달하였다. 이러한 변화 중에서도 사회적 변화와 경제적 변화는 가히 혁명적인 것이었다. 경제를 예로 들면, 생활수준은 전례 없이 풍요로운 수준으로 상승하였다. 이러한 성장은 이탈리아, 독일, 일본에서 가장 높게 이루어졌는데, 1953년부터 1978년까지 25년 동안 1인당 국내 총생산액은 실질적으로 각각 235%, 265%, 595%가 증가하였다.[9] 대부분의 서구 민주국가들에서 현재의 소득 수준은 2차세계대전이 발생하기 전의 시기 중 가장 높았던 때보다도 두 배에서 네 배까지 증가하였다. 최근의 경제침체로 이러한 추세는 둔화되기는 하였지만 역전되지는 않고 있다. 경제적 풍요는 아직도 지속되고 있고, 단지 성장률의 둔화로 풍요의 정도가 감소하였을 뿐이다.

경제적 풍요가 계속되면서 함께 나타난 현상은 노동력의 재편성이었다. 대부분의 서구 민주국가들에서 농업부문은 사실상 자취를 감추었으며, 공업부문은 기존 수준을 유지하거나 또는 감소하였다. 산업화가 진전되면서 노동력은 서비스 분야로 옮겨가는 현상이 두드러졌다. 여기에서 다루고 있는 국가들의 상당수는 다니엘 벨이 말하는 후기 산업사회에 이미 진입하였으며 노동인구의 절반 정도는 서비스업에 종사하고 있다.[10] 게다가 대부분의 나라들에서 중앙정부와 지방정부의 규모가 확대됨에 따라 국가 부문에서의 고용이 노동력의 상당 부분을 차지하게 되었다.

산업화의 진전은 세 가지 주요 산업 부문의 상대적 규모에 변화를 가져왔을 뿐만 아니라 작업장과 거주 지역의 내용면에도 변화를 가져왔다.[11] 농업 인구가 지속적으로 감소하고 대도시 중심부가 확대됨에 따라 생활의 질에 대한 기대와 생활양식에 변화가 초래되었다. 도시화로 인하여 직장과 가정의 분리가 심화되었으며, 직업의 종류나 관심사도 다양해졌다. 또한 전문적 직종에서 성공할 기회도 많아졌고, 지역적인 면에서나 사회적인 면에서의 유동성도 증가하였다. 이러한 추세와 더불어 조직 형태도 변하였고 조직들 간의 상호관계도 변화하였다. 인간관계를 기반으로 이루어지던 조직 형태는 자발적으로 참여하는 결사체들로 대체되었으며, 이에 따라 조직은 덜 제도화되고 또 보다 즉흥적인 성격을 띠게 되었다. 이러한 변화들의 결과로 공동체의 응집력은 약화되었고, 개인들은 자신의 소속감을 분열시키는 복잡하고 상충되는 사회조직에 빠져들게 되었으며, 개인들 간의 응집력과 제도에 대한 소속감도 더욱 유동적으로 되었다. 이처럼 기존의 기구들과 전통적인 사회체계에 대한 애착심이 약화됨에 따라 전통적인 가치관은 쇠퇴하게 되었고 정치행태에 대한 예측은 더욱 어렵게 되었다.

이러한 경제적·사회적 변화와 함께 발생한 것이 교육기회의 확대였다. 모든 서구 국가들에서 의무교육이 점차 확대되었고, 대학교육을 받을 기회는 폭발적으로 증가하였다. 예를 들면, 금세기 들어 미국에서 박사학위를 받은 사람들의 50% 이상이 지난 10년 사이에 학위를 받았다. 또한 지난 25년 동안 전체 인구 중에서 대학을 다니는 사람들의 비율이 미국에서는 347%, 영국에서는 472%, 독일에서는 503%, 스웨덴에서는 815%, 일본에서는 472% 증가하였으며 대부분의 다른 산업화된 민주국가들에서도 거의 같은 비율로 증가하였다.[12] 교육기회가 증가하였다는 것은 정치에 관련된 지식이나 이용할 수 있는 정치적 자원이 증가하였음을 의미하는 것이며, 이에 따라 민주주의의 역사에 있어서 가장 수준 높은 유권자들이 등장하게 되었다. 현재의 높은 교육수준도 앞으로 2000년이 되면 별것 아닌 수준으로 될 것이다.

이러한 교육기회의 확대와 정보처리 기술의 증진은 정보량의 증가와 동시에 일어났다. 텔레비전과 같은 전자기술을 응용한 매체의 성장은 특기할 만한 것이었다. 책의 출판이나 잡지의 출판 등과 같은 다른 정보매체들도 증가하였다. 보다 더 혁명적인 것은 정보처리 컴퓨터, 정보수집 기술 및 정보저장 기술, 워드 프로세서, 그리고 이런 것들과 관련된 기술의 발전 등과 같은 전자 정보

처리기술의 발달이었다. 1981년 한 해에 생산된 컴퓨터는 그때까지 생산된 모든 컴퓨터 대수보다 더 많았다. 이제 정보는 더 이상 귀한 물건이 아니다. 오늘날 정보와 관련된 문제점은, 끊임없이 증가하고 있는 복잡하고도 세련된 지식들을 어떻게 관리하고 처리할 것인가라는 점이다. 새로운 사상이 대중에게 아주 빨리 전달됨에 따라 새로운 대중운동이 하룻밤 사이에 크게 확산될 가능성이 높아졌다.

따라서 서구 민주사회의 변화를 단지 풍요의 결과로만 이야기할 수는 없다. 만일 경제면에서만 본다면, 1970년대의 OPEC에 의한 오일 쇼크와 1980년대의 세계적 경기 침체에 의한 경제성장률의 둔화는 이들 국가에서의 변화를 더 이상 이야기할 수 없게 한다. 그러나 직업구조의 변화와 사회구조의 변화는 생활여건과 생활방식을 변화시키고 있다. 유권자들의 정치에 관한 지식이 개발되고 또 이들이 이용할 수 있는 정치적 자원들이 증가함에 따라 정치과정들도 변화하고 있다. 비록 경제성장률이 둔화되기는 하였지만 산업화된 선진사회의 생활수준은 한 세대 이전의 생활수준보다는 월등하게 높다. 최근에 제기되고 있는 정치자원 한계론이나 경제쇠퇴론 등은 너무 성급한 주장들이며, 또 민주사회가 경험하고 있는 변화들을 설명함에 있어 너무 단편적인 시각에 근거하는 것이라 할 수 있다. 산업화된 선진사회에서 사회, 문화, 경제의 수준은 2차 세계대전 이전의 수준으로 후퇴한 것이 아니다. 오늘날의 유권자들은 지난 세대의 유권자들과 분명한 차이를 나타내고 있다.[13]

## 2. 정당체계 변화의 증거

최근까지만 해도 비교정당연구에서의 주된 관심사는 민주적 정당체계의 지속 여부에 관한 것이었다. 립셋과 로칸은 계급적 속성에 따른 유권자와 정당 사이의 연합체계는 고착된 것이라고 주장했고, 로즈와 어윈은 경험적 연구를 통하여 정당 연구자들이 밝혀야 할 중요한 과제는 민주적 정당체계들이 안정적으로 지속되고 있는 것을 설명하는 것이라고 결론지은 바 있다.[14]

지난 10년간 무엇인가 극적인 변화가 일어났음은 명백하다. 정당들은 새로운 요구와 새로운 도전에 직면하고 있다. 대부분의 산업화된 민주국가에서는 정당체계의 안정이 아니라 정당체계의 변화가 일반적 현상으로 나타나고 있다. 이 논문은 그러한 변화의 양상에 관해 설명할 것이다.

민주적 정당체계들이 안정을 잃고 와해되게 된 가장 중요한 원인은, 기존의 주요 정당이 자신들에 대해 제기되었던 새로운 요구에 적절히 대응할 수 있는 능력이 없었거나 또는 대응할 의사가 없었기 때문이다. 첫째로, 선진 산업화와 결부되어 대두된 정치적 쟁점은 아직도 계속되고 있으며, 어떤 문제에 대하여 특정 입장을 채택함으로써 입게 될 이해득실에 대한 계산도 분명하지 않다. 둘째로, 현재의 정치지도자들은 구시대에 교육을 받았기 때문에 이들이 새롭거나 익숙하지 않은 요구들을 수용하는 경우는 별로 없다. 게다가 새롭게 대두된 쟁점의 상당수는 전통적으로 형성되어온 정당과 유권자들의 연합성격과는 상반되는 것들이다. 이에 따라 규모가 큰 정당들은 이러한 문제들을 둘러싸고 당 내부에서 노선대립을 보이고 있다.[15] 이러한 상황에서는 조심스럽게 대처하는 것이 좋지만, 이러한 조심성 자체가 정당체계들에 새로운 긴장 상태를 초래하게 된다.

이러한 경향이 초래한 결과로는 우선 많은 서구 국가에서 유권자의 정당 지지 성향이 재편(decomposition)된 것을 들 수 있다. 정당에 대한 응집력이 약화되고 있으며 전통적으로 유권자들과 특정 정당을 연결시켜 왔던 사회적·심리적 유대가 약화되고 있다. 한마디로 정당체계들은 지속적으로 변화하는 혼동의 시기로 접어든 것이다.[16] 예를 들면 프랑스의 통합사회당(PSU)이나 스웨덴의 중도당(Center Party) 같은 소규모 정당들은 변화하는 정치상황에 맞추어 당의 노선을 바꾸었다. 다른 나라들에서는 새로운 정치적 견해들을 대변하려는 정당들이 새롭게 결성되었다. 이러한 예로는 네덜란드의 66년 민주당(D'66)과 덴마크의 글리스트럽(Glistrup)의 조세당(tax party), 이탈리아의 급진당(Radicals), 프랑스와 독일의 환경정당들, 호주의 민주당 등이 있다. 또 다른 경우에는 상당수의 유권자들이 정당에 대한 지지 자체를 철회하여, 영국과 미국에서는 당원자격을 포기하는 현상까지 나타나고 있다.

민주적 정당체계의 이러한 균열현상은 몇 가지 면에서 살펴볼 수 있다. 첫 번째는 현대 정당체계들이 분열하는 유형이다. 최근까지만 해도 학자들은 민주적 정당체계들이 거대한 포괄정당(catchall party)으로 변화하고 있으며, 이에 따라 정당체계가 안정되고 통합될 것이라고 주장하였다.17) 정당에 대한 투표가 분열되고 있음을 보여주는 자료들은 현재 상황이 그러한 주장과는 상반되는 상황임을 보여준다(<표 1>).18)

<표 1> 민주적 정당체계들의 균열, 1955-1975

| 국 가 | 1955 | 1965 | 1975 | 1965~1975 변화 |
|---|---|---|---|---|
| 영국 | .536 | .588 | .683 | +.095 |
| 일본 | .750 | .671 | .761 | +.090 |
| 프랑스 | .836 | .755 | .840 | +.085 |
| 덴마크 | .737 | .763 | .827 | +.064 |
| 노르웨이 | .714 | .743 | .805 | +.062 |
| 룩셈부르크 | .676 | .717 | .769 | +.052 |
| 벨기에 | .674 | .748 | .797 | +.049 |
| 미국 | .494 | .478 | .518 | +.040 |
| 핀란드 | .798 | .808 | .836 | +.028 |
| 스웨덴 | .703 | .708 | .723 | +.015 |
| 스위스 | .786 | .822 | .835 | +.013 |
| 아일랜드 | .646 | .632 | .643 | +.011 |
| 스페인 | — | — | .784 | — |
| 오스트리아 | .597 | .581 | .567 | -.014 |
| 캐나다 | .663 | .699 | .673 | -.026 |
| 독일 | .697 | .610 | .583 | -.027 |
| 이탈리아 | .759 | .758 | .718 | -.040 |
| 네덜란드 | .765 | .838 | .749 | -.089 |
| **평균** | .695 | .701 | .725** | |

* 출처: 1965년과 1975년의 자료는 C. Taylor and H. Jodice, *World Handbook III*(New Haven: Yale University Press, 1983); 1955년 자료는 저자가 작성.
* 1975년도의 평균에서 스페인은 포함시키지 않음.

어떤 나라들에서는 1955년부터 1965년 사이에 정당의 분열 현상이 증가했으나 다른 나라들에서는 감소하였기 때문에 전체적으로는 별 차이가 없었다. 그러나 1960년대 중반부터는 사회적, 경제적, 정치적 경향들이 복합적으로 누적되어 새로운 정당들이 출현하기 시작하였고, 기존 정당들은 분열되기 시작하였다. 그 결과 1965년부터 1975년 사이에는 이 연구에서 대상으로 삼은 국가들 중 다섯 개 국가를 제외한 모든 국가에서 정당에 대한 지지의 분열 정도가 심화되었다.

기존의 정당체계가 와해되는 것을 보여주는 또 하나의 지표는 정당체계의 변역성, 즉 선거 때마다 나타나는 정당지지의 변동이다. 과거에 존재하던 계급 간의 대립적 관계가 약화되고, 새로운 관심사가 대두됨에 따라 선거 때마다 특정 정당에 대한 지지율이 급락하거나 또는 급등하는 결과를 낳게 된 것이다. 모겐스 페더슨은, 지난 30년 동안에 정당에 대한 지지율이 늘어났다가 다시 줄어드는 것과 같은 변역성이 나타나는 것을 조사한 바 있다(<표 2>).[19]

<표 2> 민주적 정당체계의 변역성

| 국가 | 1948~1959 | 1960~1969 | 1970~1977 | 1960~1970 변화 |
|---|---|---|---|---|
| 노르웨이 | 3.4 | 5.2 | 17.1 | 11.9 |
| 덴마크 | 5.5 | 8.9 | 18.7 | 9.8 |
| 네덜란드 | 6.3 | 7.9 | 12.7 | 4.8 |
| 룩셈부르크 | 14.3 | 11.4 | 16.0 | 4.6 |
| 영국 | 4.4 | 5.2 | 7.9 | 2.7 |
| 스위스 | 1.9 | 3.7 | 6.4 | 2.7 |
| 스웨덴 | 4.8 | 4.3 | 6.6 | 2.3 |
| 핀란드 | 4.4 | 6.9 | 9.1 | 2.1 |
| 미국 | 2.5 | 2.9 | 3.2 | 0.3 |
| 오스트리아 | 4.1 | 3.9 | 3.1 | -0.8 |
| 일본 | 37.4 | 7.1 | 6.1 | -1.0 |
| 이탈리아 | 10.3 | 8.0 | 6.8 | -1.2 |
| 프랑스 | 21.8 | 11.9 | 10.6 | -1.3 |
| 아일랜드 | 10.9 | 6.8 | 5.0 | -1.8 |
| 서독 | 15.2 | 9.5 | 4.9 | -4.6 |
| 벨기에 | 7.9 | 10.3 | 5.5 | -4.8 |
| 캐나다 | 9.0 | 14.8 | 8.1 | -6.7 |
| 평균 | 9.7 | 7.6 | 8.7 | |

* 출처: 캐나다, 룩셈부르크, 미국, 일본의 자료는 저자가 작성; 다른 국가들의 자료는 M. N. Pedersen, "The Dynamics of European Party Systems," *European Journal of Political Research*, 7: 1~26 (1979) 참조.

2차세계대전이 끝난 직후에는 정당체계가 안정되지 못했는데, 이것은 주로 새로운 정당제가 도입된 서독, 일본, 이탈리아의 정치적 혼란 때문이었다. 이 시기 이전에 14개국에서 나타난 선거와 선거 사이의 총지지의 변화율은 9.7%에 달했다. 1960년대에는 양당제가 안정화되었고 지지율의 변화도 7.6%로 감소하였다. 이것이 1970년대에 들어 새로운 쟁점이 대두되면서 역전되었고, 한 선거와 다음 선거 사이의 지지율 변화도 평균 8.7%로 다시 증가하였다. 더욱이 이 거시적인 전체 정당들에서 나타나는 지지율의 변화는 미시적인 각 개인들의 투표 및 태도 변화보다는 더 작은 변화밖에 보여주지 않는다.[20]

우리가 연구하는 국가들 중 절반이 2차세계대전 이후 정당 지지율이 급변함을 보여주고 있으며, 독일, 일본, 이탈리아, 프랑스는 이러한 경향에서 두드러지게 벗어나고 있는데, 이것은 예외적인 경우이다. 이들 나라들은 다른 나라와 달리 2차세계대전 당시의 권위주의 정권이 붕괴되고 민주적 정당제도가 새롭게 구성된 나라들이다. 이들 나라의 전후 정치사에서는 민주적 정당제도를 어떤 식으로 제도화시키고 안정화시키느냐가 중요한 문제였다.

앞의 표는 현대 정당제도의 균열을 설득력 있게 보여준다. 이 경향이 언제까지 지속되며 그 결과가 어떻게 될 것인가를 예측할 수는 없다. 하지만 분명하게 말할 수 있는 것은 정당의 분열과 지지율의 변역성이 증가해왔다는 점이다. 통계적 자료는 각 국가에서 나타나는 정당제도 변화의 독특한 요인을 희석시키는 문제가 있다. 정당들과 정당구조는 각 국가의 정치 여하에 따라 다른 결과를 낳을 수도 있을 것이다. 어떤 나라에서는 새로운 쟁점에 대해 정당들의 의견이 분열됨으로써 더 많은 군소정당이 출현할 수도 있고, 다른 나라에서는 각 정당들이 새로운 쟁점에 대해 애매한 태도를 취하거나 또는 유연하게 대응함으로써 한 선거와 다음 선거 사이에서의 지지율이 급격하게 변할 수 있다. 이러한 정당체계 변화의 두 가지 측면은 통계적으로 상관관계가 약하다 (r=.26). 그러므로 선진 산업화가 결국 정당지지의 해체로 이어진다는 것을 규명함에 있어서 여기에서는 독특한 제도적·정치적 요인들이 이 일반적 추세에 영향을 미치는지를 논의하고자 한다.

## 3. 선거결과에서 나타나는 변화의 유형

민주정당제도의 변화를 설명함에 있어 여기에서는 미국의 투표행태에서 나타난 유형들을 기준으로 삼고자 한다. 이를 위하여 ① 안정적인 정당 지지유형, ② 정당 지지가 재편되는 유형, 그리고 ③ 유권자의 정당 이탈유형이라는 세 가지 일반적 유형으로 구분을 시도한다. 세 유형들은 모두 각 정당에 대한 지지의 장기적인 기반에 초점을 맞춘 것이고 지속적인 정당 지지의 양상에 따라 차이를 보여준다.

선거 결과에 있어 정상적인 유형은 기존의 정당체계가 지속되고 각 정당에 대한 지지율이 안정되는 "안정적 정당 지지유형"이다.[21] 그러나 이 유형이 정당체계에 아무런 변화가 없음을 뜻하는 것은 아니다. 정당들 사이에 이루어진 균형은 변하지 않는다 하더라도 유권자들은 정중동(靜中動)의 변화를 계속하고 있다. 안정적 유형에서 중요한 점은 각 정당을 지지하는 유권자 층에 급격한 변화가 없다는 점이다. 선거 결과에서의 차이는 지속적인 정당 지지유형으로부터의 일시적 이탈에 불과한 것이라고 본다. 따라서 이 유형을 가장 적절히 묘사하는 용어는 "동적인 균형"이라고 할 수 있다.

『미국의 유권자』(*The American Voter*)라는 책이 출판된 이후로, 미국정치에서 안정적인 정당 지지행태가 나타나는 것은 유권자들이 특정 정당에 대해 지속적인 유대관계를 가지고 있기 때문이며, 이 유대관계는 유권자들이 그 정당에 대하여 심리적 일체감을 가지고 있기 때문이라고 설명되어 왔다.[22] 이런 심리적 일체감은 그 지속성과 의미에 있어 종교적인 유대감 혹은 계급적 유대감과 동일한 것으로 생각되어 왔다. 정당에 대한 지지 구조의 틀이 안정된 시기는 이와 같은 심리적 일체감으로 설명할 수 있다. 예를 들어 1952과 1956년의 대통령 선거에서 공화당이 계속 압도적인 승리를 하였음에도 불구하고 공화당과 민주당에 대한 유권자들의 일체감은 1950년대 동안 변함이 없었다.

미국 유권자들의 투표행태를 설명하는 데 있어 정당과의 일체감(party identification)이라는 지표가 적절하다는 것이 판명되면서, 이 개념 및 이와 유사한 개념들이 다른 나라의 정당체계를 설명하는 데 원용되었으며, 특히 정당에 대한 지속적 충성심을 측정하는 데 적용되었다. 하지만 미국에서 수입된 개념은 다른 지역에서는 적용되지 않는다는 것이 초반부터 드러났다.[23] 미국에서는 특정 정당에 대해 지속적인 충성심을 가지고 있으면서도 투표 때는 다른 정당을 지지하는 경우가 나타나는데, 이러한 형태는 다른 나라에서는 찾아볼 수 없는 것이었다. 다른 나라들에서는 정당에 대한 일체감과 그 정당에 대한 투표가 일치하는 것으로 나타났다. 투표행태에서 변화가 나타나는 경우는 많지 않았지만 투표행태가 변화하는 경우에는 정당에 대한 충성심도 바뀌는 것이 일반적이었다. 다른 나라들에서는 종교나 계급과 같은 특정 사회집단과 정당 사이에 긴밀한 관계가 있음이 나타남에 따라, 정당연구가들은 과연 정당에 대한 충성심이 독립변인이 될 수 있는가에 관하여 의문을 가졌다.

미국정치에서 나타나는 선거의 특수성은, 미국적 의미의 정당에 대한 충성심이라는 개념을 다른 민주주의국가에 적용하기 어렵게 만든다. 미국이 아닌 다른 나라의 선거에서 나타난 결과는, 정당에 대한 충성심이라는 것이 심정적인 면에서 정당을 좋아한다는 것에 불과하며 그 정당이 취하는 결정을 지지해야만 하는 것은 아니라는 점이다. 물론 정당에 대한 충성심이라는 개념이 존재하며, 이것은 특정 정당과 그 정당 소속 후보자를 계속해서 선호하는 것을 의미한다는 점은 정당을 비교 분석한 연구들에서는 폭넓게 수용되고 있다.[24] 그러나 여러 나라 사이에서 다른 점은 정당에 대한 충성심이 왜 생기는가 하는 것이다. 미국 외의 나라들에서는 개인이 특정 정당을 지지하는 것은 그가 특정 정당을 지지하는 사회연합세력의 구성원이기 때문이다. 필립스 쉬벌리는, 의견이 갈려져 있는 쟁점에 대하여 어떤 정당이 취하는 입장이 특정 사회집단이 취하는 입장과 일치하는 경우에는, 그 사회집단에 강한 일체감을 갖는 유권자 개개인이 개별적으로 특정 정당에 대하여 정당 일체감을 가질 필요가 없다고 주장한다. 이러한 양상은 대부분의 서구 정치체제에서 나타나고 있다.[25] 이와 대조적으로 미국에서는 정당에 대한 충성심이 유권자들의 출신 배경과는 무관하게 형성된다.

요약하면 정당에 대한 충성심은 특정 정당에 대한 개인적 일체감을 의미하는 것일 수도 있고, 또는 사회적 배경에 근거하여 정당을 지지하는 것일 수도 있다는 것이다. 정당을 장기간에 걸쳐 지지하게 만드는 이러한 성향이 집합적 수준에서나 개인적 수준에서나 광범위하게 나타나고, 또 일관성 있게 나타난다면 우리는 이러한 기간을 안정된 정당-유권자 연합의 시기라고 지칭할 수 있다.

앞부분에서 민주정치국가들이 변화의 와중에 있음을 지적하였다. 민주적 정당체계들이 균열을 나타내고 지지기반이 변함에 따라 정당과 이를 지지하는 유권자들 사이의 안정된 관계도 약화되고 있다. 이러한 경향에 관한 첫 번째 입장은 이것이 일시적인 현상이며 이 경향은 이미 퇴조하고 있다고 주장한다. 이 입장에 의하면, 이러한 일시적 현상들이 퇴조하고 있으므로 정당과 지지유권자 사이의 연합체계가 재정립될 것이며, 결과적으로는 과거에 볼 수 있었던 형태에서 조금밖에 변하지 않은 형태가 될 것이다. 그러나 정당과 지지유권자 사이의 연합체계가 균열되고 과거에는 특정 정당을 지지하던 유권자가 이제는 다른 정당을 지지하는 형태로 나타나는 원인이 산업화된 사회의 구조적 변화에 의한 것이라면, 위의 현상이 일시적인 현상이라고는 생각할 수 없으며, 정당체계에 보다 근본적인 변화가 일어나고 있는 것으로 생각할 수 있다.

정당체계 변화의 유형 중에서 첫 번째 가능성은 "정당 지지유형의 재편성"(partisan realignment)이다. 정당 지지유형의 재편성이란, 정당의 지지 기반을 이루는 집단과 정당 사이의 연합체계에 중대한 변동이 일어나는 것으로서 결과적으로 국민들의 지지가 정당들 사이에 배분되는 양상이다.[26] 예를 들어 미국에서 뉴딜정책 시기에 정당에 대한 지지의 재편성이 일어난 것은 무엇보다도 상당수의 육체노동자와 천주교 신자들 및 흑인들이 민주당을 지지하게 된 것에 기인하는 것이다. 즉 정당 지지의 재편성이란 정당과 지지 세력의 연합 구조에 변화가 일어나, 과거에는 아무 정당도 지지하지 않던 사람들이 특정 정당을 지지하게 되거나, 또는 과거에는 한 정당의 열렬한 지지자이던 사람들이 이제는 다른 정당을 지지하게 되는 것을 의미한다.

정당 지지의 재편성은 지난 100여년 이상 동안 미국의 정당정치에서 볼 수 있는 일상적 현상이었는데, 이러한 현상은 1800년경에 최초의 대중정당체계가 시작된 이후부터 시작되었다고 할 수 있다.[27] 유럽 정당체계들의 역사에서도 비슷한 형태의 정당 지지 재편성이 발생하였다.[28] 그러나 정당 지지의 재편성이란 개념이 처음 사용된 것은 키(V. O. Key)의 1950년대 저서들에서였다.[29] 미국의 선거 역사를 연구한 키는 미국인 전체의 투표행태에서 두 가지 종류의 정당 지지 재편성이 나타난다고 밝혔다. 첫째는 대중들의 정당에 대한 지지가 대량으로 갑자기 다른 정당 지지로 변하는 유형이며, 두 번째는 이러한 현상이 천천히 점진적으로 변하는 유형이다. 키가 발견한 이러한 유형은 다른 연구자들에 의해 더욱 세련화되었다. 예를 들면 정교하게 잘 짜여진 집단층 분류에 의한 분석(cohort analysis)에 의하면, 유권자들의 정당에 대한 충성심이 민주당과 공화당 사이에서 균형을 이루던 것이 1930년대에 와서 그 균형이 깨어진 것은 공화당을 지지하던 사람들이 민주당을 지지하여서 나타난 현상이라기보다는 새로운 유권자들이 민주당을 지지하였기 때문이었다.[30] 또한 정당 지지의 재편성이 대량으로 갑자기 나타나는가 아니면 조금씩 완만하게 나타나는가는, 재편성을 야기시키게 만든 쟁점이 어떤 성격의 것인지와 이러한 쟁점에 정당지도자들이 어떻게 반응하는가에 따라 결정된다.

유권자들의 정당 지지 성향의 변화가 나타나는 두 번째 형태는 유권자와 정당 사이의 연합체계가 붕괴(dealignment)하는 것이다. 엄격히 말하면, 유권자·정당 연합체계의 붕괴란 전통적으로 정당을 지지하던 세력들과 정당 사이의 연합이 와해됨으로써 정당을 지지하는 유권자의 수가 줄어드는 현상을 말한다. 유권자·정당 연합체계의 붕괴는 정당 지지 재편성의 전초적 단계라고 간주되었다. 즉 과거에 지지하던 정당과의 연합 정도가 약화되고 다른 정당과의 관계가 증가된다는 것이다. 로날드 잉글하트와 에이브럼 혹슈타인은 1960년대 후반에 미국정치에서 정당에 대한 일체감이 쇠퇴하는 것을 설명하면서, 과거에 지지하던 정당에 대한 일체감이 소멸하는 것을 독립된 현상으로 다룬 최초의 연구자들이었다.[31] 이들의 획기적인 연구 논문이 발표된 후 미국 유권자들의 정당에 대한 충성심은 계속적으로 감소하였으며, 1970년대 말에 와서는 1950년대에 비해 정당에 대한 관심이 눈에 띄게 약화되었다.

유권자와 정당 사이의 연합체계가 계속 붕괴됨으로써 정당에 대한 충성심이 약화되게 되자, 유권자·정당 연합체계의 붕괴도 정당 지지의 재편성과 마찬가지로 정당정치를 규정짓는 하나의 규칙적인 양태라는 인식이 확대되었다.[32] 하지만 유권자·정당 연합체계의 붕괴는 각 개인들 수준에서 정당에 대한 지지도가 어느 정도인가를 측정하지 않고는 제대로 파악하기가 어렵다. 투표에 관한 자료들은 유권자들이 어떠한 선택을 하였는가만을 보여줄 뿐 이들의 투표에 영향을 주었을지도 모를 특정 정당에 관한 지지 여부에 대해서는 아무 것도 보여주지 않는다. 그러나 미국에서의 투표 기록을 보면, 1850년대 이래 정당 지지의 재편성이 발생하기 이전에 정당에 대한 지지도가 감소하였음을 알 수 있다. 정당 지지의 재편성이 발생하기 이전의 정치는, 선거 때마다 각 정당에 대한 지지도에서 큰 변화가 있었는가 하면 소수 정당들의 운동이 성공적으로 대두하였으며, 투표율은 하락하는 특징을 나타내었다. 이러한 현상들 하나하나는 정당에 대한 충성심이 쇠퇴되는 것을 확인해 주는 것이며, 또 유권자·정당 연합체계가 붕괴하는 증거들인 것이다. 1920년대와 1970년대의 유권자들에게 정당에 대한 일체감이 약화되어 있었다는 실증조사의 증거들은 유권자와 정당 사이의 연합체계의 붕괴가 하나의 뚜렷한 경향으로 나타나고 있음을 확인하여 준다. 이러한 경향은 다른 민주적 정당체계들에서도 나타나고 있다.

유권자·정당 연합체계의 붕괴와 정당 지지의 재편성이라는 현상을 정치적 변화의 과정을 설명하기 위하여 사용하였지만, 이러한 현상들은 정치적 변화의 결과를 특징짓는 현상으로도 설명될 수 있다. 정치적 변화의 결과를 묘사함에 있어 유권자들이 정당과의 연합에서 이탈하였다거나 또는 새로운 성당을 지지하는 형태로 재편되었다고 이야기할 수 있다. 예를 들면 1950년대의 미국 유권자들을 1920년대의 유권자들과 비교할 때, 그들의 지지가 새로운 정당으로 재편성되었는데, 그것은 뉴딜정책 시기에 유권자·정당의 지지구조 재편성이 이루어졌기 때문이다. 또한 현재의 미국 유권자를 1950년대의 유권자에 비교해 보면 정당에 대한 지지도가 많이 약화되었으며, 이러한 현상은 정당에 대한 지지가 감소하는 과정이 끝났다 하더라도 마찬가지인 것이다. 유권자·정당 연합체계의 붕괴와 정당 지지의 재편성이라는 두 가지 유형을 정치 현상의 결과를 설명하는 기준으로 사용하는 것은 특히 비교연구에서 유용하다. 왜냐하면 이러한 두 가지 유형은 정당체계들을 대조함에 있어 정당에 대한 일체감

이라는 면에서 접근하는 것을 가능하게 만들기 때문이다.[33]

주로 미국정치의 경험으로부터 유추된 정당 지지성향의 안정성, 정당 지지의 재편성, 유권자·정당 연합체계의 붕괴 등과 같은 개념들이 다른 민주정치 국가들의 정당정치를 설명하는 데는 얼마나 적용 가능한 것일까? 언뜻 보면 미국의 선거경험으로부터 일반화를 시도한다는 것은 많은 제약이 따르는 것처럼 보일 것이다. 미국의 경우는 다른 민주정치 국가들과 비교할 때 특히 선거정치에 관한 한 "최대 상이 체계" 라고 할 수 있다. 예를 들면 미국은 양당제도이기 때문에, 미국 정치학자들은 정당 지지의 재편성으로 인하여 투표행태에 재편성이 이루어지는 것은 곧 정권의 교체를 의미하는 것으로 파악하였다. 그러나 다당제에 있어서는 투표행태의 재편성과 정권의 교체와는 직접적인 인과관계가 성립되지 않는다.[34] 다당제 하에서의 유권자들은 정권의 교체에는 영향을 주지 않으면서 과거에 지지하던 정당이 아닌 다른 정당을 지지할 수가 있다. 이때 정책의 변경에는 확실한 영향을 미칠 수가 있다. 또한 정권의 변동은 유권자들의 희망과는 상관없이 정당지도자들이 어떻게 연립정부를 구성하는가에 따라 이루어질 수가 있다. 이때 정권의 교체는 유권자들이 특정 정당을 신임하거나 불신임하는 것에 관계없이 이루어진다. 예를 들면, 네덜란드의 유권자들은 그들이 투표를 끝낸 후에야 어떤 정당들이 연립정부를 구성하게 될 것인지를 알게 되는 것과 마찬가지이다.

미국 제도상에서 나타나는 이러한 특수성 때문에 미국식 정치이론은 그 적용대상에 주의를 하여야 하며, 특히 정치지도자와 대중 사이의 관계가 변화하는 점에 주의하여야 한다. 따라서 유권자·정당 연합체계의 붕괴 유형과 정당 지지의 재편성 유형은 대중 사이에서 나타나는 정당 지지의 변화만을 묘사하기 위하여 사용하는 것이 적절하다. 이 유형에서 강조하는 것은 유권자들의 정당에 대한 충성심이 지속되느냐 안 되느냐가 그들이 누구에게 투표하느냐를 결정하는 데 영향을 미친다는 점이다. 정당에 대한 지지가 계속된다는 것은, 그것이 정당에 대한 일체감에 근거하는 것이든 또는 유권자가 소속된 사회 집단의 특정 정당에 대한 지지에 따른 것이든간에, 현대의 민주정치를 분석하는 데 있어 매우 유용한 개념이다. 전 세계에서 민주정치를 행하는 나라들에서 투표행태에 지속성이 나타난다는 점은 즉흥적인 결정이 아니라 지속적인 결정이 투표를 결정하는 것임을 보여준다. 정당에 대한 충성심이 지속적으로 나타나는 모든 경우에 유권자·정당 연합체계의 붕괴(dealignment)와 정당 지지의 재편성(realignment)이라는 두 가지 유형이 적용될 수 있을 것이다. 정당에 대한 충성심이 안정적으로 계속되는가, 아니면 변화하는가, 그렇지 않으면 감소하는가에 따라 그 나라의 선거와 정치가 결정될 것이다.

## 4. 선진 산업화와 정당정치의 변화

현재로서는 민주적인 정당체계들이 정당 지지의 재편성으로 나아갈 것인지, 유권자·정당 연합체계의 붕괴로 나아갈 것인지, 아니면 과거의 유형인 계급적 기반에 따라 유권자·정당 연합체계가 형성되는 유형으로 되돌아 갈 것인지를 예측하기는 어렵다. 여기에서는 산업화된 선진 민주국가들에서 나타나는 일반적인 추세를 보다 구체적인 정당정치의 변화들로 전환시킬 수 있는 인과론적 과정들을 살펴본다. 기존의 연구에서는 산업화의 발전과 정당정치의 변화를 연결시키는 몇 가지 이론들이 제시되었다.

### 1) 부르주아화 이론

현대의 유권자들에게 나타나는 정치적 태도의 변화를 설명하려는 초기 이론들은 주로 경제적인 요인으로 설명하였다. 경제적 수준이 괄목할 정도로 풍요로워짐에 따라 중산층과 노동계급간의 소득과 생활양식이 상당한 유사성을 보이게 되었다. 유럽 국가의 노동자들에게서 최저 생계비를 벌기 위해 투쟁하는 양상은 더 이상 볼 수 없다. 그들은 토요일에는 자가용을 세차하면서 보내고 일요일에는 교외로 드라이브하면서 보내고 있는데, 이것은 맑스가 얘기하였던 계급투쟁과는 전혀 다른 양상인 것이다. 계급간의 차이가 이렇게 감소하는 것을 두고 존 골드서프(J. Goldthorpe)는 부유한 노동계급이 중산층 생활양식의

가치관을 갖게 되어 정치적인 갈등도 완화될 것이라고 주장하였다.[35)]

이러한 주장은 고도의 산업화와 연관된 것으로서, 정치에 있어서의 합의 모형 또는 중간대중 모형으로 대표된다. 이러한 부르주아화 이론을 보강하는 많은 연구에 의하면, 계급에 근거하는 투표행태는 대부분의 민주국가에서 퇴조하고 있다.[36)]

2) 사회이동 이론

부르주아화 이론과 연관된 사회이동 이론은, 계급 성향에 근거한 투표행태의 퇴조가 경제적 풍요로 인해 경제적 수준이 비슷하게 된 데 기인한 결과라기보다는 사회적 이동이나 직업상의 이동에서 비롯된 결과라고 본다. 대부분의 서구 국가에서는 농업 분야가 감소하였고, 최근에 와서는 비육체노동의 서비스 분야가 급격히 확대되었다. 일부 국가에서는 이들 분야에서의 규모가 극적으로 변화한 것이 최근 수십 년 사이에 드러났다. 사회적 이동이 증가하였다는 것은, 새로 태어나는 어린이들이 나중에 갖게 될 직업이 부모 세대가 가졌던 직업과는 점점 더 큰 격차를 보이게 되었다는 것을 의미한다. 예를 들어 보수적인 농부들의 자식 중에서 상당수가 도시로 나가 조합에 가입하고 좌파적인 노동자가 되는가 하면, 도시 출신으로 좌파주의적 성향을 갖는 노동자들의 자식 중에서 상당수는 보수적인 사무직 직업을 갖게 되었다는 점이다.[37)]

이러한 도시화와 직업상의 이동은 전통적으로 계급적 배경이나 경제적 수준에 의해 정당과의 연계가 이루어지던 양상을 약화시켰다. 사회적인 지위가 변한 사람들의 일부는 그들이 속하게 된 새로운 상황에 맞게끔 자신들의 계급적 일체감을 변경시키는가 하면, 다른 사람들은 계급적 일체감을 변화시키지 않는다. 개인들이 초기에 경험하였던 정치적 일체감에 어느 정도로 집착하는가에 따라 계급 성향에 바탕을 둔 투표행태는 감소하게 될 것이다. 또한 베이커, 달톤, 그리고 힐데브란트가 지적한 바와 같이 새로운 중산계급의 성장은 계급적 차이를 더욱 모호하게 만들고 있다.[38)] 새로운 중산계급은 경제적으로 애매한 위치에 놓여 있다. 이들은 한편으로는 상당히 풍족해졌지만, 또 다른 한편으로는 노동계급이 가지고 있는 문제점들을 똑같이 가지고 있으며, 노동조합 활동에 가입함으로써 보호를 받고자 하는 마음을 가지고 있다. 이러한 애매한 계급적 역할 때문에 많은 선진 산업사회에서는 계급 성향의 투표가 퇴조해 왔다. 이처럼 사회적 신분의 이동과 직업에 있어서의 이동은 전통적인 양극적 계급 성향에 따른 연합을 약화시키고 있다.

### 3) 대중사회론

정치 변화와 관련된 세 번째 이론은 고도의 산업화와 함께 나타나는 사회의 원자화 현상을 강조한다.[39] 지난 수십 년 동안에 일어난 급격한 사회·경제적 변화로 전통적인 집단은 붕괴되고, 기존에 이루어져 있던 제도적 형태들도 변화를 겪게 되었다. 예를 들면, 새로운 중산층이 성장함에 따라 유산계급과 무산계급 둘 중의 어디에도 속하지 않은 거대한 새로운 사회계층이 등장하게 되었다. 지리적인 이동, 사회적인 이동, 그리고 구조적인 재편성이 증가함에 따라 가족과 같은 일차집단을 중심으로 이루어지던 유대관계가 약화되었다. 대중매체가 급속하게 확산됨에 따라 시민들은 개인적인 인간관계를 통하여 정치에 관한 정보를 수집하던 차원을 벗어나게 되었다.

이러한 변화들과 함께 나타난 현상은 조직에 대한 일체감과 충성심의 약화였다. 예를 들면, 많은 선진 산업사회에서 교회는 우파 세력의 중요한 지지 기반이었고, 노동조합은 좌파 세력의 중요한 지지 기반이었다. 네덜란드, 이탈리아, 그리고 다른 몇 나라들에서 교회 신자들이 감소하고 있으며 교회의 미사에 참석하는 사람들의 숫자도 감소하고 있다. 이에 따라 교회 조직이 우파 정당을 위한 지지를 동원하는 능력도 감소하였다.[40] 이와 동시에 많은 나라들에서는 교회가 정치에 적극적으로 개입하는 현상도 약화되었다. 이러한 현상은 노동조합의 경우에도 똑같이 나타나고 있다. 서구와 일본을 연구한 결과들은 노동조합에의 참여가 약화되고 있음을 보여주었다. 노조 운동에 대한 소속감, 계급적 연대감, 노조에 대한 기대와 참여 등 모든 것이 감소하였다.[41] 더욱이 최소한 몇몇 나라에서는 노조와 좌파 정당간에 이루어졌던 긴밀한 관계마저 감소하였다.[42] 교회와 노동조합의 약화, 그리고 제도에 대한 충성심의 약화는 정당에 대한 일체감의 약화를 초래하였다.

간단히 말하자면 가족, 동네, 노동조합, 교회 등과 같은 일차적인 인간관계에 기반을 둔 전통적인 정치 형태는, 이러한 일차적 유대관계가 약화됨에 따라 더 이상 유용성이 없어지게 되었다. 이와 같은 개인의 원자화 현상은 정치체계에 심각한 불안정과 예측 불가능성을 심화시켰다. 집단과의 유대감이라는 안정된 틀이 깨어짐에 따라 유권자들은 새롭게 등장한 독립적인 여러 가지의 새로운 호소들에 노출되게 되었으며, 여러 가지 대의에 따라 동원되게 되었다.

### 4) 공동체의 통합

네 번째 이론은 공동체의 성격에 초점을 맞추고 있다. 사회적 유대의식에 관한 문헌들, 그리고 상황이 미치는 영향에 관한 문헌들은, 개인들은 자신 주위의 사람들이 가지고 있는 정치적 견해를 수용할 가능성이 많다고 주장한다. 라자스펠드와 그의 동료들이 일찍이 미국에서의 투표행태에 관한 연구를 시작한 이래 이 분야의 학자들은 소집단들이 정당지지 면에서 통일성을 갖기 쉽다는 것을 발견하였다. 또한 소집단의 여론을 선도하는 지도자들은 투표에서 후보자를 선택하는 데 있어 집단내의 일체감을 증가시키고 정치적 견해를 전달하는 데 매우 중요하다는 것을 밝혔다.[43] 이 이론에 의하면 가족, 친구들, 이웃들, 그리고 직장 동료들과의 1 대 1 접촉을 통해서 중요한 정치적 견해가 전달된다고 주장한다. 환경결정론에 관한 문헌들은, 사회적 관계는 계급적 분열, 인종적 분열, 종교적 분열 등의 사회적 분열 속에서 형성된다고 가정한다. 따라서 공동체가 동질적일수록 이들이 공유하는 집단적 규범은 정치적 태도에 더 효율적인 영향을 미칠 것이며 정당에 대한 이들의 일체감 또한 더욱 강화되게 될 것이다.

선진 산업사회에서는 고도의 도시화가 이루어져 있고 주거지의 이동성도 상당히 높다. 이것은 공동체의 동질성과 연대의식을 감소시킨다. 결과적으로 투표 결정에 거주지역 요인이 미치는 영향력은 감소되었다. 예를 들면 일본에서는 공동체 의식이 감소됨에 따라 보수당인 자민당에 대한 지지가 감소하였으며, 스웨덴에서도 같은 현상이 일어나 사회당에 대한 지지가 감소하였다.[44] 두 나라 모두에서 공동체의 이질성이 증가함에 따라 여당을 지지하도록 유권자를 동원하는 능력이 약화되게 되었다. 이질적인 지역사회 내의 어떤 경우에는 이질적 요인들을 자극하는 것을 피하기 위해 지역사회의 몇몇 단체들이 중립적 입장을 취하기도 하였다. 다른 경우를 보면, 새롭게 등장한 많은 수의 다양한 지역 거주자들이 지역공동체의 의견과 같은 의견을 갖도록 통합시키는 데 사회 조직망이 별로 효과가 없게 되었다. 이에 따라 지역공동체 환경의 성격과 구성면에서의 변화는 사회적인 연대의식과 정당에 대한 연대의식의 감소를 가져왔다. 결론적으로 이 이론에 의하면, 유권자들이 공동체에 근거하는 지역 의식에 따라 정당을 지지하는 성격이 약화되었으며, 그 결과 정치에 대한 예측 불가능성은 더욱 증가하였다.

### 5) 유권자의 정치능력 향상에 의한 참여

현재의 정치적 변화를 설명하는 다섯 번째 이론은 유권자들의 정치에 대한 의식이 질적으로 향상된 점에 초점을 맞춘다.[45] 현대사회에서는 중등교육과 고등교육이 엄청나게 확대되었으며, 정치에 관한 정보량도 대중매체의 덕분에 급격히 확산되었다. 이러한 확산은 상당수의 국민들에게 정치에 관한 능력과 이해도를 증가시키는 결과를 가져왔다.

이처럼 국민들의 정치적 능력이 새로운 수준으로 상승함에 따라, 루소, 로크, 토크빌과 기타 철학자들이 대중민주주의를 유지하기 위해서는 필수적이라고 간주하였던 공개적이고 참여적이며 개인중심적인 방식이 실현되는 시점에 오게 되었다. 예를 들면 정치적 능력을 갖추고 정치에 관한 정보를 많이 알고 있는 유권자들은 누구에게 투표할 것인가를 결정함에 있어 자신이 소속한 사회적 계층이나 정당에 대한 일체감 등에 영향을 받지 않게 되었다. 그들은 쟁점이 되는 주제나 후보자의 정견을 감안하여 스스로 투표 결정을 할 수 있게 되었다.[46] 정치활동은 선거운동이나 정당활동과 같이 정치지도자들에 의해 동원되는 참여에만 국한되는 형태를 벗어나게 되었다. 보다 세련된 정치기술을 갖춘 국민들은 정치지도자들에게 도전하는 정치참여를 통하여 정치활동을 주도하거나 또는 특정 영역을 쟁점화할 수 있게 되었다. 이러한 결과로 인해 전통적인 정치구조는 약화되었고, 정치참여 양식에 변화가 오게 되었다.

이런 면에서 보면 유권자들의 정치능력 향상에 의한 참여는, 유권자들이 정당이나 사회집단과 기능적인 면에서 연관을 맺는 것을 중요하지 않게 생각하도록 만들었으며, 또 실제로 그 연관성이 줄어들게 되었다. 그러나 다른 한 편으로는, 과거에는 정치에 관심이 없고 정치에 동원되지 않았던 유권자들의 상당수가 이제는 쉽게 정치에 관한 정보를 접할 수 있게 되어 정치과정에 참여하는 것이 용이하게 되었다. 유권자들 중에서 정치에 관심을 갖게 될 가능성이 높은 사람들은, 과거에는 정치에 관심이 없었지만 전자 대중매체와 컴퓨터를 통한 우편 발송의 대상이 됨으로써 새로운 쟁점이나 새로운 운동에 동원될 가능성이 있다. 이러한 유권자들은 집단에 대한 소속감이 없고 정당에 지속적인 일체감을 형성할 가능성이 많지는 않지만, 정치 엘리트의 입장에서 보면 이들은 자신들의 정당에 대한 지지세력이 될 수 있는 잠재적 대상인 것이다. 과거에 정당에 대해서 갖던 일체감이 퇴조하는 현상 못지않게 새롭게 정치에 관심을 갖는 사람들을 동원하는 것도 선거에 변화를 초래할 것이다. 이러한 두 유형의 현상들은 하나의 쟁점을 내걸고 벌이는 운동이나 하나의 쟁점을 목표로 삼는 정당이 증가하는 현상과 관련되어 있다. 예를 들면 일본의 여성해방당이나 독일의 환경정당, 그리고 미국의 낙태반대운동 등이 그것이다.

### 6) 정당체계의 노쇠화

현재 일어나고 있는 정치변화에 관한 색다른 견해는, 정당체계가 일정한 주기를 갖는 것으로 보는 것이다.[47] 현재의 정당체계들에 대한 지지형태는 1930년대와 1940년대의 어려웠던 시기의 사회화 경험들로부터 시작된 것이거나 아니면 그보다 더 이전에 선거권이 확대될 때 이를 확보하기 위하여 정당들이 경쟁을 벌이던 시기에 시작된 것이다. 그러나 시간이 지남에 따라 이러한 정당체계들은 현실에 적응하는 데 어려움을 겪게 되었다. 한 정당의 지지 기반을 형성하던 세력들은 그 정당으로부터 소외감을 느끼게 되었는데, 그 이유는 정당이 약속했던 정책이나 주장들이 정부의 계획으로 입안되기는 하였지만 그것은 그 집단이 직면하고 있는 문제들에 대한 해결책을 제공하는 데는 실패하였기 때문이다. 초기에 정당간의 대립을 초래하였던 쟁점들은 시간이 지남에 따라 중요성을 상실하게 되었는데, 왜냐하면 이러한 쟁점이 이미 해결되었거나 또는 새로운 쟁점들이 제기되었기 때문이다. 젊은 유권자들은, 특정 정당에 대한 지지 기반을 형성하는 데 작용하였던 과거의 쟁점들에 대하여 아무런 의미를 찾지 못하게 되었다. 폴 벡은 정당의 생애는 정치사회화의 경험에 기반을 두고 있으며, 정당의 생애는 순환의 형태를 나타낸다고 주장하였다.[48]

이러한 견해에 의하면 지난 수십 년 동안에 일어난 정치 변화는 정당들이 노쇠하여 기력을 잃어버린 데 기인한다. 이러한 정당체계에 새로운 활력을 불어넣거나 또는 그것을 재구성하게 되면, 현재의 정치적 현실에 재적응하게 될 것이다. 그렇게 되면 민주정치에서는 혁명적 변화는 일어나지 않게 될 것이며, 기존의 과정이 반복되는 유형이 될 것이다.

### 7) 가치관의 변화

선거 양상의 변화를 연구하는 데 있어 마지막 접근법은 고도의 산업화와 대중의 가치관 사이의 상관관계에 초점을 맞춘다. 기본적인 가치관은 어린 시절의 환경 속에서 처음으로 형성되며, 이러한 가치관은 일생 동안 지속되는 경향이 있다. 따라서 2차세계대전 이후에 개인적으로나 사회환경 면에서 큰 변화가 일어난 것은 대중들의 기본 가치관을 바꾸어 놓았을 것이다.

로날드 잉글하트는, 산업화된 민주국가들의 시민들은 물질주의적인 가치관으로부터 탈물질주의적인 가치관을 가진 사람들로의 전환을 경험하고 있다고 주장하였다.[49] 성장 시기에 경제적인 어려움을 겪었거나 신체적 안전을 걱정하였던 구세대들은 물질주의적 성향을 가지고 있으며, 전통적인 스타일의 정치를 선호하여 경제적인 이득이나 안정된 국내 질서, 그리고 사회적인 안전과 군사적인 안전 등에 관심이 높다. 반면에 전쟁 후에 태어난 세대는 전례 없는 풍요와 경제적 여유, 그리고 개인적인 안전에 대한 위협이 전혀 없는 시기에 성장하였다. 그 결과 대부분의 젊은이들은 기본적인 경제적 욕구가 완전히 충족되었기 때문에 그들의 관심은 새로운 정치와 새로운 목표, 그리고 탈물질주의적인 형태로 변하고 있다.

스캇 플라나간은 가치관의 변화과정을 조금 다른 식으로 개념화하였는데, 예를 들면 권위에 대한 존경심의 감소, 복종에 대한 거부, 종교에 대한 무관심과 근로의욕의 저하 등으로 보았다.[50] 권위, 복종, 종교, 열심히 일하는 것 등과 같은 전통적인 가치관이 차지하던 자리에는 자아실현의 목표를 확보하여 주는 가치들이 자리를 잡고 확대되었다. 이러한 새로운 가치관으로는 자기주장, 불복종, 새로운 생각의 수용, 평등, 여가활동의 추구, 보다 나은 생활의 질, 그리고 다양한 생활 방식을 과감히 수용하는 것 등이 있다.

가치관의 변화를 어떻게 개념 정의하든, 가치관이 변화하는 과정은 분명히 진행되고 있다. 무엇을 중요한 가치로 인식하느냐는 점에서 세대 간에 변화가 나타나고 있다는 증거는 20여 개의 산업화된 민주국가에서 공통적으로 찾을 수 있다.[51] 새로운 정치가 추구하는 가치들은 신중산층이나 지식층과 같이 선진 산업화의 결과로 대두된 사회집단들 사이에서 공통적으로 나타난다. 새로운 정치가 추구하는 이러한 새로운 가치들이 옛날식의 정치가 추구하는 가치들보다 더 많이 관심의 대상이 된다면, 점증하고 있는 새로운 정치의 가치들은 현대 정당정치에 구조적 변화를 가져오게 될 것이다.

지금까지 살펴본 여러 이론들은 산업화된 민주국가들에서 일어나는 정치변화를 이해하는 데 도움을 준다. 그러나 각 이론에 문제점이 없는 것은 아니다. 예를 들어 부르주아화 이론은 노동자계급을 정치변화의 중요한 주체로 간주한다. 그러나 실질적으로 선진 민주국가들의 정치는 주로 중산층 내부에서의 변화와 밀접하게 연관되어 있는 것처럼 보인다. 예를 들어, 계급투표 성향이 퇴조하는 주요 원인은 중산층에서 자유주의적인 성향이 농후해지기 때문이다.[52] 또한 노동조합보다는 대학 캠퍼스가 최근 시위운동의 근원지였다. 1930년대에는 보수적이었던 미국의 아이비리그 같은 사립 명문대학들, 영국의 옥스퍼드와 케임브리지, 프랑스의 일류 대학들이 1970년대에는 기성 체제에 반대하는 운동의 중심지가 되었다.

사회이동이론, 대중사회론, 공동체 통합론, 유권자들의 정치능력 향상론과 정당체계의 노쇠화이론은 산업화된 민주국가에서 나타나는 추세들의 상당 부분을 설명해준다. 그러나 이러한 이론들이 가지고 있는 문제는 선진 산업사회의 정치가 나아가야 할 방향을 제시하지 못한다는 점이다. 과거에 이루어지던 형태는 붕괴하고 있는데, 그 자리에 들어설 새로운 형태가 무엇일까에 관해서는 대안 제시가 이루어지지 않고 있다. 이들 이론들은 지난 20년간에 발생하였던 시위운동과 활발한 정치참여를 설명하기는 하였으나, 여러 나라에서 발생한 시위의 쟁점에서 나타나는 유사성을 설명해 주지는 못하였다. 이들 나라의 시위에서 나타나는 공통점을 밝히기 위해서는 앞에서 소개한 여러 이론들이 정치변화와 관련된 보다 큰 이론적 틀로 종합되는 것이 필요하다.

선진 산업화의 중요성과 그것이 미치는 영향은 위에서 언급한 과정들 중의 하나만으로 설명될 수 있는 것이 아니며, 여러 가지 요인의 상호작용에 의하여 설명 가능하다고 생각한다. 역사적인 면에서 볼 때 정치체계 수준의 변화는 자주 발생하는 현상은 아니다. 산업화된 선진사회에서 나타난 것처럼 몇 가지 요인들이 중첩되어 복합적으로 작용할 때에만 근본적인 정치변화가 발생할 수 있다.[53)] 따라서 앞에서 소개한 몇 가지 이론들을 결합시킬 때에만 산업화된 선진 민주국가들에서 나타나는 정치의 과정을 정확하게 설명할 수 있다.

이러한 변화의 과정에는 전통적인 형태의 정치적 유대가 약화되기 시작하고, 이에 뒤이어 사회적 이동이 증가하거나 대중사회 현상이 고조되며, 공동체의 통합이 일어나거나 또는 기존의 정당체계가 노쇠화한다는 이론들이 적용될 수 있다. 전통적인 정치적 유대에 균열이 생긴다는 것은, 많은 사회집단들이 새로운 형태의 정치적 호소의 대상이 될 수 있거나 또는 새로운 정치적 쟁점이나 새로운 정치 이데올로기에 노출될 수 있다는 것을 의미한다. 만일 정당들이 이러한 새로운 정치쟁점들이나 정치 이데올로기들을 받아들여 정당을 새롭게 재구성한다면, 정당 가입이 확대되어 정당 지지의 재편성이 일어나게 될 것이다. 정당을 지지하던 틀이 깨어져서 정당 지지에 대한 이탈 현상이 일어나는 것은 정당과 유권자를 연결시키는 고리가 없어진 것을 의미한다. 중립적 유권자들이 새롭게 등장하고, 그 수가 증가하는 것은 선진 산업화의 산물이라고 지칭할 수 있는 젊은이들이나, 신중산층, 지식층 등에서 흔하게 볼 수 있다. 이러한 집단에서 공유되고 있는 탈물질주의적 가치관들은, 이들로 하여금 시민적 정치참여라고 하는 새로운 목표를 지향하게 하는 데 영향을 미친다.

그러나 이들 집단을 특징짓는 가치관들과 사회적 목표들은, 동시에 새로운 형태의 정치적 분열 현상을 초래하였다. 신좌파들이 주장하는 바에 따라 사회가 전환되어 나가는 데 위기를 느낀 집단들은 신우파라는 대항이념을 중심으로 조직화되었다. 그 결과, 계급간의 분열을 바탕으로 하여 형성되었던 구식 정치유형은 새로운 형태의 사회적 분열을 바탕으로 하는 유형으로 대체되었다. 즉, 신중산계급 대 구중산계급, 고소득 숙련노동자 대 저소득 미숙련 노동자, 공공 부문 대 사적 부문, 젊은 세대 대 기성 세대, 전통적 가치관 대 새로운 도덕률, 관료 대 직접 민주주의자들 간의 새로운 대립 형태 등이 그것이다. 이러한 분열 현상은 서로 교차하여 나타나기 때문에 지금으로서는 이것이 앞으로 어떻게 발전되어 나가고 또 어떤 형태의 정치변동을 유발할 것인지를 예측하기는 어렵다. 그러나 산업화된 선진 민주국가에 대한 연구에서 나타난 결과는 정당 지지에 있어 변화가 진행되고 있음을 나타내고 있다.

마지막으로, 정치변화의 과정들은 단순히 일단의 쟁점들이 바뀌고, 또 정당 선호의 형태가 새로운 유형으로 바뀌는 것만을 의미하지는 않는다. 사회관계들에 있어서 보다 근본적인 변화 또한 일어나고 있는 것이다. 국민들이 사회생활이나 정치생활에 영향을 미치는 것은, 대중들의 역할에 본질적인 변화가 이루어지고 있음을 의미하며, 또한 대중과 엘리트 사이에 권력의 분배가 이루어지고 있음을 나타내는 것이다. 정치엘리트들이 스스로 추진한다고 하더라도 정책결정에의 참여 폭이 이처럼 확대될 것이라고는 최근까지 생각조차 할 수 없었다. 국민들의 정치능력이 혁명적으로 증가함에 따라 직접 민주주의의 가능성은 확대되고 있다. 이에 더하여, 새로운 과학기술의 발달로 인하여 대중들이 요구하는 바가 무엇인가를 파악하는 것이 보다 용이하게 되었다. 그보다 더 중요한 것은, 새롭게 등장하는 정치지도자들이 그들을 지지할 가능성이 있는 유권자들을 확인하고, 또 이들을 동원할 쟁점을 개발해내게 되었다는 점이다. 결과적으로 좌파와 우파의 모든 영역에서 일부 시민집단들은 새로운 방향으로 나가기 시작했다. 정치변화의 과정이 시작된 것이다.

□ 주

1) Daniel Bell, *The End of Ideology*(New York: Free Press, 1960); R. Lane, "The Politics of Consensus in an Age of Affluence," *American Political Science Review* Vol. 59 (1965), pp. 874~895; S. M. Lipset, "The Changing Class Structure and Contemporary European Politics," *Daedalus,* 93 (1964), pp. 271~303.
2) S. Huntington, "Post-Industrial Politics: How Benign Will It Be?" *Comparative Politics,* 6 (1974), pp. 163~191; M. Crozier et al., *The Crisis of Democracy*(New York: New York University Press, 1975); R. Dahl, *After the Revolution*(New Haven: Yale University Press, 1970); J. Habermas, *Legitimation Crisis*(Boston: Beacon, 1973).
3) R. Inglehart, *The Silent Revolution: Changing Values and Political Styles among Western Public*(Princeton: Princeton University Press, 1977); K. L. Baker, R. Dalton, and K. Hildebrandt, *Germany Transformed*(Cambridge: Harvard University Press, 1981)의 6장과 11장.
4) S. H. Barnes, M. Kaase et al., *Political Action: Mass Participation in Five Western Democracies*(Beverly Hills: Sage Publications, 1979).
5) R. Dalton, *Citizen Politics in Western Democracies: Public Opinion and Political Parties*(Chatham, N.J.: Chatham House, 1988), 2, 3, 4장.
6) D. Yankelovitch, *The New Morality*(New York: McGraw-Hill, 1974); R. Inglehart, "Post-Materialism in an Environment of Insecurity," *American Political Science Review,* 75 (1981), pp. 880~900.
7) S. M. Lipset, "The Revolt against Modernity," in P. Torsvik (ed.) *Mobilization, Center-Periphery Structures and Nation-Building*(Bergen: Universitetsforlaget, 1981), pp. 451~500.
8) E. C. Ladd with C. Hadley, *Transformations of the American Party System*(New York: Norton, 1975); W. Miller and T. Levitin, *Leadership and Change*(Cambridge, Mass.: Winthrop, 1976).
9) International Monetary Fund, *International Financial Statistics Yearbook* (Washington, D. C.: International Monetary Fund, 1979).
10) Daniel Bell, *The Coming of Post-Industrial Society*(New York: Basic Books,1973); International Labour Organization, *ILO Yearbook of Labour Statistics*(Geneva:

International Labour Organization, 1981).

11) R. Dahl and E Tufte, *Size and Democracy*(Stanford: Stanford University Press, 1973); S. Verba, N. Nie, and J. O. Kim, *Participation and Political Equality*(Cambridge: Cambridge University Press, 1978); K. Steiner et al.(eds.), *Political Opposition and Local Politics in Japan*(Princeton: Princeton University Press, 1980).

12) C. Taylor and H. Jodice, *World Handbook III*(New Haven: Yale University Press, 1983).

13) 일부 분석가들은 산업화된 민주국가들의 경제적 미래는 파국을 맞게 될 것이라고 예측했다. 만일 이러한 예측들이 적중하게 된다면 우리가 여기에서 기술하는 경향과는 정반대가 될 것이다. D. Meadows et al.; *The Limits to Growth*(Washington, D.C.: Potomac Associates, 1972); J. Forrester, *World Dynamics*(Cambridge: Wright-Allen, 1971) 참조.

14) S. M. Lipset and S. Rokkan, "Cleavage Structures, Party Systems and Voter Alignments," in Lipset and Rokkan (eds.), *Party Systems and Voter Alignments*(New York: Free Press, 1967); R. Rose and D. Urwin, "Social Cohesion, Political Parties, and Strains in Regime," *Comparative Political Studies,* 2 (1969), pp. 7~67; R. Rose and D. Urwin, "Persistence and Change in Western Party Systems since 1945," *Political Studies,* 18 (1970), pp. 287~319.

15) R. J. Dalton, P. A. Beck, and S. C. Flanagan, *Electoral Change in Advanced Industrial Democracies: Realignments or Dealignments?* 2장; S. Berger, "Politics and Anti-Politics in Western Europe in the 1970s," *Daedalus,* 108 (1979), pp. 27~50; K. L. Baker, R. Dalton, and K. Hildebrandt, *Germany Transformed*(Cambridge: Harvard University Press, 1981), 12장.

16) H. Daalder and P. Mair (eds.), *Western European Party Systems*(Beverly Hills: Sage Publications, 1983).

17) O. Kirchheimer, "The Transformation of Western European Party Systems," in J. LaPalombara and M. Weiner (eds.), *Political Parties and Political Development*(Princeton: Princeton University Press, 1966), pp. 177~220.

18) <표 1>에 포함된 균열수치는 해당년도에 가장 가까운 시기에 실시된 선거들에서 정당들이 획득한 투표에 근거하여 산출한 것이다. 균열수치는 다음의 공식으로 계산하였다.

$$F = 1 - \sum \frac{(n_i)}{(N)} \cdot \frac{(n_i - 1)}{(N-1)}$$

정당의 균열에 관한 논의는 L. Mayer, "A Note on the Aggregation of Party Systems," in P. Merkl (ed.), *Western European Party Systems*(New York: Free Press, 1980), pp. 335-347; S. Wolinetz, "The Transformation of Western European Party Systems Revisited," *West European Politics* 3 (1981), pp. 4~28을 참조할 것.

19) 캐나다, 일본, 룩셈부르크, 미국의 자료는 저자가 작성하였으며, 다른 국가들의 자료는 페더슨의 논문에서 인용함. 정당 지지의 변역성지수는, 기존 정당들의 득표율이 지난번 선거와 비교하여 증가한 비율에다가 새로 성립된 정당들이 득표한 비율을 합한 것임.

20) 페더슨의 정당지지 변역성지수에서 문제가 되는 것은 이 지수가 전체 정당들의 총합(aggregate) 자료에서 나타나는 지수라는 점이다. 이 지수를 통해서 개별 정당들에 대한 지지가 안정되어 있는지 아니면 변역성을 나타내는지의 여부를 알 수가 있다. 개인 수준에서 수집한 자료들에서 나타나는 경향은 정당지지의 변역성이 훨씬 더 강하고 또 증가하고 있다 (W. DeVries and V. L. Tarrance, *The Ticket Splitter*(Grand Rapids, Michigan: Eerdmans, 1972); O. Petersson, "The 1976 Election: New Trends in the Swedish Electorate," *Scandinavian Political Studies,* 1 (1978), pp. 109~121; Dalton, Beck, and Flanagan, *Electoral Change in Advanced Industrial Democracies* (1984), 7장; I. Crewe, R. Särlvik, and J. Alt, "Partisan Dealignment in Britain, 1964~1974," *British Journal of Political Science,* 7 (1977), pp. 129~190). 전체 정당들의 지지변역성이 감소하는 서독에서 조차, 개인수준에서의 유권자들의 지지변역성은 증가하고 있다. D. Conradt, *The German Polity,* 2nd Edition(New York: Longman, 1981), p. 130.

21) A. Campbell, "A Classification on the Presidential Elections," in A. Campbell et al., *Elections and the Political Order*(New York: Wiley, 1966); G. Pomper, "Classification on Presidential Elections," *Journal of Politics* 29, (1967), pp. 535~566.

22) A. Campbell et al., *The American Voter*(New York: Wiley, 1960); P. E. Converse, *The Dynamics of Party Support*(Beverly Hills: Sage Publications, 1976).

23) 미국이 아닌 다른 나라들에서는 정당과의 일체감이라는 개념이 미국에서와는 다르다는 것을 처음 지적한 연구는 A. Campbell and H. Valen, "Party Indentification in Norway and the United States," in A. Campbell et al., *Elections and the Political Order*(New York: Wiley, 1996); D. Butler and D. Stokes, *Political Change in Britain*(New York: St. Matin's Press, 1974) 등이었다. I. Budge, I. Crewe, and D. Farlie (eds.), *Party Identification and Beyond*(London and New York: Wiley, 1976)의 몇개 장들은 정당과의 일체감이 적용되지 않는 사례들을 논하고 있다. 미국 이외의 나라들에서 정당과의 일체감에 관해 갖는 다른 견해에 관해서는 K. L. Baker, R. Dalton, and K. Hildebrandt, *Germany Transformed* (1981)의 8장과 B. Cain and J. Ferejohn, "Party Identification in the United States and Great Britain," *Comparative Political Studies,* 14 (1981), pp. 31~48를 참조할 것.

24) I. Budge and D. Farlie, *Voting and Party Competition*(London: Wiley, 1977); I. Budge, I. Crewe, and D. Farlie (eds.), *Party Identification and Beyond*(1976); R. Rose, *Comparative Electoral Behavior*(New York: Free Press, 1974).

25) W. P. Shively, "Voting Stability and the Nature of Party Attachments in the Weimar Republic," *American Political Science Review,* 66 (1972), pp. 1203~1225.

26) 정당연구서들에서 재편성(realignment)에 관해 여러 가지로 개념 규정하고 있어 이 개념이 불명확한 감을 주고 있다. 우리가 사용하는 개념 정의는 일반적으로 받아들여지는

것이며, 유권자들의 변화를 유권자들이 정당에 대해서 가지고 있는 충성심이라는 면에서 규정하는 것이다. 이 방식은 설명해야 할 정치현상을 그것의 원인이나 결과와 분리하여 접근하는 장점을 가지고 있다. 재편성에 관한 다양한 개념 규정들과 우리가 사용하는 개념 정의를 옹호한 것은 J. R. Petrocik, *Party Coalitions*(Chicago: University of Chicago Press, 1981)을 참조할 것. 재편성에 관한 그 이상의 논의는 B. Campell and R. Trilling (eds.), *Realignments in American Politics*(Austin: University of Texas Press, 1979).

27) J. M. Clubb, W. H. Flanigan, and N. H. Zingale, *Partisan Realignment: Voters, Parties and Government in American History*(Beverly Hills: Sage Publications, 1980); J. L. Sundquist, *Dynamics of the Party System*(Washington, D.C.: Brookings Institute, 1973).

28) D. Butler and D. Stokes, *Political Change in Britain*(New York: St. Martin's Press, 1974), pp. 155~210; D. Robertson, *A Theory of Party Competition*(New York: Wiley, 1976); R. Rose, *Comparative Electoral Behavior*(New York: Free Press, 1974).

29) V. O. Key, "A Theory of Critical Elections," *Journal of Politics,* 17 (1955), pp. 3-18; V. O. Key, "Secular Realignment and the Party System," *Journal of Politics,* 21 (1959), pp. 198~210.

30) A. Campbell et al., *The American Voter*(New York: Wiley, 1960), pp. 153-156; K. Anderson, *The Creation of a Democratic Majority, 1928~1936*(Chicago: University of Chicago Press, 1979); J. R. Petrocik, *Party Coalitions*(Chicago:University of Chicago Press, 1981).

31) R. Inglehart and A. Hochstein, "Alignment and Dealignment of the Electorate in France and the United States," *Comparative Political Studies,* 5 (1972), pp. 343~372.

32) P. A. Beck, "The Electoral Cycle and Patterns of American Politics," *British Journal of Political Science,* 9 (1979), pp. 129~156; W. D. Burnham, *Critical Elections and the Mainsprings of American Politics*(New York: Norton, 1970); W. D. Burnham, "Great Britain: The Death of the Collectivist Consensus?" in L. Maisel and J. Cooper (eds.), *Political Parties: Development and Decay*(Beverly Hills: Sage Publications, 1978), pp. 267~308.

33) B. Särlvick and I. Crewe, *Decade of Dealignment*(Cambridge: Cambridge University Press, 1983) 참조.

34) A. King, "What Do Elections Decide?," E. D. Butler et al., *Democracy at the Polls* (Washington, D.C.: American Enterprise Institute, 1981), pp. 293~324; A. Downs, *An Economic Theory of Democracy*(New York: Harper and Row, 1957).

35) J. Goldthorpe et al., *The Affluent Worker*(Cambridge: Cambridge University Press, 1968).

36) E. C. Ladd with C. Hadley, *Transformations of the American Party System*(New

York: Norton, 1975); S. M. Lipset, *Political Man: The Social Bases of Politics,* 2nd ed.(Baltimore: Johns Hopkins University Press, 1981); D. Kemp, *Society and Electoral Behavior in Australia*(St. Lucia: Qeensland University Press, 1978); Dalton, Flanagan, and Beck, *Electoral Change in Advanced Industrial Democracies* (1984), 4장과 11장.

37) J. D. Stephens, "The Changing Swedish Electorate: Class Voting, Contextual Effects and Voter Volatility," *Comparative Political Studies,* 14 (1981), p. 175; R. Hamilton, *Affluence and The French Worker in the Fourth Republic*(Princeton: Princeton University Press, 1967).

38) K. L. Baker, R. Dalton, and K. Hildebrandt, *Germany Transformed*(Cambridge: Harvard University Press, 1981); H. Kerr, "Social Class and Party Choice," in H. Klingemann, H. Kerr, and P. Pesonen (eds.), *People and Their Polities* (출판예정).

39) W. Kornhauser, *The Politics of Mass Society*(New York: Free Press, 1959).

40) Dalton, Flanagan, and Beck, *Electoral Change in Advanced Industial Democracies* (1984), 7장과 9장.

41) W. Korpi, *The Working Class in Welfare Capitalism*(London: Routledge and Kegan Paul, 1978).

42) 예를 들어 일본의 경우를 보면, 가장 큰 규모의 전국노동조합인 총평(總評)은 정당을 지지함에 있어 점차로 중립적인 태도를 보이고 있다. 이에 따라 총평이 포괄하는 노동조합의 지지를 사회당이 독점하는 현상이 약화되고 공산당과 다른 진보적 정당이 다양한 노동조합의 지지를 얻는 양상을 보이고 있다. 또한 총평은 가장 오래되고 규모도 가장 크며 또 가장 호전적인 노동조합이기는 하지만, 지난 20년간에 걸쳐 훨씬 더 중도적이고 또 온건한 전국적 노동조합연합이 성장하여 왔다.

43) P. Lazarsfeld, B. Berelson, and H. Gaudet, *The People's Choice*(New York: Columbia Unversity Press, 1944); B. Berelson, P. Lazarsfeld, and W. McPhee, *Voting*(Chicago: University of Chicago Press, 1954); P. Burstein, "Social Network and Voting," *Social Forces,* 54 (1976), pp. 833~848; G. Wright, "Contextual Models of Electoral Behavior," *American Political Science Review,* 71 (1977), pp. 417~509.

44) Dalton, Flanagan, and Beck, *Electoral Change in Advanced Industrial Democracies* (1984), 6장; J. D. Stephens, "The Changing Swedish Electorate: Class Voting, Contextual Effects and Voter Volatility," *Comparative Political Studies,* 14 (1981), pp. 163~204.

45) E. Allardt, "Past and Emerging Political Cleavages," in Otto Stammer (ed.), *Party Organization and the Politics of the New Masses*(Berlin: Institute of Political Science at the Free University, 1968), pp. 66~74.

46) W. P. Shively, "The Development of Party Identification among Adults," *American Political Science Review,* 73 (1979), pp. 1039~1054; O. Borre and D. Katz, "Party Identification and Its Motivational Base in a Multiparty System," *Scandinavian Political Studies,* 8 (1973), pp. 69~111; Dalton, "Cognitive Mobilization and Partisan

Dealignment in Advanced Industrial Democracies," *Journal of Politics,* 46 (1984), pp. 264~284.

47) J. M. Clubb, W. H. Flanigan, and N. H. Zingale, *Partisan Realignment: Voters, Parties and Government in American History*(Beverly Hills: Sage Publications, 1980); Dalton. Flanagan, and Beck, *Electoral Change in Advanced Industrial Democracies* (1984), 8장.

48) P. A. Beck, "A Socialization Theory of Partisan Realignment," in R. G. Niemi and Associates, *The Politics of Future Citizens*(San Francisco: Jossey-Bass, 1974), pp. 199~219.

49) R. Inglehart, *The Silent Revolution: Changing Values and Political Styles Among Western Publics* (1977); R. Inglehart, "Value Priorities and Socioeconomic Change," in S. Barnes, M. Kaase et al., *Political Action*(Beverly Hills: Sage Publications, 1979), pp. 305~342.

50) S. C. Flanagan, "Changing Values in Advanced Industrial Societies," *Comparative Political Studies,* 14 (1982), pp. 403~444; S. C. Flanagan, "Measuring Value Change in Advanced Industrial Societies," *Comparative Political Studies,* 15 (1982), pp. 98~128.

51) R. Inglehart, "Post-Materialism in an Environment of Insecurity," *American Political Science Review,* 75 (1981), pp. 880~900.

52) Baker, Dalton, and Hildebrandt, *Germany Transformed* (1981), 7장; Ladd with Hadley, *Transformations of the American Party System* (1975), 5장, 6장; Kemp, *Society and Electoral Behavior in Australia* (1978); Lipset, *Political Man* (1981).

53) A. Toffler, *The Third Wave*(New York: Bantam, 1980).

# 제8장 이익집단과 정치: 신조합주의적 접근*

프랑크 윌슨(Frank L. Wilson)

Suzanne D. Berger, ed., *Organizing Interests in Western Europe: Pluralism, Corporatism, and the Transformation of Politics*(Cambridge: Cambridge University Press, 1981).

Reginald J. Harrison, *Pluralism and Corporation: The Political Evolution of Modern Democracies*(London: Gerge Allen & Unwin, 1980).

Gerhard Lehmbruch and Philippe C. Schmitter, eds., *Patterns of Corporatist Policy Making*(London: Sage, 1982).

Philippe C. Schimitter and Gehard Lehmbruch, eds., *Trends Toward Corporatist Intermediation*(London: Sage, 1979).

Harold L. Wilensky, *The "New Corporatism", Centralization, and the Welfare State*(London: Sage, 1976).

1970년대 중반에 이르러, 민주국가들에서 나타나는 이익집단과 정치의 관계에 대한 관심이 증가하였다. 새로운 관심의 상당 부분은 산업화된 선진 민주국가들에서 나타나는 이익집단과 정부 사이의 관계인 신조합주의적 형태에 집중되었다. 일부 학자들은 일찍이 라틴아메리카와 이베리아반도를 연구하면서 발견해 낸 신조합주의적 설명을 서구 국가에 적용하였다.[1] 또 다른 학자들은 네덜란드나 오스트리아 같은 국가에서 나타나는 "협의제적 민주주의"

---

* Frank L. Wilson, "Interest Groups and Politics in Western Europe: The Neo-Corporatist Approach," *Comparative Politics*, 16: 1(October 1983), pp. 105~123. 신명순(연세대 정외과 교수) 역.

(consociational democracy) 하에서 엘리트들이 서로 조정하며 조화를 이루는 형태를 서구의 다른 국가들에도 확대시킬 수 있는가를 연구하였다.[2] 정치학자들은 공공정책을 수립하거나 적용함에 있어 정부와 집단들 사이에 상호협조하는 양상이 서구에서 점차 증가하는 것을 발견하였다. 이들 학자들이 관심을 가졌던 신조합주의 이론을 중심으로 이익집단에 관한 연구는 다시 한 번 전성기를 맞게 되었다. 1981년도 미국정치학회 연례학술회의에서는 세 개의 분과에서 신조합주의를 집중적으로 다루었으며, 다른 6~7개의 분과에서도 신조합주의에 관한 논문들이 최소한 한 편씩은 발표되었다. 서구에서 신조합주의에 관한 연구가 시작된 지 거의 10년이 지난 지금, 이 이론이 중범위이론의 발전에 기여한 바를 평가하는 일은 매우 적절한 작업으로 생각되며, 이것은 이론과 실증적 연구 사이의 간격을 메우는 데도 기여하게 될 것이다.

## 1. 신조합주의 이론

신조합주의 관련 문헌에서 다루어진 이론정립이라는 면에 접근하는 데 있어 가장 어려운 문제 가운데 하나는, 이론이 추구하는 구체적 목적이 무엇인가를 찾아내는 일이다. 신조합주의 이론가들 중에서 가장 중요한 사람들 중의 한 명인 필립 쉬미터는, 이 개념의 기본 성격이 무엇인가에 관하여 다른 많은 주장들이 있음을 인정하면서, 혼란을 피하기 위한 하나의 방법으로 이것들에 "조합주의 1"과 "조합주의 2"라는 명칭을 붙일 것을 제안하였다.[3] 그러나 불행하게도 조합주의에 관해서는 2개 이상의 개념 규정들이 존재한다. 조합주의에 관한 주도적인 견해는, 이것이 이익집단과 관련된 전통적인 견해인 다원주의와는 다른 것으로서 집단정치에 필적하는 또 다른 이익대표의 형태라 본다. 쉬미터는 이익대표(interest representation)라는 용어보다는 "이익중개"(interest intermediation)라는 용어를 더 선호하는데, 왜냐하면 그는 공식적인 이익집단들이 과연 정말로 그 집단에 소속한 사람들이 원하는 것을 대표하는가라는 점에 관해서 의심을 갖고 있기 때문이다. 쉬미터는 또한 이러한 소속원들이 원하는 것을 대표하는 것이 이들 집단의 중요한 과제인가라는 점에 관해서도 의문을 갖고 있다. 쉬미터와 다른 많은 학자들이 집중적으로 살펴보고자 하였던 것은, 서구의 산업화된 사회에서 기능적 이익을 대표하기 위한 노력들을 어떤 형태로 구성하는가의 문제였다. 일부 학자들은 이익대표의 형태로서의 조합주의의 개념을 다음과 같이 규정하였다. 즉, 시민들 자신이 정치에 참여할 권리를 이미 설립되어 있는 집단의 지도자들에게 위임하는 보다 포괄적인 유형의 정치참여 체계라는 것이다.[4] 이들에게 있어서 조합주의적 구조들은 정당이나 의회와 같은 다른 대표기구들을 보완하거나 대신하는 "대표를 위한 기구"로 인식된다. 실제로 "국민들의 정치적 의지를 형성하는 데 대리자 역할을 수행해야 할"[5] 정당과 같은 대의기구들이 그 역할을 수행하지 못하였기 때문에 조합주의가 대두되었다는 설명이 가끔 등장하였다.

정당들이 곤경에 빠지고 또 정당제도가 실패하고 있는 시기에, 조합주의는 다당제 때문에 야기되는 것처럼 보이는 정치적 혼란에 종지부를 찍게 만들고 있다.[6] 조합주의 이론에 관하여 또 다른 학자들은, 이것은 단순한 이익대표 형식 이상의 것을 의미한다는 보다 포괄적인 생각을 가지고 있다. 이들 학자들에게 있어 서구의 조합주의는 정책결정의 한 가지 형식인 것이다. 게르하르트 렘브르크(Gerhard Rehmbruch)는 자유적 조합주의(liberal corporatism)는 정책수립이 제도화된 한 형태라고 가정한다.[7] 자유적 조합주의의 대안은 다른 형태의 참여나 다른 형태의 이익대표가 아니라 정당이 중심이 되어 정책을 만드는 것과는 다른 형태의 정책결정이라는 것이다. 이러한 견해는 공공정책, 특히 공공경제정책을 수립하고 집행하는 데 있어 조직화된 중앙기구들 사이에 상당한 수준의 협조가 이루어지고 있음을 의미한다. 신조합주의를 이익대표의 개념으로 파악하는 견해와 정책수립의 측면에서 파악하는 견해 사이에는 일부 중복되는 점이 없지 않지만, 양자는 본질적으로는 연관되어 있지 않다. 일부 학자들은 어떤 나라에서는 이익대표 형태의 신조합주의가 미발달된 것이 사실이지만, 그럼에도 불구하고 신조합주의적인 정책수립의 증거는 상당히 많이 발견할 수 있다고 주장한다.[8]

일부 학자들은 현재 서구에서 나타나는 신조합주의를 보다 더 포괄적인 것으로 보는데, 이들은 신조합주의를 "개인이 소유한 기업을 국가가 지도하고 또 통제하는 경제체제"[9]로 규정한다. 즉 조합주의는 국가가 고도로 관료화되어 사적인 경제영역에 간섭하는 경제체제로 간주된다. 이러한 형태는 자유방임적인 자본주의나 사회주의와는 구별되는 새로운 형태의 경제체계로 간주된다. 신조합주의를 이와 같이 경제적인 면에서 규정하는 경우에 주요하게 나타나는 특징은, 체계 속에서 기능하는 집단들이 국가나 기업의 이익을 위해 조정된다는 점이다. 조합주의를 이런 식으로 정의하는 사람들의 견해에 따르면 조합주의적인 사회는 레닌이 말했던 "국가자본주의"와 매우 흡사하다. 조합주의를 이렇게 정의하는 경우에도 이익의 대표라는 면이 고려되기는 하지만, 그러나 이것도 조합주의적 경제체계가 갖는 여러 특성 중에서 별로 중요하지 않은 특성으로서만 고려된다. 조합주의에 대한 또 다른 견해는 이것을 선진 자본주의사회들이 자체 내에서 발생하는 갈등을 조정하기 위하여 개발한 방안이라고 본다. 이것은 경제적인 분야에서 발생하는 어려움에 대해서 정치적·제도적·이데올로기적으로 대응하기 위하여 고안된 것으로, 이 구도 하에서 갈등은 보다 용이하게 통제될 수 있는 형태로 변화된다.[10] 갈등조정에 초점을 맞추면서도 이 개념을 보다 더 협의적으로 규정하는 학자들도 있다. 이들은 유럽의 조합주의를 노동조합과 기업가 측의 관계에서 나타나는 한 형태로 보면서, 이 형태에서는 기업가보다 노동조합측이 불리한 입장에 있다고 보았다.[11] 맑스주의적인 입장에서는, 조합주의를 노동조합과 노동계급운동을 무력화시키려는 사회통제의 도구로 본다.[12] 마지막으로, 또 다른 학자들은 조합주의를, 정부가 수행할 과제들을 지역적으로 분산된 단위에 이양해주거나 또는 이러한 과정을 촉진시키기 위한 지방분권화의 한 형태로 간주한다. 조합주의를 이렇게 규정할 경우에는 "공공정책의 결정이나 집행은 조직되어 있는 사적 이익집단들에게 이양되게 된다."[13] 즉 정부기구들의 권한이 다양한 기능에 따라 성립된 독립된 기구로 분산되는 것이다. 신조합주의에 관한 이와 같은 다양한 견해들은, 조합주의를 민주주의나 군주제의 대안으로 간주하여 총체적인 정치체계의 유형으로 생각하던 전통적인 인식과는 차이가 나는 것이다.

신조합주의에 관한 위의 여러 가지 견해 중에서 가장 일반적인 두 가지 견해는, 신조합주의를 이익중개의 형태로 보는 쉬미터의 견해와 정책수립의 형식으로 보는 렘브르크의 견해이다. 쉬미터는 이들 두 가지가 "생산적이기는 하지만 혼전(混戰) 중인 상태"에 있다고 보면서, 이들 두 가지 형태의 조합주의 사이의 상호관계를 명확하게 하기 위하여 네 개의 공간으로 나눈 도표를 제시하였다.[14]

<표 1> 이익중개의 형태와 정책수립의 방법

<table>
<tr><th colspan="2"></th><th>압 력</th><th>협 의</th></tr>
<tr><td rowspan="2">이익중개형태</td><td>다원주의</td><td>예: 전통적인 미국식 압력정치; 프랑스의 노동정치</td><td>예: 이탈리아의 노조와 국가 사이에 나타나기 시작한 정책적 협조; 스위스의 의견자문</td></tr>
<tr><td>조합주의</td><td>예: 사회적 계약을 협상하고자 했으나 좌절한 영국의 시도; 스웨덴식 조합주의체제에서의 "반대자에 대한 배려"(cure d'opposition)</td><td>예: 오스트리아의 균등대표위원회(Paritätische Kommission); 스위스의 사회평화조약; 스웨덴의 하프순드 민주주의 [Harpsund: 지명-역자 주]</td></tr>
</table>

<표 1>은, 조합주의적인 이익중개형태가 다원주의적인 (쉬미터의 용어로는 "압력") 형태의 정책수립과 공존할 수 있으며, 다원주의적인 이익중개형태는 조합주의적인 정책수립("협의")과 공존할 수 있다고 제시한다. 쉬미터는 이 표에 의거하여 볼 때, 조합주의를 보는 두 가지 견해는 동어반복도 아니며 경험적으로도 같은 것이 아니라고 보았다. 그렇다고 하더라도 이들 네 가지 공간 사이의 관계가 명확한 것은 아니다. 이 표는, 다원주의적인 이익대표형태가 조합주의적인 이익대표형태와 혼재되어 있는 유럽국가에서는 조합주의적인 경향이 불안정하다는 것을 설명하여 주기는 한다. 그러나 이들 두 가지 형태의 조합주의 사이에 존재하는 관계를 명확히 보여주지는 못한다. 두 가지 중의 한 형태가 다른 형태의 조합주의에 기여하는가? 양자는 비슷한 목표를 가지고 있는가? 두 가지 형태가 혼재되어 나타나는 경우 그 이유는 무엇인가? 이 외에도 네 개의 공간으로 만든 위의 표는 너무 단순화하여 만든 것이다. 왜냐하면 "압력"(다원주의적)과 "협의"(조합주의적)의 두 가지 형태 외에도 다른 유형의

정책수립 과정이 많이 있기 때문이다. 만일 조합주의에 관한 이익중개의 견해와 정책수립의 견해를 조정하려는 쉬미터의 기도가 성공적이라 할지라도, 아직 조합주의의 개념과 관련되어 규명되어야 할 문제가 남아 있다. 아직까지는 이 두 가지 견해와 조합주의에 관한 다른 견해들, 예를 들면 조합주의를 갈등관리의 형태로 보거나 경제체제로 보는 견해들과 조정하려는 시도는 없었다. 이러한 여타 견해들이 일반적인 것으로 받아들여지고 있는 것은 아니지만, 그러나 조합주의에 관한 논의를 아직까지 혼란스럽게 만들고 있는 것들임은 확실하다.

신조합주의를 어떻게 개념 규정할 것인가에 관하여 다양한 견해들이 있음을 감안할 때, 이 개념 자체가 명확한 성격을 결여하고 있다는 점은 별로 놀랄 일이 아니다.[15] 현재 정치학에서 가장 일반적으로 사용되고 있는 조합주의의 개념 정의는 1974년에 쉬미터가 제시한 것이다. 이것은 조합주의적 정치의 몇 가지 조건과 특징들을 일목요연하게 기술하고 있다.

> 조합주의는 이익을 대표하는 하나의 체계로서 정의할 수 있다. 이 체계를 구성하는 단위들은 제한된 수의 다음과 같은 조직으로 구성되어 있다. 이 단위들은 기능에 따라 분류된 영역 내에서 단 하나만이 존재하며, 조직에의 가입이 의무적이며 상호간에는 경쟁을 하지 않는다. 이들은 위계질서가 강하여 위로부터 지시를 받는다. 이들은 국가에 의해 설립되지는 않지만, 인정을 받거나 또는 허가를 받는다. 이들은 자신들의 지도자들을 선출하거나 요구를 표출하며, 국가에 대한 지지를 표명하는 데 있어 국가로부터의 제약을 수용하는 대가로 자기 자신들의 영역에서 독점적인 대표권을 부여받는다.[16]

이 개념 정의는 조합주의적인 이익의 대표라는 성격을 명확히 제시하는 것으로서, 경험적 증거를 기반으로 하여 조합주의를 확인하는 기준으로 사용될 수 있다. 그러나 불행하게도 쉬미터는 초기에 제시하였던 이 명확한 개념정의로부터 후퇴한 것같이 보인다. 그가 최근에 조합주의 개념을 재정의한 것을 보면, 초기의 규정에서 나타났던 명확성이 결여되어 있으며 조건부적이고 부정적인 표현들로 가득 차 있다.

> 이익을 대표하는 데 있어 독점적인 성격이 있고, 또한 이것은 중요한 것이다.…· 위계질서가 조합들 사이에서 형성되며, 이들 조합들은 전체적인 경제 분야와 사회 계급의 행위에 종속될 수가 있고, 또 조정의 역할을 할 수도 있다.…·단체들에 가입하는 것이 항상 자발적인 것은 아니다.…·이익을 중심으로 구성된 단체들은 이익을 명확히 규정하거나 이익을 형성하는 데 활발한 역할을 할 수 있다.…·이익을 중심으로 구성된 단체들은 특히 공공정책의 집행을 위한 책임의 위임을 통하여 그 속에 포함된 구성원들의 행동을 능동적이며 강제적으로 통제할 수 있다.…·국가는 여러 이익이 서로 자기주장을 펴는 영역이 아닐 수도 있으며, 단체들이 경쟁해야 하는 또 하나의 다른 이익단체도 아니다. 국가는 단체들의 행위를 규정하거나 격려하고, 통제하거나 허가를 해주며, 또한 억압하는 데에 관련된 존재인 것이다.…·이익단체가 언제나 국가에 압력을 가하는 자율적인 단위는 아니며, 또 기회만 있으면 국가에 대해 접근을 시도하는 단위도 아니다. 이익단체들은 공적인 국가기구와 최소한 부분적으로는 다르지만, 선택된 제도적 통로를 통해 공공정책을 수립하거나 또는 정책을 집행하는 데 몇 가지의 공동 책임을 질 수 있다.[17]

이처럼 훨씬 더 애매모호한 개념을 가지고 조합주의나 다른 유형의 이익대표형태를 경험적으로 검증하는 것은 더욱 어려운 일이 될 것이다. 신조합주의에 관해 10년 동안 진행되어온 논의는 그 개념을 더 명확하게 만든 것이 아니라 더 모호하게 만들어 버렸다. 문제는 조합주의가 무엇을 설명하는가에 대한 불확실싱이다. 조합주의는 이익을 대표하는 바를 설명하는 것인가, 아니면 국민들이 정치에 참여하는 것을 설명하는 것인가? 또 경제체제가 기능하는 것을 설명하는 것인가, 아니면 정책이 만들어지는 과정을 설명하는 것인가? 갈등을 관리하는 것을 설명하는 것인가, 아니면 노동자와 자본가사이의 관계를 설명하는 것인가? 이 점에 관하여 조합주의를 연구한 학자들은 서로 다르게 설명하며, 같은 저자도 시기에 따라서는 조합주의를 다른 형태로 개념화하는 경우가 있다. 이러한 문제에 대해서 렘브르크가 제시한 해결책은 이 모든 것을 받아들여 조합주의를 다양한 성격을 포괄하는 개념으로 정의하자는 것이다.[18] 그는 이처럼 여러 가지 뜻으로 개념을 사용하는 것은, 특이한 방식으로 이론화하기 위한 것도 아니고 개념이 모호하기 때문에 이렇게 하는 것도 아니라고 주장한다. 오히려 다양한 의미를 갖는 것으로 개념화하는 것은 매우 복합적인 현상의 여러 가지 면을 모두 포괄할 수 있게 한다고 주장한다.

이와 같이 다양한 뜻을 갖는 개념 규정이 적절한 것이 되기 위해서는 다양한 의미들이 서로 공존할 수 있는 것이어야 한다. 그러나 이들 다양한 의미들은 서로 공존할 수 없는 것들임이 명백하다. 예를 들어 조합주의를 경제체제의 한 형태로 보는 사람들은 이것이 자본주의 시장경제를 대체하는 것으로 보는 데 비해, 노동자와 기업가들의 관계를 조정하는 형태로 보는 사람들은 이러한 형태가 자본주의 경제체제 안에서 이루어지는 것으로 본다. 만일 조합주의가, 제대로 기능을 못하고 있는 의회와 정당을 대체하여 이익을 대표하는 형태라면, 특정 정당이 정권을 잡아 구성한 정부와 공존하면서 조합주의적 정책결정을 한다고 보는 것은 적절하지 않다. 또한 "의회제도나 정당제도에 크게 의존하는 조합주의적 소득정책이라는 것은 성립할 수가 없다."[19] 조합주의를 다양한 의미를 갖는 것으로 규정할 때, 이것은 자유방임적 자본주의, 이익집단에 근거하는 다원주의, 정당에 근거한 정권, 계급갈등, 지역적인 분권화 등과 같은 조합주의의 수많은 부분적 또는 총체적 대안들의 문제에 직면하게 된다. 조합주의의 대안이며 또 조합주의와는 본질적으로 구별되고 연관도 없는 이러한 개념들은 다양한 의미로 사용되고 있기 때문에, 조합주의가 이 모든 것들을 대체할 수 없다는 점은 명백하다.

만일 이러한 문제들을 제쳐놓고 신조합주의에 관한 다양한 개념 정의들이 공존할 수 있다고 가정한다면, 다양한 의미를 갖는 개념으로서의 신조합주의는 정치에 관한 중범위이론으로부터 일반이론의 차원으로 전환되는 것이다. 이처럼 중범위이론으로부터 일반이론으로 전환하게 되면, 일반이론을 추구하는 데서 생길 수 있는 동어반복적인 개념 규정, 애매모호한 일반화, 이론과 실증적 자료의 차원이 너무 차이나서 검증이나 증명을 불가능하게 하는 등의 모든 문제들이 야기된다. 신조합주의가 중범위이론적인 성격을 가지고 있기 때문에 인기가 있었고, 또 관련이 있는 현상들을 설명하는 데 많이 사용되어 왔다. 만일 렘브르크가 제안하듯이 모든 것들을 신조합주의라는 이름하에 다 포함시킨다면, 이것은 더 이상 중범위이론이 아니라 거시이론이 될 것이며 그러면서도 체계이론이나 구조기능주의 등 일찍이 유행하였던 일반이론들이 가지고 있던 연합성과 간결성은 결여한 이론이 될 것이다.

신조합주의를 모든 종류의 정치현상을 포함하는 것으로 생각하는 의욕적이지만 잘못된 확대해석을 축소하여, 신조합주의는 이익을 대표하는 하나의 형태라고 설명하는 중범위이론의 하나로 보는 것이 가장 좋을 것이다. 이러한 견해는 조합주의를 보는 가장 보편화된 개념 정의이며, 쉬미터를 포함한 여러 학자들의 노력 덕분에 신조합주의이론에 관해 가장 잘 개발된 접근법이다. 신조합주의를 이렇게 좁은 의미로 보는 경우에도 몇 가지 중요한 개념상의 문제가 제기된다. 그 중에서 가장 중요한 것은 이익집단에 관한 전통적 이론인 다원주의와 조합주의의 관계가 불명확한 점이다. 쉬미터는 신조합주의를 다원주의의 대안으로 보았다. 이익을 대표하는 것에 관한 이론인 이 두 가지 이론은 몇 가지 기본적인 가정면에서 공통점을 가지고 있지만, 조합주의와 다원주의는 명확히 구분되는 이익대표에 관한 이론이다. 실제로 쉬미터는 조합주의와 다원주의를 이원적인 것으로 보고 개념 규정을 하였다. 렘브르크 또한 이들 두 가지 유형이 상호 대칭적인 위치에 있는 것으로 보는 견해를 가지고 있다. 그러나 다른 사람들은 조합주의를 다원주의의 다양한 유형 중의 하나로 보았다. 쉬미터는 조합주의가 1930년대와 1940년대에 파시스트 정권과 연관되었다는 이유 때문에 조합주의라는 용어에 대하여 이데올로기적으로 이를 거부하는 경향이 있으며, 이에 따라 스칸디나비아 지역의 정치학자들은 자기 나라에서 나타나는 조합주의적 특성을 설명할 때 이것을 다원주의의 한 가지 변형으로 묘사하였다고 지적하였다. 일부 학자들은 조합주의라는 용어를 사용하는 것을 공개적으로 반대하지는 않지만, 그럼에도 불구하고 이들은 조합주의를 "교과서에 나오는, 다원주의적 사회에서 나타나는 한 가지 형태"라고 해석한다.[20]

신조합주의 이론에서 주장하는 것 중에서 가장 중요한 것은, 현대의 산업화된 민주국가에서 이익을 대표하는 형태가 다원주의적 형태로부터 조합주의적 형태로 전환하는 경향이 있다는 점이다. 따라서 조합주의와 다원주의 사이의 관계는 매우 중요하다. 만일 조합주의가 단순히 이익을 대표하는 다원주의적 형태의 한 가지 변형에 불과한 것이라고 본다면 이러한 견해는 조합주의가 가지고 있는 중요성의 많은 부분을 잃게 된다. 신조합주의 이론가들은 현실 세계를 연구하는 데 있어 조합주의와 다원주의를 서로 대칭되는 두 개의 개념으로 규정하는 데서 탈피하였으며, 이 두 가지 개념은 현실 세계에서는 순수한 형태로는 발견될 수 없는 이념형이라는 점을 받아들인다. 따라서 이 두 가지는 이익을 대표하는 형태에서 서로 대칭되는 위치에 놓여 있는 것이 아니라, 한 국가 안에서 바로 옆에 붙어 공존하고 있는 형태인 것이다. 즉 한 나라 안에서 어떤 집단들은 조합주의적 방법을 사용하고 있고, 다른 집단들은 다원주의적 방법을 사용하여 자기들의 이익을 대표하려 한다. 예를 들어 노동조합이나 기업가단체 같은 집단들은 조합주의적 접근법을 사용할 가능성이 크며, 다른 집단, 특히 비생산부문 집단들은 계속해서 다원주의적 방법을 사용할 것이다. 똑같은 집단들도 어떤 때는 조합주의적 방법을 사용하다가 때와 장소가 바뀌면 그때는 다원주의적 방법을 사용할 수도 있는 것이다. 또한 조합주의적인 이익대표방식은 소득정책이나 경제계획 같은 쟁점과 관련될 때에 흔히 사용되며, 이에 비해 다원주의적 방법은 다른 성격의 정책이나 쟁점영역에서 사용될 수 있다. 현실 세계에 존재하는 이러한 혼합된 형태를 감안하여, 이론가들은 조합주의와 다원주의는 같은 선 위에 존재하는 이념형이며 실제 현상은 이들 두 가지의 중간 어디에서 나타난다고 본다. 따라서 조합주의는 어떤 것이 일어나는 상황이나 이것을 일어나게 하는 조건이 아니라 "발전의 한 축(軸)"인 것이다.[21] 조합주의와 다원주의는 가설적인 이념형들이기 때문에 경험적인 연구를 통하여 이것이 "안맞는 것으로 입증"할 수 있는 것이 아니다. 몇몇 경우에 조합주의적 형태가 복합적으로 나타나는 것을 경험적으로 찾아냈다고 해서 그것이 우리에게 큰 도움이 되는 것은 아니다. 왜냐하면 대부분의 이론들은 하나의 연속선상에서 어디까지가 한 이론이 적용되는 한계점인가를 확실히 말해 주지 않기 때문이다. 또 조합주의나 다원주의가 되기 위한 최소한의 요건이 무엇인가를 지칭해 주지도 않기 때문이다. 최근에 쉬미터가 자신의 논문에서 강력하게 주장한 것, 즉 조합주의로 나아가는 경향은 되돌릴 수 없는 것이라는 확신은 그러한 진화의 과정에서 다원주의가 끝나고 조합주의가 시작되는 시점이 어디인가를 찾으려는 노력을 그만두게 만들었다. 신조합주의 이론가들은 궁극적으로는 조합주의가 이익을 대표하는 주도적 형태가 될 것이라는 확신을 가지고 있지만, 현재 조합주의적인 경향에 저항하는 집단들이나 조합주의적 경향에 적용되지 않는 쟁점들은 이들이 주장하는 이론의 어디에 위치하는가라는 의문에 관해서는 별로 언급하지 못하고 있다. 또한 궁극적으로는 조합주의가 될 것이라는 주장의 이론적 기반이 무엇인가에 관해서도 별로 언급하지 못하고 있다. "조합주의적 조직들에 관한 몇 개의 사례나 조합주의적 정책수립이 몇 가지 사례에서 나타났다고 해서 전체 정치체계가 조합주의체계라고 말할 수 없을 뿐만 아니라 그 이익대표체계가 조합주의라고 말할 수도 없다"[22]는 점에는 모든 사람이 동감할 것이다. 그렇다면 정확하게 언제 조합주의라는 개념을 적용할 수 있는가? 조합주의 이론에서는 이 중요한 질문에 관한 명확한 답이 전혀 없다.

조합주의적인 경향이 진행되고 있다는 점에 모든 학자들이 동의하는 것은 아니다. 파니치와 세이블은 조합주의적 구조들이 불안정하다는 점을 강조하며, 또 조합주의적인 제약 속에서 노동자들과 그들의 대표자들이 어려움에 직면하게 되어 조합주의적 구조가 깨어지기 쉽다는 점도 강조한다. 노동자들의 호전성은 불가피하게 재발할 것이며 조합주의가 기반을 두고 있는 합의를 파괴할 것이다. 노동조합의 지도자들은 조합주의적 구조로부터 철수하거나, 또는 노조지도자들에게 불만을 품은 사람들에 의해 대체될 가능성이 있다. 다른 사람들은, 기업가 집단도 조합주의적 기구로부터 탈퇴할 수 있음을 지적한다. 벤자민은 조합주의를 후기산업사회에서 과도기적으로 나타나는 형태에 불과한 것으로 본다. 후기산업사회에서는 시민들이 자신들의 정치참여 권리를 더 이상 집단에게 위임하지 않는다.[23] 그러나 조합주의로의 속도가 감소되거나 일시적으로 후퇴하는 경향이 나타날지 모르지만, 이러한 장애물들이 "조합주의적 경향을 말소"시킬 수는 없다고 보는 사람들도 있다.[24] 이러한 여러 가지의 도전에도 불구하고 대부분의 조합주의의 이론가들은 조합주의적 경향의 강력한 힘을 옹호한다. 이들은 신조합주의는 우리들과 함께 존재하며 앞으로도 계속 존속할 것이라고 본다.[25]

이론적인 면에서 또 하나 문제가 되는 것은, 조합주의 이론에서 국가가 차지하는 위치이다. 조합주의의 개념 규정에 의하면, 조합주의적 이익대표 형태에서는 집단이 지도자를 선출하거나 이익을 표출하는 데 있어 국가의 통제를 받아들이는 대가로 국가는 이익집단에게 자신들을 대표할 독점적 권리를 인정해 준다. 다원주의 이론에서 국가를 무시하는 것과 비교할 때 (특히, 극단적인 집단이론에서 그렇지만) 국가를 중요한 당사자로 명백히 수용하는 것은 조합주의 이론의 장점으로 인식된다. 그러나 이처럼 국가의 개입이라는 것을 받아들이기는 하면서도, 서구의 국가들이 집단들의 독점권을 어떤 식으로 인정해 주고 있고 또 국가가 집단으로부터 어떤 양보를 얻어내고 있는가를 연구한 조합주의 이론가들은 별로 없다. 실제로 조합주의 이론가들 사이에는 반국가적인 성향이 있는데, 이들은 조합주의를 "국가가 해야 할 바를 회피하려고 고안해 낸 것"[26]이라고 본다. 신조합주의 이론은 "국가와 집단 사이의 중개"라는 점을 주장하면서도 집단들에게만 관심을 집중시키고 국가는 무시하는 경향이 있다.

신조합주의에 대한 맑스주의자들의 비판을 보면, 이들은 조합주의적 상황에서 국가가 노동조합에 대해 갖는 강제력과 관련해 국가의 역할을 무시한다.[27] 보다 더 중요한 점은, 신조합주의에 관련된 문헌들이 국가의 성격과 국가의 실제 행동들에 관해 알맹이 없는 얘기만 하고 있다는 점이다. 신조합주의에 관한 대부분의 논의에서 해답이 주어지지 않은 근본적 의문 중의 하나는 국가란 도대체 무엇인가라는 것이다. 국가는 의회와 이것을 기반으로 하여 구성된 정부를 의미하는 것인가, 아니면 선출된 공직 관리들인가? 또는 관료들을 말하는가, 아니면 이들이 상호연관된 복합체를 말하는가? 알프레드 다이어먼트는 조합주의 연구가들이 이익중개와 정책수립에서 국가관료들의 역할에 관심을 가져야 함에도 불구하고 이를 소홀히 했다고 주장했는데, 그것은 설득력이 있는 주장이다.[28] 관료들은 어떤 주어진 시점에서 권력을 장악한 사람들이 원하는 것을 충실히 수행한다고 간주된다. 그러나 관료에 관한 실증적 연구들은, 관료를 이처럼 수동적인 기구로 보는 견해가 불완전한 것이거나 완전히 잘못된 것이라는 점을 밝히고 있다. 이에 더하여 신조합주의에 관한 이론들은 국가가 가지고 있는 다른 면도 간과하고 있다. 의회 및 정권을 한 편으로 하고 조합주의적 구조들을 다른 한 편으로 하는 양자간의 관계를 탐구한 연구는 별로 없다. 렘브르크는 정당을 중심으로 구성된 정권과 조합주의적 기구들 사이의 공생적인 관계를 파악하였으나, 이것을 실제로 연구하지는 않았다. 비어는, 경제의 관리와 관련된 쟁점들은, 자신이 집합주의적 정치(collectivist politics)라고 명명하였던 신조합주의가 나오기 전의 이론에 적절한 것이며, 사회적 혜택의 제공과 같은 쟁점들은 정당정치에서 더 잘 해결되어 왔다고 지적했다. 다른 학자들은 정부와 의회는 포괄적인 방향에 관하여 결정하고 세부적이고 기술적인 문제들은 이익집단과 정부의 협조에 의해 결정된다고 지적하였다. 신조합주의 이론가들은 이러한 구별을 받아들이지 않고 있으며, 현재는 그렇지 않다 하더라도 결국은 모든 정책들이 조합주의적 기구에 의해서 결정될 것이라는 가정을 바탕에 깔고 있다.

조합주의는 본질적으로 국가의 능력을 낮게 평가하며 특히 국민들에 의해 선출된 정치지도자들이 자율성을 가지고 행동할 것이라는 점을 인정하지 않는다. 그러나 조합주의적 기구들을 구성하거나 또는 이 기구들을 해산하는 것은 국민에 의해 선출된 정치지도자들이다. 또한 어떤 문제에 관해 조합주의적 기구들이 결정한 사항이 선출된 지도자들의 견해와 일치하지 않을 때는 이들은 그러한 결정을 묵살할 수 있으며, 또 그렇게 하고 있다. 능력이 뛰어난 정치지도자들은 자신들의 행동의 재량권을 극대화하기 위하여 조합주의적 기구에 포함된 다양한 집단에서 나타나는 상이한 견해들이 균형을 이루게 만드는 일도 한다. 조합주의 이론은 국가를 하나의 행위자로 인정은 하면서도, 실제로 국가가 활동하는 것보다도 훨씬 덜 중요한 것으로 간주하고 있다.[29)]

신조합주의 이론은 지금까지 상당히 발전해 왔지만, 앞으로 이 이론은 이익집단에 관한 중요한 중범위이론을 만들어 내는 것으로 발전해야 한다. 첫째로, 신조합주의는 이익집단 정치에 관한 하나의 이론으로 적용될 정도로 충분히 포괄적인 이론은 아니다. 이 이론은 비생산부문 이익집단들을 고려 대상에서 완전히 제외하여 이들이 정치에 영향을 미치려는 노력에 대해서는 관심을 갖지 않는다. 이 이론은 경제계획이나 임금정책과 같은 특정한 종류의 정책에 관해서만 관심을 집중하며, 똑같은 정도로 중요한 다른 정책들은 제외하고 있다. 둘째로, 좋은 중범위이론은 이론에 포함된 중요한 변수들 사이에 이루어지는 상호작용을 다룬다. 신조합주의에 관한 저술들이 이론 정립이라는 면에서 지금까지 해온 것은 핵심개념들을 정의하는 데 치중하여 왔고 이러한 개념들 사이의 관계를 설명하는 데는 별 관심을 두지 않았다. 신조합주의 이론에 관한 다양한 연구에서 우리는 많은 가설과 명제들을 접하게 되지만 이것들은 상호 연관되어 있지 않고 또 체계적으로 연결되어 제시되지 않고 있다. 이들 명제들은 각각 따로 떨어져 있으며, 때로는 명제들이 서로 간에 반대되는 것들도 있다. 또한 이들 명제들은 깊이 생각한 후에 조심스럽고 치밀하게 만들어진 가설들이라기보다는 무심결에 대충 제시해 놓은 성격의 것들이 많다. 마지막으로, 훌륭한 중범위이론이 되기 위해서는 설명력뿐만 아니라 예측적 잠재력도 가지고 있어야 한다. 대부분의 신조합주의 이론들은 이 두 가지 어느 것에도 미달되어 있고, 이익집단들의 이익대표라는 문제와 관련하여 여러 가지 이데올로기적이고 규범적인 견해를 반영하는 수준에 머물러 있다.

## 2. 실증적 연구

신조합주의에 관한 초기 저술들의 상당수는 용어와 개념을 정의하는 데 집중하였다. 지금은 신조합주의 이론들을 서구 국가에 적용하여 체계적으로 자료를 수집하거나 실질적인 연구를 하는 경우가 일부 나타나고 있고, 또 이러한 경향이 점차 증가하는 양상을 보인다. 렘브르크가 인정한 바와 같이 우리가 "깜깜한 골목길을 헤매고 있는 것인지, 아니면 제대로 된 생산적인 새로운 이론을 다루고 있는 것"인지는 체계적이고 경험적인 연구가 진행되고 또 누적될 때에야 판명이 날 것이다. 필자가 신조합주의에 관한 저서들을 조사한 바에 의하면 일부 학자들은 이론정립의 차원으로부터 이론을 적용하는 경험적 연구로 전환하였으며, 산업화된 민주국가들에서 나타나는 이익집단과 정부 사이의 상호관계에서 전개되는 형태를 이해하는 데 큰 공헌을 하였다.

### 1) 서구에서의 조합주의의 근원

유럽의 역사를 조사한 학자들은 유럽에서 조합주의가 등장할 여건이 잘 갖추어져 있었음을 발견하였다. 중세에 존재하였던 조합주의적인 형태들과 중상주의는 현대 조합주의에 선례를 제공하였으며, 어떤 경우에는 현대 조합주의의 구조와 조합주의 기구들이 중세의 것에서 유래하고 있음을 알 수 있다.[30) 19세기에 대두되었던 정치사상들 또한 조합주의의 수용에 호의적인 환경을 만들었다. 유럽 정치사상가들의 많은 수가 과도한 개인주의에 부정적인 반응을 나타내었고, 유기체적 사회이론을 지지하였다. 이들 사상가들은, 모든 집단은 사회의 일부분으로서 수행해야 할 역할을 가지고 있으며, 사회의 구성원들은 경쟁보다는 협력을 통해서 보다 많은 것을 얻을 수 있다는 자연주의적 사회조화이론이 주장하는 전통적 가치관에 향수를 느끼는 사람들이었다.

조합주의에 호의적인 전통과 사상들이 존재하는 상황이 있었다는 점에는 공감하면서도, 대부분의 학자들은 신조합주의가 특정한 정치문화에서만 나타나는 것은 아니라고 주장한다. 쉬미터는 유럽의 유산에는 조합주의적인 사상이 풍부하다는 점을 수용하면서도 "조합주의가 서구의 정치문화 때문에 나타난다고 하기는 어렵다"고 지적한다.[31) 그 대신에 현대 신조합주의의 직접적인 원인은 현대의 산업화된 민주국가들이 경제의 운용에 개입하는 점에서 찾을 수 있다. 경제정책들이 현실세계와 조화되고 또 성공적으로 집행되기 위해서는 정부와 기업과 노동조합의 상호협조가 필수적이다. 조합주의가 성장한 연원을 찾아 들어가 보면, 조합주의는 국가 및 기업집단과 노동조합 사이에 경제정책에 관한 합의를 도출할 필요에 근거한 것임을 알게 된다.

일부에서는 국가가 자본주의의 보증인으로 기능하는 것을 허용하기 위한 수단의 하나로서 신조합주의가 발전되어 왔다고 주장한다. 맑스주의적 견해를 가진 사람들은 신조합주의는 자본가들을 노동조합이나 더 나아가서는 국가로부터 보호함으로써 선진자본주의를 수호하려는 것으로 본다. 이들은 신조합주의가 자본주의의 경제조직과 국가를 불경기나 걷잡을 수 없는 인플레로부터 보호하는 역할을 한다고 본다. 또 다른 사람들은 유럽의 신조합주의가 정부의 부담을 덜어주는 역할을 한다는 점을 강조한다. 왜냐하면 조합주의 하에서는, 정부가 경제적 혜택이나 복지면에서의 혜택을 요구하는 집단들을 만족시켜줄 수 있는 능력이 증진된다는 것이다.

유럽에서는 조합주의가 생길 수 있는 풍토가 조성되어 있었고, 또 조합주의가 확장된 데에는 경제적인 요청이 있었다는 점에 관해서는 폭넓은 합의가 이루어져 있지만, 조합주의적 구조를 받아들이도록 유도한 구체적인 조건들에 관해서는 다양한 의견들이 있다. 일부에서는 노동계급이 가장 잘 조직화된 여건에서 조합주의가 가장 진전되었다고 본다.[32] 잘 조직화된 중앙조직을 가지고 있는 노동운동은 기업가 집단에 대한 협상력을 증진시키기 위하여 자신들을 조직화하고 통합하게 되었고, 또 다른 한편으로는 노동운동지도자들과 기업 엘리트들의 협상 결과를 추종자들이 수용하도록 요구하는 것을 용이하게 만들었다.

다른 사람들은 정당체계의 특성이 조합주의적 구조가 진전해 나가는 데 핵심적이었다고 본다. 많은 사람들은 사회민주당의 집권이 현대 서구에서 조합주의가 등장하는 데 필수적인 조건이었다고 주장한다. 노동자들에게 호의적인 정당의 집권은 노동운동가들이 조합주의적 구조 속으로 들어오는 것을 촉진시켰다. 오래된 주도적 정당이 존재하는가 안하는가, 그리고 정당의 수가 몇 개나 되는가 등과 같은 정당체계의 성격이 조합주의의 등장과 연관되어 있다고 주장하는 사람들도 있다.[33] 따라서 유럽의 신조합주의는 다당제 하에서 다수당연립정부를 구성하는 데 겪는 어려움에 대처하기 위한 하나의 방안이라는 것이다.

보다 더 넓게 해석하는 견해는, 신조합주의가 생성되는 조건은 정권의 전체적 성격과 연관되어 있다고 본다. 조합주의는 고도로 중앙집권화된 정치체계에서 등장하는 가능성이 높은데, 이러한 상황 하에서는 위계질서가 확연한 이익집단의 등장이 허용되며, 또 전체 체제에 관해 합의한 것들을 엘리트가 강제적으로 실시하는 것을 보장한다. 콕카(Kocka)는, 2차 세계대전 이전에 독일에서 조합주의적 형태들이 등장한 사실을 독일이 1914년부터 1923년까지 후진적 상태에 있었던 것과 연관시킨다. 독일에서는 관료주의적인 형태와 봉건적인 형태가 광범위하게 남아 있었기 때문에 유럽의 다른 어떤 나라보다 빨리 신조합주의적 구조가 등장할 수 있었다는 것이다. 버거 또한 정권의 전체적 성격을 핵심적 요인으로 보면서 프랑스에서 의회중심제로부터 대통령중심제로 전환한 것이 신조합주의에 기여한 것으로 본다.

신조합주의가 발전하는 데는 이러한 체계수준의 여건이 중요한 것이긴 하지만, 신조합주의가 등장하는 데 직접적인 영향을 미친 것은 특정한 정책이 만들어지는 과정이었다. 소득정책이 가장 대표적인 분야인데, 왜냐하면 이 정책의 수립과 집행은 이에 영향을 받는 기업과 노동조합의 자발적인 협조에 크게 달려 있기 때문이다. 정부가 임금과 물가를 성공적으로 통제하기 위해서는 노동자와 기업가를 대표하는 독점적 집단들의 협조를 얻지 않으면 안 된다. 실제로 특정 국가에서 신조합주의적 형태가 발전하는 데 있어 핵심적 단계는 임금정책을 채택하는 단계라고 주장하는 사람들도 있다.[34] 프랑스에서의 농업관계법 채택과 같은 다른 정책의 수립도 특정 집단들이 정부의 정책결정 과정에 융합되도록 만들었다.

서구에서 신조합주의적 구조가 생성된 원인과 이를 야기시킨 조건들을 밝히려는 노력은, 현대의 산업화된 경제를 정부가 관리해 나가는 것이 신조합주의의 생성에 유리한 분위기를 만들었다는 점에 대한 일반적 합의 이상의 것을 도출하기 위해 계속되고 있다. 특정 국가를 대상으로 하나의 쟁점이나 한 집단을 다룬 사례연구에 기반을 두고 만들어진 가설들이 많이 있다. 그런데 이러한 가설들을 다른 쟁점이나 다른 국가들에 적용하여 검증해 보려는 노력은 많지 않았다. 어떤 가설들이 특정 주제나 특정 국가에게만 배타적으로 적용되는 독특한 것이고, 또 어떤 가설들이 보다 더 일반화될 수 있는 것인가를 정확하게 얘기할 수는 없다. 심지어 광범위하게 수용되고 있는 명제들도 때때로 도전을 받는다. 예를 들면, 노동조합에 참여하는 비율이 높은 것이 신조합주의의 생성에 필수적인 조건이라는 일반적인 생각은, 노동운동이 없으면서도 조합주의는 있는 것으로 주장되는 일본 같은 나라에는 맞지가 않는 것이다.[35]

### 2) 조합주의가 이익집단들에 미치는 영향

신조합주의에 관해 연구한 사람들은 노동조합에 큰 관심을 두었다. 농민조합과 기업가 집단은 이보다 훨씬 드물게 연구대상이 되었으며,[36] 소비자 집단, 여성 집단, 환경론자 집단, 교육 집단, 청소년 조직, 재향군인회, 그 외에 특정한 주제나 쟁점을 표방하는 집단 등 비생산자 집단들은 신조합주의를 연구하는 사람들로부터 완전히 무시되었다. 신조합주의 연구자들이 노동조합에 크게 관심을 가진 것은, 전통적으로 학자들이 노동운동에 관심을 가졌기 때문이기도 하지만, 또 다른 이유는 조합주의적 구조 하에서는 기업가 집단이나 국가에 비교하여 노동조합들이 훨씬 더 불이익을 당하는 위치에 있는 것처럼 보였기 때문이다. 이에 따라 학자들은, 그렇다면 노동조합이 왜 조합주의적 구조에 참여하는가에 흥미를 가졌던 것이다.

노동조합이 조합주의적 구조에 참여하는 것에 관해서는 다양한 설명이 있다. 노동자들에게 동정심을 갖는 사회민주당 정권을 지원하려는 정치적 동기에서 노동조합이 참여한다는 견해가 흔하다. 노조 구성원들의 견해가 정책수립 과정에서 고려될 것이라는 생각에서 조합주의 구조에 참여하기를 결정하는 노조지도자들도 있을 수 있다. 또 다른 경우에는 공공자원을 집단이 나누어 가질 것이기 때문에 자신들의 몫을 찾으려는 생각에서 참여하는 노동조합들도 있다. 조합주의적인 단체들을 통해 사회보장 면에서 이득을 얻고 또 이익을 보호하려는 생각에서 노동조합이 참여한다는 견해도 폭넓게 받아들여지고 있다. 조합주의에 참여함으로써 조직들이 얻는 이익도 많이 있다. 독일의 노동조합을 면밀히 조사한 스트리크는 조합원의 숫적 증가, 조합 예산의 증가, 잘 훈련되어 보다 전문성을 갖춘 간부들, 그리고 중앙집중화된 위계질서 등의 요소가 조합의 힘을 결정하며, 그러한 조합의 힘이 조합주의의 확장과 연관되어 있음을 밝혔다.[37] 노동조합은 개인 기업들이 정부에 정치적으로 의지하는

경향의 증대가 개인 기업들이 노동현장에서 획득한 영향력을 보호하기 위한 것이라는 사실을 알고 있으며, 이러한 상황에서는 노동조합도 똑같이 정치적 영역에 들어가 자기들의 이익을 보호해야 한다고 생각한다. 이에 따라 공

산당이 통제하는 이탈리아의 노조들까지도 조합주의적 구조에 참여하는 것에 동의하였다.[38] 킬러는 프랑스의 가장 중요한 농민조합이 조합주의 구조에 참여할 것을 수용한 이유 중의 하나는 그렇게 하는 것이 경쟁 상태에 있는 농민집단을 소외시키고 또 약화시키는 수단이 되기 때문이었다고 주장한다.[39] 다른 사람들은 노동조합이 조합주의에 참여하는 것이 결과적으로 이익집단의 내부적 힘을 증가시킨다는 견해에 덜 낙관적이다. 예를 들어, 세이블은 노동조합이 조합주의적 구조에 참여함에 따라 일반 조합원들의 비판에 더 공격받기 쉽게 되었다고 주장한다.[40]

서구 자본주의를 비판하는 사람들은 조합주의가 노동계급에 대한 착취를 촉진할 것이라고 생각한다. 국가는 조합주의적 구조를 이용하여 일반 노동자들의 행동을 억압할 것이며 노조 지도자들에 대한 노조원들의 반발을 완화시키는 장치로 사용할 것이라는 주장이다. 그러나 쉬미터는, 강력한 조합주의 국가의 노동계급이 조합주의가 제대로 발달하지 않은 국가의 노동계급보다 더 착취당할 것이라는 주장은 아무런 근거가 없음을 지적하고 있다.[41] 실제로 신조합주의 국가들에서 높은 수준의 고용이 지속되고 있고 복지 혜택이 보장되고 있는 점을 볼 때, 노동자들은 유럽의 신조합주의 하에서 이득을 보고 있는 것으로 보인다.

### 3) 서구 민주국가의 통치능력에 신조합주의가 미친 결과

신조합주의가 확대된 이유 중의 하나는, 산업화된 선진 민주국가에서 통치능력에 문제가 생겨 정부가 이에 대처하기 위해 취하는 조치 때문이라는 주장이 있음을 앞에서 언급한 바 있다. 신조합주의 이론은, 정당체계의 역할이 쇠퇴하거나 또는 입법부와 행정부가 교착상태에 빠짐으로써 정부의 통치능력에 문제가 발생했다는 주장을 높이 평가하지 않으며, 그 대신에 이익집단과 정부의 상호관계에 문제가 있다고 주장한다. 예를 들면, 쉬미터는 정치안정을 결정짓는 데 있어 중요한 것은, 국가가 직면하고 있는 사회적 문제들의 강도보다 이익중개의 성격이라고 본다. 그는 "사회적 조합주의 양식(societal corporatist mode)에 의한 이익중개와 정부의 통치능력 정도 사이에는 강한 정비례 관계가 있음을"[42] 찾아내었다. 특히 사회적 조합주의가 계급에 기반을 둔 정당체계와 결합되는 곳에서는 시민들에 의한 통치, 정부의 안정, 그리고 재정 면에서의 효율성 등과 밀접하게 연관되어 있다.

서구에서 신조합주의의 실행이 정권의 안정 및 통치능력의 강화에 효과가 있다는 점을 밝히려 한 학자들은 여러 명이 있다. 이들은 조합주의의 정도를 독립변수로 사용하면서 산업화된 민주국가의 정부에 대해 과부하나 어려움을 야기하는 일련의 문제들을 조사하였다. 이러한 조사결과의 대부분은 신조합주의적 특성을 가진 유럽국가들은, 높은 수준의 고용을 유지시켜주는 대가로 임금인상폭을 일정한 한도 내에 유지시킴으로써 노동시장을 통제하는 큰 능력을 가지고 있다고 밝혔다.[43] 쉬미터는 몇 가지의 다른 독립변수와 비교할 때 조합주의는 실업률을 결정짓는 요인 중에서 가장 중요한 단일 요인이라는 점을 발견하였다. 보다 포괄적인 면에서, 쉬미터는 신조합주의는 경제에서 나타나는 주기적 파동을 일정한 수준 내로 통제하는 데 기여한다고 보았다. 윌렌스키는 더 나아가, 조합주의가 강한 국가는 조합주의가 약한 국가에 비해 복지나 세금면에서의 반발을 약화시키는 것이 용이하다고 주장하였다.

모든 연구자들이 조합주의의 효과에 관하여 낙관적인 것은 아니다. 맑스주의자들은 조합주의적 처방을 일시적 처방에 불과한 것으로 보며, 궁극적으로는 자본주의를 멸망하게 만들 역사적 세력을 극복할 수 없을 것이라고 주장한다. 맑스주의자들과 일부 다른 사람들은 조합주의적 구조가 원래 불안정한 것이며, 노조지도자들이 협상해 놓은 것은 일반 노동자들의 저항에 의해서 파기될 것이라고 주장한다. 와센버그는 네덜란드의 경험을 예로 들면서, 조합주의는 갈등을 해결한 것이 아니라 그것을 다른 수준으로 대체시킨 것에 불과하다고 지적하였다.[44] 즉 조합주의는 특정 산업이나 특정 지역과 같은 중간 수준에서는 갈등을 완화시키는 데 성공하였지만, 이들 갈등을 전국적인 정치와 같은 대규모 수준이나 개별기업과 같은 소규모 수준으로 옮겨놓은 것에 불과하다는 것이다. 사적 영역과 공적 영역의 대표들로 이루어진 중간 수준에서는 조정이 이루어졌으나, 이것은 기업부문과 노동부문 사이의 갈등을 악화시켰고,

또 집단의 지도자들과 추종자들 사이의 갈등을 악화시켰다고 보았다. 보다 더 포괄적으로 보면, 조합주의를 비판하는 사람들은 이익집단뿐만 아니라 정당이나 의회가 과연 합의를 이루어낼 수 있는 능력이 있는가에 관하여 의심을 품는다. 이익집단은 타협을 해서는 안 된다는 압력을 양측으로부터 받게 된다. 한편으로는 너무 양보하게 되면 자기 조직 내의 과격파들이 반항하고 나설 것이며, 다른 한편으로는 타협의 과정에서 너무 과격하게 나가다가는 자기 조직의 구성원들이 얻게 될 이익조차도 잃게 될 위험이 있기 때문이다. 2차 세계대전 이전의 독일 이익집단을 연구한 펠드만은, 자유주의적 조합주의 또는 사회적 조합주의가 의회민주주의체제를 대체하게 될 경우에는 그 자체가 너무 부담이 될 것이라고 지적했다.[45] 이렇게 자신을 주체할 수 없을 정도로 부담이 될 때에는 자유주의적 또는 사회적 조합주의가 권위주의적 조합주의로 전환해 나가게 된다. 신조합주의가 보다 큰 안정을 가져오는 데 기여할 것이라고 보는 학자들 중에서도 이러한 형태로 이익집단과 정부의 관계가 이루어지는 것은 바람직하지 않다고 보는 사람들이 많다. 이들은 신조합주의를 통해서 이루어진 안정과 통치력의 공고화는 조직 면에서의 동맥경화증, 차별성의 고착화, 불평등의 영속화, 그리고 자유민주질서의 특징인 시민의 참여와 시민의 책임이라는 개인적 규범을 무시한 대가로 얻어진 것으로 간주한다.[46]

4) 신조합주의 이론의 실증적 적용에 관한 비판

1968년에 라팔롬바라는, 거시이론들이 강조하는 과도한 일반화와 작은 문제들에 관한 사실만을 모으는 경향 사이에 점점 큰 격차가 벌어지는 데 대해 불만을 표시한 바 있다. 신조합주의 이론은, 중범위적인 입장을 내걸고 있으면서도 지나치게 추상적으로 되는 약점을 벗어나지 못하고 있다. 이와 마찬가지로 이 이론을 경험적 연구에 적용한 사람들은, 특정한 쟁점이나 특정한 집단과 관련된 좁은 범위의 사례연구에 초점을 맞추었으며, 이러한 사례들도 다른 모든 사례를 대표하는 성격을 갖지 못했다. 신조합주의에 관한 경험적 연구는 아직 적은 편이지만 계속 증가하고 있다. 신조합주의에 관한 이론적 연구는 경험적 연구보다 훨씬 더 앞서 있다. 이론 정립가들은 차후에 경험적으로 검증될 가설들을 제공하기 때문에 이런 경향이 바람직하지 않다고는 말할 수 없다. 이들은 현실과 구체적인 예들을 바탕으로 하여 신조합주의가 생성되었다는 생각을 가지고는 있으면서도, 신조합주의가 실제로 존재하고 있다는 사실을 증명하려는 체계적인 노력은 하지 않았다. 그러나 이론에 관하여 오랫동안 생각할 기간을 가졌기 때문에, 연구자들은 신조합주의가 존재한다는 것은 당연한 것으로 가정하게 되었다. 따라서 이들은 체계 전체에 적용되는 조합주의가 존재한다는 것을 경험적으로 입증할 필요성을 무시하였으며, 그 대신에 앞에서 설명해 놓은 것들이 조합주의가 존재한다는 것에 대한 증거라는 식으로 받아들였다. 그래서 이들이 연구대상으로 삼은 것은 좁은 영역에 해당하는 경험적 연구들이었다. 전체 정치체계의 수준에서 조합주의적 양상이 나타나는 것에 관해 깊이 조사한 연구는 거의 없다. 진실로 신조합주의가 존재하느냐 않느냐를 조심스럽게 구명하기보다, 어떤 이유로 집단들이 조합주의적 구조에 참여하는지에 대해서만 연구하였다. 연구된 주제들은 흥미롭고도 중요한 것들이었다. 왜 노동조합들이 조합주의적 구조에 참여하는가? 조합주의가 조합들에 미친 영향은 무엇인가? 조합주의적 구조는 정부의 통치능력에 어떤 식으로 영향을 미치는가? 이러한 쟁점들이 중요한 것이기는 하지만, 이러한 쟁점들은 조합주의라는 것이 현실세계에 실제로 존재하는 것이냐 아니냐에 대한 의문을 품게 만들며, 또한 만일 조합주의가 "발전의 축"(axis of development)에 불과한 것이라면 특정 국가나 국가들에서 조합주의는 어느 정도나 있는 것이냐 하는 의문이 제기된다.

조합주의를 좁은 범위에, 또 덜 복잡한 면에 집중하여 연구하는 경우에도 다양한 조합주의적 특성들을 어떻게 측정할 것인가의 문제가 제기된다. 일부 학자들은 신조합주의를 검증하는 데 따르는 문제점을 솔직히 시인한다. 해리슨은 "조합주의는 관찰될 수 있고 묘사될 수 있는 구조적 변수이기는 하지만, 대부분의 경우 이를 엄격하게 측정할 수는 없다"[47]고 지적한다. 조합주의에 관한 개념 규정에 혼란이 있기 때문에 현실세계에서 조합주의를 확인하기가 어려운 것은 당연하다. 이익을 대표함에 있어 독점권을 갖는다거나, 정부가 정책수립을 하는 데 집단들이 참여하는 것을 제도적으로 보장한다는 것과 같은 구체적인 현상들에 초점을 맞추어 연구하는 경우에도 이를 측정할 지표를 찾아내어 측정해야 한다는 문제들이 있다. 예를 들어, 기업가 조직에 가입한 구성원들에 관한 믿을 만한 자료가 없을 때에는 노동조합의 구성원들에게 나타나는 특징을 기준으로 하여 기업가 조직 구성원들의 특징을 유추하게 되는데, 이것은 노동자들이 잘 조직화되어 있다면 기업가들도 마찬가지로 잘 조직화되어 있을 것이라는 가정에 기반을 둔 것이다. 그러나 겉으로 드러나는 것만을 가지고 판단하게 되면 잘못된 판단을 내릴 가능성이 많다. 예를 들어 영국에서 노동총연맹(Trades Union Congress)은 거의 모든 노동운동조직을 포괄한 단일 조직이지만, 이것이 노동운동을 대표할 독점적 권리를 가지고 있지는 않다. 내부적으로 보면 이들의 결속력은 매우 약하며 그 안에서의 경쟁이 매우 심하기 때문에 실제로는 하나로 통합된 조직이라고 할 수 없는 점이 있다. 이에 비하여, 덴마크의 노동조합운동은 여러 개의 독립된 조직들로 분산되어 있지만, 실제로 활동하는 면에서는 단결되어 있고 서로 간에 경쟁을 하지 않는 특징을 가지고 있다.[48] 따라서 내용적인 면에서 평가하는 것이 매우 중요하다. 또한 "조합 내부의 특징을 측정하는 것뿐만 아니라, 조합들이 정부에 참여하는 수준에 따라 국가들 간에 나타나는 정도의 차이를 구별하는 것"조차도 어려운 일이다. 따라서 측정을 하는 데 있어 조합들이 정부에 참여하는 수준이 "높은" 국가와 "낮은" 국가라는 식으로 이원화하는 손쉬운 방법이 주로 사용되어 왔지만, 이 수준에서나마 제대로 측정한 자료가 구비되어 있지 않다.[49] 이에 따라 신조합주의의 평가는 결국 주관적이고 또 논란의 소지가 많은 결론을 내리게 된다. 이와 관련해서 한 연구자는 스위스가 고도로 조합주의적인 나라[50]라고 얘기하는가 하면, 다른 학자는 "스위스는 조합주의국가의 좋은 예가 아니다"[51]라고 주장한다. 어떤 사람은 영국이 조합주의적이라고 얘기하거나 또는 대처 수상 이전에는 조합주의적이었다고 주장하는가 하면[52], 다른 사람들은 영국은 조합주의적 성격이 약한 나라라고 본다.[53]

자료수집에 따른 문제와 연구자들의 개인적 관심 때문에 신조합주의에 관한 연구는 몇 안 되는 집단이나 쟁점을 중심으로 하여 이루어지는 결과를 빚었다.

서구 국가들의 노동조합이 왜 조합주의 구조에 참여하였고, 조합주의 구조 속에서 이들의 조직과 결속력은 어떤 영향을 받았는가를 설명하는 연구들은 많이 있다. 다른 유형의 이익집단은 경험적 연구에서 별로 관심의 대상이 되지 못했다. 특히 비생산부문집단들은 거의 완전히 무시되었다. 이와 유사한 경향은 신조합주의가 연구한 주제들에서도 나타난다. 앞에서 지적한 바와 같이 소득정책은 신조합주의에서 가장 많이 연구된 "핵심적" 주제이다. 신조합주의 연구에서 이보다 보다 뒤진 연구주제들로는 산업정책, 경제계획, 사회복지정책 등을 들 수 있다. 또한 정부가 하는 일들 중에서 중요한 영역들인데도 신조합주의 연구가들이 관심을 갖지 않은 것으로는 에너지정책, 안보 및 외교정책, 법의 집행 문제, 인권, 교육 및 문화정책, 교통, 공공업무, 분권화 및 지방화, 보건정책 등을 들 수 있다. 신조합주의 이론가들이 특정한 주제나 집단에만 집중적인 관심을 가지고 연구하는 것에 대해, 이것들이 이익집단 정치가 포괄하는 모든 것을 대표하는 것이었다라거나 이들이 다룬 것들이 다루지 않은 것들보다 더 중요한 것이었다는 변명은 성립될 수 없다. 신조합주의는 소득정책과 경제계획에서 시작하여 다른 쟁점들로 확대되어 나갈 것이며, 또 생산자집단으로부터 시작하여 다른 집단으로 확장되어 나갈 것이라고 가정하는 사람들이 있다. 그러나 그러한 확산이 어떻게 이루어질 것이라는 설명은 거의 없었고, 또 이러한 확산효과에 관한 명제를 경험적으로 증명한 바도 없다.

신기한 것은, 신조합주의 이론에 관한 많은 연구가 공식적인 정치기구들을 미리 고려하고 있는 점이다. 조합주의는, 특정한 형태의 정부기구들이 만들어져 있고 또 잘 운용되는 나라들에서 발견된다. 이러한 기구의 예로는 3자 협의회 또는 위원회(tripartite commitees or boards), 화합적 행위기구(concerted action bodies), 경제 및 사회협의회, 그리고 정부가 규제하는 조직단체 등이다. 이러한 기구들이 실제로 어떻게 활동하는가를 연구하려는 노력은 별로 없었고, 또 이러한 기구들의 상당수는 서류상으로만 존재했지 실제로는 활동하지 않았다. 또한 이러한 기구들의 활동이 정치적으로 어떤 영향을 미쳤는가를 평가하려는 노력은 더욱 없었다. 예를 들면 네덜란드의 사회·경제협의회는 네덜란드의 조합주의적 경향을 나타내주는 하나의 중요한 지표로서 자주 인용된다. 그러나 이 협의회가 실제로 어떤 영향력을 행사하는가를 심층적으로 연구한 결과에 의하면 2차세계대전 직후에는 이 협의회가 활발한 활동을 하였지만 근년에 들어서는 이 협의회의 권위와 세력은 크게 감소되었다.[54] 이와 비슷하게, 프랑스의 이익집단을 연구하는 사람들의 대부분은 2차 세계대전 이후에 만들어진 수천 개의 위원회나 협의회에 이익집단의 대표와 정부의 관리들이 함께 회동한다는 것을 언급한다. 그러나 이들 기구 가운데 상당수는 가끔 한 번 씩 만나거나 또는 전혀 만나지 않으며, 그 중에서 중요한 정책에 영향을 미치는 것은 하나도 없다는 점을 알고 있는 사람은 별로 없다.[55]

신조합주의에 관한 연구들은 국가의 역할 또한 간과하였다. 신조합주의의 개념 정의는 국가가 "대표적" 기구를 인정하며, 이들에게 정책수립 과정에 접근하고 참여할 특권을 부여하는 것으로 규정하고 있다. 그 대가로 국가는 조합의 지도자를 선택하는 데 영향을 행사할 권리를 가지며, 조합의 목적을 설정하는 데 영향을 행사할 수 있는 것으로 되어 있다. 노동조합에 대한 국가의 통제를 신조합주의로 설명한 연구들이 약간 있기는 하지만, 이러한 현상이 서구에서 나타난다는 것을 실증적 자료로 제시한 것은 거의 없다. 집단들의 내부문제에 국가가 어떤 영향을 미치는가는 거의 연구되지 않았고, 국가가 특정 노동조합을 인정해주는 점에 관해서도 아무런 연구가 없었다. 일부 유럽 국가들은 인가를 받은 이익집단에게는 이들 집단의 지도자에 대한 훈련계획을 책임지는 방식으로 지원을 하며, 또한 집단 지도자들의 봉급을 제공하기도 한다. 이러한 계획에 드는 돈의 규모가 때로는 막대한 것임에도 불구하고 국가가 이러한 보조금 지급을 통제의 수단으로 이용하였는가를 다룬 연구는 하나도 없다. 신조합주의 이론이 국가를 간과한 것과 마찬가지로, 경험적 연구들도 조합주의의 중요 요소인 국가를 무시해 왔다.

요약하면, 이익집단 이론과 같은 중범위이론이 갖는 장점은, 이론이 현실세계와 가까울 수 있다는 점이다. 중범위이론은 경험적 연구를 하는 데 보다 더 적합한 것이 되어야 하며, 수집된 자료에 따른 경험적 연구를 통해 이론이 맞는지 여부를 밝힐 수 있어야 한다. 불행하게도 신조합주의 이론은 중범위 목표를 가지고 있으면서도 이러한 잠재적 장점을 살리지 못했다. 이 이론은 너무 추상적이어서 실제 연구를 하는 데는 매우 부적절한 것 같아 보인다. 개념상의 문제와 개념 정의상의 문제들 때문에 측정하는 일이 쉽지 않다. 신조합주의 이론가들은 노동조합과 임금정책에 관심이 집중됨에 따라 이익집단 정치의 많은 부분을 손도 대지 않았다. 보다 중요한 점은, 신조합주의는 미래에 유행할 하나의 조류라는 이론적 가정 때문에, 연구자들이 신조합주의의 존재 여부를 경험적으로 검증하기보다는 그것의 존재를 당연한 것으로 받아들인다는 점이다.

## 3. 결론

여러 가지 약점이 있기는 하지만 신조합주의이론은, 새로운 중범위이론이 정립되어야 한다는 지난 15년 동안의 기대에 부응한 몇 안 되는 것 가운데 하나이다. 신조합주의 이론만큼 큰 주목을 받았거나 또는 경험적으로 많이 분석된 중범위이론의 예는 거의 없다. 신조합주의 이론은 이익집단에 관한 연구를 다시 한 번 유행시켰으며, 이러한 집단에 관한 연구가 증대됨에 따라 정치인에 관한 연구는 소홀하게 되었다. 이익집단을 연구하는 사람들이 집단의 내부조직문제 같은 것에 항상 관심을 가져왔던 데 비하여, 이 이론은 이러한 수준을 넘어서서 집단과 국가와의 관계를 구명하고 이들이 정책수립에 미치는 영향을 분석하게끔 자극을 주었다. 과거에도 정치학자들과 사회학자들은 노동운동에 전례 없는 관심을 쏟았지만, 그러나 그들은 노동운동 내부의 조직상의 문제나 이들 조합 사이의 경쟁심 등에만 관심을 쏟았다. 신조합주의 이론이 유행함에 따라 노동조합에 관한 연구는 노동조합을 정책결정자와 정책집행자의 입장에서 연구하게 만들었다.

이 시점에서 필요한 것은, 산업화된 민주국가에서 나타나는 다원주의, 조합주의 또는 다른 형태의 이익집단과 정부의 상호관계의 수준이 어느 정도인가를 평가하기 위하여, 서구의 개별 국가에서 나타나는 이익집단 정치를 하나하나 연구하는 것이다. 조합주의의 원인을 규명하거나 또는 조합주의가 여기에 참여한 집단이나 정책에 미치는 결과를 규명하기 전에 해야 할 것이 있다. 그것은 조합주의가 어느 서구 국가에서나 진행되는 이익집단 정치의 성격을 정확하게 설명할 수 있는 개념인지 아니면 조합주의는 특정한 정책이나 특정한 집단, 또는 특정한 시점에서만 발견되는 이익집단과 정부의 상호관계에 관한 하나의 형태에 불과한 것인지를 밝혀내는 것이다. 각 국가들에서 조합주의가 얼마나 나타나는가를 밝혀내는 것은 현대 민주주의가 조합주의로 나가는 경향이 있다는 주장을 평가하는 데도 도움이 될 것이다.

이익집단에 관한 연구에서 두 번째로 강조되어야 할 점은, 비교연구가 보다 많아져야 한다는 점이다. 한 국가에 관한 깊이 있는 연구만으로는 이익집단 정치의 성격을 결정하는 데는 도움이 안 될지도 모른다. 예를 들어, 오스트리아는 고도로 조합주의적인 것으로 평판이 나 있지만, 오스트리아에서 나타나는 상황을 다른 나라에서 나타나는 양상들과 비교하지 않고는 오스트리아의 경우가 다른 나라들보다 더 조합주의적이라고 얘기하기가 어렵다. 이미 결과가 나온 단일 국가에 관한 경험적 연구들은 조합주의의 원인, 성격, 효과들에 관하여 수많은 명제를 만들어 놓았다. 이러한 명제들이 조합주의적 정치가 진행되는 곳이면 어디서나 나타나는 것인지, 아니면 연구한 국가에서만 나타나는 독특한 특징인지를 결정하기는 쉽지 않다. 특정 국가에만 나타나는 특수한 현상을 일반적인 특징과 구별하기 위해서는 비교연구가 필요하다. 이 경우에는 여러 나라에서 나타나는 이익집단 정치를 공통의 틀과 동일한 측정방법을 사용해 분석해야 한다. 경험적 연구는 때때로 상충되는 명제들을 그 결과로 내놓는 경우가 있다. 예를 들어, 스트리크는 서독의 연구를 통해, 신조합주의는 조합의 성장을 가져왔다고 결론지은 반면, 레기니는 이탈리아의 경우에 조합의 힘이 증대됨에 따라 신조합주의가 촉진되었다고 주장했다. 비교연구는 이러한 상충되는 가설에 대한 명확한 해답을 얻는 데 도움을 줄 것이다.

이익집단 정치에 관한 비교연구의 필요성이 명백함에도 불구하고 이러한 연구는 극히 저조하며, 또 비교연구를 하는 경우에도 이익집단과 정부의 상호관계에서 나타나는 전반적인 형태에 관한 일반적 평가라기보다는 좁고 또 특정 쟁점에만 관련된 사례연구가 대부분이다.[56] 렘브르크가 지적한 바와 같이, 신조합주의에 관한 개념이 불명확하고 그 측정이 어려운 현재 상태에서는 비교연구가 어려운 것이 사실이다. 이 시점에서의 비교연구는 다양한 국가에서 나타나는 이익집단 정치의 전반적 형태면에서 조합주의의 정도가 "보다 많이" 또는 "보다 적게" 나타나거나, "전혀" 나타나지 않는 식으로 수식어를 붙이는 수준에 머물게 될 것이다. 그러나 이런 식의 평가적인 측정일지라도 조합주의나 다원주의 또는 다른 형태의 이익집단 정치의 범위를 막연한 생각이나 인상에 기반을 두고 판단을 내리는 현재 상태보다는 발전된 것이다. 신조합주의에 관한 풍부한 저술은 중범위이론의 발전과 이 이론을 중요한 경험적 연구에 적용한다는 면에서 흔하지 않은 기회를 제공하고 있다. 그러나 반대로 만일 신조합주의 연구가 몇 개의 집단만을 대상으로 하거나 특정한 쟁점만을 분석하고, 또 일부 국가에서만 독특하게 나타나거나 나타났다가 사라지는 것을 분석한다면, 이것은 깜깜한 골목길에서 헤매다가 끝나버리는 식의 지적인 낭비만 하게 될 것이다. 조합주의에 가장 잘 맞는 집단이나 쟁점만을 분석할 것이 아니라 개별 국가에 관한 연구와 이익집단 정치의 전반적 양상에 관한 비교연구를 병행하게 되면 중범위이론으로의 발전이 가능하게 될 것이다.

□ 주

1) Frederik B. Pike and Thomas Stritch, eds., *The New Corporatism: Social-Political Structure in the Iberian World* (Notre Dame, Ind.: University of Notre Dame Press, 1974)를 볼 것.
2) 협의제적 민주주의에 관해서는 Gerhard Lehmbruch, "A Non-Competitive Pattern of Conflict Managemet in Liberal Democracies: The Case of Switzerland, Austria, and Lebanon," Kenneth D. McRae, ed., *Consociational Democracy: Political Accommodation in Segmented Societies* (Toronto: McClelland and Stewart, 1974), *Proporzdemokratie: Politisches System und Politische Kultur in der Schweiz und in Österreich* (Tübingen: J. C. B. Mohr, 1967)을 볼 것.
3) Philippe C. Schmitter, "Reflections on Where the Theory of Neo-Corporatism Has Gone and Where the Praxis of Neo-Corporatism May Be Going," in Gerhard Lehmbruch and Philippe C. Schmitter, eds., *Patterns of Corporatist Policy Making* (London: Sage, 1982), pp. 263~264.

4) Roger Benjamin, *The Limits of Politics: Collective Goods and Political Change in Postindustrial Societies* (Chicago: University of Chicago Press, 1980).
5) Claus Offe, "The Attribution of Public Status to Interest Groups: Observations on the West German Case," in Suzanne D. Berger, ed., *Organizing Interests in Western Europe: Pluralism, Corporatism, and the Transformation of Politics* (Cambridge: Cambridge University Press, 1981), p. 143.
6) Harold L. Wilensky, *The "New Corporatism," Centralization and the Welfare Sate* (London: Sage, 1976), p. 37.
7) Gerhard Lehmbruch, "Liberal Corporatism and Party Government," in Philippe C. Schmitter and Gerhard Lehmbruch, eds., *Trends Toward Corporatist Intermediation* (London: Sage, 1979), p. 150.
8) Marino Regini, "Changing Relations Between Labour and the State in Italy: Toward a Neo-Corporatist State?" in Lehmbruch and Schmitter, eds., *Patterns of Corporatist Policy Making*, p. 130.
9) R. E. Pahl and J. T. Winkler, "Corporatism in Britain," in *The Corporate State--Myth or Reality?* (London: Centre for Studies in Social Policy, 1976), p. 7. 또한 J. T. Winkler, "Corporatism," *Archives Européennes de Sociologie*, 17 (1976), pp. 100~136을 볼 것.
10) Arthur F. P. Wassenberg, "Neo-Corporatism and the Quest for Control: The Cuckoo Game," in Lehmbruch and Schmitter, eds., *Patterns of Corporatist Policy Making*, pp. 83~85.
11) Offe, "The Attribution of Public Status to Interest Groups," pp. 146~150.
12) Leo Panitch, "The Development of Corporatism in Liberal Democracies," in Schmitter and Lehmbruch, eds., *Trends Toward Corporatist Intermediation*, pp. 122ff.
13) Charles S. Maier, "'Fictitious Bonds.....of Wealth and Law:' On the Theory and Practice of Interest Representation," in Berger, ed., *Organizing Interests in Western Europe*, p. 49.
14) Schmitter, "Reflections on Where the Theory of Neo-Corporatism Has Gone," p. 263.
15) 개념정의상의 문제는 이미 여러 비판자들에 의해 논의되었다. Martin O. Heisler, "Corporate Pluralism Revisited: Where is the Theory?," *Scandinavian Political Studies*, 2 (1979), 277~297: Alfred Diamant, "Bureaucracy and Public Policy in Neocorporatist Settings: Some European Lessons," *Comparative Politics*, 14 (October 1981), 101~124: Andrew Cox, "Corporatism as Reductionism: The Analytic Limits of the Corporatist Thesis," *Government and Opposition*, 16 (Winter 1981), 78~96: Leo Panitch, "Recent Theorizations of Corporatism: Reflections on a Growth

Industry," *British Journal of Sociology*, 31 (June 1980), 161~187.
16) Philippe C. Schmitter, "Still the Century of Corporatism?" in Schmitter and Lehmbruch, eds., *Trends Toward Corporatist Intermediation*, p. 13.
17) Schmitter, "Reflections on Where the Theory of Neo-Corporatism Has Gone," pp. 260-1.
18) Gerhard Lehmbruch, "Introduction: Neo-Corporatism in Comparative Perspective," in Lehmbruch and Schmitter, eds., *Patterns of Corporatist Policy Making*, pp. 2-6.
19) Voitto Helander, "A Liberal-Corporatist Sub-system in Action: The Incomes Policy System in Finland," in Lehmbruch and Schmitter, *Patterns of Corporatist Policy Making*, pp. 185-7.
20) Charles F. Sabel, "The Internal Politics of Trade Unions," in Berger, ed., *Origanizing Interests in Western Europe*, p. 213. 또한 Alessandro Pizzorno, "Interests and Parties in Pluralism," in Berger, ed., *Organizing Interests in Western Europe*을 볼 것.
21) Offe, "The Attribution of Public Status to Interest Groups," p. 136.
22) Lars Norby Johansen and Ole P. Kristensen, "Corporatist Traits in Denmark, 1946~1976," in Lehmbruch and Schmitter, *Patterns of Corporatist Policy Making*, p. 198.
23) Benjamin, *The Limits of Politics*, pp. 65~88.
24) Philippe C. Schmitter, "Interest Intermediation and Regime Governability in Contemporary Western Europe and North America," in Berger, ed., *Origanizing Interests in Western Europe*, pp. 320~324.
25) Schmitter, "Reflections on Where the Theory of Neo-Corporatism Has Gone," p. 279.
26) Reginald J. Harrison, *Pluralism and Corporatism: Political Evolution of Modern Democracies* (London: George Allen & Unwin, 1980), p. 188.
27) Panitch, "The Development of Corporatism in Liberal Democracies," p. 126; Bob Jessop, "Corporatism, Parliamentarism and Social Democracy," in Schmitter and Lehmbruch, eds., *Trends Toward Corporatist Intermediation*, pp. 188, 190~205.
28) Diamant, "Bureaucracy and Public Policy."
29) Eric A. Nordlinger, *On the Autonomy of the Democratic State* (Cambridge, Mass.: Harvard University Press, 1981)을 볼 것.
30) Maier, "Fictitious Bonds....of Wealth and Law," and Jürgen Kocka, "Class Formation, Interest Articulation, and Public Policy: The Origins of the German White Collar Class in the Late Nineteenth and Early Twentieth Centuries," in Berger, ed., *Organizing Interests in Western Europe*. 또한 Charles S. Maier, *Recasting Bourgeois Europe* (Princeton: Princeton University Press, 1975)을 볼 것.
31) Schmitter, "Reflections on Where the Theory of Neo-Corporatism Has Gone," p. 266.

32) Maier, "Fictitious Bonds.....of Wealth and Law"; Regini, "Changing Relations Between Labor and the State in Italy"; 그리고 Wilensky, *The "New Corporatism"*을 볼 것.
33) Wilensky, *The "New Corporatism,"* pp. 34~43. 또한 Johansen and Kristensen, "Corporatist Trends in Denmark"을 볼 것.
34) Colin Crouch, "The State and Liberal Democracy," in Colin Crouch, ed., *State and Economy in Contemporary Capitalism* (New York: St. Martin's, 1979); Panitch, "The Development of Corporatism in Liberal Democracies"; Nedelmann and Meier, "Theories of Contemporary Corporatism," in Schmitter and Lehmbruch, eds., *Trends Toward Corporatist Intermediation*; 그리고 Helander, "A Liberal-Corporatist Sub-system in Action."
35) T. J. Pempel, "Corporatism Without Labor? The Japanese Anomaly," in Schmitter and Lehmbruch, eds., *Trends Toward Corporatist Intermediation.*
36) 농민집단을 다룬 예로는 John T. S. Keeler, "Corporatism and Official Union Hegemony: The Case of French Agricultural Syndicalism," in Berger, ed., *Origanizing Interests in Western Europe;* 및 그의 "The Corporatist Dynamic of Agricultural Modernization in the Fifth Republic," in William G. Andrews and Stanley Hoffmann, eds., *The Fifth Republic at Twenty* (Albany: State University of New York Press, 1981) 등을 볼 것.
37) Wolfgang Streeck, "Organizational Consequences of Neo-Corporatist Cooperation in West German Labour Unions," in Lehmbruch and Schmitter, eds., *Patterns of Corporatist Policy Making.*
38) Regini, "Changing Relationships Between Labour and State in Italy."
39) Keeler, "Corporatism and Official Union Hegemony," in Berger, ed., *Origanizing Interests in Western Europe.*
40) Sabel, "The Internal Politics of Trade Unions."
41) Schmitter, "Reflections on Where the Theory of Neo-Corporatism Has Gone," p. 270.
42) Schmitter, "Interests  Intermediation and Regime Governability."
43) Manfred Schmidt, "Does Corportism Matter? Economic Crisis, Politics and Rates of Unemployment in Capitalist Democracies in the 1970s," in Lehmbruch and Schmitter, eds., *Patterns of Corporatist Policy Making.*
44) Wassenberg, "Neo-Corporatism and the Quest for Control."
45) Gerald D. Feldman, "German Interest Group Alliances in War and Inflation, 1914-1923." in Berger, ed., *Organizing Interests in Western Europe.*
46) Schmitter, "Interest Intermediation and Regime Governability," p. 323.
47) Harrison, *Pluralism and Corporatism*, p. 185.
48) Johansen and Kristensen, "Corporatist Traits in Denmark," pp. 216~217.
49) Lehmbruch, "Introduction: Neo-Corporatism in Comparative Perspective," p. 10.

50) Schmidt, "Does Corporatism Matter?" p. 245.

51) Hanspeter Kriesi, "The Structure of the Swiss Political System," in Lehmbruch and Schmitter, *Patterns of Corporatist Policy Making*, p. 155.

52) Winkler, "Corporatism"; 또한 Pahl and Winkler, "Corporatism in Britain."

53) Schmidt, "Does Corporatism Matter?" p. 245.

54) Wassenberg, "Neo-Corporatism and the Quest for Control," p. 106.

55) Frank L. Wilson, "Alternative Models of Interest Intermediation: The Case of France," *British Journal of Political Science*, 12 (April 1982), pp. 173~200을 볼 것.

56) 비교연구의 예로는 Wilensky, The "New Corporatism"; Schmitter, "Interest Intermediation and Regime Governability"; 그리고 Schmidt, "Does Corportism Matter?"를 들 수 있다.

# 제4부 공공정책과 정치경제

# 서론과 해제

사회과학의 발달사를 조망해 볼 때 정치학, 경제학, 사회학이 독립적인 학문 영역으로 분리된 것은 대략 19세기 말과 20세기 초 사이의 일이었다. 그 이후 이들 학문은 전문화 및 세분화의 추세를 가속화해 나갔다. 그리하여 2차대전 이후 사회과학 연구의 지역적 중심이 유럽에서 미국으로 이전되고 나서 1950년대와 60년대에 이르면 이들은 각각 거의 완전히 독자적인 개념체계와 연구체계를 구축하게 된다. 사회과학 연구영역의 이와 같은 세분화와 함께 정치현상과 경제현상의 상호작용에 관한 체계적인 연구는 20세기 초·중반 동안 학문적 관심의 뒷전으로 완전히 밀려나버리게 되었다.

그런데, 1970년대 들어서 이러한 경향에 뚜렷한 역전현상이 일어났다. 즉, 그동안 사회과학 관심영역의 외곽에 머물러 있었던 정치와 경제의 상호작용, 즉 정치경제에 관한 관심이 이 시기에 폭발적으로 증대되어 이와 관련한 수많은 연구들이 쏟아져 나오기 시작했던 것이다. 이 현상은 오늘날까지 지속되고 있으며, 그에 따라 정치경제학은 이제 산업민주국가의 비교 연구에 있어서 가장 핵심적인 연구영역으로 자리잡게 되었다.

1970년대 이후 정치경제에 대한 관심이 이처럼 폭증하게 된 이유는 무엇인가? 정치경제 및 공공정책에 관한 연구의 주요 관심영역은 무엇이며 또 그 이후 현재까지의 연구동향은 어떠했는가? 이 글은 이러한 문제들에 대해 지극히 간략하고 초보적인 해답을 제공해 보고자 한다.

1970년대 정치경제학의 부활을 가능하게 했던 근본적인 요인은 2차세계대전이 끝난 직후에 이미 생성되었다. 전쟁이 끝나면서 기존에 자유방임주의가 지녔던 자본주의 경제체제 운용원리로서의 신뢰성과 적실성이 완전히 상실돼 버렸다는 것이 그것이다. 즉, 시장의 자율적인 기능에 국가경제를 전적으로 일임하려는 환상은 더 이상 설 자리를 잃게 되었다. 물론 전쟁 이전에도 경제행위에 대한 공공 부문의 개입이 일체 배제된, 다시 말해 완벽한 시장의 원리에 입각해서 작동한 국가 경제는 현실적으로 존재하지 않았다. 특히 1930년대의 대공황이 선진자본주의 경제를 강타한 이후 구미 각국의 정부는 엄청난 경제적 난국을 타개하기 위해 경제행위에 대한 다양한 개입을 강화해 나갈 수밖에 없었다. 이때의 개입은 비정상적인 경제적 사태에 대처하기 위한 비상한 조처로 간주되었을 뿐 자율적인 시장경제의 효율성에 대한 전반적인 신뢰는 여전히 견고했었다. 그러나 2차대전 이후 경제행위에 대한 정부의 개입은 이제 더 이상 일시적이며 비정상적인 것으로 여겨지지 않았고 오히려 정부의 통상적인 역할로서의 정통성을 완전히 획득하게 되었다. 물론 경제운용의 목표와 이 목표를 달성하기 위한 제도적·정책적인 수단 등은 선진 자본주의국가들 사이에서도 다양한 양상을 보여 주었다. 결국 이 모든 국가에서 경제행위는 이제 정부의 지속적인 관리 및 통제의 대상이 되어버렸다. 그리고 경제에 대한 정부의 개입과 간섭은 거의 모든 선진 자본주의국가에서 최소한 1980년대에 이르기까지 지속적으로 확대되었다. 이것은 또한 경제적 성과에 대한 정부의 책임 역시 확대를 거듭해 왔음을 의미한다.

그런데 경험역사적 현실이 이러했음에도 불구하고 정치현상과 경제현상을 엄격히 분리해서 파악하려는 학문적인 경향은 최소한 1950년대와 1960년대에 이르기까지 뚜렷한 변화의 조짐을 보이지 않고 있었다. 정치학적 조류 면에서 볼 때 이 시기는 정치와 경제를 엄격히 분리하고 국가를 정치학적 연구대상에서 축출해 버린 다원주의적 사조가 맹위를 떨친 시기였다. 특히 발전론적인 측면에서는 모든 선·후진사회의 다원주의적 탈산업사회로의 일괄수렴론이 하나의 패러다임을 형성하고 있었다.

다원주의와 낙관적 수렴론이 이 시기에 위력을 발휘했던 일차적인 이유는 국내경제 운용에 있어서 국가의 개입을 가장 최소화했고, 국제경제 질서의 확립에 있어서 자유주의 원칙을 관철시키려 노력했으며, 또 사회·정치적으로 다원주의적인 특성을 가장 많이 지니고 있었던 미국이 냉전적 양극체제 하에서 자본주의 진영의 정치적·경제적·군사적·문화적 헤게모니를 확고하게 장악하고 있었던 데서 찾을 수 있을 것이다. 그러나 이처럼 주로 미국적인 현실을 바탕으로 하여 성장한 학문적 사조가, 정치경쟁 및 경제운용의 제도적·구조적 특성이 판이하게 다른 서구에까지 폭넓게 확산될 수 있었던 것은 이 시기에 이 지역 국가들이 구가했던 경제적인 풍요, 정치적인 안정, 그리고 사회적인 평화 등에 연유했다고 할 수 있다.

2차대전을 거치면서 자본주의 세계경제의 패권을 보다 확실히 틀어쥐게 된 미국이 이른바 자비로운 헤게모니에 입각해서 제공했던 안정된 자유주의적 국제경제 질서를 토대로 서구의 산업민주국가들은 전쟁의 참화로부터 신속히 벗어날 수 있었을 뿐 아니라 1960년대 말에 이르기까지 역사상 유례없는 경제적 번영을 이루었다. 실로 모든 선진 산업민주국가들에게 이 시기는 지속적인 경제성장, 낮은 물가상승률, 실질적인 완전고용의 달성, 노동자 실질임금의 꾸준한 상승, 사회복지의 지속적인 확충, 산업평화의 만개 등으로 상징되는 풍요와 평화의 시대였다. 또한 2차대전의 종전과 함께 서구의 많은 국가들이 지난 시대의 정통 사회주의와 정통 자유주의 노선간의 대립을 청산하고 케인즈적 타협에 입각한 경제운용 및 사회조정의 원칙에 광범위한 합의를 이루었고, 그에 따라 이들 국가에서 사회·정치세력간의 이념적·계급적 투쟁이 급속히 완화되었다는 사실은 이러한 풍요와 평화가 지속될 수 있으리라는 성급한 낙관론을 확산시켜 주었다. 그리하여 모든 선진 산업민주국가는 궁극적으로 계급간의 갈등이 완전히 종식되고 이데올로기적 대립 역시 종언을 고한 다원주의적 탈산업사회로 일괄 수렴할 것이라는 낙관적인 전망이 사회 및 정치변동에 관해 보편성을 지닌 일반이론으로 자리잡게 되었으며, 경제운용의 문제는 정치학의 관심영역으로부터 완벽하게 배제되었던 것이다.

1970년대 이후 경제현상에 대한 정치학적 관심이 고조되고 정치경제에 관한 연구가 폭증했다는 것은 이와 같은 60년대의 낙관론을 일거에 허물어뜨릴 정도로 급격한 사회·경제적 변동이 이 시기에 일어났다는 것을 암시한다.

선진 산업민주국가들 사이에 팽배했던 낙관적 도취감에 가장 먼저 찬물을 끼얹었던 것은 60년대 후반에 이들 국가를 휩쓸었던 민권운동과 학생운동의 물결이었다. 또한 거의 같은 시기에 서구 전역에서 폭발적으로 분출되었던 노동자들의 계급투쟁은 그동안의 산업평화의 기조를 일거에 허물어뜨리고 계급갈등의 종식론이나 이데올로기의 종언론에 종지부를 찍어버렸다. 사회정치 환경의 이러한 변화를 배경으로 정치학자들의 관심을 새로 끌게 된 주제들은 민주주의의 위기론, 과부하정부의 위기론 등이었다. 1960년대 말 선진 민주국가들이 직면했던 사회·정치적 위기에 대한 이러한 학문적 관심을 정치경제에 관한 연구로 본격화시켰던 것은, 1970년대 초·중반에 이들 국가를 강타했던 경제위기였다.

1970년대 들어 모든 선진 산업국가는 경제성장의 뚜렷한 정체, 물가의 앙등, 실업의 격증, 복지 부담의 증대에 따른 재정적자의 확대, 계급투쟁의 격화 등으로 집약될 수 있는 총체적인 경제난국에 직면하게 되었다. 전후 자본주의 경제의 번영을 지탱해 왔던 미국경제의 급격한 쇠퇴와 그에 따른 자유주의 국제경제질서의 불안정, 일본을 필두로 한 신흥공업국의 급속한 성장에 따른 국제적 분업구조의 급변 및 국가 간 경쟁의 격화, 그리고 1970년대 중반 이후 유가 폭등에 의해 촉발되어 전 세계로 확산되었던 스태그플레이션의 물결 등이 이 시기 선진 산업국가들이 직면했던 경제위기의 국제적 요인이었다. 경제운용의 문제는 이러한 상황 하에서 이들 모든 국가의 최우선적인 정치적 의제(agenda)로 자리잡게 되었다. 그리고 이때의 문제는, 확대되는 경제적 과실을 어떻게 분배할 것인가라기 보다는 위기를 극복하기 위한 부담을 사회세력 간에 어떻게 나누어 가져야 할 것인가였다. 이 문제를 둘러싼 사회·정치세력 간의 갈등이 확산되자 이 갈등을 어떻게 효율적으로 극복하여 경제적 난국을 헤쳐나갈 것인가에 대한 관심이 고조될 수밖에 없었다.

이 시기 산업민주국가들이 직면했던 경제적 위기의 성격과 원인은 본질적으로 유사했다고 볼 수 있다. 그러나 그 위기에 대한 정책적·전략적 대응방식은 국가별로 상당한 차이를 보여 주었을 뿐 아니라 그 효율성 역시 엄청난 편차를 보여 주었다. 이에 관한 많은 연구들이 도달한 최소한의 보편적인 결론은, 결코 경제적 요인만으로 그 편차를 설명할 수는 없다는 것이었다. 또한 갈등해소 및 위기극복의 효율성의 편차를 설명하기 위해서는 국가, 자본, 노동의 조직양태, 이들 간의 힘의 배분양태, 그리고 이들 간의 공식적·비공식적 상호관계의 특성 등에 관한 깊이 있는 분석이 무엇보다 필요하다는 데 이 연구들은 대체로 인식을 같이 했다. 바로 이러한 문제들에 대한 관심의 폭증이 정치경제학 연구를 폭발적으로 확산시킨 직접적인 계기가 되었다고 할 수 있을 것이다.

요약컨대, 1960년대 말과 1970년대 초에 산업민주국가에 밀어닥쳤던 정치적·경제적·사회적 위기상황 하에서 이 위기의 성격과 원인을 규명하고, 또 그에 대한 처방의 제시를 목표로 하여 정치경제학은 정치학의, 또는 보다 넓은 의미에서 사회과학의 핵심적인 연구영역으로 부활하게 되었다. 이처럼 부활한 정치경제학은 국가 간의 차이를 냉정히 인식하고 그 차이의 원인을 밝히려는 데 연구의 초점을 맞추고 있었으므로 자연히 비교분석이 연구의 핵심적인 전략이 될 수밖에 없었다.

정치경제학에 관해 주목할 만한 연구성과를 가장 먼저 내놓고 또 그에 입각해 이후 수십 년간 지속되게 된 강력한 이론적 흐름을 가장 먼저 형성했던 것은 (신)**맑스주의**자들이었다. 1960년대에 맑스주의자들을 사로잡았던 핵심적인 문제는 선진 자본주의국가들의 눈부신 경제성장과 제3세계 국가들의 지속적인 저발전을 어떻게 설명할 것인가였다. 이 문제를 해명하려는 이들의 노력은 크게 두 갈래의 이론적 흐름을 형성하게 되는데, 분석의 초점을 제3세계에 맞추어서 발전한 것이 **종속이론**이고 선진국에 맞추어서 발전한 것이 이른바 **자본주의국가론**이라고 할 수 있을 것이다. 전자는 이른바 제3세계에 속한 국가들의 지속적인 저발전의 원인을 중심부와 주변부, 착취와 종속이라는 세계자본주의의 구조적 불균형 혹은 모순을 통해 설명하려는 이론적인 시도로서, 1967년 안드레 군더 프랑크(André Gunder Frank)의 선구적인 연구서가 출간된 이후 임마뉴엘 월러스타인(Immanuel Wallerstein)의 세계체제론에 이르기까지 자본주의 국제구조의 정치경제적 모순에 관한 폭발적인 연구 흐름을 이끌었다.

한편 제3세계보다 선진자본주의 정치경제에 더 큰 관심을 기울였던 서구의 (신)맑스주의자들이 직면한 이론적 과제는 2차대전 이후 선진자본주의 국가들이 과시하고 있던 눈부신 경제적 활력과 번영을 자본주의의 필연적 붕괴론을 그 과학성의 골간으로 하는 맑스주의 이론 틀 내에서 어떻게 설명할 수 있을 것인가였다. 이 문제를 해결하려는 이들의 노력이 일차적으로 주목했던 것은 바로 종전 이후 급속히 확대되고 있던 국가의 경제개입 현상이었다. 이 관찰을 토대로 하여 발전한 것이 바로 자본주의국가론이었는데, 이것은 1960년대 말과 1970년대 초 랄프 밀리반드(Ralph Miliband)와 니코 풀란차스(Nicos Poulantzas)의 선구적인 논쟁을 필두로 자본주의 정치경제에 관한 또 하나의 강력한 이론적 흐름을 형성해 나갔다. 자본주의적 생산양식 및 생산관계의 유지와 발전에 대한 국가의 역할 및 그 성격에 대한 연구를 중심으로 전개되었던 맑스주의적 국가론은 1970년대 들어 선진 자본주의가 본격적인 위기국면으로 접어들면서 그 연구의 초점을 자본주의국가에 내재한 본질적인 모순에 관한 분석으로 옮겨 갔다. 포드주의 생산양식의 위기, 축적과 정당화간의 필연적인 모순에 의한 복지국가의 위기 등이 그 대표적인 분석사례일 것이다.

그런데, 70년대의 경제위기를 극복하려는 선진 자본주의국가들의 다양한 노력이 경험적으로 대단히 상이한 효율성을 보이자 이것을 **국가 능력**의 차이로 설명하려는 이론적 흐름이 형성되었다. 이것은 국가에 관한 이론적 관심이 비맑스주의자들에게 확산되었음을 의미한다. 이들은 지배와 통제의 주체로 국가를 파악한 막스 베버(Max Weber)의 관점에 입각해서, 70년대의 위기를 효과적으로 극복하고 국가들 간의 치열한 경쟁을 효율적으로 이끌어 가며, 또 사회적 부담의 분배를 둘러싼 사회세력간의 갈등을 효과적으로 해결해 내기 위한 일련의 정책들을 입안·시행할 수 있는 국가의 능력에 이론적 관심을 집중시켰다. 이러한 이론적 흐름 가운데 하나의 강력한 줄기를 형성했던 것이 찰머즈 존슨(Chalmers Johnson)을 선구로 하여 전개된, 70년대의 구조적 위기를 극복하고 국제경쟁력을 제고하기 위한 산업정책(industrial policy)을 효율적으로 수행할 수 있는 국가의 능력에 관한 연구라고 할 수 있을 것이다.

경제위기의 극복과 사회갈등의 해소를 위한 국가의 역할에 주목한 연구들에 발맞추어 위기와 갈등의 효율적인 극복을 위한 사회세력들의 역할에 분석의 초점을 맞춘 강력한 이론적 흐름이 70년대 중반에 형성되었는데, 이것이 그 이후 이른바 "성장산업"이라는 별칭을 얻을 정도로 폭발적인 논의를 확산시켜

온 민주적 조합주의(democratic corporatism)에 관한 연구이다. 이 연구는 사회세력, 특히 조직된 노동과 자본 간의 협상과 타협의 기제(mechanism)에 의해 사회정책과 경제정책을 입안·집행해 나감으로써 분배의 갈등을 효과적으로 극복하고 급변하는 경제환경에 효율적으로 대처해 나갔던 스칸디나비아를 비롯한 유럽 소국의 정치경제에 연구의 초점을 일차적으로 맞추었다. 이들 국가의 사례에 대한 다양한 비교분석을 통해서 민주적 조합주의 작동의 구조적·역사적 조건, 그 작동의 구체적인 방식, 그리고 정치경제적 효과 등을 규명하려는 무수한 연구들이 쏟아져 나왔으며, 나아가 여타의 자본주의국가에 대한 조합주의 적용의 가능성 및 한계에 관해서도 수많은 연구가 진행되었다. 그리하여 이러한 이론적 흐름 역시 70년대 이후 산업민주국가의 정치경제에 관한 연구를 풍성하게 하는 데 크게 기여했다.

결국 종합적으로 볼 때 산업민주국가의 정치경제에 관한 오늘날의 연구는 국가, 노동, 자본 이 삼자에 관한 연구에 일차적으로 초점을 맞추고 있다고 할 수 있다. 이 세 가지 분석대상을 조합하면 대단히 다양한 연구가 가능해진다. 국가, 노동, 혹은 자본 각각의 조직양태나 권력자원(power resource), 행위양식 등에 관해 개별적인 분석을 할 수도 있을 것이며, 국가와 노동, 국가와 자본, 혹은 노동과 자본 등의 양자 관계를 분석할 수도 있고, 또 이 삼자의 삼각관계(tripartite relations) 역시 중요한 연구대상이 될 수 있다. 또한 이처럼 다양하게 설정된 연구 목표를 개별 국가에 관한 깊이 있는 사례 연구에 적용해 볼 수도 있을 뿐 아니라 다수의 국가에 대한 체계적인 비교 연구에 적용할 수도 있을 것이다. 이처럼 유의미하면서도 중요한 분석 대상과 분석 전략을 무궁무진하게 도출해 낼 수 있다는 사실이 정치경제학 연구 물량의 폭발적인 증가를 가져 온 배경이 되었다.

한편 전통적으로 사적 영역으로 간주되어 온 경제활동에 대한 국가의 개입이 강화되고 그 결과에 대한 국가의 책임 역시 증대됨에 따라 공공정책, 특히 사회정책과 경제정책에 대한 이론적인 관심 역시 커질 수밖에 없었다. 그리하여, 산업민주국가의 공공정책에 관한 연구는 정치경제학의 발전과 병행하여 지속적인 성장을 거듭해 왔다. 사실 위에 언급한 거의 모든 연구동향들은 주로 사회, 경제정책에 관한 연구에 많은 관심을 기울여 왔다. 한편 국가개입의 확대 및 복지국가의 성장은 정책 영역의 분화와 발전을 지속적으로 촉진시켰고 정책연구 역시 여기에 발맞추어 분화를 거듭해 나갔다. 그리하여 오늘날 경제정책에 관한 연구는 통화정책, 재정정책, 소득정책, 산업정책, 무역정책 등 다양한 정책 분야로 확산되었으며 사회정책 역시 사회보험, 주택, 환경, 교통 등 다양한 정책 영역을 분석 대상으로 삼기에 이르렀다. 사실 이 모든 정책 이슈들은 민주적 정치체제 내의 구성원들이 가장 첨예하게 관심을 기울일 수 밖에 없는 사안들이다. 따라서 이 사안들이 산업민주국가의 핵심적인 정치적 의제를 형성하고 또 이에 대한 학문적 관심이 집중되는 것은 당연한 현상이라 할 수 있을 것이다. 한편 정부 개입의 확대는 정책 결과에 대한 정부의 책임을 또한 증대시켰고, 또 정부는 효율적인 정책 집행을 위해서 사회세력의 협력이 절대적으로 필요함을 인식하게 되었다. 그 결과 정책의 입안, 결정, 집행의 여러 과정에 대한 공적 영역과 사적 영역의 상호침투현상이 지난 수십 년간 강화되어 왔다. 그에 따라 공공정책 부문에 대한 연구의 폭은 더욱 넓어질 수밖에 없었고, 오늘날 사회·경제정책의 입안, 결정, 시행의 문제는 무엇보다 "정치적인" 문제라는 데 인식을 같이 하게 되었던 것이다.

산업민주국가의 정치경제에 관한 방대한 연구결과들을 간추려서 소개한다는 것은 결코 쉬운 일이 아니다. 여기서는 단지 이에 관한 전반적인 이론적 흐름을 파악하는 데 도움이 되리라고 여겨지는 몇몇 대표적인 논문집을 소개하는 데 그치고자 한다. 마지막에 덧붙인 정책연구에 관한 문헌은 전후 공공정책에 관한 중요한 비교연구 업적들을 정리하여 비판적으로 소개하고 있는 대단히 가치 있는 연구서이다.

Berger, Suzanne D., ed., *Organizing Interests in Western Europe: Pluralism, Corporatism, and the Transformation of Politics*(Cambridge: Cambridge University Press, 1981).

Goldthorpe, John H., ed., *Order and Conflict in Contemporary Capitalism: Studies in the Political Economy of Western European Nations*(Oxford: Clarendon Press, 1984).

Maier, Charles S., ed., *Changing Boundaries of the Political: Essays on the Evolving Balance between the State and Society, Public and Private in Europe*(Cambridge: Cambridge University Press, 1987).

Vig, Norman J. and Steven E. Schier, eds., *Political Economy in Western Democracies*(New York: Holms & Meier, 1985).

Dierkes, Meinolf, Hans N. Weiler, and Ariane Berthoin Antal, eds., *Comparative Policy Research: Learning from Experience*(Aldershot: Gower, 1987).

# 제9장 공공정책: 사회적 선택의 정치학*

아놀드 하이덴하이머, 휴 헤클로
(Arnold J. Heidenheimer, and
Hugh Heclo)

우리는 일상 대화에서 자주 공공정책들을 비교하곤 한다. 선거철이 되면 정책적 문제들에 대한 한 후보 또는 한 정당의 입장을 다른 후보나 다른 정당의 입장과 종종 비교한다. 어느 주에서 다른 주로, 혹은 어느 도시에서 다른 도시로 이주하게 되면 그곳의 세금이 전에 살던 곳보다 얼마나 높은가를 관찰하게 된다. 또한 시내에서 교외로 이사를 하게 되면 어느 지역에 명문교가 있으며, 어느 지역의 치안상태가 가장 좋은가를 주의깊게 비교하게 된다.

만약에 우리가 서구에 살고 있다면, 여러 나라의 조세 수준과 사회복지 정책들을 고려하여 교육이나 고용 기회 또는 퇴직 조건 등을 평가하게 될 것이다. 우리는 학생들에게 학비대여보다는 장학금을 주는 나라에서 대학을 다니려고 할 것이며, 소득세는 낮은 반면 가족에 대한 혜택이 더 많은 나라에서 취업을 하고자 할 것이다. 또한 노인들에게 값싸고 좋은 서비스를 제공하는 나라에서 퇴직생활을 영위하고자 할 것이다. 물론 이러한 선택은 미국의 한 주에서 다른 주로 이주하는 것보다 문화적으로 적응하기가 더 어렵고 언어장

---

* Arnold J. Heidenheimer, Hugh Heclo, and Carolyn Teich Adams, *Comparative Public Policy: The Politics of Social Choice in Europe and America*(New York: St. Martin's Press, 1983), Chapter 1: "The Politics of Social Choice." 김세걸(서강대 대학원 정외과 박사과정)이 초역하고 신윤환(서강대 정외과 교수)이 수정하였음. 이 책의 각 장을 소개하는 p. 14 이하는 생략함.

벽도 있을 것이지만, 우리는 그 비용과 혜택도 같은 방식으로 계산해 볼 수 있을 것이다. 썬벨트(Sunbelt) 지역으로 이주하기를 고려하는 근로자는 대부분의 남부 주들에서 볼 수 있는 주택이나 기타 사회적 혜택에서의 제약과 그것의 반대급부로 얻을 수 있는 보다 나은 직업 전망의 이점을 아울러 저울질하게 된다.

이와 같은 공공정책의 일상적인 비교는 비교 정책 분석을 위한 보다 체계적이고 학문적인 노력과 한 가지 중요한 공통점을 갖고 있다. 특정한 시점의 오직 한 가지 정책을 관찰하여 얻을 수 있는 것보다, 공식적인 접근이나 비공식적인 접근 모두 더 깊은 이해를 추구한다는 점이다. 어떤 상황을 다른 상황과 비교하여 평가함으로써 우리는 선택과 제약 모두에 대해 더 넓은 시각을 얻는다. 이러한 종류의 시각은 국가 간의 정책들을 비교함으로써 효과적으로 얻을 수 있다.

비공식적인 비교가 일반적으로 특정한 개인적 목적에 봉사하는 반면, 비교 공공정책에 대한 학문적 연구는 보다 광범한 의제들을 포괄한다. 이러한 의제의 한 가지 목적은 왜 어떤 정부는 비슷한 문제들에 대처하는 데 있어 다른 정부보다 더 나은가를 배우는 것이다. 최근 들어 비록 대부분의 도시들이 보다 증대해가는 재정적 압박 아래 놓여 있지만, 어떤 정치체계는 큰 위기 없이 이러한 압박을 잘 넘겨가고 다른 정치체계는 그렇지 못한 것 같다. 서방의 모든 민주주의 국가들이 1970년대에 석유수출국들로부터 심각한 경제적 타격을 받았다. 그러나 어떤 나라들은 다른 나라보다 더 낮은 인플레이션과 실업률로 이 위기를 잘 헤쳐나간 것처럼 보인다. 왜일까 ? 우리는 비슷한 문제들에 대한 정치적 관리운영을 비교함으로써 유익한 교훈을 얻을 수 있다. 이러한 교훈의 일부는 적극적인 것으로서 "무엇을 해야 하는가"에 대한 지침을 제공할지도 모른다. 나머지-아마도 대부분-는 소극적인 것으로서 "무엇을 해서는 안 된다"는 것을 우리에게 말해준다. 이러한 교훈의 많은 것들이 어떤 정치체계에서는 수행되기 어려운, 그러나 특정한 변수들이 변화하기만 한다면 실천 가능한 선택이 될 수도 있는 대안을 제시해 줄 것이다.

공공정책을 비교하는 두 번째 목적은 정부 제도와 정치과정 그 자체에 대한 보다 깊은 이해를 얻는 것이다. 아리스토텔레스는 다음과 같은 세 가지의 간단해 보이는 질문을 제기한 바 있다. 누가 통치하는가? 어떻게 통치하는가? 그러한 관리경영의 결과는 무엇인가 ? 이러한 질문은 정치학의 근본적인 문제로 남아 있다. 오늘날 세계에서 이러한 질문에 답변하기 위한 기초자료는 정부가 행하는 방대하게 확대된 활동에서 발견될 수 있다. 누가 통치하는가를 고찰하기 위해선 누가 투표를 하고, 누가 공직에 선출되며, 혹은 누가 관료에 임명되는가를 아는 것만으로는 충분치 않다. 어떤 사람들이 정부 안에서 그리고 그 주변에서 실제로 행하고 있는가를 알 필요가 있다. 서방 세계에서 정부의 활동과 규모가 증대함에 따라 이러한 "행위"는 더욱 더 공공정책의 작성과 재작성의 형태를 취하게 된다.

그러므로 비교 정책 분석은 특정한 정책 문제와 그 교훈들에 대한 보다 폭넓은 이해를 획득하는 수단일 뿐만 아니라 정치의 실제적인 작동—즉 정당, 관료제, 이익집단, 여론 등의 상이한 역할들—을 들여다 볼 수 있는 창문이기도 한 것이다. 무엇보다도 비교 공공정책은 집합적 혹은 사회적 성격을 갖는 선택을 산출하기 위해 정치가 작동하는 다양한 방식들을 밝혀준다. 이러한 과정에 관심을 둔다면, 정치의 이면과 우리가 일상적으로 비교하는 공공정책의 이면이 보이기 시작할 것이다.

## 1. 비교 공공정책이란 무엇인가?

비교 공공정책이란 서로 다른 정부들이 어떻게, 왜, 어떤 결과를 위하여 특정한 행위 혹은 비행위의 과정을 추구하는가에 대한 연구이다. 이러한 정의는 간단한 것처럼 보이지만, 그것은 수많은 중요한 개념적 구분을 포함하고 있다. 그러나 이 주제에 들어가기에 앞서 우리는 이 주제에 대해 어떻게 사고할 것인가를 먼저 고려해야 할 것이다. 본질적으로 여기에는 두 개의 학파가 있다.

첫번째 접근방법은 기본적으로 연역적이다. 비록 전문적인 정치경제학자들의 작업으로 종종 취급되지만, 연역적인 접근은 정치사상의 많은 학파들에 의해 추종되고 있다. 행위에 대한 특정한 전제로부터 우리는 그 결과로서 기대되는 정책 유형과 관계들을 추론한다. 예컨대 맑스주의자들은 사회는 항상 생산수단의 소유 여부에 기초한 사회계급들로 분열되어 있다는 전제에서 출발한다. 이러한 견해에 따르면, 정부 정책들은 단지 경제적으로 지배적인 계급의 이해를 표현한 것에 불과하다는 주장이 가능하게 된다. 오늘날 민주적인 자본주의 사회에서 정부 정책은 때로는 억압을 내포하기도 하고, 대중의 불만을 무마하기 위한 다양한 복지 프로그램으로 이끌어지기도 한다.[1]

정부의 팽창에 반대하는 최근의 보수적인 입장은 공공정책에 대한 비슷한 연역적 접근에 기초하고 있다. 예컨대 합리주의 모델을 사용하는 이론가들은 종종 모든 관료들은 자기들의 프로그램의 규모를 확대하려고 하고, 모든 정치인들은 그들 자신의 재선을 보장하기 위하여 경제를 운용하려고 하며, 모든 시민들은 정부 지출 프로그램을 뒷받침하는 데 필요한 세금에 대해서는 반대하면서도 정부 지출 프로그램의 혜택을 받기 위해 투표하는 경향이 있다는 전제로부터 출발한다. 이러한 전제들은 최근에 들어 왜 민주적인 정치가 더 큰 정부, 더 많은 적자, 더 높은 인플레이션으로 귀결되었는가를 보여주는 데 이용되어 왔다.[2]

공공정책에 대한 이러한 연역적 접근은 강력한 지적 도구이다. 이 접근법은 이를 이용하지 않았을 때의 분석을 압도할 수도 있는 복잡하고 방대한 세부적인 것들을 조작하기 쉽게 만들어 준다. 이는 또한 일시적이고 일견 모순적으로 보이는 사건들의 이면에 깔려 있는 상수들(constants)을 파악해냄으로써 불확실성을 감소시켜 준다. 무엇보다 이 접근법은 정책결정 과정이 어떠하다는 것에 대해 많은 사람들이 가지고 있는 가정과 부합한다. 확실히 정부는 목표들을 먼저 결정하고, 그리고 나서 그것을 달성하기 위한 적절한 수단을 발견하려고 한다. 이러한 과정을 통해 정책들이 만들어진다. 그렇다면 이러한 목표들의 원천－그것이 계급적인 이해인지, 야심적인 관료들인지, 혹은 불안정한 정치인들인지－을 밝히는 것으로부터 시작하는 것이 합리적인 것처럼 보인다.

두번째 접근방법은 귀납적이다. 이는 정치사상의 다원주의 학파와 밀접한 관련을 갖는다. 이 입장의 경우 행위의 규칙성은 처음부터 설정되어 있는 것이 아니라, 공공정책의 쟁점을 둘러싸고 일어나는 부분적으로 대립되는 이해들간의 수많은 상호작용을 관찰함으로써 추론된다. 정책은 주어진 일련의 목표들로부터 도출되는 것이 아니다. 오히려 목표들은 갈등과 협상과 타협의 끝없는 과정에서 발견되고 또한 변화하는 것이다.[3] 어떤 집단은 다른 집단보다 명백히 더 많은 권력을 가지고 있기 때문에 정책의 결과는 힘있는 자의 목적에 경도되는 경향이 있다. 그러나 권력 그 자체는 불변적인 것이 아니다. 지배적인 지위에 있는 것처럼 보이는 집단이 권력을 잃을 수 있는가 하면, 그렇지 않은 다른 집단이 권력을 획득할 수도 있다. 서로 다른 정치구조와 사건 및 기타 요인들이 집단간의 상호작용에 심대한 영향을 미칠 수 있으며, 궁극적으로 정책에 영향을 미칠 수 있다. 어느 장소와 시간에서는 복지 프로그램이 사회적 유화책의 형식으로 나타나는가 하면, 다른 장소와 시간에서는 새로이 자각한 권리를 요구하는 빈민들에 의해 제기되기도 한다. 어떤 관료들은 제국을 건설하길 [즉 예산의 팽창을—역자 주] 원하는가 하면, 다른 관료들은 현상유지를 선호하거나 혹은 직업적으로 예산을 삭감하고자 한다.

공공정책에 대한 연역적 접근과는 대조적으로 귀납적 접근은 복잡성, 불확실성, 그리고 목적과 수단간의 모호한 관계를 강조한다. 우리의 접근법은 귀납적이고 다원주의적인 경향을 띤다. 정부 관료의 역할, 의사나 교사와 같은 전문직업 집단의 독점적 권력, 득표를 향한 정당간의 경쟁의 효과 등—이러한 혹은 이와 비슷한 쟁점들을, 당연하게 여겨지는 공리들 속에 포함시키기보다는 탐구되어야 할 문제들로 간주한다. 그러나 특정한 내재적 정향들은 어떤 상황에서도 사실상 종종 "주어진 것"으로 보인다는 것을 인정하지 않고서 공공정책 결정을 연구하는 것은 불가능하다. 대체로 대부분의 관료들은 정책 혁신보다는 기존의 정책들을 수행하는 데 더 많은 관심을 가진다. 전문직업인들은 그들과 직업적 동료의식을 가지지 않는 정부 내 관료들로부터 자신들의 자율성을 유지하는 데 더 높은 우선순위를 부여한다. 선거를 통해 뽑힌 정치인들은 거의 항상 전문가들의 장기 계획보다는 직접적인 정치적 압력에 더 민감하다.

달리 말해, 정책 결정의 실제 세계는 목적과 기대되지 않은 결과간의, "선험적으로"(*a priori*) 존재하는 목표들과 "사후[경험]적으로"(*a posteriori*) 발견되는 목표들 간의, 그리고 연역적 방법의 유용성과 귀납적 방법의 유용성 간의 항상적인 상호작용을 보여준다. 이러한 현실의 중요한 측면을 포착하기 위해 우리의 분석은 어떤 종류의 순수한 형식에 집중할 것이 아니라, 정책 발전이 실제로 일어나는 복잡하고 때로는 모호한 정치적 상호작용에 집중할 것이다. 비교는 어떻게 공공정책들이 공통적인 방식으로 구조화되며, 또한 나라와 시대에 따라 다양화되는지를 보여준다.

우리는 비교 공공정책의 정의—즉 서로 다른 정부들이 어떻게, 왜, 그리고 어떤 결과를 위해 특정한 행위와 비행위의 과정을 추구하는가에 대한 연구라는—로 되돌아감으로써, 또한 그것의 주요 용어들을 분류함으로써 이상과 같은 복잡한 상호작용을 어느 정도 체계화해 볼 수 있다.

정부가 "어떻게" 행위를 선택하는가 하는 질문은 국가의 내부와 그 주변에서 무엇이 진행되고 있는가에 우리의 관심을 집중시킨다. 이는 곧 정부가 결정에 이르는 과정과 그 구조의 여러 측면을 고찰할 것을 요구한다. 일반화된 또는 연역적인 의미에서 우리는 미국과 서독은 연방국가이며, 영국, 스웨덴, 프랑스는 보다 중앙집권화된 단일국가라고 말한다. 그렇기 때문에 우리는 이 두 개의 국가군에서 정책 접근이 서로 다를 것이라고 기대하게 된다. 그러나 우리가 좀더 면밀히 살펴보면, 연방주의는 나라뿐만 아니라 문제가 되는 정책에 따라서 서로 다른 의미를 띤다는 것을 알게 된다. 영국이나 프랑스와 같은 나라에서의 중앙집권화의 내포도 그렇다고 할 수 있다.[4] 그런 까닭에 우리가 연방주의라든가 중앙집권화라는 진부한 표현을 넘어서길 원한다면, 서로 다른 정부와 그와 관련된 정당, 이익집단, 관료제 등이 다양한 정책 문제들을 통해 실제적으로 어떻게 작동하고 있는가를 자세히 검토하는 것이 필요하다.

정부가 "왜" 특정한 행위 과정을 추구하는가 하는 질문은 그 질문이 중요한 만큼 그 답변도 어렵다고 하겠다. 왜 미국은 여타 사회 프로그램에서는 유럽을 앞지르면서도 어떤 사회 정책들을 채택하는 데 있어서는 유럽을 뒤쫓아 가는가? 왜 여타 나라들은 대도시의 쇠퇴를 감수하는데 어떤 나라들은 국가적 자원으로서 대도시를 보존하고 있는가? 왜 사회보장이라는 "안전망"은, 어떤 경우에는 조용한 합의에 의한 정치의 주제가 되고, 또 다른 어떤 경우에는 이데올로기적으로 가열된 정치적 쟁점이 되는가?

이와 같은 "왜"의 문제들에 대한 답변은 현재의 정책 입안자들이 의식하지 못하는 먼 과거로부터의 역사적 발전에 의존하거나, 한 민족이나 그 하위집단의 기저에 깔려 있는 정치문화, 그리고 어떤 상태를 단순히 받아들이기보다는 이를 정책적 관심을 끄는 문제로 만드는 공중(公衆)의 변화하는 의식 상태에 의존하여 구할 수 있다. 예컨대 프랑스인과 독일인은 16세기와 19세기 사이에 일어난 국민형성(nation-building)의 경험 때문에 학교 교과과정의 통일에 대한 정책적 문제에 특히 민감하다. 그러나 여기서 우리는 그렇게 복잡한 연계를 추적할 수 없으며, 정치문화와 공공정책의 경향간의 미묘한 상호작용을 해명할 수도 없다.

우리가 할 수 있는 것은 교육, 의료, 경제 운용 등과 같은 영역에서 각 나라들이 선택하는 다양한 정책 수단을 논의할 때, 정책 선택의 이러한 궁극적인 결정요인의 중요성을 명심해두는 것이다. 따라서 우리는 정책 발전의 보다 근접한 원천에 집중하면서도, 이러한 배경의 영향력에 대해서도 규칙적으로 언급할 것이다. 이러한 보다 근접한 요인들은 정치인, 관료, 이익집단, 여론, 프로그램의 수혜자, 그리고 정책결정에 관련된 그 외의 요소들의 상호작용으로 구성된다. 정책 입안자가 제출하는 아이디어는 그들이 추구하는 권력과 마찬가지로, 왜 정책들 간에 유사점과 차이점이 발생하는가를 설명하는 데 필요한 소재를 구성한다.

비교 공공정책의 정의에 있어서 세 번째 요소—"어떤 결과를 위해"—는 많은 사람들에게 돌아가는 대가이다. 정치학자들을 별도로 한다면, 그 자체를 위해 정부를 연구하는 데 관심을 갖는 사람들은 거의 없는 듯하다. 그러나 거의 모든 사람들은 정부가 그들에게 무엇을 해주고 있으며, 그들을 위해 무엇을 하는가에 대해 관심을 갖는다. 달리 말해, 그들은 정부의 정책에 대해 관심을 갖고 있다. 비교정부나 정치행태를 연구하지 않고 비교 공공정책을 연구하는 것은 사람들의 생활에 미치는 정부 행위의 효과에 특별한 관심을 가지는 것이다. 한 정책을 채택했을 때 그 결과가 정부가 의도했던 것과 정확히 일치되는 경우는 드물다. 때때로 그 결과는 정치적 선택과 논쟁의 새로운 장이 되기도 한다. 의도되지 않은 결과를 수습하는 정부의 능력을 평가하는 것과 정책 발전에 있어서 서로 다른 경험으로부터 배우는 것은 그 주제를 복잡하고 재미있게 만든다. 우리의 견해로는 뜻밖의 사건과 변용을 기대하고 다루는 접근법이 행위의 가정에 기초한 연역을 강조하는 접근법보다 더 현실적인 분석이 될 것이라고 본다.

우리는 원래의 정의에서 두 부분을 남겨 놓고 있다. "서로 다른 정부"에 대해 언급할 때, 우리는 정상적인 국가별 접근을 벗어나는 비교를 배제하지 않기 위해 의도적으로 분명한 입장을 취하지 않는다. 서로 다른 국민정부들 간의 대비에 못지 않게 다양한 지방적 단위의 정부들 간의 공공정책을 비교하는 것도 유용하다. 사실 우리는 서로 다른 나라들 사이에서 발견할 수 있는 것만큼이나 같은 나라의 지방적 관할권 사이에서도 많은 재미있는 차이점들을 발견할 수 있다.[5] 또한 공공정책에 영향을 미치는 자발적인 조직이나 그 외의 사적 집단들을 고려함으로써 보다 분화된 비교도 해 볼 수 있다.[6]

우리에게 필요한 것, 즉 학문적 문헌에서 심각하게 결여되어 있는 것은 서로 다른 나라들을 포함하는 것과 마찬가지로 다른 수준의 정부들을 포함할 수 있는 비교 접근법이다. 서로 다른 나라의 수도[즉 중앙정부]에서 일하는 정책입안자들 간의 상호작용도 중요하지만, 이것이 정책입안의 전부는 아니다. 이는 최근 들어 중앙정부들이 점차 정책 부담을 지방정부와 준(準)공공단체에 이양함으로써 재정문제를 풀어가려고 함에 따라 현실로 나타나고 있다. 공공정책은 아마도 이전보다 더욱 더 그에 대해 책임을 지는 서로 다른 수준의 정부 당국과 준공공단체에 의한 결정들의 조각을 짜 맞춘 모자이크가 되어 가고 있는 듯하다. 따라서 중앙정부보다 낮은 수준에서 이루어지는 정책결정에 대한 비교연구에는 해야 할 과제들이 많이 남아 있다고 하겠다.

끝으로 우리가 내린 정의의 마지막 요소, 즉 "행위 혹은 비행위의 과정"이 곧 정책이라는 것을 살펴보자. 이런 저런 결정과 어떻게 그것이 이루어졌는가를 파악하는 것으로는 충분치 않다. 공공정책의 비교 목적을 위해서 중요한 것은 상당히 일관성 있는 행위들을 구성해주는 일련의 정부 결정들이다. 이러한 점에서 비교 공공정책을 연구하는 것은 마치 일기의 유형을 분석하려는 것과 같다. 지방 텔레비전의 아나운서는 구름과 기온 변화간의 특정한 상호작용이 어떻게 특정한 날의 날씨—비가 오거나 혹은 햇빛이 나는가—에 영향을 미치는지를 기록한다. 그러나 장기적인 변화를 이해하는 진지한 기상학자는 어느 대륙의 겨울이 더 춥고 비가 많이 오는가, 또는 수십 년을 단위로 기상이 어떻게 변화하고 있는가를 밝히는 데 더 많은 관심을 가지고 있다. 그는 예측을 할 때 농업의 유형이나 특정한 종류의 산업공해의 결과 등과 같은 변수들을 도입해야만 한다.

비교정책학자들과 마찬가지로 기상학자들도 더 춥거나 더 따뜻한 겨울을 만들어내는 요인들을 평가하고 저울질하는 서로 다른 방법을 가지고 있다. 그러나 일반적인 일기 유형이 기상학자들에 대해 갖는 관계는 정책들이 비교정책학자들에 대해 갖는 관계와 같다. 즉 "운동과 활동의 전반적인 배치"에 공통된 관심을 갖고 있다. 양자 모두 보다 크고 일반적인 경향에 대해 우선적으로 관심을 갖는 유연한 관찰자이지 않으면 안 된다.

그렇다면 정부가 내리지 않은 결정 혹은 정부가 회피하는 쟁점들은 어떻게 볼 것인가? 이 또한 공공정책인가? 정부가 결정하지 않은 모든 것도 "사실상"(*ipso facto*) 하나의 정책이라고 생각하는 것은 명백히 어리석은 일일 것이다. 오늘날 (이란과 중국을 예외로 한다면) 남녀 간의 의상 스타일에 관해 명백한 결정을 내리는 정부는 거의 없다. 마찬가지로 혹성간의 방문자에 대해 특별한 이민 할당을 부과하기로 결정하는 나라도 없다. 이것이 곧 많은 나라들이 의상에 있어서 성차별에 관대한 정책을 취한다거나 혹은 혹성간의 이민보다는 지구상의 이민에 대해 차별대우하는 정책을 취한다는 것을 의미하지는 않는다. 그러나 특정한 상황에서 계획적으로 행동을 취하지 않음으로써, 정부가 대규모 지출을 결정하는 것만큼이나 공공정책적 의미를 지니는 어떤 것을 표출하고 있다는 것을 부정하는 것 또한 어리석은 일이다. 오랜 세월 동안 미국 연방정부는 각 주의 법 아래에서 행해지는 인종차별 문제에 개입하기를 계속 거부함으로써 일종의 시민권 정책을 취한 셈이 되었다. 이와 비슷하게, 1960년대에 불평등을 축소시키라는 강력한 요구가 일어날 때까지 미국의 보건 정책은 보건 문제에 대한 점증하는 요구를 촉진시키고 충족시키는 사기업에 대한 불간섭 방침으로 특징지어졌다.

정부의 비행위 혹은 비결정은 어떤 행위나 결정에 대한 압력에 저항하여 이것이 상당히 일관성 있는 방식으로 오랫동안 추구될 때 하나의 정책이 된다. 정부의 수동성이 어느 시점에서 공공정책의 성격을 띠게 되는지 명확히 얘기한다는 것은 쉽지 않지만, 이를 둘러싼 논쟁이 증대되는 것에서 그 실마리를 찾을 수 있을 것이다. 예컨대 1950년대에 이르기까지 워싱턴 당국은 아무 것도 하지 않음으로써 남부의 인종차별에 대해 관대한 입장을 취하고 있으며 결국 이를 지지하고 있다는 감정이 널리 확산되었다. 이와 마찬가지로 1980년대까지 의료비를 규제하지 않음으로써, 정부는 소비자로 하여금 더 많은 의료비를 부담케 하여 수요를 억제하는 공공정책을 추구하고 있다는 것을 더욱 더 많은 미국인들이 분명하게 인식하게 되었다. 이런 경우처럼 "휴지(休止) 중의 정책"(policy in repose)을 밝히고자 하는 목적에서 중요한 것은 그 쟁점이 최소한 정치적 의제에 올라 있는 주요 참여자들에 의해 인식되어야 한다는 것이다. 그런 점에서 동일한 쟁점에 대해 어떤 정부의 불간섭주의적 태도를 다른 정부의 간섭주의적 접근과 의미 있게 비교하는 것도 가능하게 되었다.

지금까지 우리가 그 주제에 대해 정의해왔던 방식에서 볼 때 비교 공공정책의 연구에는 객관적인 사회적 조건들을 평가하는 기술만큼이나 개인적인 판단력도 요구된다는 것이 명백해졌다. 언제 비결정이 하나의 정책이 되는가? 어떤 정책 경향들이 서로 비교되어야 하는가? 그 차이점과 유사점을 설명하기 위해 얼마나 깊이 역사와 정치문화를 파고들어야 하는가? 이런 혹은 이와 비슷한 문제들에 대한 답변은 과학적인 이론이나 측정에 전적으로 의존하는 것이 아니다. 이는 항상 어느 정도 해석과 판단의 문제로 남는다.

비교 공공정책은 많은 여러 학문들로부터 그 주제를 끌어내기 때문에 결코 그 자체로서 완비되고 전문화된 학문영역이 될 수가 없다. 우리의 정의에서 "어떻게"라는 부분은 주로 비교정부론, 공공행정론 및 정치학 일반의 저작에서 끌어낸 것이다. "왜"라는 부분은 종종 정치사회학, 역사학, 사회심리학 및 기타 분야에서 다루어지는 주제들로 확대된다. "어떤 결과를 위하여"라는 문제는 정책분석, 경제학, 그리고 궁극적으로는—우리가 살고 싶은 사회와 관련하여 그 결과를 평가할 때—사회철학과 밀접하게 관련된다.

비교 공공정책은 사회과학의 분주한 교차로에 위치한다. 그것은 정치학자, 사회학자, 역사가 및 경제학자가 서로 배우는 장을 제공한다. 각자가 가져온 가정들은 다른 사람들의 인식을 통해 검증받을 수 있다. 각 보행자의 수준에서 연구의 주제는 매달 다를지도 모른다. 그러나 그들의 고고한 관점에서 볼 때 경험 있는 정책 관찰자들은 형식과 스타일 및 본질의 지속성을 인식할 수 있을 것이며, 언제 교육과 주택 문제에 있어서 보다 대담한 목표를 향해 순풍이 불 것인지 혹은 왜 비슷한 경기부양책이 다른 나라보다 어느 한 나라에서 더 혼란에 마주치는지를 식별할 수 있을 것이다.

## 2. 선택으로서의 정치

"통치한다는 것은 선택하는 것이다." 이처럼 많이 들어본 말에는 심오한 통찰이 숨겨져 있다. 정치와 선택의 연결에 숨겨져 있는 통찰을 알아내기 위해 우리는 몇몇 개별 통치자의 이미지를 벗어날 필요가 있으며, 많은 사람과 집단을 포괄할 필요가 있다. 우리는 뉴스의 가치가 있는 이런 혹은 저런 결정이 아니라, 선택의 과정에서 축적된 상호작용과 결정들의 수많은 흐름을 생각해야만 한다. 정치인과 지도자들이 반드시 공익에 따라 행동하기 때문이 아니라 그러한 선택의 결과들이 특정한 사회적 협정을 권위적으로 인가하기 때문에, 이는 사회를 대표하여 이루어진 선택이라고 할 수 있다. 따라서 우리는 "통치받는다는 것은 선택이 당신들을 위해 이루어지도록 하는 것"이라고 말해야 할지도 모른다. 그러나 그러한 진술은 하나의 중요한 현실, 즉 지도자들도 제약 없이 행동하는 것은 아니며, 그들이 지도하는 사람들과 함께 상호 영향을 미치는 과정에 참여하고 있다는 현실을 간과한 것이다. 헤르만 헤세의 다음 인용으로부터 우리는 보다 설득력 있는 이미지를 얻을 수 있다.

> 탐험은 다소 폐쇄된 원주 속에서 같은 방향으로 가는 참여자들과 함께 어떤 고정된 질서로 나아가는 것이 아니다. 반대로 수많은 집단이 동시에 그 길 위에 있으며, 각 집단은 각기 자신들의 지도자와 자신들의 별을 따라 가고 있는 것이다. 그들은 항상 보다 큰 집단으로 용해되어 당분간 거기에 속할 각오가 되어 있다. 그러나 그들은 항상 다시 분리되어 나갈 준비가 되어 있는 것이다….(헤르만 헤세, 『동방으로 가는 여정』)

만약 이것이 지나치게 추상적이라면, 지난 백 년 동안 정치를 통해 이루어진 집합적 혹은 사회적 선택들을 생각해보라.

공공비용으로 행해지는 학교 교육은 수년 동안 상대적으로 소수의 어린이에게만 제공되던 일종의 자선사업으로부터, 어른이 될 때까지 각 세대에게 제공되는 하나의 권리로 성장해왔다. 중등교육의 입구에서 가장 강력하게 적용되던 선별 기준은 교육의 사다리에서 점차 "상향" 조정되어 대학원과 전문대학원의 문까지 적용되기에 이르렀다.

한때 정부의 관심을 거의 끌지 못했던 보건 문제는 오늘날 모든 곳에서 공공정책의 수준으로까지 그 위상이 격상되었다. 일찍이 권력정치(power politics)의 시대에 각국의 힘은 군대와 군비를 통해 측정되었지만, 오늘날은 유아 사망률 또는 마약중독 문제를 다루는 능력과 같은 사회적 지표들이 그와 동등하게 혹은 더 중요하게 인식되고 있다. 수명이 길어짐에 따라 정부는 보건 재정 문제 일반에 더 깊이 간여하게 되었고, 특히 증대되고 있는 노령층 인구의 보건 문제에 더 깊이 간여하게 되었다.

한편 도시의 형태와 주거의 성격은 항상 시장의 힘의 부산물이었다. 한때 이러한 것들은 경제현실의 자연적이고 불가피한 결과로서 생각되었지만, 그러나 오늘날에는 예견과 정부 개입의 대상으로 간주되고 있다.

우리는 어떤 사람이 번 것 가운데 얼마만큼을 세금으로 거두어야 하고, 또 특정 종류의 소득과 지출은 다른 종류의 소득과 지출과는 다르게 세금이 부과되어야 하며, 사람들은 우리가 규정한 것만큼 기본적인 필요를 충족시킬 수 없을 때마다 다양한 종류의 공공소득을 수취하게 될 것이라는 것을 결정해왔다.

1881년 독일 황제 빌헬름 1세에 의해 사회보험의 원대한 국가적 프로그램이 최초로 시행되었다. 오늘날 공공정책 의제의 팽창을 볼 때, 그 이래의 백 년간을 복지국가의 세기라고 명명해도 무방할 것이다. 데이터는 결코 완벽하지 않지만, 유럽과 미국에서의 전반적인 복지국가 경향은 명백하며, 지난 백 년 동안 일관된 것이었다. 즉 전체 경제적 자원 가운데 증가분은 세금으로 흡수되어 공공지출에 쓰였다. 그리고 모든 공공지출 가운데 증가분은—전시(戰時)를 제외한다면—사회 프로그램에 할당되었으며, 이 프로그램 가운데 더욱 더 많은 부분을 소득보장 프로그램이 차지하게 되었다.[7] 이러한 경향 가운데 국가별 변이는 물론 중요하지만, 그러나 전체적인 경향은 모든 선진국에 있어서 장기적인 테마로서 부각되었다.

1960년 이후 세대는 이런 동일한 경향들이 더욱 현저해지고 있음을 보아왔다. 물론 정치체계들 간에는 많은 차이점들이 존재한다. 그럼에도 불구하고 1960년에서 1980년에 이르는 기간은 참으로 복지국가 지출과 조세의 긴 역사 가운데 황금시대였는지도 모른다.

그러나 우리가 이러한 발전들을 집합적 선택의 사례라고 부르는 것이 참으로 정당화될 수 있는가? 확실히 공공지출은, 누군가에 의해 그 수준이나 비율이 어느 정도가 되어야 하는지 의식적으로 선택되지 않은 채 경제의 한 부분으로 증가해왔다. 그 결과 총합적인 유형들이 나타났다.

우리는 다시 한 번 그 같은 선택이 몇몇 개별적인 결정 작성자들에 의해 의도적으로 만들어질 수 있다는 생각에 대해 조심해야 한다. 선택은 복잡한 상호작용의 과정을 통해서도 이루어질 수 있는 것이다. 정치는 사회적 선택의 메커니즘으로서 기능한다. 그것은 곧 시장이 거기에 참가하는 그 어떤 개인도 의도하거나 결정할 수 없는 총합적인 경제적 선택을 이루어내는 수단으로서 기능하고 있는 것과 마찬가지 맥락이다. 변화하는 가격은 수요와 공급에서의 운동을 나타낸다. 그렇게 함으로써 그것은 총합적인 경제적 선택의 두 양식을 산출한다. 즉 잠재적으로 산출될 수 있는 가능한 모든 조합들로부터 바람직한 생산물의 조합을 산출하기 위해 희소자원을 어떻게 할당할 것인가 하는 선택과 이러한 생산물을 구매할 화폐소득을 누가 가질 것인가에 대한 분배적 선택이 바로 그것이다. 이러한 자원의 할당과 소득의 분배는 경제생활의 날줄과 씨줄인 것이다.

좋든 나쁘든 정치적 생활은 훨씬 더 복잡하다. 정치경제학적 개념에 기초한 연역은 정치적 선택의 복잡성을 이해하기 위한 작은 길로만 우리를 인도할 뿐이다. 예컨대 1970년대에 많은 저자들은 민주적 정책과 정치가 과도한 인플레이션과 정치적 파멸을 향해 가차 없이 나아가고 있다는 것을 보여주기 위해 그러한 개념들을 사용했다. 공중(公衆)의 요구는 정부 지출에 대해서는 선호하는 경향을 보이면서도 그러한 지출을 뒷받침하는 조세에 대해서는 거부감을 보였다. 이러한 경향은 공공 서비스의 "공급"에 참여하는―그리고 납세자의 돈을 사용하는―관료들은 그들의 야심적인 프로그램을 제한하는 그 어떤 "비용"의 제약도 가지지 않는다는 사실에 의해 강화되었다. 이러한 경제적 개념들은 몇몇 일반적인 경향을 포착하는 데는 유용했지만, 그러나 정치적 현실을 충분히 묘사하지는 못했다. 1980년대 초까지 정부의 팽창은 점차 둔화되는 것처럼 보였다. 대부분의 서방 민주주의국가에서 과도한 인플레이션과 방대한 정부 적자는 더 이상 발전하지 않았다. 로널드 레이건이나 마가렛 대처 같은 정치인들은 정부 지출을 줄이고 조세 수준을 낮추겠다고 약속함으로써 대중들의 추종을 획득했다. 어느 정도 서로 다른 수사(修辭)와 방법을 사용하면서 대륙 유럽의 많은 사회민주당도 유사하게 공공 예산을 삭감하는 행동을 취했다. 물론 이러한 발전은 모두 사회적 선택의 정치학의 한 부분인 것이다.

상당수의 사람들이 정치적 과정은 바람직한 결과를 산출하기 위해 통제될 수 있다고 믿고 있다는 사실에 의해 선택은 단순한 결과와 분리된다. 아마 다른 그 무엇보다도 우리들의 시대를 그 이전의 정책결정의 시대와 구별시키는 것은 선택의 가능성과 함의에 대한 점증하는 자각인 것이다. 따라서 레이건 같은 보수주의자도 인플레이션을 진정시키고 낮은 실업률과 고용안정을 성취하기 위해선 그의 첫 임기 말까지 균형예산을 회복할 뿐만 아니라 국내총생산(GDP)에서 연방정부의 몫을 21%에서 19.6%로 감축하겠다는 청사진을 가지고 대통령직을 시작했던 것이다. 그의 행정부의 경제학자들이 어떻게 그러한 목표를 달성할 것인가 하는 문제에 대해선 의견이 분분했지만, 그중 누구도 그러한 목표가 최소한 잠재적으로나마 정책결정 과정의 권력을 통해 달성될 수 있다는 생각에 대해 의문을 제기하지 않았다는 것은 특기할 만하다. 이전 세대의 대부분의 사람들은 그러한 확신을 느껴보지 못했을 것이다. 그것이 어떻게 가능했는가? 금세기에 들어서야 비로소 국민경제를 경영하는 데 필요한 개념을 둘러싸고 정치적 논쟁이 광범위하게 전개되었기 때문에, 또한 1940년대에 이르러서야 비로소 경제의 규모와 추세를 측정하는 최초의 믿을 만한 개념—국민총생산(GNP)—이 만들어졌기 때문에, [그 이전에는] 그 누구도 경제에 대한 관계에 있어서 정부의 규모에 대해 논란을 제기할 수 없었다. 실업과 인플레이션은 주로 사물의 자연적 질서의 한 부분으로 받아들여졌다. 마치 날씨의 변덕이 사람의 통제를 벗어나 있는 것처럼, 고난의 시대가 황금시대를 교대하는 것은 당연한 일이었던 것이다.

일단 어떤 상황에 명칭이 부여되고 그것이 단순히 자연적 질서의 한 부분이라기보다는 하나의 문제로서 받아들여지게 되면, 어느 정도의 실업이나 인플레이션 수준을 정부가 정책을 통해 창출하거나 장려하기 위해 선택하는 어떤 것으로 해석하는 것은 쉬운 일이다. 우리 시대를 특징짓는 것은 선택을 기꺼이 인정하고자 하는 의지인 것이다. 선택은 경제보다 훨씬 많은 영역에 적용된다. 낙태 행위에 대해 연방 기금을 주거나 거부하는 것도 많은 사람들에게 있어서는 낙태를 찬성하거나 혹은 반대하는 정책이 된다. [복지국가] 추세들이 그들 자신의 경로를 전개하도록 내버려두는 의지가 쇠퇴하고 그러한 추세들을 통제하고자 하는 의지가 증대하는 예는 기술적 변화—원자력, 화학제품의 사용, 자연자원의 개발, 유전공학 등—의 영역에서 특히 풍부하게 발견된다. 말하자면, 이들 영역도 사회적 선택의 정치에서 동원된다.

### 3. 분석틀로서의 선택

정치는 집합적 성격의 어떤 선택들을 만들어내는 데 봉사해 왔는가? 우리는 앞서 시장은 두 가지 유형의 경제적 선택, 즉 [자원] 할당의 선택과 분배의 선택을 창출한다고 지적했다. 정치에 있어서 가능한 배열은 훨씬 더 많다. 그러나 여기서 우리는 각 정책 영역에 적용 가능한 네 가지 유형의 선택에 집중하고자 한다. 이들 네 가지 유형의 선택은 평등이냐 불평등이냐, 혹은 자유냐 안보냐에 대한 거시적 선택을 결여하지만, 그러나 그에 못지않게 중요한 선택들이다. 또한 우리가 앞으로 보게 되겠지만, 이는 부단히 변화하고 적응하게 된다.

**범위의 선택** 이런 유형의 선택은 공공의 책임과 사적인 책임 사이에 선을 그을 수 있는가 없는가, 그을 수 있다면 어디서 그을 것인가 하는 문제에 관심을 갖는다. 예컨대 보건의 구매는 보건을 제공하는 사람들과 돈을 가지고 그것을 사는 사람들 사이에서 엄격히 사적인 문제인가? 만약에 정부가 개입한다면, 정부는 그러한 서비스를 제공하는 의사와 병원을 위해 필요한 시설을 어느 정도의 선까지 제공해야 하는가? 보건을 필요로 하는 당사자는 어느 정도의 책임을 져야 하는가? 어떤 범위의 선택들은 공공 부문과 사적 부문간에 존재한다기보다는 공공정책들 자체에 존재하기도 한다. 주택정책은 주로 건물들의 물량적 공급을 증가시키는 데 관심을 가져야 하는가, 아니면 빈민대책이나 경제운용 정책의 한 부분으로서 사용되어야 하는가?

**정책수단의 선택** 정부가 개입할 책임을 받아들인다고 전제한다면, 정부는 어떤 구조와 수단들을 사용할 것인가? 정부는 국가적 수준에서 정책결정 권력을 보유하길 원하는가, 아니면 하위 국가적 수준의 정부에게 권력을 위임하길 원하는가? 정부는 지방 정부 혹은 지역 정부가 교육 정책이나 사회보조 정책을 작성하도록 내버려둘 것인가, 아니면 그러한 관할권을 보다 높은 수준으로 이양함으로써 균질성에 충분한 가치를 둘 것인가? 나아가 선택권은—공립학교와 주택 단지를 운영하고, 영리적이거나 비영리적인 건축업자나 병원 운영자에게 보조금을 지급한다든가, 혹은 어떤 규제 기준을 확보하는 인·허가권을 사용한다든가 하는—공공 개입의 방식과 관련이 있다. 비록 그러한 선택이 상호 배타적인 것은 아닐지라도 대부분의 국가 체제는 어떤 수단을 다른 수단보다 우선시하는 경향이 있다. 그러나 이러한 선택들이 정책 영역들을 초월하여 일관될 필요는 없다.

분배의 선택 경제 시장이 비용과 수익이 우연히 맞아떨어지는 곳에서 분배적 선택에 도달하는 데 반해, 정치과정은 정상적으로 훨씬 더 의식적인 방식으로 그러한 선택에 도달한다. 부유한 가정의 아이들이 더 좋은 사립학교에 갈 수 있어야 한다는 것은 공정한가? 이들의 부모가 자기 아이들이 다니지 않는 공립학교를 지원하기 위해 세금을 내야 하는 것은 공정한가? 세금의 부담을 가계들 사이에, 개별 소득과 기업 이윤 사이에, 또는 소득과 소비 사이에 어떻게 분배할 것인가 ?

억제와 혁신의 선택 이러한 선택은 억제의 성격에 있어서 중대한 변화가 다음과 같은 문제, 즉 앞서 이루어진 선택에 따라 수행된 정책들을 어떻게 지속시키고 종결시킬 것이며 적응시킬 것인가에 대한 문제를 제기할 때 특히 적용 가능하게 된다. 선택은 한편으로 자원과 수익의 추출이나 확장에 관한 현행 규칙들을 강화하는 방향으로 나아갈 수 있으며, 다른 한편 새로운 기술을 실험하는 방향으로 나아갈 수도 있다. 엄격함에 의존하는 것이, 현행 규칙 하의 행정에서 일탈이나 허점을 보다 적게 허용할 수 있다. 또한 그것은 공공보조나 낙태 혹은 주택 보조의 선별 기준을 강화하도록 규칙들을 조정할 수도 있다.

□ 주

1) James O'Connor, *The Fiscal Crisis of the State*(New York: St. Martin's, 1973); Frances F. Piven and Richard A. Cloward, *Regulating the Poor*(New York: St. Martin's, 1973).
2) T. E. Borcherding, ed., *Budgets and Bureaucrats: The Sources of Government Growth*(Chapel Hill: Duke, 1977); Samuel Brittan, *The Economic Consequences of Democracy*(New York: Holmes and Meier, 1979); James Buchanan and Richard

Wagner, *Democracy in Deficit*(New York: Academic, 1977); William Nordhaus, "The Political Business Cycle," *Review of Economic Studies*, Vol. 42 (1975), pp. 169~190.

3) Charles Lindblom, *Politics and Market*(New York: Basic, 1977); Aaron Wildavsky, *Speaking Truth to Power*(Boston: Little, Brown, 1979).

4) Douglas E. Ashford, ed., *Comparing Public Policies: New Concepts and Methods*(Beverly Hills: Sage, 1978).

5) Robert C. Fried and Francine Rabinovitz, *Comparative Urban Politics*(Prentice-Hall, 1980).

6) Ira Sharkansky, *Wither the State? Poltics and Public Enterprise in Three Countries*(Chatham, NJ: Chatham House, 1979); Helen Graham, "Implementation through Bargaining," *Public Policy* (Fall 1977).

7) Peter Flora and Arnold J. Heidenheimer, *The Development of Welfare States in Europe and America*(New Brunswick: Transaction Books, 1981).

# 제10장 서구 복지국가의 정책 비교*

아놀드 하이덴하이머, 휴 헤클로
(Arnold J. Heidenheimer, and
Hugh Heclo)

1983년은 근대 복지국가가 탄생한 지 100주년이 되는 해이다. 통상적으로 근대 복지국가는 비스마르크 치하의 독일이 의무적인 의료보험을 도입한 것을 계기로 그 막을 올렸다고 얘기된다. 그러나 오늘날 우리는 사회과학자들과 정치인들이 복지국가의 발전과 그 미래에 관한 중대한 문제들에 대해 이견을 보이고 있음을 발견한다. 1980년대의 저성장시대에 복지국가의 "위기"는 얼마나 심각한 것인가? 서방 국가들의 정책이 과거 수십 년 동안 서로 수렴되던 유형으로부터 이탈하여 다양한 형태로 분산되고 있는 것은 과연 사실인가? 왜 미국과 영국은 다른 유럽대륙 국가들보다 사회보장제도를 더 축소시키는 경향을 보이는 것일까?

이런 문제들을 토론하기 위해 우리는 복지국가를 건설하기 위해 투쟁해온 네 명의 노병을 초청했다.

데이비드 로이드 조지(David Lloyd George, 1863~1945): 1908년에서 1911

---

* Arnold J. Heidenheimer, Hugh Heclo, and Carolyn Teich Adams, *Comparative Public Policy: The Politics of Social Choice in Europe and America*(New York: St. Martin's Press, 1983), Chapter 10: "Policy Contrasts in the Welfare State." 김세걸(서강대 대학원 정외과 박사과정)이 초역하고 신윤환(서강대 정외과 교수)이 수정하였음. 편집상의 이유로 pp. 320~324의 한 소절은 중략하였음.

년 사이에 영국의 사회보장 입법의 상당 부분을 도입한 자유당 각료.

콘라트 아데나워(Konrad Adenauer, 1876~1967): 1950년대에 이전 체계의 정책 유산을 어떻게 지속하고 확장할 것인가 하는 문제에 직면했던 서독 최초의 수상.

해리 트루먼(Harry Truman, 1884~1972): 페어딜(Fair Deal) 사회정책 프로그램을 제안함으로써 루즈벨트의 전통을 계승하고자 했던 1945년에서 1952년 사이의 미국 대통령.

타게 에를란더(Tage Erlander, 1901~ ): 1950년대와 60년대에 스웨덴 사회민주당의 사회·경제정책의 상당 부분을 입안하는 데 기여했던 정치인.

아데나워: 먼저 로이드 조지 경에게 묻고 싶습니다. 복지국가 프로그램을 도입하는 데 있어서 영국과 미국은 독일과 어떻게 비교될 수 있으며, 그 이래 그 프로그램의 적용 범위는 어떻게 발전되어 왔는지 말씀해 주시지요.

로이드 조지: 글쎄요. 우리가 복지국가를 네 가지 기본적인 사회보장 프로그램과 동일시한다면, 그 중 세 개는 이미 1880년대에 비스마르크 치하에서 독일이 도입하였고, 그리고 나서 약 4반세기 후에, 그러니까 1910년경에 우리 영국이 도입했다고 할 수 있겠죠. 그리고 미국은 약 반세기 후인 1930년대에 이르러서야 그런 프로그램을 도입했죠. 1940년대에는 한동안 영국의 프로그램이 질병과 사고, 그리고 실업에 대한 대처 및 노인 보호 등에 있어서 다른 나라들을 앞지른 적도 있었습니다(<표 1>을 참조하시기 바랍니다). 그러나 곧 영국은 스칸디나비아 나라들에게 추월당했습니다. 미국은 우리의 사회보호 수준에 접근하였지만, 그러나 크게 뒤쳐져 있었던 게 사실입니다. 그것은 그들이 그 당시까지 일반적인 의료보험 프로그램을 가지고 있지 못했기 때문이죠. 영국이 리더십을 상실하게 된 것은 상대적인 경제적 쇠퇴와 관련이 있을 것같습니다만, 미국이 왜 더 이상 쫓아오지 않았는가에 대해선 저로서는 도무지 이해가 안갑니다.

트루먼: 글쎄요. 그것은 아마 다음과 같은 사실에 기인하는 것이 아닐까요. 말하자면, 우리나라의 저소득층은 유럽의 저소득층보다 [정치적으로] 덜 조직

<표 1> 사회보험 적용범위의 확장 추세

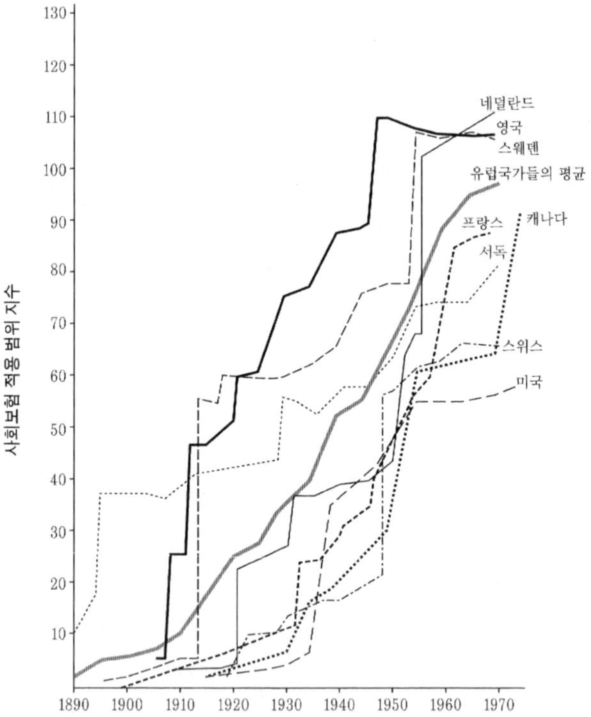


* 출처: Flora and Heidenheimer, *The Development of Welfare States in Europe and America*, p. 55.

되어 있고, 또 투표할 기회도 더 적습니다. 그들이 동원되었을 때, 그러니까 예를 들면 1930년대와 1960년대에 우리는 사회보장에 관한 기본입법을 확대했고, 또한 법안으로 통과시켰습니다. 그러나 대부분의 시기에 있어서 우리의 제도는, 말하자면 정당에 대한 충성심을 무시하는 국회의원들을 비롯해 "살찐 고양이"만 광고를 살 수 있는 사설 텔레비전 방송국에 이르기까지, "큰 정부"를 요란스럽게 반대하는 사람들에게 유리한 편입니다. 이들은 1940년대에 내가 국민의료보험을 도입하려고 시도했을 때 나를 아주 지쳐 떨어지게 만들었죠. 그래서 린든 B. 존슨조차 1960년대에 부분적인 프로그램에 만족할 수밖에 없었던 것입니다. 중간 규모의 균질적인 나라가 아니라 다양한 부분을 안고 있는 하나의 대륙을 바꿔야 하는 과제에 비해 우리의 정책 수단은 대부분의 시기에 있어서 상당히 제약된 능력밖에 가지지 못한 것이었습니다. 그런데, 독일은 어떻습니까? 독일은 더 일관성 있는 사회정책들을 추구할 수 있었을 텐데요.

아데나워: 전적으로 그렇다고 할 수는 없겠지만, 많은 부분에서는 그랬습니다. 비스마르크 이후 반세기 동안 독일 정치는 강한 계급적 적대감에 의해 특징지어졌습니다. 그것이 우리가 1927년까지 실업보험을 도입하지 못했던 이유입니다. 그리고 그것은 대공황이 내습했을 때 부적절하다는 것이 입증되었죠. 사람들은 보장을 찾아 히틀러에게 모여들었던 것입니다. 그 사건은 물론 비스마르크가 가져다 준 제국의 해체로 귀결되었죠. 그러나 저는 이러한 충격적인 대격변의 이면에서도 사회보장에 대한 공약은 모든 정권에 의해 일관성 있게 유지되었다는 점을 지적하고 싶습니다. 제국 하에서 연금을 받을 자격을 얻은 사람들과 그 상속인들은 나치 하에서도, 그리고 그 후 연방공화국 하에서도 연금을 수령할 수 있었습니다. 또한 우리는 1950년대에도 사회보장제도를 발전시키는 데, 즉 교육이나 대중교통 요금 등에 의식적으로 우선순위를 부여했다고 할 수 있습니다. 1957년에는 노인 연금을 임금 수준과 연동시킴으로써 일정 연금액을 보장하는 등 새로운 정책의 길을 닦아 갔습니다. 대기업을 경영하는 내 친구들이 그러한 정책이 인플레이션을 유발하기만 할 것이라고 경고했을 때, 난 이렇게 답변했죠. 우리는 사회민주당보다 “앞서 나아가기” 위해 그 법안을 통과시켜야 한다고. 정치적으로 그러한 정책은 우리 기독교민주당이 다시 10년간 정권을 잡을 수 있도록 해주었습니다. 나는 또한 그러한 정책이 경제적인 의미에서도 타당하다고 생각합니다. 노인들은 다시 한 번 피자와 케이크 살 돈을 얻을 수 있게 되었고, 그것은 다시 젊은이들에게 식료품 공장의 도제 자리를 창출해 주었던 것입니다. 그러한 정책에 힘입어 우리는 1970년대 말까지 무시해도 좋을 수준으로 실업률을 억제할 수 있었던 것입니다. 물론 이것은 조세 수준의 상승을 의미하는 것이지만, 그러나 같은 시기 동안

스웨덴에서 했던 것만큼은 결코 아닐 것입니다. 에를란더 씨에게 묻고 싶은데, 왜 당신네 국민들은 거기서 훨씬 더 나아가게 되었죠? 그리고 당신네들은 과연 당초의 목표를 달성했습니까?

에를란더: 우리 사회민주당은 독일에서 히틀러가 정권을 잡기 직전에 집권하게 되었습니다. 그 이래 우리는 포괄적인 방식으로 사회보장의 목표를 달성하는 데 매진해왔습니다. 다른 나라에서도 그랬겠습니다만, 아마 우리는 보다 완벽한 사회적 평등을 달성하는 데 필요한 보완적인 전제조건들을 충족시키기 위해 더 열심히 노력했다 해도 과언이 아닐 것입니다. 우리는 먼저 부르주아지의 생활양식과 노동자의 생활양식간의 현격한 격차를 대폭 감소시키기 위해 노동자에게 보조금을 지급함으로써 주거환경을 개선했습니다. 그리고 나서 우리는 교육문제에 관심을 돌렸죠. 그러니까 미국보다 1인당 교육비의 지출을 더 많이 할당함으로써 하층계급의 자녀들도 중산층의 자녀들처럼 대학에 갈 수 있는 동등한 기회를 가질 수 있도록 노력했습니다. 그리고 나서 우리는 생산현장의 민주주의를 증진시키기 위해, 나아가 세금을 공제한 후의 소득의 격차를 줄이기 위해 노동시장에 개입하게 되었죠. 물론 우리나라에서도 "상위 20%"는 "하위 20%"보다 더 잘 살고 있습니다. 그러나 그 격차는 확실히 다른 모든 서방 국가들에서의 격차보다는 더 작을 것입니다. 이러한 방식을 통해 우리 스웨덴 국민은 상류계층 사람들을 "Ni"(독일어에서의 Sie 혹은 불어에서의 Vous)라고 부르고, 하층민을 "Du"(독일어에서의 Du 혹은 불어에서의 Tu)라고 더 이상 부르지 않게 되었죠. 이제는 모두가 "Du"입니다.

우리의 성공은 우리의 정치적 반대자들이 집권했던 1976년에서 1982년 사이에 정책의 변화가 거의 없었다는 데서도 훌륭히 입증되고 있습니다. 미국, 특히 레이건 행정부가 "위대한 사회" 프로그램을 대폭 축소시켜버린 것과는 놀라운 대조를 보이는 것이죠. 의심할 바 없이 우리도 지하경제 같은 것을 가지고 있습니다. 또 높은 세금 때문에 조국을 떠나는 사람들이 있다는 것도 사실입니다. 비욘 보그나 잉그마 베르그만이 그 대표적인 예이죠. 그러나 난 아직 "자기 발로 가서 투표하는" 다른 많은 사람들에게서 그러한 징후를 보지 못했고, "큰 정부"를 해체하려고 하는 행렬에 스웨덴 사람들이 동참하는 것을 보지 못했습니다. 그런데 1982년에 헬무트 콜을 수반으로 하여 독일 기독교민주당이 집권했을 때 그들은 사회 프로그램을 얼마나 삭감했습니까? 또 다른 나라들에서는 공공부문이 얼마나 축소되었습니까?

로이드 조지: 글쎄요, 영국의 대처주의자들이나 미국의 레이건주의자들도 좋은 시도를 했던 것처럼 보입니다. 그러나 한 가지 문제는 그들의 증가된 군비지출이 사회 프로그램과 상쇄될 뿐만 아니라 그 축소를 결과한 것에 불과한 것 아니냐는 것입니다. 또 다른 문제는 불평등의 증대 경향—경제안정의 견지에서 불가피한—이 효과적으로 저지될 수 있는가 하는 것입니다. 미국과 영국의 중도 좌파 정당들은 독일과 스웨덴보다 이데올로기적으로 더 무질서한 것처럼 보입니다. 정당 지도자들 간의 내부 투쟁과 정당에 대한 유권자들의 충성심의 쇠퇴로 말미암아 정책 공약이 진보적 결과를 가져올 수 있는 틀은 1930년대 이래 어느 때보다도 더 취약한 것처럼 보입니다.

트루먼: 그런데 나를 혼란스럽게 만드는 것이 있습니다. 왜 1980년대의 정부의 정책적 대응은 1880년대의 그것과 다른 것처럼 보이지요? 무엇보다 이 두 시기는 선행한 장기적인 성장의 시기에 뒤이은 경제적 침체의 시기입니다. 우리는 1880년대에 비스마르크가 국가의 역할을 확대하고, 공공 혜택을 제공함으로써 국민들의 이른바 "현금 가치"를 증대시키는 것을 볼 수 있습니다. 그러나 오늘날 우리는 레이건과 대처가 국가개입의 범위를 제한하려고 하고, 시민의 권리가 된 극단적인 불평등에 대한 사회적 보호를 축소하려고 하는 것을 보게 됩니다. 우리는 이러한 시장 메커니즘으로의 회귀에 대해 많은 것을 듣습니다. 그것이 경제적 불황 시기의 산물인지, 아니면 좀 더 구체적으로 한 세기 전 경쟁적 개인주의의 원리가 보다 지배적이었던 이들 나라[영국과 미국]에서의 퇴보인지 궁금합니다.

로이드 조지: 그것에 대해선 이렇게 설명해보는 것이 어떨까요. 자본주의적 민주주의 사회에서의 정책 분출은 번영의 시기에는 수렴되는 경향을 띠지만, 경제적 쇠퇴의 시기에는 다기화되는 경향을 띠지 않나 생각됩니다. 상대적인 성장과 번영의 시기를 본다면, 예컨대 1914년 이전의 10년간이라든가 혹은 1970년대 중반에 이르기까지의 10년간을 보면, 우리는 국가별 정책 보따리에

서 그 차이가 작다는 것을 보게 됩니다. 대부분의 유럽 국가들은 전자의 시기에 사회보장책을 취했고, 후자의 시기에 교육, 보건, 주거 및 기타 공공 혜택에 있어서 국가별 차이는 줄어들었죠.

1880년대의 침체기에는 각국의 정부들이 아주 다르게 반응을 보였죠. 독일은 사회보장에 우선순위를 두었고, 미국은 교육에 우선순위를 두었습니다. 그리고 다른 나라들은 보호관세에 의존했습니다. 그런데 1980년대에 우리는 각국 정부가 예산의 증가를 통제하려고 애쓰는 것을 봅니다. 그러나 그들은 각기 현저히 다른 방식을 동원했습니다. 프랑스, 스웨덴, 그리고 다른 대륙 국가들은 사회정책을 군사정책에 종속시키려고 하지는 않습니다. 오히려 이들 국가는 자국의 시민들이 현재 그들의 권리로 간주하고 있는 사회적 혜택을 유지하려고 재정적자를 감내하고 있습니다. 이와 대조적으로 영국은 사회적 혜택과 교육상의 혜택을 축소하고 있습니다. 심지어 지방정부들은 공공 주택을 처분하도록 강요받고 있는 형편입니다.

에를란더: 미국인들은 사회·경제적 혜택의 천편일률과 그 수준을 축소하는 데 있어 가장 앞장서고 있는 듯합니다. 레이건이 자신의 방식으로 계속 나아간다면 연방정부가 관리하고 있던 많은 프로그램들은 주정부에게 "되돌려질" 것입니다. 그것은 각 주들이 산업과 고용기회를 유치하기 위해 세금과 [사회적] 혜택을 동시에 낮추도록 서로 경쟁시키기 때문에 [사회적] 혜택의 보다 심각한 불균형으로 귀결될 것임이 틀림없습니다.

트루먼: 비스마르크가 레이건 행정부의 1983년도 예산을 보았다면 상당히 놀랐을 것입니다. 그것은 낮은 비용으로 살 수 있는 주택들을 그만 짓고 임대보조비와 난방 보조비를 대폭 삭감할 것을 제안하고 있을 뿐만 아니라, 어린이를 위한 급식 프로그램을 없애고 [빈민을 위한] 식권분배 제도를 축소하는 데까지 나아가고 있습니다. 연방정부의 직업훈련 프로그램도 폐지되고, [하층민을 위한] 탁아소도 축소되었습니다. 교육 기회를 박탈당한 어린이에게 학교교육을 베풀기 위해 마련된 연방 기금도 3분의 1 선으로 삭감되었습니다. 백악관은 이러한 삭감 조치가 가난한 사람들에게 손해를 끼치지는 않을 것이라고 주장했지만, 그런 말은 의회의 공화당 의원들조차 믿지 않았습니다. 국방예

산은 더욱 늘리고 이러한 프로그램들에 대해선 삭감을 하자고 했기 때문에 사실 그들은 그러한 삭감 조치에 대한 지지를 거부했습니다. 이처럼 여러분들은 복지국가 100주년을 기념하는 독특한 미국적 방식을 보고 있는 것입니다. 로이드 조지 경, 영국에서는 복지국가 100주년을 어떻게 기념했습니까?

로이드 조지: 글쎄요, 우리 "철의 여인"[대처 수상의 별명-역자 주]께서도 대서양을 가로지른 경쟁에서 결코 뒤지지는 않았던 것 같습니다. 에드워드 히스(Edward Heath)가 그녀의 발꿈치를 물고 늘어졌어도, 그녀는 예산삭감 동맹에 강력히 참가했던 것입니다. 대처 정부의 계획안은 100주년이 되는 한 해 동안에 정부 지출의 실질 가치를 10년 전의 수준으로 축소하겠다고 약속했습니다(<표 2>를 참조하기 바랍니다). 그뿐만 아니라 그녀는 1979년 당시 73만2천여 명이었던 중앙 공무원에 대해 1983년에는 6만 명을, 그리고 1984년까지는 10만 명을 추가 감원하겠다고 약속했습니다. 그러나 실업이 급증하게 됨에 따라 10만 명의 실업자가 늘어날 때마다 실업 및 사회복지 혜택을 관리하기 위해 2천명의 공무원이 추가로 필요하게 되었습니다. 따라서 그녀가 자신의 목표를 달성했는지는 미지수입니다.

<표 2> 영국의 공공지출, 1973~1984(1979년도 가격)

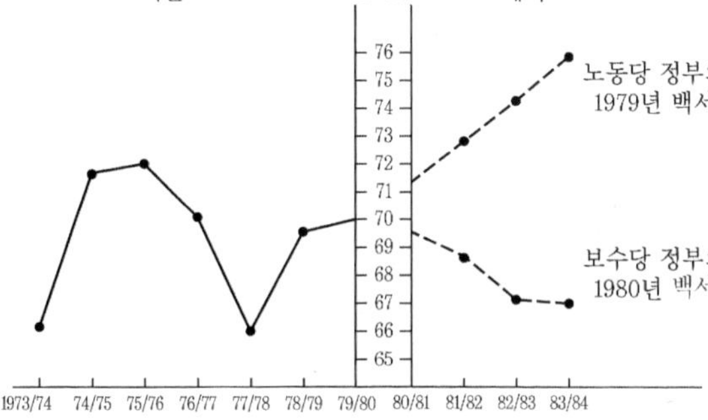


* 출처: *The Government's Expenditure Plus, 1980/81 to 1983/84*, Cmnd 7866, HMSO, 1980.

트루먼: 복지국가를 생각할 때 우리는 장기적인 비전을 가져야 한다고 생각합니다. 사회프로그램의 발전은 느리게 진행되는, 또는 곧 사라졌다가 다시 대두되는 그러한 과정일 수 있습니다. 예컨대 미국 의료보험의 경우처럼 말입니다. 내가 구식이라서 그런지는 모르겠습니다만, 난 자유주의자들이 대규모 지출 혹은 거대한 관료제를 믿어야 한다고 생각하지는 않습니다. 우리가 진정 믿어야 하는 것은 정부는 뭔가 올바른 것, 뭔가 공정한 것을 행해야 할 의무가 있다는 것입니다. 그것이 종종 사적 부문이나 공공 부문에서 특권을 공격하는 것을 의미할지는 모르지만.

## 1. 국가별, 부문별, 그리고 일시적인 정책 유형들

한 시대의 풍요와 정서는 정책 발전에 유력한 영향을 미친다. 1970년대 초에 한 필자는 다음과 같이 예언했다. 복지국가는 "미래의 물결을 타고 있으며", 미국의 몇몇 "주변적인"(marginal) 집단들을 별도로 한다면 "그것을 제어할 그 어떤 경향의 징후도 없다"는 것이다.[1] 그러나 10년 후 상황이 완전히 달라지기는 했지만, 지출 위기의 영향은 정책 영역에 따라 매우 다양하게 나타났다. 교육과 주택은 보건보다 더 많이 삭감되었다. 일자리를 잃은 교사들이 실직한 의사들보다 더 많았다. 동시에 부문 간 또는 하위 부문 간의 자원의 분배도 나라에 따라 상당히 다양하게 나타났다. 따라서 시기와 국가 배경 및 정책 부문의 특성이 정책의 내용에 미치는 영향을 어떻게 분석할 것인가 하는 문제가 제기된다. 이 문제에 답변하기 위해 우리는 그러한 것들이 좋은 또는 나쁜 경제 동향 속에서 각각 어떻게 상호 작용하는가를 검토해 보아야 한다.

국가체계 변수들과 정책부문 변수들이 정책 형성에 미치는 영향력을 검토하고 있는 연구들을 통해 이와 같은 폭넓은 주제에 접근해 보도록 하자. 우리는 각국이 다양한 도전을 다루어가는 방식 속에서 서로 구별되는 차이점들을 많이 밝혀 왔다. 그러나 이러한 관행과 경험들은 어느 정도까지 정책결정의 일관성 있는 국가적 모델 속에 포섭될 수 있는가? 이러한 모델들은 대부분의 정책영역에 유사하게 적용될 수 있는가? 아니면 다양한 부문들은 그들 나름대로의 정책결정의 특성들을 발전시키고 있는가? 만약 그 나라의 제도가 그 나라의 [정책] "스타일"을 형성하는 데 도움이 된다면, 제도가 변하지 않는 한 그 스타일은 항상 그대로 남아 있게 되는가? 한 나라의 정책 스타일은 "왜 어떤 나라들은 다른 나라들보다 어떤 정책 영역에서 더 성공적인가" 하는 의문을 어느 정도까지 설명해줄 수 있는가?

몇몇 정치학자들은 국가별 [정책] 스타일의 특성을 직접적으로 설명해 왔다. 영국의 스타일은 폭넓은 협의, 급진적인 정책 변화의 회피, 잘 확립된 이해에 도전하는 행동에 대한 반대 등의 경향을 가진다고 평가되어 왔다. 이와 대조적으로 프랑스의 스타일은 강한 당파적 이해의 저항에도 불구하고 급진적인 정책 변화를 강제할 수 있는 더 강한 의지를 보여 왔다고 분석된다. 스웨덴의 스타일은 급진적인 정책 혁신을 추진할 수 있는 능력을 가지고 있으면서도 서로 대립하는 이해를 서서히 완화시키고 전화시키는 노력과 광범위한 협의를 수반한다는 점에서 주목받아 왔다.[2)]

이와 같은 성격 규정에 기초하여 또 다른 정치학자는 <표 3>에서 보여주고 있는 바와 같이 보다 확대된 유형화를 시도했다. 그는 6개의 차원에서 세 나라의 순위를 매겼다. 스웨덴은 4개의 차원에서 가장 높은 순위를 차지했다. 스웨덴의 정책결정은 가장 협의적이면서도 가장 개방적이었다. 스웨덴의 정책과정은 가장 신중하면서도, 포괄적인 변화를 향한 그들의 경향에 있어서 가장 급진적이었다. 영국은 2개의 차원 이외의 모든 차원에서 가장 낮은 순위를 차지했다. 프랑스는 협의 수준에서는 가장 낮은 순위를, 그리고 중앙집권화와 갈등의 수준에서는 가장 높은 순위를 차지했다. 이러한 유형화가 유효한지를 알아보기 위해 이와 같은 일반적인 정책 모델이 고등교육 정책의 영역에 적용되었다.

이 저자는 일반화된 국가별 정책 스타일 모델과 고등교육의 특수한 사례 간에 "높은 수준의 정합성"이 있다는 것을 발견했다. <표 3>의 18개 구분 가운데 8개에서 그 순위는 완전히 일치하였다. 그리고 4개의 구분에서 그 순위는 역전되었고, 6개의 경우에는 그 정합성을 결정하지 못했거나 논쟁의 여지가 남아 있었다. 그러나 정책 영역의 특성이 아마 저자가 주목하고 있는 심각한 일탈을 낳는다는 것을 보여준다는 식으로 데이터를 해석할 수도 있을 것이다.

또한 보건 정치(health politics) 분석가들은 한 나라의 정치체계나 정책부문의 특성이 정책결정에 강한 영향을 미쳐왔는지를 검토해 왔다. 영국의 의료이익집단에 관한 초기의 한 영향력 있는 연구는 보건 부문에서 정책결정의 주요한 요소는 그 나라 정치체계의 기능이라고 결론지었다.[3] 또 다른 저자들은, 서구의 모든 나라들에서 의사들은 그들 업무의 중요한 속성으로 인하여 압도적인 정치적 자원을 보유하며, 국가별 맥락은 정치적 영향력의 결정요소로서 비교적 중요하지 않다고 주장했다.[4] 독일의 보건 정치에 관한, 한 후속 연구는 최초의 연구와 같은 맥락에서 "의사들의 정치적 권력의 상당 부분은 의료의 기술적 속성이나 보건에 대한 이데올로기적 신념과 가치에 의해서라기보다는 정치체계의 성격과 정치적 결정에 의해 설명될 수 있다"고 결론지었다.[5]

<표 3> 영국, 프랑스, 스웨덴의 정책 스타일

| | 영 국 | 프 랑 스 | 스 웨 덴 |
|---|---|---|---|
| 정책 변화 | 비급진적<br>( 3 ) | 이따금 급진적<br>( 2 ) | 급진적<br>( 1 ) |
| 중앙집권화의 정도 | 낮은 수준<br>( 3 ) | 높은 수준<br>( 1 ) | 보통 수준<br>( 2 ) |
| 협의 수준 | 아주 폭넓은 협의<br>( 2 ) | 제한된 협의<br>( 3 ) | 폭넓은 협의<br>( 1 ) |
| 개방성 | 은밀함<br>( 3 ) | 아주 은밀함<br>( 2 ) | 개방적임<br>( 1 ) |
| 갈등 수준 | 아주 낮음<br>( 2 ) | 높 음<br>( 1 ) | 낮 음<br>( 3 ) |
| 신중성 | 신중하지 않음<br>( 3 ) | 아주 신중함<br>( 2 ) | 매우 신중함<br>( 1 ) |

* 출처: Rene Premfors, "National Policy Styles and Higher Education in France, Sweden and the United Kingdom," *European Journal of Education,* Vol. 16, No. 2 (1981), pp. 253~262.

또 어느 정치학자는 서로 다른 정치체계들이 갖고 있는 여러 제도들이 거의 동일한 문제를 어떻게 처리했는지 이해하기 위해 미국과 스웨덴의 실례들을 고찰함으로써 작업 안전과 보건의 영역에서 규칙 제정(rule making) 과정을 검토해 왔다. 예를 들면, 행정기관이 소음, 화학적 공해, 건축업 등에 대한 인가 등을 위한 기준을 어떻게 설정하고 있는가? 비록 입법과정이 상당히 다양하고 두 나라 관료들의 가치지향이 매우 다를지라도, 대체로 이러한 규제의 내용들은 "놀랄 만큼 유사하다"는 것이 드러났다.[6] 이러한 경우 정책 부문의 특성은, 그 규칙들이 만들어지거나 개정되는 시기의 개혁 열기와 어느 정도 결합되어 있을 경우, 국가별 배경의 차이보다 더 중요했던 것이다.

이러한 발견들은 동일한 정치학자가 동일한 나라에서 동일한 규칙의 집행과정을 검토할 때에는 아주 다르게 나타났다. 유사한 산업에서 보건 및 안전 감독관들이 사용했던 강제수단은 그 스타일에 있어서 놀랄 만한 차이를 드러냈다. 예컨대 미국에서는 벌금과 그 밖의 징계수단에 더 많이 의존했다. 이러한 국가적 특성은 미국이 정치체계와 사법체계간의 적대적 관계와 제도에 더 크게 의존하고 있다는 사실에 기인한다. 스웨덴의 타협적인 스타일은 그들이 합의에 의한 규칙 제정에 더 큰 강조점을 두고 있다는 점과 감독관들이 경찰보다는 교사의 입장에서 행동한다는 점에서 입증되었다. 비록 나라마다의 스타일 차이가 규칙 제정과 규칙 집행 "모두"에 영향을 미칠 것으로 기대되지만, 그것은 후자에 더 깊은 흔적을 남기고 있다고 하겠다.[7]

사람들은 또한 부문별 유형들이 일반화된 국가적 모델에 얼마나 정합하는지를 비교해볼 수도 있을 것이다. 이 경우 국가별 정책 스타일의 위력이 어느 한 정책 부문의 고유한 요인들에 의해 완전히 압도되거나 혹은 역전되는 상황이 많이 발견되리라고 기대하지는 않을 것이다. 결국 국회의원에서 재무부 관료 및 정부 회계감사관에 이르기까지 주요한 행위자들의 다수가 정책 부문들간의 동질성을 확대하는 데 봉사하고 있는 것이다. 그러나 아무리 몇몇 정책의 하위체계들이 유별나다고 해도—보건에서처럼 지배적인 직업집단의 특권때문에, 또는 지방정부나 중앙은행과 같은 제도들의 다양한 자율권으로 인하여—한 나라의 정책 스타일의 특성들은 대부분 개별 정책 영역에 강하게 반영되어 있는 것 같다.

지금까지 기능적으로 다른 정책 영역들을 국가별로 비교하려는 체계적인 시도는 거의 없었다. 예컨대 사람들은 주택문제에서의 정책 과정이 경제관리에서의 정책 과정보다 일반적인 국가별 정책 스타일에 더 잘 일치하는지를 살펴볼 수 있을 것이다. 여기서 한 가지 어려움은 관련 지표들을 선별하고 측정하는 방법에 대한 합의일 것이다. 또 다른 어려움을 든다면, 그것은 국가별 정책 스타일이 시간이 지남에 따라 변화한다는 것이다. 1970년대 말 새로운 많은 집단들이 스웨덴의 정책 과정에 참여하게 되었을 때, 10년 혹은 20년 전만 해도 명확했던 스웨덴과 영국의 정책결정 사이의 몇몇 차이점들은 줄어들었다.[8)]

또 다른 비교 접근은 정책경험들을 성공적이었던가 그렇지 못했던가로 구분하고, 그 성공 여부가 국가 정책 스타일 때문인지 아니면 국가 정책 스타일에도 불구하고 이루어졌는지를 제기한다. 최근의 영국 경제정책의 실패에 대한 이러한 조사는 영국이 공공 부문과 사적 부문 간의 연계 및 인플레이션 유발 가능성보다 사회적 혜택을 더 중시하는 협상 기제—예컨대 프랑스와 독일에서 사용되었던 수단들—를 복제해내는 데 실패했다는 점에 주목하였다. 이러한 결함들은 "국가에는 별로 기여하지 못하면서 정치인들에게만 봉사하는 제도적·헌법적 경직성에 포위된" 보다 일반적인 속성을 반영하고 있다고 한다.[9)]

이와 대조적으로 사회보장 부문은 영국의 정책적 노력이 상대적으로 성공적이었다고 판단되는 영역이다. 그러나 그것은 당파적 교착상태가 영국의 일반적인 정책 관행에서는 보기 드문 방식으로 사적 프로그램과 공적 프로그램을 혼합한 초당적 타협으로 귀결되었기 때문이다.[10)]

<중략>

## 2. 정책의 성장과 쇠퇴: 선택의 여지는 남아 있는가?

정부의 사회정책들의 "범위"는 그 저변에 깔린 사회경제적 요인들에 의해 어느 정도 결정되는가? 그러한 정책들은 정치적 선택들을 어느 정도까지 반영하고 있는가? 이러한 질문들은 비교 공공정책을 다루는 문헌의 상당수를 지배하고 있다. 일부 학자들은 경제발전의 동력이 가지는 지배적인 힘과 그것의 인구학적·사회적 상관성을 주장한다. 그러나 "정치가 중요하다"는 입장을 견지하는 사람들은 이러한 주장에 반론을 제기한다. 이들은 정부의 정당별 구성과 같은 요인들이 사회정책에 대해 가시적인 영향력을 행사한다고 주장한다.

> "정치가 중요하다"는 것에 대한 격렬한 논쟁과, 그것이 한편으로는 사회학적 기능주의자들과 맑스주의적 구조주의자들 간의 갈등과 다른 한편으로는 인간의 선택행위에 기초한 정치학적 주장과 얽혀 있다는 사실은 다음과 같은 점을 시사해준다. 즉 그 쟁점이 근본적이며, 현대 사회의 구조화된 사회경제적 과정들은 정책과 제도적 장치의 재편에 있어서 의식적인 기관에게 얼마만큼 여지를 남겨주고 있는가와 관계있다는 것이다.[11]

정치과정의 결정적인 영향력에 이의를 제기하는 사람들은 1인당 국민소득과 인구의 연령구조가 사회보장의 확대를 설명하는 데 충분하며, 정당의 강령과 이데올로기에 대한 논의는 접어둘 수 있다는 것을 증명하기 위해 교차국가적 연구를 이용해 왔다.[12] 그러나 그들의 반대자들은 비슷한 데이터를 다르게 분석함으로써 매우 다른 결론을 도출해냈다.[13] 경제학자들은 경제적·구조적 변수들이 보건체계의 비용이라든가 교육체계의 형태 또는 도시계획의 성격과 같은 정책 산출 지표들을 결정하는 데 압도적으로 중요하다고 주장한다. 그러나 이들 또한 정치·사회적 선택이 정책 산출에 영향을 미친다고 믿는 사람들에 의해 논박당했다.

이러한 논쟁은 비교정책 연구에 있어서 서로 다른 배경을 가지고 있는 학자들을 끌어들임으로써 지적 도전을 한층 자극하였다. 그러나 최근 들어 패러다임의 논쟁에 있어서 종합을 향한 경향이 주목을 끌고 있다. 아직도 한 맑스주의 학자는 국가 제도를 지배하는 사람들은 자본축적 과정의 지상명령에 구속된다고 여전히 믿으면서도 "이러한 제약들 속에서 전략과 정책들이 경쟁할 수 있는, 또는 조종할 수 있는 여지가 남아 있다. 즉 국가의 다양한 기관들이 정책을 입안하고, 번복하고, 선택을 내리고, 오류를 저지를 수 있는 여지가 남아 있다"는 것을 인정하고 있다.[14] 다양한 정책 유형들과 그 이면에 깔린 구조적 관계에 초점을 맞춤으로써 정책 결과들을 검토하는 식으로 수렴되는 경향이 있다. 이러한 추세는 “구조화된 변이(variation)를 이해하는 것이 자신들의 학문영역의 핵심이라고 믿는 비교정치학자 및 비교정책학자들의 기호에 맞아 떨어지는 것”으로 보인다.[15]

거시경제적 조건들이 공공부문의 성장에 얼마나 강한 영향을 미쳐왔는가에 대해서는 지난 10년 동안 충분히 증명되어 왔다. 1975년경까지 서방의 모든 나라들에서 공공부문이 국민소득에서 차지하는 비중은 증대되었지만, 그 이후 그러한 경향은 정체되거나 쇠퇴하게 되었다. 이러한 강한 구조적 제약 속에서 각국 정부는 서로 매우 다른 선택을 해왔다. 영국과 미국에서는 우익 정부가 여러 사회정책 영역들에서 더 과감한 삭감조치를 취했으며, 공공주택과 같은 특정 부문의 재(再)사유화를 강행하기 위해 정치적 완력을 사용했다. 영국과 미국은 유럽 대륙의 NATO 회원국들보다 더 많은 자원들을 사회복지 부문으로부터 국방비로 이전시켰다. 또한 이들 정부는, 가난한 사람들이 그들의 이해를 주장할 수 있도록 그들에게 법적·조직적 수단을 제공했던 프로그램과 기관들을 축소의 차원을 넘어 폐지하는 데까지 나아갔던 것이다.[16]

정책 “수단”을 선택하는 데 있어 정치, 경제, 사회체계간의 연계가 얼마나 중요한가? 거시적 수준의 선택 결정능력의 성격에 있어서 서방 민주주의국가간에 중대한 차이가 존재한다는 주장은 사회과학자들로 하여금 정치경제 체계 자체에 대해 도구적으로 접근하도록 하고 있다. 일부 학자들은 많은 유럽 국가의 체계를, 보다 적은 정치적 갈등을 수반하면서 사회정책들을 경제적 제약에 적응시키는 데 있어 상대적으로 더 큰 능력을 지닌 “조합주의적 민주주의”로 보고 있다. 이러한 능력은 네덜란드, 스웨덴, 독일에서 잘 나타나고, 오스트리아, 벨기에, 노르웨이와 같은 나라들에서도 엿보인다. 고용주와 노동자, 정부 및 기타 조직화된 집단 간의 협의적 관계는 비용과 수익을 비교적 균등하게 분배하도록 돕는 것처럼 보인다. 이에 비해 영국과 미국의 덜 조정적인 정치경제 체계는 정치적 합의에 대해 갈등을 유발하는 도전을 억제하는 데 있어 훨씬 능력이 약한 것처럼 보인다.[17]

정책 영역들에 대한 미시적 수준에서의 비교 논의는, 이러한 체계적 수준의 모형이나 성격 규정의 유용성을 평가하고 그 성격을 규정하는 우리의 능력을 강화시킨다. 우리가 조사한 바로는 체계적 수준의 모형은 교육이나 도시계획 정책과 같은 영역보다는 보건이나 소득 정책과 같은 영역에서 더 잘 적용될 수 있다는 것이다. 보건과 같은 정책 영역의 경우, 조합주의적 특성은 스웨덴처럼 사적 부문이 더 이상 중요하지 않게 된 곳보다는 독일처럼 그것이 여전히 중요하게 남아 있는 곳에서 더 잘 드러난다. 그러나 보건비용을 통제하는 방식에 있어서 독일과 미국의 대비는 조합주의적 경향이 서로 다른 결과를 산출하는 데 기여할 수 있다는 것을 보여준다. 이러한 경우 그것은 주로 조직화된 기업들이 차지하는 서로 다른 지위 때문이다.

만약에 정책을 채택하는 데 있어서 이른바 민주적 조합주의 체계가 다른 체계보다 명백히 더 성공적이었다면, 이러한 토론은 실제로 그것이 진행되어 온 것보다 덜 확대되었을지도 모른다. 조합주의 체계에 자신의 구조적 이점을 최대로 발휘할 수 있는 기회를 부여하는 정책 영역－즉 소득정책－에서조차 민주적 조합주의 체계의 실적은 부분적으로 성공적이었을 뿐이다. 단지 오스트리아만이 장기간에 걸쳐 소득정책을 성공적으로 유지해왔을 뿐이다. 스웨덴조차 최근 들어서는 그러한 시도가 비틀거리고 있다. 스웨덴에서는 조직화된 노동자와 기업가간의 균형이 기업체의 소유권을 집단적으로 나누어 갖자는 노조의 요구에 의해 위협받고 있다. 그러한 요구는 독일에서 발견되는 노동자의 경영참여를 넘어선 것이었다. 그러나 더욱 조합주의적인 체계에 잠재한 더 큰 협조능력이 이 국가들로 하여금 국제시장에서 일본과 여타 아시아 공업국들로부터의 경쟁을 헤쳐나가는 데, 영국과 미국의 대부분의 산업들이 성취할 수 있었던 것보다 더 큰 성공을 이룩할 수 있게 할는지는 역시 두고 볼 문제이다.

우리가 생산의 문제에서 비용과 수익의 할당의 문제로 관심을 돌리면 "민주적 조합주의가 중요하다"는 명제는 더욱 설득력 있다. 1982년과 1983년에 "조합주의적" 체계에서 교육 및 주택과 같은 사회 서비스를 담당하는 관료들은 많은 경우에 10년 전에 비해 더 적은 예산을 할당받았다. 그러나 이들 나라들은 같은 기간 동안 영국과 미국에서 널리 퍼진 공공기관, 규제 및 사회 프로그램, 그리고 종합대학교 수준의 단과대학과 학과 등의 광범한 "폐지"－축소가 아니라―를 피할 수 있었던 것처럼 보인다. 영국과 미국에서 이러한 대조를 보이는 데 영향을 미친 가장 가시적인 요인은, 보수적 정치인들이 광범위한 조세반발 운동의 결과에 의존할 수 있었기 때문에 공공지출의 삭감을 강화할 수 있었다는 것이다.

더 높은 조세를 부과하고 있는 민주적 조합주의 체계가 상대적으로 더 낮은 조세를 부과하고 있는 영국과 미국보다 조세저항 운동이 훨씬 약하다는 것은 놀라운 일이다. 덴마크 글리스트럽 당(Danish Glistrup party)이나 캘리포니아의 "제안 13호"(Proposition 13: 1978년 캘리포니아에서 주민투표에 부쳐진 고정자산세의 세율제한 조례에 대한 개정 제안―역자 주) 운동, 그리고 미국의 다른 주들에서 일어난 비슷한 현상들과 같은 조세 저항은 강력한 조합주의적 구조를 가진 유럽 대륙의 국가에서는 거의 나타나지 않았고, 눈에 띄게 성공적인 것도 아니었다. 대륙 국가 어디에서도 우익 정당들은 대처 하의 보수당이나 레이건 하의 공화당이 했던 것만큼 소득세 인하를 광범위하게 수행하거나 옹호하지 못했다. 이는 부분적으로 경제 운영에 대한 책임에 있어서 상이한 전통에 기인한다. 그러나 이는 또한 사회적 합의의 저변에 깔린 조직적 망이 중산계급의 잠재적인 조세 저항자들에게 보다 낮아진 사회보장으로부터 그들이 잃게 되어 있는 것, 교육과 기타 공공 서비스에 있어서 종신 직위의 폐지, 나아가 공공 생활의 질의 일반적인 저하 가능성―아마 1930년대에 횡행한 것과 같은 상태―등을 더 잘 이해시킬 수 있다는 사실에도 기인한다.

비록 아직 확고한 분석에 기초해 우리의 주장을 전개하고 있지는 못하지만, 영국과 미국의 보수주의 정부는 유럽 대륙의 체계들보다 사회적·경제적 비용을 할당하는 데 있어 더 과감한 "분배적" 선택을 내리는 것 같다. 이러한 유형이 어느 정도까지 조합주의적 구조 하의 차이점에 기인하며, 어느 정도까지 보다 폭넓은 역사적 요인들에 기인하는지는 아직 평가하기 어려운 문제이다. 그러나 케인즈주의 패러다임이 퇴조한 이래 영어권 나라들에서 횡행하게 된 관료들에 대한 최근의 비난, 연방정부에 대한 증오, 그리고 공공 서비스의 탈(脫)정당화(delegitimization) 등을 대륙 국가들이 같은 정도로 경험하지 않았다는 것은 명백하다. 닉슨 대통령이 "현재 우리는 모두 케인즈주의자"라고 선언했을 때와 레이건 대통령이 래퍼 곡선(Laffer Curve: 세율이 높아감에 따라 세수가 늘지만, 어느 점을 넘으면 오히려 세수가 감소된다는 것을 나타내는 곡선—역자 주)을 복권시키려고 시도했을 때 사이의 불연속성은 유럽 대륙의 수도에서보다 워싱턴에서 더 심했다고 하겠다. 1980년의 대처 정부의 안(案)만큼 급진적이고 "유례없을 정도로 전반적인" 예산 삭감안을 다루어야 했던 정부는 유럽 대륙에 없었다.[18)]

영국과 미국에서는 정치인들이 노동조합이나 이익집단들과의 합의에 덜 구속받기 때문에, 그리고 대중적 분위기의 변화를 더 충분히 이용할 수 있었기 때문에 그들은 보다 광범위한 예산 삭감을 수행할 수 있었다. 빈곤에 대한 전쟁의 분위기가 미국에서는 사라졌기 때문에, 직업훈련 프로그램은 1960년대의 프로그램들이 보다 확고히 뿌리내린 나라들에서보다 더 가혹한 삭감의 희생양이 되었다. 1980년대 초의 스웨덴의 비사회당 정부는 그러한 프로그램들을 축소하기는커녕 오히려 방대한 적자만을 산출했다. 만약 정책의 유행이 민주적 조합주의 국가들에서 더 느리게 변화한다면, 그것은 이들 나라의 관료제가 더 정통성을 가졌기 때문이라기보다는 아마도 조직화의 밀도가 최근의 역사에 대한 감각을 더 강하게 지속시키는 경향이 있기 때문일 것이다. 1930년대의 실업에 대한 기억은 캘리포니아에서보다 네덜란드나 스웨덴에서 더 생생히 보유되고 있었던 것이다. 캘리포니아에서는 이전에 노동조합의 지도자였던 로널드 레이건이 보다 유동적인 청중을 향해 이전 세대에 의해 도출된 정책의 교훈은 아무런 문제없이 전도될 수 있다고 설득할 수 있었다.

대중의 인식과 분위기에서 일관되게 존중을 받지 못하는 집단들이 1980년대와 같은 예산 삭감의 시대 동안 지나치게 불평등한 상처를 입게 된다는 사실을 보여주는 연구들은 더러 있다. 이는 곧 사회집단 가운데서 근로빈민들이 노인층보다 더 쉽게 빈곤의 구렁텅이로 빠져들게 방치되었다는 것을 의미한다. 사회보험연금에 대한 노인층의 권리는 영어권 나라들에서조차 보다 확고히 뿌리를 내렸던 것이다. 연금과 보건은 예산 삭감의 시대 동안 크게 침해당하지는 않았다. 그러나 교육의 경우는 달랐다. 1950년대에 교육 확대의 수혜에 대한 새로운 관념은 "[교육] 서비스의 확대—이것의 생산물은 전적으로 간접적이고 눈에 보이지 않는다—에 대한 공적이고 정치적이며 행정적인 공약이나 최소한 그것의 수용이라는 놀라운 이야기"로 귀결되었다. 그러나 "교육의 사회적·생산적 기능에 대한 신용의 하락"과 [교육예산의] 증액 추세의 급속한 감속이 곧 뒤따랐다.[19] 노동당 정치인들이 최소한 교육을 고르게 실시해 왔던 것에 반해 보수당 정부의 예산 삭감은 많은 대학의 폐쇄, 4,000명의 대학 전임 교원들의 해고, 연구 지원의 대규모 삭감 등을 강제했다. 1972년에 교육부 장관으로서 『교육: 확대를 위한 하나의 틀』이라는 백서를 간행했던 마가렛 대처는 그로부터 10년 후 그녀의 이전 계획의 대부분을 그 실행 속도를 늦추는 정도가 아니라 양적으로 폐기하고 있는 것이다.

## 3. 정책들의 위기와 선택의 척도

집합적인 사회변동의 수단으로서 정치를 보는 경향은 앞으로 수년간 퇴조하는 것이 아니라 오히려 증대할 것 같다. 정부의 프로그램들을 뒷받침하는 데 필요한 세수의 희소성뿐만 아니라 경제적·자연적 자원의 희소성도 더욱 증대하고 있는 것이 분명하다. 희소성은 우리로 하여금 단호한 선택이 불가피함을 인식하도록 강제한다. 즉 어떤 것은 다른 어떤 것을 더 많이 갖기 위해 포기되어야만 한다. 이러한 상황은 최근 들어 대부분의 서방 국가들이 진행하고 있는 예산 삭감에서 가장 극적으로 연출되고 있다. 이러한 상황은 정책 선택에 있어서 또 다른 요인인 나라의 규모와 힘의 문제를 제기하고 있다.

세계적인 강대국으로서 미국은 국내 정책의 대부분의 영역에서 연방 지출을 삭감하면서도 군비 지출은 증대시키는 정책을 추구해 왔다. 이러한 점에서 미국은 중간 규모의 유럽 국가들과는 달랐다. 초기에는 군사적 노력의 규모가 사회정책에 쏟는 노력의 규모와 그리 강하게 연계되지는 않았다.[20] 그러나 1980년대에 들어서면서부터 이 두 영역간의 상쇄관계(tradeoffs)는 더욱 직접적으로 변한 것 같다. 사회정책 수단을 통한 개인적 안보의 증진으로부터 군사적·전략적 수단을 통한 국가적 안보의 강화로 새로이 우선순위을 이전시키라는 압력은 유럽과 미국 모두에서 상당한 저항을 불러일으키고 있다. 1980년대 초에 "재개된 군사적 노력을 감소하는 경제적 자원으로라도 조달하여야 한다"는 NATO 국가들의 제안들을 검토하면서, 한 네덜란드인 학자는 여론이 그러한 변화를 얼마나 지지하는지 평가해 보았다. 그가 얻어낸 결론은, 냉전 기간 중 [그 대립이] "가장 첨예했던" 시기에는 그러한 지지가 형성되었던 데 반해, 1980년대의 표지판은 "복지 프로그램의 보존과 실업에 대한 투쟁보다 군사적 우선권을 강조하는 것에 대해 대중적 합의와 지지가 덜 형성되어 있음"을 가리키고 있다는 것이다.[21)]

전통적인 복지국가의 의제가 희소성과 호전성의 긴장감을 느끼게 하는 만큼이나 복지국가의 이른바 탈물질주의적(post-materialist) 목표들은 확대되고 있다. 직업, 학교, 보건 등에 대한 공공의 관심이 높게 남아 있는 반면, 보다 젊은 세대는 정치적 선택의 의제에 추가하여 평등과 관계된 다른 관심들을 살펴보는 데 더 큰 흥미를 가진 것처럼 보인다.[22)] 삶의 질(quality of life)의 문제－자신의 일의 의미라든가 환경보존에 기여할 수 있는 기회 등과 같은－가 전통적인 "의식주 위주의" 정책의 주제를 대체해버린 것 같지는 않다. 그러나 삶의 질의 문제는 모든 나라에서 공공정책을 토론하고 판단하는 데 사용하는 비판 기준의 목록을 길게 하였다.

이용가능한 정보를 비교해 볼 때 여론은 복지국가와 애증관계에 있는 것처럼 보인다. 미국과 유럽의 태도 조사들(attitude surveys)을 섭렵하여 지금까지 이 주제에 관한 연구서로서 가장 완벽한 것으로 평가받는 어떤 책은 다음과 같은 식으로 그 결과를 요약하고 있다.

> …사회정책의 발전과 연관된 대중의 태도, 여론, 신념 등의 "현대적" 체계개념이 믿을 만하다는 충분한 증거는 널리 존재한다. 우리가 보아온 바와 같이, 이러한 체계의 특성은 시민의 "사회적 권리"에 관한 일반 원리가 사회에 널리 수용되고, 개인적 안전과 사회적 평등을 증진시키고자 정부가 적극적으로 노력하며, 개인적 자유와 "자유시장", 그리고 자유경쟁에 의한 경제적 성공과 실패에 대한 개인적 책임의식을 신봉하는 것 등을 포함한다. 사회복지 프로그램의 어떤 유형들－예컨대 노후연금－은 현대 사회에서도 변함없이 인기 있는 데 반해, 다른 것들－예컨대 공공 부조－은 일반적으로 문제가 있다는 것을 여러 자료들은 확고히 입증하고 있다.[23)]

달리 말해, 여론은 사회정책의 원칙에 대한 공약에 있어서 복지국가 자체만큼이나 일관성이 없는 것처럼 보인다. 여기서 우리는 어떻게 민주정치가 경제학자들이 추론한 필요조건이나 이데올로기적 순수주의자들의 선호를 만족시키지 않고서도 현대 복지국가를 창출할 수 있었는가를 이해하는 열쇠를 발견한다. 여론과 마찬가지로 정치적 과정도 개인적 자유냐 사회적 평등이냐, 또는 시장 메커니즘에 의해 창출된 불평등과 불안전이냐 아니면 사회적 필요의 천편일률적인 정의로부터 도출된 분배적 개념 속에 함축되어 있는 평등이냐에 대한 "큰 선택"(big choice)이 아닌 선택들을 포함한다.

경제적 추론의 엄격한 기준에서 볼 때 민주적 복지국가는 불가능하다. 경제학자 케네쓰 애로우(Kenneth Arrow)는 탁월한 분석을 통해 개인적 선호의 일관성 있는 합계가 집합적인 복지 선택으로 전화될 수 없다는 증명을 제시했다.[24] 애로우는 복지 선호의 분배와 기타 제약들에 관한 상당히 합리적인 가정들을 만들어냄으로써, 민주적 사회복지 함수를 정의하고자 하는 노력에서 야기될 수밖에 없는 내적 모순들을 보여줄 수 있었다.

이데올로기적 추론의 덜 엄격한—다소 감정이 섞인—기준에서 볼 때도 민주적 복지국가는 불가능하다. 민주적 복지국가는 이윤 동기보다 사회적 필요를 중심으로 조직된 생산이라는 사회주의적 기준을 만족시키는 데 실패한다. 사실 서방의 모든 복지국가들은 어떻게 사회적 필요를 실제로 정의할 것이며 누가 그것을 정의할 것인가에 대해 매우 애매한 입장을 취하고 있다. 또한 복지국가는 개인적 자유의 극대화라는 보수적 기준을 만족시키지도 못한다. 복지국가는 사람들에게, 밀턴 프리드만(Milton Friedman)이 지적하고 있듯이, "선택할 자유"를 남겨주지 않으며 시장 메커니즘을 충분히 받아들이지도 거부하지도 못한다. 이데올로기적 선명성에서 볼 때도 복지국가는 일관성이 없다.

그렇다고 우리는 경제적 개념들과 마찬가지로 공학적 개념들도 적용의 능력이 없다는 이유로 "체계의 붕괴"라든가 정치적 "과부하"(overload)라는 결론으로 비약할 필요까지는 없다. 오히려 우리는 사회적 선택의 정치학이란 바로 그러한 모순을 다루는 학문이라는 것을 상기할 필요가 있다. 만약 정치적 선택의 과정이 목표들의 일관된 순위를 산출하는 데 필요한 것이었다면, 우리가 알고 있는 바의 현대 복지국가는 결코 출현할 수 없었는지도 모른다.

오늘날 복지국가는 급속히 쇠퇴하고 있다기보다는 조정의 시기를 겪고 있다고 하겠다. 서방 경제의 취약성이 더 심화되는 시기일수록 정치적 배분의 기술은 덜 효과적이라는 것을 주장함에 있어서 맑스주의자들은 사회적 선택 이론가들과 견해를 같이 할지도 모른다. 한 쪽이 첨예한 "자본주의적 모순"이라고 부르는 것을 다른 쪽에서는 파괴적인 규제와 어리석은 보호주의의 함정이라고 보는 것이다. 모든 사회적 선택의 근저에는 가치가 놓여 있다. 우리가 사는 세계는 매우 세속화된 세계이고, 따라서 평등의 가치가 어떤 체계－서방 자본주의든 사회주의든 혹은 다른 어떤 체계－에서도 신성한 혹은 의문의 여지가 없는 지위를 부여받고 있는 것은 명백히 아니다. 주택이나 의료복지 등 여러 평등화 프로그램이 낳는 광범한 사회적 효과들을 검토할 때, 이를 변화하는 경제적 제약이나 달라진 직업기회와 관련시키는 것은 전적으로 타당한 것 같다. 그러나 민주화되고 있는 정치체계들에서 나타나는 정책 진화를 장기적으로 연구한 결과는, 불평등의 증진이 통치자나 피치자 중 어느 한 쪽에 명료하고 지속적인 이득을 제공해주고 있는 곳은 극히 드물다는 것을 보여주고 있다. 20세기가 저물어가고 있는 지금, 정의를 "더 강한 자의 이익"이라고 정의한 트라시마커스(Thrasymachus)의 개념에 따라 사회적 형평의 기본 규칙이 곧 다시 쓰일 것 같지는 않다.

□ 주

1) Harry Girvetz, "Welfare State," *International Encyclopedia of Social Sciences* 16, p. 520.
2) Gunnel Gustafsson and Jeremy Richardson, "Post-Industrial Changes in Policy Style," *Scandinavian Political Studies* 3, 1 (1980) pp. 21~37.
3) Harry Eckstein, *Pressure Group Politics: The Case of the British Medical Association*(Stanford: Stanford University Press, 1960).
4) Theodore Marmor and David Thomas, "Doctors, Politics and Pay Disputes: 'Pressure Group Politics' Revisited," *BJPS* 2 (October 1971) pp. 412~442.
5) Deborah A. Stone, *The Limits to Professional Power: National Health Care in the*

*Federal Republic of Germany*(Chicago: University of Chicago Press, 1980), p. 18.
6) Steven Kelman, *Regulating America, Regulating Sweden: A Comparative Study of Occupational Safety and Health Legislation Policy*(Cambridge, MA: MIT Press, 1981), pp. 51, 81.
7) 위의 책, Chapter 5.
8) Gustafsson and Richardson, 앞의 책, p. 33.
9) Douglas Ashford, *Politics and Policy in Britain*(Philadelphia: Temple University Press, 1980), p. 121.
10) 위의 책, p. 287.
11) Francis G. Castles, "How Does Politics Matter: Structure or Agency in the Determination of Public Policy Outcomes," *European Journal of Political Research* 9 (1981) p. 119.
12) Harold L. Wilensky, *The Welfare State and Equality*(Berkeley: University of California Press, 1975).
13) David Cameron, "The Expansion of the Public Economy: A Comparative Analysis," *APSR* 72, 4 (December 1978), pp. 1243~1261.
14) Ian Gough, *The Political Economy of the Welfare State*(London: Macmillan, 1979), pp. 43-44.
15) Castles, 앞의 글, p. 229.
16) Frances F. Piven and Richard A. Cloward, *The New Class War: Reagan's Attack on the Welfare State*(New York: Pantheon, 1982).
17) Wilensky, 앞의 책.
18) Christopher Hood and Mourice Wright, eds., *Big Government in Hard Times*(Oxford: Martin Robertson, 1981), p. 24.
19) 위의 책.
20) Wilensky. 앞의 책.
21) Francis G. Castles, ed., *The Impact of Parties: Politics and Policies in Democratic Capitalist States*(Beverley Hills: Sage, 1982), p. 217.
22) Samuel Barnes and Max Kaase, eds., *Political Action*(Beverley Hills: Sage, 1979).
23) Richard M. Coughlin, *Ideology, Public Opinion and Welfare Policy*(Berkeley: Institute of International Studies, 1980), pp. 155~156.
24) Kenneth Arrow, *Social Choice and Individual Values*(New Haven: Yale University Press, 1963); Alfred Mackay, *Arrow's Theorem: The Paradox of Social Choice*(New Haven: Yale University Press. 1980).

**비교정치론 강의 1**

비교정치연구의 분석논리와 패러다임

김웅진·박찬욱·신윤환 편역

제1부 비교정치연구의 분석논리

제1장 비교정치연구와 비교분석방법/ 아렌트 레이프하트

제2장 비교정치연구에 있어서 개념정립오류/ 지오바니 사토리

제3장 비교분석의 디자인/ 애덤 셰보르스키·헨리 튜니

제4장 거시사회연구에 있어서 비교사의 유용성/ 테다 스카치폴·마가렛 소머즈

제2부 비교정치연구의 패러다임

제5장 구름, 시계와 정치학연구/ 가브리엘 알먼드·스티븐 젠코

제6장 비교정치론의 과거와 현재/ 하워드 위아다

제7장 비교정치론: 어디까지 왔고 어디로 가는가?/ 시드니 버바

제8장 현대비교정치연구의 재성찰/ 리 시겔먼·조지 갯보이스

**비교정치론 강의 2**

제3세계의 정치변동과 정치경제

김웅진·박찬욱·신윤환 편역

제1부 근대화와 정치발전

제1장 전통과 근대성: 사회변동론에 있어서 양극화의 오류/ 조셉 거스필드

제2장 근대화학파의 이론적 시각/ 엘빈 소우

제2부 정치변동: 혁명과 민주화

제3장 혁명에 대한 사회구조적 접근/ 테다 스카치폴

제4장 제3세계 민주주의에 관한 비교연구/ 래리 다이어몬드 외

제5장 권위주의체제의 유형과 민주화의 경로/ 새뮤얼 헌팅턴

제3부 제3세계의 정치경제: 종속과 성장의 이론

제6장 저발전의 발전/ 앤소니 브루어

제7장 정부와 농업시장: 아프리카의 사례/ 로버트 베이츠

제8장 종속적 발전/ 피터 에반스

제9장 신흥공업국의 경제성장에 대한 이론적 접근

제1절 성장의 정치경제학: 신고전주의적 시각과 종속론적 시각/ 스테판 헤거드

제2절 발전국가의 논리/ 지야 외니스

■ 편역자 소개

김수진
1991년 University of California, Berkeley 정치학 박사,
이화여자대학교 정치외교학과 교수
주요논저: "Social Alliance, Political Economy, and the Evolution of One Party Dominance in Parliamentary Democracies: A Comparative Analysis," Ph. D. diss.(1991); 「민주적 코포라티즘에 관한 비판적 고찰」, ≪사회비평≫ 8호(1991) 외 다수

김웅진
1982년 University of Cincinnati 정치학 박사, 현 한국외국어대학교 정치외교학과 교수
주요논저: 『비교지역 연구전략: 방법론적 성찰』(인간사랑, 2003), 『신화와 성화: 과학방법론의 패권정치』(전예원, 2001) 외 다수

박찬욱
1987년 University of Iowa 정치학 박사, 현 서울대학교 정치학과 교수
주요논저: 『한국의 의회정치』(박영사, 1991) 공저; "Partisan Conflict and Immobilisme in the Korean National Assembly," *Asian Perspective*, 17: 2(1993) 외 다수

신명순
1982년 Northwestern University 정치학 박사, 현 연세대학교 정치외교학과 교수
주요논저: 『한국정치론』(법문사, 1993); "Political Protest and Government Decision Making: Korea, 1945～1972," *American Behavioral Scientist*, 26: 3(1983) 외 다수

신윤환
1989년 Yale University 정치학 박사, 현 서강대학교 정치외교학과 교수
주요논저: 『동남아정치 입문』(박영사, 1991) 공역; 「탈냉전시대의 제3세계 경제발전전략」, ≪사회비평≫ 5호(1991) 외 다수

한울아카데미
비교정치론 강의 3


엮은이／김수진·김웅진·박찬욱·신명순·신윤환
펴낸이／김종수
펴낸곳／한울엠플러스(주)

초판 1쇄 발행／1994년 3월 21일
초판 9쇄 발행／2016년 3월 25일

주소／10881 경기도 파주시 광인사길 153 한울시소빌딩 3층
전화／031-955-0655
팩스／031-955-0656
홈페이지／www.hanulmplus.kr
등록번호／제406-2015-000143호

Printed in Korea.
ISBN 978-89-460-6151-4 93340

* 가격은 겉표지에 표시되어 있습니다.